■ 北京市教育委员会专项资助

中国旅游研究
· 2011

许忠伟 / 主编

北京 · 旅游教育出版社

《中国旅游研究·2011》编委会

主　任：计金标
副主任：邹统钎
主　编：许忠伟
编　委：（按姓氏音序排序）
　　　　安金明　谷慧敏　韩玉灵　计金标
　　　　李　宏　厉新建　刘大可　秦　宇
　　　　王成慧　魏　翔　尹美群　邹统钎

总 序

北京旅游发展研究基地(以下简称基地)是北京市首批市级哲学社会科学研究基地,成立于2004年。北京第二外国语学院作为主要建设单位,通过四方共建协议与北京市教育委员会、北京市旅游发展委员会、北京市哲学社会科学规划办公室共同建设基地。基地的建设宗旨是:以北京第二外国语学院北京市重点学科——旅游学科为基础,依托本校旅游管理学院、酒店管理学院、会展与经贸学院、国际商学院、中国旅游人才发展研究院、旅游教育出版社,以及校外北京市旅游发展委员会、首都旅游集团、北京高校旅游研究机构等单位,整合旅游及相关研究优势资源,紧紧围绕我国尤其是北京旅游业发展过程中亟待研究解决的重大理论和现实问题设计研究项目,推动我国及北京旅游研究领域的拓展、研究方法的创新和研究水平的提高,有效提高北京旅游教学、研究和旅游业发展在国际上的层次和地位。

在前三个三年建设周期中,基地在北京市教育委员会和北京市哲学社会科学规划办公室等各级领导、部门的关心和指导下,在北京第二外国语学院校领导的大力支持下,通过与北京市旅游发展委员会及各区县旅游局、各有关旅游企业、高等院校和科研院所的合作,取得了一批高质量的成果,连续举办了具有社会影响并逐步形成品牌的重要学术会议,为北京市及全国旅游研究和旅游行业发展作出了基地应有的贡献,实现了基地的建设目标,取得了优异的成绩。

新一轮建设周期中(2014—2016年),基地将继续秉承"前瞻视野、开放平台、权威报告、理论高地"的建设理念,努力实现"在充分满足北京市各类决策支持需求的前提下,抓住中国和国际旅游发展前沿的重大问题进行研究,做到'北京旅游发展智库'和'中国一流旅游学术研究机构'的统一"的建设目标。从前三个建设周期的经验来看,"狠抓标志性成果建设,打造权威报告,提供观点和理论研究成果"是实现基地建设目标的重要途径。今年乃至今后几年,基地陆续出版的标志性成果主要体现在两个方面:面向北京市政府及其旅游管理部门和企事业单位的《北京旅游发展研究报告》;面向旅游学术研究领域、致力于旅游学科建设和人才队伍培养的《中国旅游企业发展年度报告》(联合)、《中国旅游目的地发展年度报告》、《中国休闲研究学术报告》、《北京旅游研究》、《中国会展研究报告》、《中国在线旅游年度报告》和《中国旅游法评论》等。

《北京旅游发展研究报告》作为北京市哲学社会科学重点规划项目,其目的在于对北京市旅游经济与旅游市场的整体发展、北京旅游各行业运行状况、旅游供需市场、旅游行政管理及年度热点与创新等问题进行充分研究和集中展示,以期对实践具有一定的指导作用。在历年报告的基本框架基础上,新的《北京旅游发展研究报告》做了局部微调,主要由总体经济、产业与企业、旅游目的地、游客与购买者、政府与政策、年度热点与创新研究等六大板块组成。基地专家将尽最大努力,对每年北京旅游产业运行状况以及旅游研究热点和创新点进行全面阐述。

前期建设，我们编辑出版了《中国旅游研究》系列文集，其目的是通过收录一批在国内各个研究领域的优秀论文，体现我国旅游研究每一年度取得的成果与进展，并使之成为记录中国旅游研究发展的标志性文本。新一期建设中，我们将在《中国旅游研究》的基础上，出版《北京旅游研究》，汇集以基地专家原创为内容的研究成果，按照但不限于以下板块进行排列：研究综述、旅游者、旅游企业管理、旅游目的地、旅游产业、休闲经济、旅游新业态、基础理论研究等，充分展示基地专家原创和多视角的研究成果。

新一期建设，我们将在保持原有研究报告特色的基础上，紧随中国旅游业的发展，适时新推《中国休闲研究学术报告》和《中国旅游法评论》。《中国休闲研究学术报告》作为中国旅游经济、旅游管理理论与实践研究者的理论、思想交流平台，刊登原创性的旅游理论研究、休闲经济理论研究、旅游产业热点深度分析、大型案例深化研究以及高水平的定量实证研究五个研究领域的研究成果。适应我国旅游法制建设的新发展而推出的《中国旅游法评论》，将依托我校的外语、旅游优势，翻译借鉴国外旅游法及其最新研究成果，深层次地探讨旅游法研究的前沿学术问题，评判典型案例，记录我国旅游法的研究路径，展望旅游法研究趋势。

使上述报告和理论研究成果具有"权威报告和品牌效应"，是基地每个研究人员努力追求的目标和共同的期待。至于说能否实现我们的预期，这不是通过简单的行政评价就能做出最终结论的，需要经过长期的积淀和时间的充分验证。如果经过10年、20年，当新一代旅游工作者或者研究人员或者学子们在学习、研究到相关旅游问题，还需要去翻开这些也许已经变得发黄的著作时，当几乎所有旅游研究或者从事旅游工作的人士要经常翻阅这些报告以期从中获得灵感时，我们就有理由相信我们的目标实现了。

作为中国旅游教育和研究的中心和基地之一，北京第二外国语学院始终将旅游学科的发展作为学校发展的重要战略。北京旅游发展研究基地依托于二外，除了完成作为一个北京市市级研究基地本身应完成的研究任务外，也直接服务于二外的整体发展战略。我们期望通过基地全体研究人员的不懈努力，推动我国旅游教育和旅游学科发展，促进旅游学术界与行业主管部门、旅游业界的密切合作，为国家建设旅游强国、为北京市旅游产业发展提供更优质的研究成果和最直接的智力服务，以承担起时代赋予我们的责任，完成学者的历史使命。

北京旅游发展研究基地负责人、学术委员会主任
北京第二外国语学院党委副书记、教授、博士生导师

前　言

北京旅游发展研究基地(以下简称基地)作为北京市首批市级哲学社会科学研究基地,其工作之一就是不断总结我国旅游学科的最新研究成果。《中国旅游研究》系列文集是这一工作的直接载体。在全面检索2011年国内公开发表的旅游研究文献的基础上,通过严格程序、精心挑选,集中向社会展示2011年度中国旅游学术界在旅游研究方法、研究内容等方面取得的最新进展及学者们关于旅游业热点、旅游发展趋势等方面的最新观点。

与以往相同,本次文集的编辑工作依然分为3个步骤。第一步首先请基地秘书处的几位博士秘书制定出选稿框架。本次选稿把旅游类论文分成旅游研究综述、旅游者研究、旅游企业研究、旅游目的地研究、旅游产业研究、旅游热点与新业态研究和旅游基础研究等7个专题。北京第二外国语学院旅游管理学院和旅游发展研究院的7位二年级的研究生(乔佳、周航、李璐芸、徐浩天、林月、杨文华、张立莉)围绕这7个专题,检索2011年国内公开发表的论文,从每个专题中挑选出最好的20篇文章,并对选出的论文编号,删除作者信息。第二步,请刘大可教授、谷慧敏教授、李宏教授等5位专家分别对挑选出的140篇匿名论文按学术标准进行打分;然后按照每位专家的专业领域不同,对专家打分赋予不同权重,按加权平均分的高低评选出每个领域的前5篇论文。最后,基地学术委员会在这35篇文章中按照学术水平的高低和全面反映旅游研究的原则遴选出23篇文章。

在23篇论文中,有18篇得到国家级基金或省、市基金的支持,说明社会对旅游的关注在不断加深,旅游研究正加快融入主流研究的阵营。同时,旅游研究学者们正积极借鉴其他成熟学科的研究手段如社会网络理论、扎根理论等,丰富研究成果。一些非旅游院系的研究学者也开始关注旅游学的问题,反映出旅游研究越来越受到学界的关注,旅游研究队伍力量大大增强。

一、旅游研究述评

《国外中国旅游研究进展:学术贡献视角的述评》一文,通过对发表在9本英文旅游学术期刊上的文献进行梳理,对国外中国旅游研究进行了基于学术贡献视角的阐述和评价。研究发现,国外中国旅游研究作为一个学术领域,其学术贡献还主要集中在引介、应用实践和理论检验方面,而深入扎根于中国旅游发展的本土经验形成抽象的系统的认识的研究成果还不够。研究认为,国内外旅游学界存在的信息不对称,国外学界和业界了解中国旅游发展迫切的刚性需求,以及研究可进入性和调研深度的缺失,是导致目前国外中国旅游研究领域理论贡献成果较为欠缺的主要原因。

体育产业面向大众,与旅游产业融合是一种趋势。杨强的论文《中国体育旅游研究20年:述评与展望》从体育旅游概念界定、体育旅游类型分类、体育旅游专项规划和体育旅游发展对策四个方面对20年来国内体育旅游的研究成果进行了分析述评和研究。

休闲产业的健康发展离不开对休闲消费行为的准确理解和把握。《消费者行为视角下的休闲研究：文献述评》从消费者行为视角出发，对国外休闲动机、休闲行为和休闲满意度的相关研究成果进行了述评，系统地回答了休闲消费者为什么参与休闲活动、休闲消费者如何选择休闲活动、休闲行为如何变化、休闲消费者如何评价休闲活动等方面的问题，并从休闲产品开发、休闲产业发展趋势、休闲服务质量提高三个方面探讨了其对国内休闲研究的指导意义。

二、旅游者研究

粟路军、黄福才的论文《服务公平性、消费情感与旅游者忠诚关系——以乡村旅游者为例》根据"认知—情感—行为"理论，构建服务公平性、消费情感与旅游者忠诚关系的结构方程（SEM）模型，以长沙市乡村旅游者为研究对象，探求服务公平性、消费情感与旅游者忠诚之间的关系。研究发现：（1）服务公平性是消费情感、旅游者满意的直接前因变量，对正面消费情感、旅游者满意具有显著直接正向影响，对负面消费情感具有显著直接负向影响；（2）服务公平性通过消费情感、旅游者满意两个中介变量对旅游者忠诚产生间接影响。论文在测量忠诚度时用到的观察变量是态度忠诚，如果改为测量行为忠诚会更好，这样与"认知—情感—行为"理论更契合。另外，文章发现正面消费情感与口碑宣传明显正相关，而负面消费情感与口碑宣传没有明显相关关系，这与大多数客户关系研究的结论相悖。这也许与旅游动机的特殊性有关，值得进一步深入研究。

传统满意度测评主要基于认知过程的研究，其理论基础以期望差异理论运用最为广泛。心理学中，个体情感在感知过程中的作用会影响个体的评价。情感因素在顾客满意度中扮演的角色日益引起重视。罗盛锋、黄燕玲等人的论文《情感因素对游客体验与满意度的影响研究——以桂林山水实景演出"印象·刘三姐"为例》，从情感与认知两个视角构建游客满意度测评模型，并进行实证研究。研究表明，游客的满意是认知与情感两条路径综合影响的结果。消费前情感因素显著影响游客对旅游产品的体验评价与属性评价，消费后情感因素显著影响游客对旅游产品的感知价值评价，感知价值进而显著影响满意度形成。研究同时发现：消费前期望与消费后情感及感知价值并无必然联系。这个结论比较奇怪，但是很遗憾作者并未对此作出解释。

《基于游客涉入的入境旅游者分类研究——以桂林阳朔入境旅游者为例》一文以涉入理论作为研究的理论基础，以桂林、阳朔为案例地，基于游客涉入对中国入境旅游者进行分类，并分析比较不同涉入类型旅游者在社会人口统计特征、旅行特征、主客交往偏好、目的地形象和满意度上的差异。研究发现，可以将入境旅游者分为4种类型：中等涉入型、低涉入型、高涉入型和低风险可能型。这些类型旅游者在大多数社会人口统计特征和旅行行为特征上无显著差异，但在所属文化群体、信息来源数量、主客交往偏好、目的地整体形象和满意度上存在显著差异。

三、旅游企业研究

当前，旅游企业承担相应的社会责任具有重要意义。谷慧敏、李彬、牟晓婷的论文《中国饭店企业社会责任实现机制研究》基于利益相关者识别的视角，采用扎根理论的质性研究方法,通过对36位饭店中高层管理人员进行访谈而得到的数据进行分析,得出结论:第一,饭店的利益相关者分为两类:"命运共同体"包括业主和员工,"利益共同体"包括顾客、当地政府、特殊群体、社会舆论和社区。针对前者所承担的是基础型社会责任,针对后者的是升华型社会责任。第二,这两类社会责任都是通过"动机—认知—行为—结果"机制来实现的。第三,与一般企业相比,饭店企业承担社会责任的特殊性在于,国有饭店首先注重关注和解决员工就业,而民营饭店首先注重给业主带来回报。

罗秋菊、陈可耀的论文《基于扎根理论的民营会展企业成长路径研究——以广州光亚展览公司为例》,运用扎根理论研究方法,通过开放性译码、主轴译码和选择性译码三个分析步骤,分析会展企业的成长路径及其影响因素。研究发现,光亚展览公司的成长沿着"先收后放,柔道运势"型的成长路径,在快速成长、质变式成长和跨越式成长三个不同发展阶段其成长影响因素各有不同。文章提出的在会展企业成长周期不同阶段企业相应的行动策略对现实有积极的启示意义。

网络化使旅行社的转型成为一个迫切的问题,商务旅游市场是旅行社转型的重要阵地,如何满足顾客的定制化需求是旅行社面向商务旅游市场转型的重要问题。《基于"共同创造"的旅行社转型研究——以奖励旅游为例》,指出与顾客组成项目小组共同创造价值是解决定制化、实现旅行社面向商务旅游市场转型的有效方式,然后对旅行社与顾客如何共同生产、共同创造价值进行了分析,最后从参与驱动因素的角度将顾客参与共同创造分为外在性参与与内源性参与。

在《支持型领导与授权氛围对旅游企业员工服务质量的影响》一文中,作者对我国52个旅游企业进行实证研究,同时检验企业层次变量(企业的支持型领导氛围、授权氛围、员工服务行为评估氛围)和部门层次变量(部门的支持型领导氛围、心理受权氛围)对员工服务质量的影响。通过多层次线性模型分析结果发现,企业和部门的支持型领导氛围、部门的心理受权氛围和员工的心理受权对员工的服务质量都有显著的正向影响。此外,企业的支持型领导氛围会调节部门的支持型领导氛围、心理受权氛围和员工的工作满意感对员工服务质量的影响,部门的支持型领导氛围会调节员工的角色模糊、心理受权和工作满意感对服务质量的影响,部门的心理受权氛围会调节员工的角色负担过重对服务质量的影响。

四、旅游目的地研究

《基于社会网络视角的可持续乡村旅游决策探究——以山东省潍坊市杨家埠村为例》是一篇在旅游研究方法上有创新的文章。文章运用社会网络分析法,通过案例研究,分析了山东省潍坊市杨家埠村可持续乡村旅游决策利益相关者之间的关系结构。研究发现,当地旅游管理机构内向中心性最高,在决策网络中影响力最大,而当地乡村企业和旅游行业协会内向中心性最低,对决策影响微乎其微;就网络密度而言,利益相关者之间并没有形成全网联系,而且当地旅游管理机构与地方政府等高中心性的利益相关者自我中心网络密度较低,与其他利益相关者之间联系稀少。此外,可持续乡村旅游决策利益相关者之间存在大量结构洞,这将极大地限制信息传播、沟通和资源共享,从而影响决策的有效性和公平性。因此,可持续乡村旅游决策中亟需加强有关边缘利益相关者的中心性,提高利益相关者之间的密度,建立利益相关者之间的桥连接。

旅游感知形象的测量方法可大体分为两类,一类为结构化的测量方法,另一类为非结构化的测量方法。非结构化形象测量虽然能够更为全面地了解游客的感知要素和属性,但分析方法目前还停留在一般频数统计和比例分析及排序等层面,对游客在形象感知方面的特征分析及旅游目的地形象优化等方面意义不大。《旅游目的地感知形象非结构化测量应用研究——以访澳商务游客形象古籍特征为例》在研究方法上有所突破与创新。文章尝试将内容分析法引入旅游形象感知的非结构化测量中,用以协助挖掘非结构化形象感知的数据,从而实现提取旅游者的感知形象,解析旅游者形象感知规律,以及探讨影响旅游者对外推广旅游形象意愿的目的地形象要素等目的。具体研究上,文章以艾特纳与瑞奇提出的旅游目的地形象测量问卷为基础,并对其进行调整从而形成最终的调研工具,然后以商务游客为研究对象进行非结构化形象感知数据的获取,并借助内容分析法来处理非结构化形象测量的信息。

《网络口碑对游客旅游目的地选择的影响研究》一文从网络口碑的视角研究社区留言对游客旅游目的地选择的影响。文章以浙江省2007年各大旅游景区全年接待人数的数据和国内两个旅游网站上的网络口碑信息为样本,运用多元回归法研究了网络口碑数量、口碑态度和口碑质量与旅游景区接待数量之间的关系。研究结果表明,网络评论、旅游博客的数量以及图片数量等与景区接待量具有显著的正相关关系,而评论评分和评论的质量等与景区接待量的正向关系不显著。该文不足之处在于逻辑有些问题,作者认为"网络口碑的评论数量、博客数量、负向口碑比例及其博客图片数量都与景区的接待数呈显著的相关关系,表明网络口碑对游客的旅游决策能够产生影响"。但是仅仅是相关关系并不能说明内部的逻辑关系,因为还有一种极其有可能的原因是,由于游客数量多、游客的高满意度而在网络上留言多。

五、旅游产业研究

配第－克拉克定律描述了产业劳动力的变迁动力和方向。旅游产业劳动者是从哪些产业流入的,为什么流入到旅游产业,这些是十分有趣的问题。杨钊、张捷、蔡永寿等人的论文《基于中外五区比较的旅游劳工行业流动规律分析》以九寨沟为实证案例地,通过与我国九华山和国外匈牙利、英国萨默塞特和考文垂、加拿大温哥华岛的比较,探讨了不同背景下旅游劳工的行业流动模式、从业评价和驱动规律。研究发现:(1)旅游劳工转移产业分布十分宽广。国外商业、服务业占据了主导行业,衰落产业劳工占据1/10比例。我国农业、制造业占据主导行业,首次就业人群比例高,年轻女性就业需求高。(2)中外旅游劳工的从业感知评价都十分积极。我国两地从业总体满意度主要受职业前景、生活水平、工作时间长度和工作环境指标的支持。(3)因子分析证实旅游劳工行业流动来自五种驱动力。"积极特性因子"主导,职业避风港作用较小。"企业家愿望"因子与个体业主密切相关。"获利手段"和"积极特性"得到各人口特征人群的认可,"职业避风港"在各人口特征人群的认可度都较低。

我国饭店业正逐步演变为典型的低薪酬行业,主要表现为固定工资合约逐渐成为主导性薪酬契约,且固定工资基数水平不断下降。《专用性人力资本投资与饭店业基层员工低薪酬现象成因解释》运用专用性人力资本理论,解释了在隐性知识管理机制缺失的条件下,饭店业主为什么会放弃对专用性人力资本投资收益的追求而选择固定工资合约,并进一步分析了固定工资合约的实际支付水平为什么会逐步下降,直至最终形成接近法定最低工资标准的全行业统一价格。论文从隐性知识管理的角度来说明饭店基础员工低薪酬现象,但无法解释同样具备高隐性知识的教师、医生、律师等职业与饭店基层员工薪酬差距的问题。职位工资问题也许从该职位员工的贡献性、可替代性与稀缺性来分析更好。

《中国旅游经济区域差异的空间分析》一文利用二阶段嵌套泰尔系数分解方法,揭示2000~2008年中国入境旅游经济和国内旅游经济区域发展的省内地(市)间差异、省间差异、地带差异变化特征及其对全国总体差异的贡献率,并以省内地(市)间差异为视角,分析中国旅游经济区域差异的空间格局。研究结果表明：中国入境旅游和国内旅游的总体差异呈缩小趋势,且国内旅游的区域差异明显小于入境旅游的区域差异。省内差异对全国旅游经济总体差异变化的影响比地带间差异和省间差异对其影响更为显著,已成为全国旅游经济总体差异的重要构成部分;东部地带省间差异明显,对总体差异影响显著,而中西部各省份间旅游业发展相对均衡。东部地带部分旅游业发达省份的省内差异明显,对总体差异的贡献率较高;中西部地带省内差异明显的省份较多,旅游发展空间格局表现为"双核"模式或"单核"模式,但因中西部省份的旅游经济占全国的比重普遍较低,因此中西部省内差异对全国整体差异的贡献率并不高。相关分析得出,旅游资源禀赋、交通可达性、经济发展水平是影响中国旅游经济区域差异空间格局的主要因素。

六、旅游热点与新业态研究

文化是旅游的灵魂。文化空间是一个多尺度的概念,现有研究分析了文化空间的哲学意义,并将其界定为非物质文化遗产的专有属性,而地理学视角的文化区探讨为文化空间的研究提供了重要补充。《文化旅游的空间形态研究——基于文化空间的综述与启示》一文基于文化空间的研究体系,综述了文化旅游的研究概况,从物质维度、时间维度和区域维度的三重视角,分资源利用、整合路径和评价指标三个方面,构建了文化旅游空间形态的分析框架,并据此提出了文化旅游研究存在的不足和研究趋向。

旅游与非物质文化遗产的融合问题一直受到学术界的高度关注。《旅游发展与非物质文化遗产的保护和传承——以莲花山"花儿"为例》一文通过对莲花山"花儿"在当地居民中传承现状、保护措施、发展趋势等方面的实践调研,结合旅游业可持续发展相关理论,对旅游业发展与音乐类非物质文化遗产保护传承之关系作出了分析和探讨,并提出以实景舞台剧、艺术博物馆等旅游开发模式来加强对这一非物质文化遗产的保护与传承。

七、旅游基础研究

导游服务质量一直是旅游服务领域中争议的焦点。以往的旅游文献中,关于导游服务质量对游客感知价值及满意度的影响作用有过一些研究,但是从交互质量的视角进行的实证研究并不多见。陈永昶、徐虹、郭净的论文《导游与游客交互质量对游客感知的影响——以游客感知风险作为中介变量的模型》通过构建以导游与游客交互质量的三个维度(行为、专业技能和问题解决)为前置变量,游客个人风险和非个人风险感知为中介变量,游客感知价值和满意度为结果变量的结构方程模型,尝试研究了导游人员与游客的交互质量与游客感知之间的作用机制。论文以350名使用过旅行社导游服务的旅游者作为样本,研究发现,通过提升导游人员的行为、专业技能和问题解决能力能够显著降低游客的个人风险感知,从而提高游客感知价值和满意度,但导游人员与游客的交互质量对游客非个人风险感知及游客非个人风险感知对游客感知价值和满意度的影响作用则相对复杂。

旅游纠纷发生后,旅游者与旅游经营者之间争议最多的问题就是应该退还哪些费用。《最高人民法院关于审理旅游纠纷案件适用法律问题的若干规定》中出现了四次关于尚未实际发生费用退还的规定,但各自在法律结构"计算范围"方法等方面均有不同。《旅游合同中尚未实际发生的费用及其计算》一文认为:旅游者任意解除权制度下的未实际发生费用由旅游经营者因此所节省的费用和旅游经营者将相应旅游服务提供给其他旅游者时所获得的或应得的收益组成;因客观原因解除旅游合同,在旅游者与旅游经营者之间发生合同清算关系,未实际发生的费用是从全部旅游费用中扣除旅游经营者已提供的旅游服务和嗣后必须提供的旅游服务的报酬之后剩余的费用;在因公交延误、证照瑕疵导致瑕疵履行时,未实际发生费用返还背后的法理依据是减价权制度。

中国大陆旅游保险的理论研究明显滞后于实践的发展速度。《中国大陆旅游保险研究现状及发展趋势——基于TRMC类别系统的内容分析》运用内容分析法,并在此基础上创新提出TRMC类别系统,通过数据分析,对中国大陆旅游保险研究的学术文献进行了系统回顾与分析,提出未来的研究方向。

在民族文化旅游发展的大背景下,少数民族节日传统文化在与外来文化的互动与碰撞过程中,不断经历着"地方传统"与"现代发展"的冲突与融合。《旅游影响下少数民族节日的文化适应与重构——基于哈尼族长街宴演变的分析》通过元阳哈播、绿春两地长街宴节日活动的实地调研,研究哈尼族长街宴这一节日活动在旅游发展中的演变过程。研究指出:在旅游活动的影响下,在地方政府的引导或主导下,哈尼族长街宴为了适应游客传承的来自现代社会的主流文化,经历了地方文化认同、文化适应与文化重构,被包装、重塑成旅游节庆产品,从哈尼村寨走向旅游市场,从地方认同走向世界文化。

伴随着我国旅游业的迅速发展,学术界对于旅游研究的热情也日益高涨。我们很欣喜地看到研究旅游的学者不断涌现,发表旅游研究的学术期刊越来越多,旅游研究的成果越来越丰富,但同时,试图用一本论文集来全面反映年度旅游研究进展的难度也在不断加大。我们通过自己最大的努力,向大家呈现的《中国旅游研究·2011》难免有所疏漏,希望读者能不吝赐教,也希望致力于推动旅游研究的学界同人们给我们推荐优秀论文,帮助我们提高进步。

目 录

一、旅游研究述评

国外中国旅游研究进展：学术贡献视角的述评 ············ 陈钢华　保继刚　3

中国体育旅游研究20年：述评与展望 ···························· 杨　强　14

消费者行为视角下的休闲研究：文献述评 ···················· 李　耀　王新新　33

二、旅游者研究

服务公平性、消费情感与旅游者忠诚关系
　　——以乡村旅游者为例 ······································ 粟路军　黄福才　47

情感因素对游客体验与满意度的影响研究
　　——以桂林山水实景演出"印象·刘三姐"为例 ··· 罗盛锋　黄燕玲　程道品　丁培毅　64

基于游客涉入的入境旅游者分类研究
　　——以桂林、阳朔入境旅游者为例 ························ 张宏梅　陆　林　77

三、旅游企业研究

中国饭店企业社会责任实现机制研究 ·············· 谷慧敏　李　彬　牟晓婷　91

基于扎根理论的民营会展企业成长路径研究
　　——以广州光亚展览公司为例 ···························· 罗秋菊　陈可耀　106

基于"共同创造"的旅行社转型研究
　　——以奖励旅游为例 ······································ 张文敏　沙振权　119

支持型领导与授权氛围对旅游企业员工服务质量的影响 ············ 林美珍　128

四、旅游目的地研究

基于社会网络视角的可持续乡村旅游决策探究
　　——以山东省潍坊市杨家埠村为例 ························ 王素洁　李　想　149

旅游目的地感知形象非结构化测量应用研究
　　——以访澳商务游客形象感知特征为例 ……………… 李　玺　叶　升　王　东　163
网络口碑对游客旅游目的地选择的影响研究 ……………… 赖胜强　唐雪梅　朱　敏　174

五、旅游产业研究

基于中外五区比较的旅游劳工行业流动规律分析
　　………………………… 杨　钊　张　捷　蔡永寿　上官筱燕　韩国圣　187
专用性人力资本投资与饭店业基层员工低薪酬现象成因解释 ……… 饶　勇　黄福才　207
中国旅游经济区域差异的空间分析 ……………………………………… 汪德根　陈　田　219

六、旅游热点与新业态研究

文化旅游的空间形态研究
　　——基于文化空间的综述与启示 ……………… 侯　兵　黄震方　徐海军　235
旅游发展与非物质文化遗产的保护和传承
　　——以莲花山"花儿"为例 ………………………………………… 欧阳正宇　247

七、旅游基础研究

导游与游客交互质量对游客感知的影响
　　——以游客感知风险作为中介变量的模型 ……… 陈永昶　徐　虹　郭　净　265
旅游合同中尚未实际发生的费用及其计算 ……………………………………… 申海恩　277
中国大陆旅游保险研究现状及发展趋势
　　——基于TRMC类别系统的内容分析 ……………………… 周　沛　郑向敏　285
旅游影响下少数民族节日的文化适应与重构
　　——基于哈尼族长街宴演变的分析 ……………… 唐雪琼　钱俊希　陈岚雪　304

一、旅游研究述评

国外中国旅游研究进展:学术贡献视角的述评

陈钢华,保继刚

(中山大学旅游发展与规划研究中心,广东广州 510275)

摘　要:文章分析了国外中国旅游研究的总体情况,对其主要进展进行了基于学术贡献视角的阐述和评价。研究指出,国外中国旅游研究主要的学术贡献集中在引介、应用和理论检验方面,而扎根于中国旅游发展实践的理论建构尚不多见。研究认为,国内外旅游学界存在的信息不对称,国外学界和业界了解中国旅游发展迫切的刚性需求,以及研究可进入性和调研深度的缺失,是导致目前国外中国旅游研究领域理论贡献成果较为欠缺的主要原因。深入中国旅游发展实践进行理论提升,并实现同西方现有理论的对话乃至超越,将是中国本土的旅游研究走向世界的关键。

关键词:国外中国旅游研究;学术贡献;理论发展
中图分类号:F59
文献标识码:A
文章编号:1002-5006(2011)02-0028-08

1 问题的提出

近年来,随着中国旅游业发展的进一步深入,国内旅游学界也开始逐步反思旅游研究与旅游学科发展的问题[1]-[4]。旅游研究国际影响度也成为被关注的焦点之一。有研究指出,目前中国旅游研究在国际旅游学界的影响度并不高,国际旅游学界中来自中国的声音还远远不够,与中国香港、中国台湾和韩国等地区和国家相比,中国内地在旅游研究的国际影响度方面还存在较大的差距[5],[6]。从国际旅游研究进程来看,中国旅游研究仍处于初级阶段,对全球旅游学科知识体系的贡献与国际学界对中国的期望相去甚远[7]。

中国旅游研究经历了 30 多年的发展,在国际旅游学界依然处于能见度较低、影响度较小、贡献不足的境况,那么发展飞速、国际地位迅速提升的中国旅游业,又为国外旅游学界提供了什么样的研究素材呢?应该如何审视国外学界在作为一个学术领域的中国旅游研究中的学术贡献?如何从对国外中国旅游研究领域的学术贡献的评价中反思中国本土的旅游

作者简介:陈钢华(1985—),男,湖南新化人,博士生,主要研究方向为旅游者行为与旅游市场、旅游规划与管理,E-mail:infatuation311@yahoo.com.cn;保继刚(1964—),男,云南个旧人,博士,教授,博士生导师,主要研究方向为旅游地理与旅游规划,通讯作者,E-mail:eesbjg@mail.sysu.edu.cn。

研究?

针对上述问题,本文将尝试对国外中国旅游研究总体进展进行分析,从学术贡献的视角,归纳国外学界在中国旅游研究领域的主要学术贡献,希望以此来反思和审视中国本土旅游研究的未来。

2 相关研究进展

对国外学界有关中国旅游研究的成果所进行的分析、评述与反思,本质上属于国外中国学(China Studies)研究的范畴。国外中国研究,即国外中国学,是指国外学者所开展的有关中国的学术研究;而国外中国学研究,则是对国外中国研究所进行的研究,是对国外中国研究成果的吸收、借鉴与反思等,可谓"中国学之学"[8]。正是由于对国外中国学的研究,可以有效地反思和促进相应领域内中国学者的探求,近年来,对国外有关中国的研究进行吸收、反思和借鉴的文献也日益涌现,如吕拉昌等对海外中国城市地理研究,韩军对海外中国文论研究所进行的回顾与反思[9],[10]。

在旅游研究领域,李星群和赵伟兵曾利用2007年以前 Annals of Tourism Research (ATR)、Tourism Management(TM)和 Journal of Travel Research(JTR)所载中国旅游研究文献,对各主要研究领域内的进展进行了介绍[7];奥拉姆贝利和谢彦君(Aramberri & Xie)则通过对2003年以前有关中国旅游研究的中英文文献的分析,比较了国内外学术视野的差异[11]。然而,关于已有研究,以下几点必须引起关注:首先,虽然上述3本刊物是国际旅游学界排名前3的刊物,但大量发表在其他主流旅游学术刊物上的文献被忽略了。其次,中国台港澳地区的学者由于存在与内地"同文同种"的文化优势和毗邻的地缘优势,在研究中国旅游方面拥有比国外学者更强的可进入性,同样是中国学者对中国旅游发展实践的内省,因而不能算严格意义上的国外中国旅游研究。再次,2003年至2010年(截至3月底)以及2007年至2010年(截至3月底)的这段时间,均是中国旅游研究的话题备受国外学界关注、研究文献激增的阶段,大量研究成果相继发表(见表1和表2),因此,完全有必要对近年来国外中国旅游研究的最新进展及其学术贡献进行评述。最后,现有文献对于了解国外中国旅游研究主要领域或主题内的进展固然具有明显作用,但在中国旅游研究作为一个学术领域日益成为国外学界关注焦点、全球范围内旅游学科日渐成熟、旅游研究的理论构建备受关注的背景下,关于其学术贡献的评价理应受到更多的关注与思考。因此,为了清晰、明确地对国外中国旅游研究的学术贡献进行评述,就需要对关键性的概念进行界定,并尽可能地扩大样本文献的覆盖面、时效性和有效性。

3 国外中国旅游研究的总体现状

3.1 概念界定与文献来源

本文所指的"国外",是指除中国之外的其他国家和地区;而"中国旅游研究"中的"中国",基于历史原因和现实因素的考虑,则仅指中国内地。具体而言,本文所分析的"国外中国旅游研究",是指中国以外的国家和地区的学者(包括外国学者和海外华侨学者、留学生等)所从事的有关中国内地的旅游现象和问题的学术研究,而不包括中国学者发表于国外旅游学术刊物的相关研究成果(部分与国外学者合作且主要署名单位为国外机构的研究成果除外），也不包括海内外学者对中国台、港、澳地区的旅游研究。此外，为了研究的便利性，并考虑到文献的可得性，本研究分析的文献仅限于发表于英文刊物的学术文章。

为了更加全面地了解国外中国旅游研究的进展，并相应地进行学术贡献的评述，本研究将纳入分析框架的国外旅游学术刊物增加至8种①，其中7种为入选SSCI的旅游学术期刊，但不严格局限于以上刊物。在判别一篇文献是否属于国外文献时，所采用的标准是该文的作者或主要作者所在的科研单位是否是在中国之外的国家或地区，这个标准也符合本文所界定的"国外"。

3.2 文献数量及其历时分布

如果以1979年《旅游研究纪事》（Annals of Tourism Research）发表第一篇有关中国旅游发展政策的论文作为国外中国旅游研究起点的话[12]，那么30多年来，从纳入本文分析框架的8本学术刊物所发表的文献数量来看（仅包括研究论文，而不计书评等，下同；累计108篇，见表1和表2），中国旅游研究作为一个学术领域在国外旅游学界所受关注可谓与日俱增。从1979~1989年间的"偶有新作"（年均不到1篇）到2001~2010年间的年均近8篇（见表1和表2），反映出随着中国旅游业的发展与国际地位的提升，国外旅游学界和业界对中国旅游研究成果的密切关注和迫切需求。

3.3 研究机构分布与研究开展方式

从文献的作者所在的科研院所来看，目前国外中国旅游研究还处于较为分散的状态，远未形成具有广泛学术影响的研究阵地，但近年来，加拿大滑铁卢大学、澳大利亚格里菲斯大学以及新西兰怀卡托大学等院校的中国旅游研究开始颇受学界和业界关注。上述院校于2001~2010年间，在纳入本文分析框架的8本旅游学术刊物上以第一作者署名机构发表的论文数量位居前列，其中，滑铁卢大学作为第一作者署名机构的文献有8篇，格里菲斯大学5篇，怀卡托大学4篇。就研究的开展方式来看，可以分为独立研究和合作研究两类。思维恩（Swain）、奥克斯（Oakes）均曾独立在中国开展过旅游相关研究[13],[14]，他们分别对云南和贵州的民俗文化旅游进行过较为深入的田野考察。但近年来，独立开展研究的学者越来越少，相反，越来越多的海外学者选择了与国内学者进行合作研究的方式。合作开展研究的方式主要有两类，一类是中西学者之间（西方学者包括海外的华人华侨学者，下同）的合作，如怀卡托大学的瑞安（Ryan）与北京第二外国语学院的谷惠敏[15],[16]、格里菲斯大学的巴克勒等（Buckley, et al.）和中国科学院的钟林生之间的合作研究[17],[18]，这种合作研究多起始于中方学者赴外方机构进行访学期间。另一类是国外学者指导其研究生开展研究，如滑铁卢大学的沃尔（Wall）与其指导的研究生之间的合作研究[19]-[22]。

---

① 纳入本研究分析框架的文献主要来源于8本旅游学术刊物，其中的7本SSCI刊物分别是：Science Direct的 Annals of Tourism Research（ATR，创刊于1973年）和 Tourism Management（TM，创刊于1980年）；Sage的 Journal of Travel Research（JTR，创刊于1969年）；John Weily的 International Journal of Tourism Research（IJTR，创刊于1999年）；Tailor和Francis的 Tourism Geographies（TG，创刊于1999年）和 Journal of Sustainable Tourism（JST，创刊于1993年）；以及Ingenta Connect Complete的 Tourism Economics（TE，创刊于1995年）；另外一本是专注于中国旅游研究的 Journal of China Tourism Research（JCTR，创刊于2005年，2008年改为全英文出版）。

表1 1979~2010年ATR、TM和JTR所刊载的国外中国旅游研究文献数量的历时分布

Tab. 1 Longitudinal distribution of article number of overseas tourism studies on China published in ATR、TM and JTR from 1979 to 2010

刊物	1979	1980	1981	1982	1983	1984	1985	1986	1987	1988	1989
ATR	1	0	0	0	1	0	0	0	0	0	0
TM	0	0	0	0	2	0	1	1	0	0	1
JTR	0	0	0	0	0	0	0	1	0	1	0
合计	1	0	0	0	3	0	1	2	0	1	1
刊物	1990	1991	1992	1993	1994	1995	1996	1997	1998	1999	2000
ATR	1	1	0	3	0	1	0	0	1	0	0
TM	0	1	0	0	0	0	0	2	0	0	0
JTR	1	0	3	0	0	0	1	0	0	0	0
合计	2	2	3	3	0	1	1	2	1	0	0
刊物	2001	2002	2003	2004	2005	2006	2007	2008	2009	2010	总计
ATR	0	0	0	0	3	1	2	3	1	1	16
TM	0	1	0	1	3	4	2	2	4	2	27
JTR	0	0	0	0	1	0	1	0	3	0	12
合计	0	1	0	1	5	5	5	5	8	3	56

注:1.数据来源于作者统计,按照本文所界定的国外文献的标准进行(包括第一作者所在机构为国外科研机构的合作研究文献);2.表中英文刊物的缩写所对应的全称参见脚注①;3.本表自1979年ATR发表第一篇中国旅游研究文献开始统计;4.2010年文献截至2010年3月31日,包括录用待发表文献(article in press),下表同。

表2 1998~2010年IJTR、TG、TE、JST和JCTR所刊载国外中国旅游研究文献数量的历时分布

Tab. 2 Longitudinal distribution of article number of overseas tourism studies on China published in IJTR、TG、TE、JST and JCTR from 1998 to 2010

刊物	1998	1999	2000	2001	2002	2003	2004	2005	2006	2007	2008	2009	2010	总计
IJTR	0	1	0	0	1	1	0	2	2	3	0	7	1	18
TG	0	1	2	0	0	3	1	1	2	0	3	1	0	14
TE	0	0	3	0	0	0	0	0	0	1	0	0	0	4
JST	1	0	1	0	0	2	0	1	0	0	0	0	1	6
JCTR	-	-	-	-	-	-	-	-	-	-	6	2	2	10
合计	1	2	6	0	1	6	1	4	4	4	9	10	4	52

注:1.数据来源于作者统计,统计标准同上;2.JCTR仅统计其全英文出版后的文献;3.本表自1998年JST发表第一篇中国旅游研究文献开始统计,这是本表5本刊物中第一篇国外中国旅游研究文献。

4 国外中国旅游研究领域内的主要学术贡献

从研究的目的来看,研究可以分为探索性研究、描述性研究和解释性研究3类。探索性研究的目的在于对研究对象进行初步了解,为后续更周密、更深入的研究提供基础;描述性研究的目的在于对某些现象进行具有系统性、结构性和全面性的描述,试图回答"是什么"的问题;而解释性研究则旨在揭示社会现象背后的原因和内在规律以及社会现象之间的关系,从而实现对社会现象进行理论解释的目的[23]。从研究的性质来看,研究可以分为理论性研究和应用性研究两类。理论性研究是指那些侧重于发展有关"社会世界"的基本知识的研究,特别是侧重于解释现实世界的经验研究[23],是构建理论、框架、模式的研究[24];应用性研究则是指那些侧重于现实社会问题、有针对性地提供特定的社会政策的描述性的经验研究,在某种程度上是为了将研究成果运用于指导实践[23],回答和解决具体的现实问题。

学术,一般是指有系统的、较专门的学问,同时,学术也可以指研究人员对系统的、较专门的知识的探索[25]。因此,学术贡献指的是学术研究对某一系统领域中知识积累、理论发展、应用实践、方法创新等方面的作用。回顾目前国内学界在学术贡献评价领域内的进展可以发现,现有文献主要集中于对某学者或某科研院所的学术贡献的评价,而对某特定研究领域内的学术贡献的评价的文献还较少。国外中国旅游研究,作为一个研究领域或研究主题,泛指国外学界对有关中国旅游发展的问题和现象的研究,涉及诸多学科领域,文献数量众多,且分布在许多国家和地区。因此,本研究尝试着对发表在主流旅游学术期刊上的文献进行分析,以期做出大致的阐述和评价,将其主要的学术贡献归纳为以下3个方面,即引介与应用、理论检验、理论发展,并列举典型的研究成果加以阐述。

4.1 引介与应用方面

从学术贡献的角度来看,引介作用主要是指资料的收集、整理以及事实的描述和介绍。引介性的研究,较少开展调查工作,而是较单纯地回答"是什么"的问题,以便促进学界和业界对某个领域的了解和知识的积累。应用实践是与引介作用相联系但又有区别的学术贡献类型。应用实践性的研究一般通过调查以及(或者)运用某一理论和方法,回答、解决某一具体的现实问题,或对某些具体的实践进行评估。引介与应用实践性的研究成果,均旨在回答一个具体的现实问题,而非理论的建构或检验。

在国外中国旅游研究的早期,尤其是20世纪80年代,大量引介性研究成果的出现,积极地向国外学界和业界介绍了中国旅游业发展的现实情况,为国外了解中国旅游发展的实践提供了渠道,一定程度上促进和加深了对中国旅游发展的了解。这一阶段的引介性研究,主要集中在中国国际旅游发展方面(当时以入境旅游为主导),如舒查特(Schuchat)对中美两国在接待来访文化交流团时表现出的文化差异的阐述[12]、卢、克劳普顿和里德(Lu, Crompton & Reid)对来华美国游客在中国的经历中所遭遇的文化冲突的文本分析[26]、迈克和怀特(Mak & White)对中国和亚太地区其他主要经济体的国际旅游发展的比较性描述[27],都是这一阶段引介性研究的典型。

旅游研究是一个应用性较强的社会科学领域,其发展演化并不能脱离于旅游发展所出现的种种现象及问题。受国外旅游学界和业界对于了解中国旅游发展现实和趋势的迫切渴望的驱动,在"解决具体问题"的现实导向下,近年来国外旅游学界也涌现出了大量以应用实

— 7 —

践为主的研究成果。举例来说,随着中国旅游市场格局的逐渐演化,近年来中国出境旅游市场的蓬勃发展在国际学界和业界引起了极大关注。出境旅游市场规模的测度和主要客源城市的识别、出境旅游市场特征等成为研究热点,如李想等的研究,基于非农人口规模和通过大规模电话访谈所获取的出游意愿比例等数据,测算出中国内地出境旅游市场的规模(出境目的地不包括港澳地区)为2200万人次,并识别了一线城市和二线城市中的主要出境旅游城市[28];斯巴科斯和潘(Sparks & Pan)以上海赴澳大利亚旅游市场为例,调查分析了潜在市场的出游动机、限制因素以及信息来源[29];高和林(Kau & Lim)基于动机、感知价值和满意度对中国内地赴新加坡的旅游市场进行了聚类分析[30];特罗恩和金(Truong & King)对中国内地赴越南的游客的满意度与其行为倾向之间的关系进行了实证分析[31];瑞安和谷惠敏(Ryan & Gu)对中国和新西兰的学生在选择加利福尼亚作为旅游目的地时在线路设计方面所表现出的差异进行了调查分析,并认为文化差异是导致这种差异的主要原因[15]。此外,应用实践方面的其他研究成果还有:谢飞帆和沃尔(Xie & Wall)通过对海南三亚黎族风情村、保亭槟榔谷及兴隆亚洲风情园的游客的问卷调查,对游客的真实性感知、感兴趣的吸引物、感知的服务质量及经济影响等进行了描述性分析[19];王等比较分析了中国、韩国及日本的生态旅游政策所面临的机遇和挑战,以及为了更好地实施生态旅游管理所必须采取的措施,在此基础上提出了发展中国生态旅游的若干政策建议[32];胡和沃尔(Hu & Wall)对海南三亚南山文化旅游区的环保实践及其对旅游区的形象和吸引力的提升作用进行了评估[20];薛、库克和蒂斯戴尔(Xue, Cook & Tisdell)运用旅行成本方法(travel cost approach)对长白山保护区的生物多样性及其对保护区旅游价值的贡献进行了测算[33]。

4.2 理论检验方面

理论来源于经验的实践,是一种抽象的、系统的认识,其目标是对经验现实做出解释[23]。在社会科学研究中,理论检验是指在研究中将已有的理论解释应用于特定社会现象,并用经验事实对其进行检验的过程,是一个对原有理论进行证实或者证伪的过程。从理论发展的角度来看,理论建构与理论检验彼此联系但又相互区别。理论建构过程以观察为起点,然后通过归纳的逻辑,得出解释这些观察的理论;而理论检验过程以理论为起点,通过演绎的逻辑,做出预言或预测,并通过对实际事物的观察来检验预言的正确性[23],以检验理论的解释力。因此,本文将从理论检验和理论建构两个方面来分别阐述国外中国旅游研究的学术贡献。

中国旅游研究,与其他的人文社会科学研究一样,虽然历经改革开放以来的快速发展,但在理论建构与发展方面与西方比较仍存在较大差距。因而,将首先在西方学界被提出的理论(模型或框架)用于解释中国旅游发展的实践以进行检验的研究成果,近年来也不断涌现,成为国外中国旅游研究的另一主要学术贡献领域。从研究的开展方式来看,这部分的研究成果主要由国外留学生或访问学者与其导师或是合作导师联合完成。从研究领域来看,这类研究主要集中于旅游地演化和旅游地形象与表征等方面。在旅游地演化研究方面,如黄、沃尔和米歇尔(Huang, Wall & Mitchell),范、沃尔和米歇尔(Fan, Wall & Mitchell)分别通过对上海朱家角和江苏甪直的实地案例研究,对创造性破坏(creative destruction)这一首先于北美地区提出的旅游地演化理论模型在中国古镇旅游地演化分析中的适用性进行了检验。通过对旅游投资、消费水平以及居民态度等指标的考察,两项研究分别指出,创造性破坏理论对朱家角和甪直这两个古镇旅游地的发展演化方面具有很好的解释力,它们在经历了创造性破坏模型的初级商品化阶段(early commodification)之后,进入了第二阶段的高级商品化阶段(advanced commodification)[21],[22]。在旅游地形象与表征领域,严澄和萨托斯(Yan & Santos)通过运用萨义德(Said)的"东方主义"(Orientalism)理论,采用批判性话语分析的方法,对中国作为旅游目的地的英文形象宣传视频《永远的中国》(China Forever)进行了分析,并对这一理论的解释力进行了检验[34]。研究指出,《永远的中国》通过表现一个永恒的、怀旧的、神话般和女性化的中国,迎合了西方世界对东方的想象;同时,它创造了一个降伏于西方对于现代性的理解和权威的现代中国。上述两点刚好体现了中国在全球化与现代化进程中的自我表征时的自我东方主义(self-orientalism)[34]。

4.3 理论建构方面

如前所述,理论建构始于对经验现象的观察,是以观察为起点,通过归纳推理,得出解释这些观察的抽象的、系统的认识的过程。因此,理论的功能就在于解释客观世界,理论建构的过程就是一种解释被提出、被创造、被拓展或被修正的过程。笔者从理论建构的阐述出发,对国外中国旅游研究的主要成果进行分析后发现,部分研究成果通过基于中国旅游发展实践的深入考察,拓展和丰富了现有的旅游研究理论,对旅游世界的客观现象提出了新的解释。在真实性研究领域,王瑜通过对丽江古城客栈的考察指出,为了迎合游客对"家"(home)以及对"他者"(other)的追求,客栈经营者不断地对客栈进行改造,从而一种量身定制的真实性(customized authenticity)得以产生,尽管这种真实性是舞台化的,但是游客仍趋之若鹜[35]。这项研究,突破了国内外真实性研究的主体/客体二元对立框架,从主客交往场所的角度,对真实性的产生与游客感知进行了深入的考察与阐述,提出了"定制化的真实性"这一概念,拓展和丰富了现有真实性研究的理论视野和分析框架,具有较强的理论价值。同样以丽江古城作为案例地,苏晓波和张佩哲(Su & Teo)通过对各级政府和古城纳西族居民之间的权力结构以及互动的分析指出,丽江古城纳西族居民通过对四方街、新华街的"巧妙"的"空间争夺",获得了表征自我文化认同的渠道和机会[36]。二人通过对丽江古城利益相关者之间的互动进行深入考察,挑战并突破了以往"国家—市民"二元对立的、静态的结构主义视角,基于后结构主义的整体的、动态的视角,对旅游开发中国家与居民的互动关系进行了实证研究,从而拓展了现有关于旅游开发中政府与当地居民权力结构与互动的研究视野,具有较强的解释力和理论推广价值。然而必须指出,在现有的国外中国旅游研究文献中,具有较高理论价值的成果还远远不够。

5 结论与讨论

本文通过对发表在8本英文旅游学术期刊上的文献进行梳理,对国外中国旅游研究进行了基于学术贡献视角的阐述和评价。研究发现,国外中国旅游研究作为一个学术领域,其主要的学术贡献还主要集中在引介、应用实践和理论检验方面,而深入扎根于中国旅游发展的本土经验形成抽象的、系统的认识的研究成果还不够。

早期的中国旅游研究作为一个新兴的学术领域,在中国旅游发展及相应的学术研究尚不被西方旅游学界所了解和熟知的情况下,引介性的分析确实促进了国外旅游学界和业界对中国的了解;实践、应用导向性的研究成果也为某一特定领域的发展实践提供了决策依据和政策建议。然而,随着中西方旅游学术交流的进一步开展以及中国旅游研究国际影响度的逐步提升,描述性的分析显然已经不能满足西方乃至整个全球学界和业界对中国旅游研究成果的需求和期待。随着旅游研究的逐渐深入和成熟,中国旅游研究理应为全球旅游研究的理论成熟与发展做出相应的贡献,而单纯的实践、应用导向性研究与理论检验研究可能并不能满足这种需求与趋势。然而,即便是在这种背景和需求之下,近年来仍有不少引介性成果发表于各大旅游学术刊物;不少研究也潜心于回答和解决某些具体的现实问题,而很少有研究真正扎根于中国旅游发展的本土经验实践,形成抽象的、系统的认识,以进行理论建构。

那么究竟是什么原因导致了上述现象的出现呢?笔者提供以下3个方面的尝试性解释,仅供学界参考和交流,以期抛砖引玉。

首先,现实需求是其中的重要驱动力。尽管国内外旅游学术交流和业界沟通已经实现了较大突破,但国外旅游学界和业界对中国内地的旅游研究和旅游发展实践仍然不甚熟悉,但又非常迫切地希望了解中国内地的旅游发展与相应的旅游学术研究进展。因此,从旅游研究成果的现实"需求"的角度来看,引介和应用实践导向性的研究成果的大量出现自然有其合理性,也有其重要的价值。

其次,学术认知的差异也是其中的重要原因。国外中国旅游研究领域内的一些引介和应用导向性的成果,对于熟悉中国现实的内地旅游业界和学界而言,也许并不新奇,但其本身可能就是针对其所处的西方学界或"以英语为母语"(Anglophone)的学术共同体的;而如前所述,在西方学界或"以英语为母语"的学术共同体中,中国旅游及其学术研究乃至整个中国都可能是陌生的,因而这种引介和应用导向性的成果也是"新的发现"和贡献。

再次,研究可进入性(research accessibility)问题值得引起特别的关注。笔者认为,在国外中国旅游研究中,作为研究客体的"中国",对于广大的国外旅游学界而言,仍然并非触手可及的研究地域和对象。如果说,整体意义上的国外中国研究,已经实现了从"远观人类学"向"解剖麻雀"的转变[37],那么国外中国旅游研究,作为国外中国研究的重要分支,其现实状况还尚未如此。海外学者进入中国内地进行旅游研究,首要解决的可进入性问题就是语言。思维恩、奥克斯等在20世纪80年代晚期进入中国西南地区开展较为深入的实地调研就曾得益于较为流利的中文。然而,随着中外学术交流与合作的深入,并囿于语言限制,外籍学者赴中国内地独立开展实地调研已经逐渐被中外合作研究所取代。如前文所述,从目前国外学界中国旅游研究的主要力量来看,海外华人华侨学者(包括留学生)是主导,虽然受"本土情结"、学术路径依赖、学术职业前景考量等原因持续关注中国,但对快速变迁的中国以及中国旅游发展实践的学术研究,需要不断深入的实地调研,以把握最新进展和趋势,然而可能受制于研究可进入性(调研地域的社会关系资源、时间、调研经费以及相应的背景知识和理论储备等),一些研究仍然只能局限于"远观人类学"式的考察。因此,这些学者虽然掌握了西方前沿的理论、批判性的分析视角和规范的研究成果表述方式,但是,对现实中国的理解程度、研究的深度和解释的力度仍然有待进一步提升。

诚如"当代中国研究已经成为一种世界性的学术研究工作"[38],"当代中国研究不仅仅只是海外中国研究,而会成为包括中国学者研究在内的世界性的社会科学"[37]一样,中国旅游研究理应也已经开始逐步发展成为包括全球所有有志之士在内的世界性的研究领域。那么,中国旅游研究作为一个世界性研究领域的未来究竟在哪里?在笔者看来,中国内地以外的学者的深入研究与理论提升固然是其中必不可少的途径,比如加大对中国内地旅游发展进行实地调研的力度和深度,强化国内外旅游学术交流和合作等,但中国内地旅游学界的本土学者更应肩负起提升中国旅游研究的理论水平的重任。就目前国外中国旅游研究的现状来看,中国旅游发展的经验往往作为西方发达国家所形成的知识与理论的检验或是应用对象,这些经验知识往往成为全球的普适性知识。中国改革开放30多年以来的旅游发展实践本身就是一个巨大的可供开展理论建构的"富矿",而中国本土的旅游研究者们拥有比国外学者更强的研究可进入性,如众多的规划实践机会以及与地方旅游业界更加紧密的合作关系等。因此,扎根于中国旅游发展实践的深入调查研究与理论思考而形成的系统的、抽象的认识,并不仅仅只是现有西方理论的补充或是扬弃,而同样可以形成具有普适性的经验知识,与西方的现有理论一起构筑成全球旅游研究的理论体系。因此,深入中国旅游发展实践进行理论提升,并实现同西方现有理论的对话乃至最终的超越与自我理论体系的建构,从而实现从"破"到"立"的愿景,将是中国内地本土旅游研究走向未来、走向世界的关键。

致谢:中山大学旅游发展与规划研究中心博士研究生翁时秀参与了本研究的部分讨论,华侨大学旅游学院硕士研究生张君为本研究的资料查找提供了帮助,在此表示感谢。

参考文献

[1] 保继刚.从理想主义、现实主义到理想主义理性回归——中国旅游地理学发展30年回顾[J].地理学报,2009,64(10):1184-1192.
[2] 保继刚.研究规范——中国旅游学术研究的基本前提[J].旅游学刊,2005,20(3):7.
[3] 肖洪根.社会科学的传统与旅游研究的未来[J].旅游学刊,2005,20(5):6-7.
[4] 张广瑞.关于中国旅游研究的思考[J].旅游学刊,2007,22(2):5-6.
[5] 陈钢华,黄远水.中国旅游研究国际影响度的比较分析与提升途径[J].旅游学刊,2008,23(5):91-96.
[6] Law R., Cheung P. An analysis of publications in leading tourism journals and its implications on China tourism research [J]. *Journal of China Tourism Research*, 2008, 4(1):78-97.
[7] 李星群,赵伟兵.国外中国旅游研究进展——《Annals of Tourism Research》、《Tourism Management》和《Journal of Travel Research》研究述评[J].旅游学刊,2007,22(3):90-96.
[8] 唐磊.中国学之学——"学科化"及其使命[EB/OL].中国社科院院报,http://www.cass.net.cn/file/20080626126738.html.2008-06-29.
[9] 吕拉昌,魏也华,林初升.中国城市地理研究的若干问题:海外学者的观点[J].人文地理,2006,(2):67-72.
[10] 韩军.跨越中西与双向反观——海外中国文论研究反思[J].文学评论,2008,(3):158-163.
[11] Julio Aramberri,谢彦君.中国旅游研究的多维视野——对国内与国外相关文献的评述[J].旅游学刊,2003,18(5):14-20.
[12] Schuchat M. G. State tourism in China and USA [J]. *Annals of Tourism Research*, 1979, 6(4):425-434.
[13] Swain M. Developing ethnic tourism in Yunnan, China: Shilin Sani [J]. *Tourism Recreation Research*, 1989, 14(1):33-39.
[14] Oakes T. Tourism and Modernity in China [M]. London: Routledge, 1998:1-20.
[15] Ryan C., Gu H. Spatial planning, mobilities and culture: Chinese and New Zealand student preferences for Californian travel [J]. *International Journal of Tourism Research*, 2007, 9:189-203.
[16] Ryan C., Gu H. Constructionism and culture in research: Understandings of the fourth Buddhist Festival, Wutaishan, China [J]. *Tourism Management*, 2010, 31(2):167-178.

[17] Buckley R., Cater C., Zhong L., Chen T. Shengtailüyou: Crosscultural comparison in ecotourism [J]. *Annals of Tourism Research*, 2008, 35(4): 945 – 968.

[18] Buckley R., Ollenburg C., Zhong L. Cultura landscape in Mongolian tourism [J]. *Annals of Tourism Research*, 2008, 35(1): 47 – 61.

[19] Xie P. F., Wall G. Visitors' perceptions of authenticity at cultural attractions in Hainan, China [J]. *International Journal of Tourism Research*, 2002, 4: 353 – 366.

[20] Hu W., Wall G. Environmental management, environmental image and the competitive tourist attraction [J]. *Journal of Sustainable Tourism*, 2005, 13(6): 617 – 635.

[21] Huang H. Y. B., Wall G., Mitchell C. J. A. Creative destruction: Zhu Jia Jiao, China [J]. *Annals of Tourism Research*, 2007, 34(4): 1033 – 1055.

[22] Fan C., Wall G., Mitchell C. J. A. Creative destruction and the water town of Luzhi, China [J]. *Tourism Management*, 2008, 29(4): 648 – 660.

[23] 风笑天. 社会学研究方法[M]. 2版. 北京: 中国人民大学出版社, 2004: 66 – 68, 70, 71, 22, 39.

[24] 盖尔·詹宁斯. 旅游研究方法[M]. 谢彦君, 陈丽, 译. 北京: 旅游教育出版社, 2007: 14.

[25] 叶继元, 等. 学术规范通论[M]. 上海: 华东师范大学出版社, 2005: 1.

[26] Lu W., Crompton J. L., Reid L. M. Cultural conflicts: Experiences of US visitors to China [J]. *Tourism Management*, 1989, 10(4): 322 – 332.

[27] Mak J., White K. Comparative tourism development in Asia and the Pacific [J]. *Journal of Travel Research*, 1992, 31(1): 14 – 23.

[28] Li X., Harrill R., Uysal M., Burnett T., Zhan X. Estimating the sizeof the Chinese outbound travel market: A demand – side approach[J]. *Tourism Management*, 2010, 31(2): 250 – 259.

[29] Sparks B., Pan G. W. Chinese outbound tourists: Understanding their attitudes, constraints and use of information sources [J]. *Tourism Management*, 2009, 30(4): 483 – 494.

[30] Kau A. K., Lim P. S. Clustering of Chinese tourists to Singapore: An analysis of their motivations, values and satisfaction [J]. *International Journal of Tourism Research*, 2005, 7: 231 – 248.

[31] Truong T. H., King B. An evaluation of satisfaction levels among Chinese tourists in Vietnam [J]. *International Journal of Tourism Research*, 2009, 11: 521 – 535.

[32] Wang S., Heo J., Yamada N., Hwang S. T. Comparison of ecotourism policies and implications for China's ecotourism development[J]. *Journal of China Tourism Research*, 2009, 5(3): 259 – 272.

[33] Xue D., Cook A., Tisdell C. Biodiversity and the tourism value of Changbai Mountain biosphere reserve, China: A travel cost approach [J]. *Tourism Economics*, 2000, 6(4): 335 – 357.

[34] Yan G., Santos C. A. "China, Forever": Tourism discourse and self – orientalism [J]. *Annals of Tourism Research*, 2009, 36(2): 295 – 315.

[35] Wang Y. Customized authenticity begins at home [J]. *Annals of Tourism Research*, 2007, 34(3): 789 – 804.

[36] Su X., Teo P. Tourism politics in Lijiang, China: An analysis of state and local interactions in tourism development [J]. *Tourism Geographies*, 2008, 10(2): 150 – 168.

[37] 吕德文. 在中国做"海外中国研究": 中国研究的立场与进路[J]. 社会, 2007, 27(6): 80 – 101.

[38] 周晓虹. 当代中国研究的历史与现状[J]. 南京大学学报(哲学·人文科学·社会科学), 2002, 39(3): 227 – 235.

Progress on Oversea Studies on China's Tourism:
A Review from the Perspective of Academic Contributions

CHEN Gang-hua, BAO Ji-gang

(Center for Tourism Planning and Research, Sun Yat-sen University, Guangzhou 510275, China)

Abstract: Based on the analysis of the overall situation about oversea studies on China's tourism as an academic field, the paper elaborates and evaluates its major progress from the perspective of academic contributions. It is found that the main academic contributions by oversea studies on China's tourism are concentrated in 3 aspects: introducing the progress of China's tourism development, applying and theoretical testing. However, rarely seen are theoretically constructive study outputs that are rooted deeply into China's tourism development. The authors hold the view that the information asymmetry existing in the academic circles both at home and abroad, non-flexible demand of oversea academic circle to know the experience of China's tourism development and the absence of research in-depth accessibility are the main reasons that lead to the insufficient study results of China's tourism overseas. Upgrading our theory along with the deepening practice of China's tourism development, conversing with and finally surpassing available western theories will be the key for China's indigenous tourism studies to head for the world.

Key words: oversea studies on China's tourism; academic contribution; theoretical development.

(原载《旅游学刊》2011年第2期)

中国体育旅游研究20年:述评与展望

杨 强[1,2]

(四川大学经济学院,四川成都 610065;2.成都体育学院经济管理系,四川成都 610041)

摘 要:以文献述评为基础,首先简要回顾了20年来中国体育旅游研究历程;从体育旅游概念界定、体育旅游类型分类、体育旅游专项规划和体育旅游发展对策四个方面对20年来国内体育旅游的研究成果进行了分析述评和研究。提出了:①体育旅游概念界定的本质属性关键看体育,旅游仅是其一般属性;②体育旅游概念在"体育"属性上的清晰界定,将为体育旅游的科学研究提供一个全新的理论框架体系;③体育旅游不仅属于旅游业,更是体育产业的重要组成部分;④体育旅游资源类型按照国家标准分为康体型、观光型和赛事型三种类型;⑤体育旅游的研究范畴应从"体育旅游资源"向"体育游憩资源"深化拓展;⑥体育旅游规划应向体育旅游"专项游憩规划"和"中高端业态规划"方向深化;⑦体育旅游发展对策需从产业融合的经济视角挖掘其深层次发展的瓶颈与障碍等观点与建议。最后从旅游业和体育产业的国家政策以及部门"十二五"规划对体育旅游的大力发展措施上,展望了中国体育旅游未来的研究前景、研究内容框架体系和旅游院校相应的调整与变革。

关键词:中国;体育旅游;述评;展望
中图分类号:G80-05
文献标识码:A
文章编号:1002-9826(2011)05-0090-11

1 引言

伴随着2008年北京第29届奥林匹克运动会的成功举办和国内旅游业的快速发展,体育旅游作为一种全新的休闲方式已成为居民新的消费热点,以体育赛事观赏、运动体验、户外休闲等为显著特点的旅游项目越来越受到消费者的推崇,体育产业与旅游产业融合发展的态势愈发明显。

2011年3月16日,国家发布《中华人民共和国国民经济和社会发展第十二个五年规划纲要》,其第十六章"大力发展生活性服务业"共有四节规划内容,其中第二节为"积极发展旅游业",第四节为"全面发展体育事业和体育产业"。明显看出,旅游业和体育产业都被中

基金项目:国家社会科学基金资助项目(11CTY016);成都体育学院博士点建设期专项资助项目。
作者简介:杨强(1977—),男,四川乐山人,讲师,主要研究方向为体育产业、旅游资源开发与规划、体育旅游与户外游憩管理,E-mail:roddy_xp@163.com。

央政府定为十二五时期需大力发展的生活性服务业的两个重要产业类别,而这两大产业类别通过产业融合所形成的体育旅游业态显然对于两大产业各自的发展乃至我国生活性服务业的整体发展都具有重要的产业价值。

本文在充分吸收利用20年来我国体育旅游研究理论与方法、期刊论文、国家社会科学基金课题等相关文献资料和研究成果的基础上,有针对性地选择体育旅游的核心期刊文献①,简要对我国体育旅游研究发展的历程进行回顾,重点对体育旅游热点研究领域的主要文献进行梳理归纳和评述分析,并就研究中存在的不足与问题进行了较为深入的探讨与展望,以期为中国体育旅游的研究提供一些新的思路和见解,从而推动我国体育旅游学术研究的发展。

2 中国体育旅游研究20年发展历程回顾

2.1 研究历程简要分析

中国体育旅游的科学研究与我国申办和举办夏季奥运会的失败、成功和盛大举办的发展历程是紧密相关的,其文献数量的发展与变化正好说明了这一发展轨迹②(详见图1)。

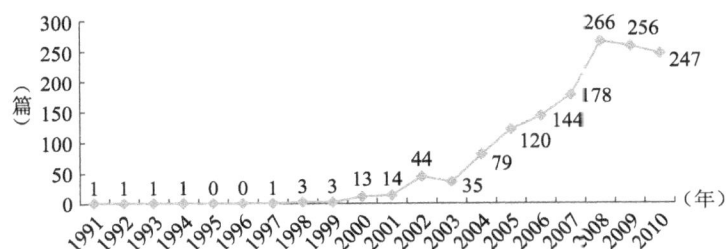

图1 体育旅游文献数量年度分布图(1991—2010年)

1990年北京成功地举办了第11届亚运会之后,1991年2月13日国家体委、外交部、财政部、北京市人民政府联合向国务院报送《关于申请在北京承办2000年奥运会的请示》,正式开始了我国第一次奥运会申办尝试。也正是这一年,开启了我国体育旅游的科学研究步伐——刘杰在1991年第1期的哈尔滨体育学院学报上发表了《论体育旅游》一文③,距今正好20年。

1993年9月24日,在国际奥委会全会蒙特卡罗的表决中,北京以微弱的两票之差落选2000年奥运会的举办权,奥运申办的失败也使得我国体育旅游的科学研究随之失去了良好的外部社会环境,刚刚有些萌芽的研究也进入了一个长达九年时间的低潮期,整个九年内体育旅游的研究文献数量仅11篇,甚至1995年和1996年两年没有相关文献。

---

① 鉴于对引用文献质量的考量,本文所评述和研究的体育旅游相关文献几乎都取自于2010版中文社会科学引文索引(CSS-CI)来源期刊的文献(含CSSCI扩展版来源期刊),以确保本文研究述评质量。
② 以"体育旅游"和"赛事旅游"为关键词,在中国期刊全文数据库(1980—2010年)中搜索出全部期刊有1408篇体育旅游相关文献,其中核心期刊为314篇文献。搜索时间为2011年3月10日22:40。
③ 据查,该文章为我国体育旅游科学研究的第一文献。查询数据来源为中国期刊全文数据库,搜索时间为2011年3月10日22:50。

随着2000年北京第二次开始申办奥运会,我国体育旅游的研究在当年也走出低谷,开始受到学界的关注。特别是2000年底,国家旅游局为了配合2001年的北京奥运申办工作,把我国2001年的旅游主题定为了"中国体育健身游"。借此,良好的外部环境也让2000年一年的体育旅游文献数量达到了13篇,超过了过去九年的文献总数量。

2001年7月13日北京成功获得2008年奥运会举办权后,学界对体育旅游的关注程度开始增加。文献数量从2001年的14篇上升到2002年的44篇、2004年的79篇;在北京奥运会倒计时1000天的2005年,体育旅游研究文献数量达到了120篇。奥运会倒计时的开始,我国体育旅游(奥运旅游)的研究也日趋受到高度关注,无论是《体育科学》还是《旅游学刊》都在此期间刊登了一批具有较高质量的体育旅游(奥运旅游)论文、笔谈和研究报告等成果。2008年北京奥运会举办当年,我国体育旅游的研究文献数量达到了266篇的顶峰,奥运会后的2009年和2010年文献数量也保持在了250篇左右,这说明我国体育旅游研究并没有随着北京奥运会的结束而昙花一现,而是在过去三年一直都受到了学界一定的关注度。

2.2 国家社会科学基金体育旅游课题简要分析

代表我国哲学社会科学研究最高水平的国家社会科学基金课题,经查询,从2002年到2010年共有6项体育旅游课题,详见表1。

表1 国家社会科学基金涉及"体育旅游"课题情况一览表

	作者	题目	作者单位	中国期刊全文数据库相关论文篇数	相关文献发表时间跨度
2002年	柳伯力	分析体育与旅游结合的机理,研究探讨西部地区体育旅游业发展对策	成都体育学院经济管理系	6	2002—2007年
2003年	周道平	西部民族地区开发体育休闲旅游产业的社会经济价值与实施对策研究	湖南吉首大学体育系	7	2005—2006年
2004年	于素梅	小康社会的体育旅游资源开发研究	周口师范学院体育系	11	2004—2007年
	李益群	2008年奥运会观战旅游的发展及对策研究	国家体育总局体育科学研究所	2	2006年(皆第二作者)
2008年	石晓峰	我国中部省区体育旅游联动发展研究	山西大学体育学院	2	2009—2011年
2010年	姜付高	我国滨海体育旅游带平衡发展和可持续发展研究	曲阜师范大学体育教学部	8	2002—2010年

国家社会科学基金涉及"体育旅游"课题的负责人几乎都来自于高校体育院系,说明了我国最高级别的体育旅游科学研究目前获得了体育学界的高度关注,研究学者中以柳伯力、周道平、于素梅和姜付高为代表。柳伯力(2002)从体育与旅游结合的社会文化背景、体育产

业和旅游业对经济的作用、体育和旅游产品的共同特征、体育与旅游活动内容的兼容性等方面研究认为,体育与旅游结合的机理是成立的,并在此基础上对西部体育旅游开发和休闲视角中的体育旅游给了重点研究(柳伯力,2007)。

周道平(2005)从西部民族地区体育旅游开发的支持与制约环境条件的角度,分析了西部民族地区体育旅游开发的经济、社会文化效应和开发现状,并结合体育旅游在西部区域社会经济发展中的联动效应,提出了西部民族地区体育旅游业发展的若干对策与措施(周道平等,2006)。

于素梅(2005)从探讨体育旅游的概念和内涵出发,对我国不同群体参与体育旅游的需求动机、认知情况等进行了现状调查与影响因素的分析研究,并以此为基础对小康社会的体育旅游资源开发进行了重点研究,也对我国体育旅游的开发与可持续发展提出了若干建议(于素梅,2007)。

姜付高(2005)从体验经济视角出发,分析了体育旅游的概念内涵、营销策略和城镇居民参与体育旅游的影响因素,重点研究了体育旅游文化的内涵与系统建构,以及体育旅游开发支持评价系统的各要素及其特点,并对我国体育旅游的适度开发提出了若干对策建议(姜付高等,2007)。

2.3 热点研究领域简要归纳

国内学者从不同角度对体育旅游进行了多方面的研究,经归纳其研究热点领域主要集中在以下5个方面:①体育旅游概念界定的研究;②体育旅游类型分类的研究;③体育旅游发展对策的研究;④体育旅游规划开发的研究;⑤体育赛事旅游(奥运旅游)的研究①。

3 中国体育旅游研究的四个热点领域述评

3.1 关于体育旅游概念界定的研究

对于体育旅游概念界定的讨论,几乎伴随了我国体育旅游理论研究的整个发展过程。国内众多学者由于对体育旅游的内涵和外延有着不同程度的认识与理解,迄今为止对于体育旅游概念的界定,学界仍未达成共识,争议仍然存在,探讨还在继续。20年来国内学界对体育旅游的界定也多达几十种,以下列举出10种具有代表性的体育旅游概念。

朱竞梅(2000)认为,体育旅游从狭义上讲,是以参加各类体育竞赛、会议、交流等为主要目的的旅游;从广义上讲,是以各种球类运动和水上水下运动、各类探险活动、康体休闲运动、汽车自行车越野、狩猎骑马、棋牌武术等为主要目的和内容的旅游。

汪德根等(2002)认为,体育旅游是旅游业的组成部分,它是以体育资源和一定的体育设施为条件,以旅游商品的形式,能为旅游者在旅行游览过程中提供融健身、娱乐、休闲、交际等各种服务于一体的经营性项目群。

闵健(2002)认为,体育旅游是人们以参与和观看体育运动为目的,或以体育为主要内容的一种旅游活动形式。

---

① 鉴于本文篇幅,体育赛事旅游(奥运旅游)的研究一般针对的是大型体育赛事如奥运会的旅游入境市场、奥运旅游营销方面的研究,在研究对象上与本文主题不是非常匹配。而且,奥运旅游的文献成果较为丰富,相关综述性文献也较多,因此本文不对体育赛事旅游(奥运旅游)进行研究述评,只针对前面四个热点研究领域进行述评。

戴光全(2005)认为,体育旅游是旅游者在旅游活动中以各种体育资源为依托和一定体育设施为条件的一种社会经济活动和社会文化活动的总和。

姜付高(2005)认为,体育旅游是人们利用休闲时间,暂时离开居住地,以非营利为前提,借助各种体育手段,以身心和谐发展,丰富社会文化生活,促进精神文明建设为终极目标而与体育旅游地、体育旅游企业及社会之间发生各种关系的社会文化教育活动。

昌晶亮等(2006)认为,体育旅游是人们出于体育需求或体育兴趣等体育相关动机(健身、娱乐、休闲、增长见识、参加或观看比赛等),离开其常住地前往异国他乡的旅行和逗留活动,以及由这些活动所引起的人、地、事三者之间的关系和由这些关系所引起的现象的总和。

于素梅(2007)认为,体育旅游是旅游者较长时间离开生活地以旅游和体育为主要目的,以休闲、娱乐、健身、探险等为主要动机,以欣赏、观看或参与体育运动为主要形式的旅行游览活动。

石岩等(2007)认为,体育旅游是以参与或观赏体育活动为目的,或以体育为内容而产生的一种短暂性的生活方式,是旅游者在旅游和暂时性停留中所引起的一切与体育有关的现象和关系的总和。

曲天敏(2009)认为,体育旅游是旅游者在休闲时间暂时离开居住地,在此过程中,以游览观光为主要内容,以欣赏、参与或观看体育活动为次要动机或部分内容,从而促进身心和谐发展,丰富社会文化生活的旅游活动形式。

宋杰等(2010)认为,体育旅游是游客在旅行过程中,依赖旅游地的自然环境、人文环境完成体育体验的一种社会文化活动。

总结以上具有代表性的体育旅游概念的定义可以得出,大多数学者对其内涵界定为:

1. 产业属性上:体育旅游是旅游业的组成部分,是一种旅游活动形式,是旅游活动的一种特殊产品;

2. 空间属性上:按照旅游本质属性之一的"异地性"特点,体育旅游被认定为需要离开常住地前往旅游地暂时停留中所产生的与体育资源有关的现象和关系的总和;

3. 动机属性上:体育旅游以参与体育活动为主要目的和主要内容,以欣赏和观看体育活动为次要动机或部分内容,即"主动参加与被动参观"的消费者行为模式。

从上述体育旅游概念的总结中可以看出,学界基本上都是从旅游学的角度去界定体育旅游的特征与属性,因此体育旅游的概念界定都是建立在旅游概念的基础上所形成的。但以下学者在概念界定上还有一些针对体育旅游的"体育"属性的更加深入的认识,表现在:

1. 从体育的角度看,体育旅游是一种休闲体育或假日体育,是人们参与体育的一种形式或活动的一种方式(闵健,2002);

2. 旅游与体育是相辅相成、互为作用的客观存在(于素梅,2005);

3. 体育旅游从作为一项体育性事业的角度看,可以视为异地的健身运动,是全民健身计划的具体落实(宋杰等,2010);

4. 体育旅游是体育与旅游交叉融合而产生出来的具有旅游和体育特点的新型产业(王辉,2010)。

从以上对具有代表性的体育旅游概念的界定中明显看出,国内学界对体育旅游概念的界定经历了一个逐渐深入的过程。在早期的研究中,侧重于用体育旅游的外延(具体内容和形式)来界定其概念(周珂,2005);随着研究的深入则开始用旅游的内涵(特征与属性)来界定,部分学者也同时意识到"体育"属性对体育旅游概念界定的特殊性。然而,对体育旅游概念的界定当前尚未达成共识,这一方面说明了体育旅游研究正处于起步阶段(康晓梅,2010;井铃,2010),但更说明这些概念界定本身还存在问题,笔者认为其主要问题是由于未充分把握住体育旅游的本质属性所造成的。国内体育旅游研究范畴更多聚焦于研究体育旅游中的"旅游"属性(金银日,2010),对于如何发挥体育功能并使其成为旅游吸引力的深入分析与研究还较少(唐小英,2005),对体育旅游概念中的"体育"属性缺乏深入认识与界定。闵健(2002)认为,随着我国体育产业的发展完善,对体育产业的类别和范围有了一致的认识和明确的统计口径之后,体育旅游也可定位于体育,从体育的角度去解释体育旅游。笔者非常赞成闵健这一具有前瞻性的观点,并且认为,体育旅游概念界定中的"异地性"、"同一性"和"审美性"等旅游属性仅是体育旅游概念界定的一般属性或表层属性,而体育属性则是其特殊属性或深层属性。因此,正是由于对体育旅游的"体育"属性缺乏正确深刻的认识,导致了20年来国内学界对体育旅游的界定难以深入和清晰。所以,若要对体育旅游概念有一个准确、客观、全面的界定,需要我们对体育旅游特殊属性的"体育"有以下三点充分的认识(详见图2):

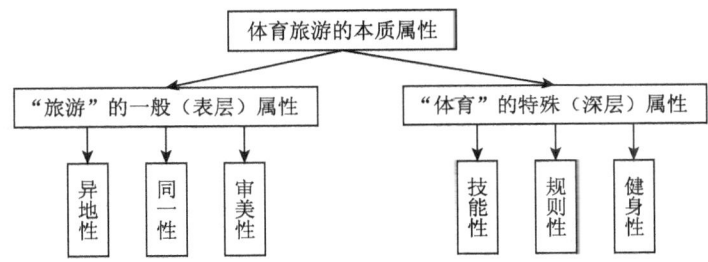

图2 体育旅游的本质属性树形图

第一,技能性。若旅游者不能掌握某项体育休闲运动的简单技能(如滑雪、潜泳、高尔夫、攀岩等),就不能有效地亲身参与其中并获得新奇感与体验感。因此,体育旅游在体育设施、体育培训和安全保障上有其专业技能性,体育旅游的开展始终离不开体育的专业技能指导。

第二,规则性。体育旅游相比于其他类型的旅游产品(如生态旅游、文化旅游、红色旅游)而言,其最大的差异点就在于旅游者若不了解某项体育赛事的比赛规则(如 NBA、世界杯)或者某些体育运动的竞赛规则(如高尔夫),就不能获得体育旅游过程中的愉悦感和紧张刺激感。

第三,健身性。体育旅游是以获得身体健康为需求动机的一种消费行为,这也符合以提高国民的身体素质作为新中国成立后发展体育事业的目的和宗旨,而且在《中华人民共和国国民经济和社会发展第十二个五年规划纲要》第十六章"大力发展生活性服务业"中也明确强调"发展健身休闲体育"。因此,"强身健体"是体育旅游业态的一个重要属性。

综上所述,体育旅游概念的内涵关键看其"体育"属性。国家体育总局局长刘鹏认为体育旅游是以体育作为内涵、以旅游作为载体的一种新型的休闲生活方式①。因而,体育

---

① 刘鹏于2010年12月举办的"2010中国体育旅游发展论坛"上的讲话。

旅游必须以体育运动、体育赛事、体育场馆等体育资源为内涵，无论是作为旅游旁观者进行观赛，还是作为旅游参与者亲身体验，都需建立在以体育竞赛规则、体育技能培训、体育规范标准和体育安全保障等为前提下才能满足大众的体育健身需求。换句话说，"旅游"只是作为一种市场化载体去实现体育观赛需求和体育健身需求的手段而已。因此，对体育旅游概念的"体育"特殊属性的内涵界定，使我们能明确体育旅游发展之魂在"体育"，即如果体育产业不能为旅游业提供优良安全的运动设施，简单易学的运动技能，激情娱乐的赛事氛围，强身健体的健康意识，体育旅游的外部旅游载体也自然不会在市场中存在。

总之，体育旅游概念是架构体育旅游理论体系的基本点和出发点，是研究问题的基础，也是反映思维对象的本质属性（杨强，2006），如果不能科学地对其界定，体育旅游理论体系则难以发展与完善。因此，本文对体育旅游概念在"体育"属性上的清晰界定，将为体育旅游的科学研究构建一个全新的理论框架体系，而这一体系也正是本文对体育旅游理论上的一种全新的解构和重构。同时，基于对体育旅游概念界定的清晰，我们也将对体育旅游的产业属性会有一个崭新的认识。吴必虎等（2007）认为，一般而言从旅游角度认为体育旅游是众多旅游产品中的一种，但是从体育角度来看，可以认为体育旅游是体育产业的一项重要的关联产业，因此可以认为体育旅游具有双重属性。笔者赞成吴必虎的这一观点。体育提供资源、旅游带来市场，体育旅游在产业属性上具有双面性，因此其不仅是旅游业的一部分，更是体育产业的重要组成部分，本质上是体育产业，是体育多元化功能的重要体现。

3.2 关于体育旅游类型分类的研究

体育旅游资源的界定和分类，是体育旅游科学研究最基础的工作（袁书琪，2003）。目前，关于体育旅游产品分类的研究在相关文献中虽提出了一些分类标准，但因标准不全面而没有达成一致的意见。例如，汪德根等（2002）从市场细分的角度将体育旅游分为休闲体育旅游、健身体育旅游、体育观战旅游、刺激体育旅游、竞技体育旅游等；于素梅等（2005）从旅游者行为的角度，将体育旅游分为参与型体育旅游资源和观赏性体育旅游资源；邓凤莲（2006）从资源开发的角度，将体育旅游分为休闲体育旅游资源、健身体育旅游资源、体育观赏旅游资源、体育赛事旅游资源、竞技体育旅游资源、冒险体育旅游资源和民间民俗体育旅游资源等七种类型；李天元等（2006）从旅游需求角度出发，将体育旅游类型划分为观看比赛型的体育旅游、亲身参与型的体育旅游和文化体验型的体育旅游。可见，体育旅游产品的类型分类从两分法、三分法到五分法、七分法都有，究竟哪一种分法最能体现体育旅游的内涵属性和市场特征？笔者认为，从体育旅游资源的类型角度出发对其进行分类是最为合理的。

根据2003年2月由国家旅游局提出并由国家质量监督检验检疫总局发布的中华人民共和国国家标准《旅游资源分类、调查与评价》（GB/T 18972—2003），将该标准中涉及体育旅游资源的基本类型全部列出（表2）。

表2　《旅游资源分类、调查与评价》中涉及"体育旅游资源"的基本类型一览表

主类	亚类	基本类型	释义	代表性的体育旅游产品
F 建筑与设施	FA 综合人文旅游地	FAB 康体游乐休闲度假地	具有康乐、健身、消闲、疗养、度假条件的地方	成都西岭雪山滑雪场、深圳观澜湖高尔夫球会
	FB 单体活动场（馆）	FBD 体育健身馆（场）	开展体育健身活动的独立馆室或场地	鸟巢、水立方
H 人文活动	HC 民间习俗	HCD 民间健身活动与赛事	地方性体育健身比赛、竞技活动	龙舟比赛、草原赛马
	HD 现代节庆	HDD 体育节	定期和不定期的体育比赛活动的节日	奥运会、世界杯、F1方程式赛车等的节事期间

　　从表2可知,体育康乐休闲目的地、体育健身场(馆)、民族传统体育健身活动赛事与体育节庆都被认定是旅游资源的基本类型。因此,按照《旅游资源分类、调查与评价》的类型划分,体育旅游资源类型可分为康体型体育旅游资源(FAB)、观光型体育旅游资源(FBD)和赛事型体育旅游资源(HCD & HDD)三种体育旅游资源类型。相应的,从产品开发和消费需求的供需角度出发,体育旅游产品则包含了参与体育活动的旅游,观看体育比赛的旅游和寻访体育文化景点的旅游三种体育旅游产品类型(刘鹏,2010)①。

　　在明确了上述三种体育旅游资源类型前提下,是否体育旅游的研究就只在这三种资源范畴中呢?笔者以为并不是这样。楚义芳(1992)认为,在具体研究某一问题时,对于旅游资源可以有灵活的界定,以便于研究中的技术操作。西方学者有时将旅游和休闲利用的资源一起考虑,统称为游憩资源(recreation resources)。游憩资源的定义是在旅游资源界定基础上再将休闲活动所利用的资源一起包括进来的。在分类时,游憩资源包含的种类要丰富一些②。同时,张凌云(2009)对旅游的本质属性的"异地性"给出了"非惯常的生活和工作环境"这一提法,即不管空间尺度多大,只要离开"惯常的生活和工作环境"就是进入了异地,就是"旅"。哪怕是同一城区,就像北京人到奥运场(馆),到了鸟巢,只要不是自己惯常的工作场所和生活环境,就是到了"非惯常的生活和工作环境",就发生了"旅"。王玉海(2010)也认为,旅游的定义是"旅且游",是人们利用闲暇时间对非惯常环境的一种体验,是一种短暂的生活方式和生存状态。关于旅游概念在本质属性上"异地性"的最新界定为体育旅游资源的研究范畴也给出了一个崭新的认识。中国旅游未来研究会(2011)发布的《新10年中国旅游发展趋势预测》认为,21世纪第二个10年中国旅游业发展的一个显著特征是:"居民的本地休闲与异地旅游将因其同一的休闲实质而难于作出本质的区分。"因此,基于这一特征趋势并借鉴西方学者的研究思路,体育旅游资源可将体育旅游和体育休闲所利用的资源统

---

① 刘鹏于2010年3月举办的"2010博鳌国际旅游论坛"上的讲话。
② 游憩,来源于拉丁语,意思是恢复更新,含有"休养"和"娱乐"两层意思。加拿大学者斯蒂芬·L.J.史密斯在其《游憩地理学》中论述道:"在实际应用中,游憩常常意味着一组特别的可观察的土地利用,或者是一套开列的活动节目单。游憩还包括被称为旅游、娱乐、运动、游戏以及某种程度上的文化等现象。"

筹一起考虑,从而对体育旅游产品的研究范畴从"体育旅游资源"向"体育游憩资源"深化拓展。这样,体育游憩既包含了在居住地的本地居民体育休闲活动,也包含了在旅游地的访客体育旅游活动。在《国民旅游休闲纲要》即将付诸实施的社会背景下,体育休闲势必将成为国民旅游休闲中一个非常重要的产品业态,因此对体育游憩资源的研究要比仅对体育旅游资源的研究将更为全面与深入,也将更能适应《国民旅游休闲纲要》实施后体育游憩业态发展的需要①。

3.3 关于体育旅游发展对策的研究②

"中国的体育旅游业目前还处于起步阶段,没有形成规模化的经济效应"。提及中国体育旅游是否已成气候,业内人士几乎给出了同一答案(马敏,2010)。当前,我国体育旅游发展还存在不少问题,制约发展的因素主要有以下五点:①政府职能缺位,部门间合作配合的积极性不高,缺乏交流合作(吴必虎等,2007;徐虹,2008);②体育旅游缺乏统一规划,整体规划和协调发展(邓凤莲等,2006;吴必虎等,2007);③体育旅游经营者观念落后,产品形式单一,品种较少,且经营环境不规范(吴必虎等,2007;徐虹,2008);④开发人才缺失,体育旅游专业人才匮乏(邓凤莲等,2006;吴必虎等,2007;徐虹,2008);⑤体育产业发展不同步,资金投入不足,全社会对体育旅游文化的理解程度不够,体育旅游规模效益和品牌效益尚未形成等(邓凤莲等,2006;吴必虎等,2007;徐虹,2008)。基于以上体育旅游发展中所出现的问题,国内相关文献做了大量的对策性研究,经归纳主要从政策环境、发展规划、产品设计、宣传营销、品牌建设、人才保障、安全机制和其他对策等八个方面提出了体育旅游发展的对策建议。

1. 政策环境对策:要创新机制、营造有利于体育旅游发展的政策和环境,强化体育旅游项目与旅游业发展的整体关联度,并加快体育旅游业与城市体育产业的整合,扩大体育旅游的社会动员面(朱玲等,2006);体育旅游资源的开发要有全社会的支持和参与(邓凤莲等,2006);从战略上提高对体育旅游产业化建设重要意义的认识,扩大投资渠道,制定相关政策(于素梅,2007);加强政府部门在体育与旅游之间的合作与交流(吴必虎等,2007);制定建设体育旅游产业强国的发展战略目标(王辉,2010);深化改革,形成体育旅游产业发展的良好环境(张卉等,2010)。

2. 发展规划对策:制定一项可持续发展的体育旅游远景规划(冯淑凤等,2001);加强体育旅游产品发展的科学规划和指导(汪德根等,2002);建立规范化、专业化的体育旅游资源开发管理体系(邓凤莲等,2006);整合体育旅游资源,加强体育旅游资源的保护和建设,保障体育旅游资源的可持续发展(于素梅,2007);加强体育旅游发展规划的制定(吴必虎等,2007)。

3. 产品开发对策:突出体育旅游资源特色,开发双休日短线体育旅游产品,开发健身休闲旅游度假区(冯淑凤等,2001);发掘体育旅游资源,推出专项体育旅游产品(汪德根等,2002);优先发展民俗体育旅游(吴必虎等,2007);大力开发体育旅游产业专项产品(王辉,2010)。

4. 宣传营销对策:设计体育旅游产品形象,加强宣传和促销,推广体育旅游(冯淑凤等,2001;汪德根等,2002;邓凤莲等,2006);加强宣传,提高服务质量,促进体育旅游资源的充分

---

① 鉴于本文研究对象为"体育旅游",此处"体育游憩"的提法可能会使本文后半部分的论述出现研究对象上的混淆,因此此处之后对体育游憩的论述视同为"体育旅游"。

② 经粗略统计,本领域的文献占了体育旅游全部文献的近80%的比例,成为了绝对的研究焦点。

利用和发展(于素梅,2007)。

5.品牌建设对策:确立体育旅游开发圈的主导性项目,以优势资源及配套建设打造体育旅游品牌(朱玲等,2006);创建具有时代特色的体育旅游品牌(陈宝珠,2007);集中力量打造一批有影响力的体育旅游品牌,树立品牌形象,实施体育旅游品牌战略(邓凤莲等,2006;于素梅,2007;吴必虎等,2007)。

6.人才保障对策:加强体育旅游人才的培养,开发体育旅游产业的人力资源,加强体育旅游活动的消费指导及项目管理(冯淑凤等,2001;朱玲等,2006;邓凤莲等,2006;陈宝珠,2007;于素梅,2007;吴必虎等,2007)。

7.安全机制对策:加强监督机制,重视安全保障(汪德根等,2002);加强体育旅游法规规划,重视和完善体育旅游的法律、法规建设(陈宝珠,2007;吴必虎等,2007;张卉等,2010)。

8.其他方面对策:建立完善的区域体育旅游市场体系,培育特色体育旅游市场(周道平,2005);加强体育、旅游两大产业的相互融合,建立体育旅游产业融合机制(陈宝珠,2007,王辉,2010);加强体育旅游网络化建设,创建体育旅游信息库(于素梅,2007;吴必虎等,2007);加强体育旅游的科学研究(吴必虎等,2007);走集团化、战略联盟、产业集群的体育旅游企业发展路径(张卉等,2010)。

以上八个方面的对策建议在一定程度上对我国体育旅游发展有较好的理论指导实践的促进作用,但同时也在研究方法和手段上存在一些问题。石岩等(2007)认为,体育旅游发展对策的研究一般按照"现状—对策"的研究范式,多停留在描述性分析上,低水平重复研究过多;缺乏建立在实证基础上的优化研究;缺乏对具体体育旅游产品的深度规划开发的研究。同时笔者也认为,体育旅游发展对策的研究缺乏对体育旅游产品市场动态与发展变化的跟踪研究,使得某些对策与建议缺乏针对性与时效性;而且部分对策简单照搬其他旅游产品类型发展的对策建议,缺乏创新性和有效性。对于体育旅游发展对策所出现的以上问题,究其原因主要还是由于体育旅游被学界界定是旅游业的一部分,是一种旅游产品,因而主要从旅游的角度去寻找对策,导致了对策建议的研究产生了上述种种问题。因此,应在明确对体育旅游的"体育"属性研究基础上,突出对体育旅游的"体育产业"属性的对策研究。

2009年12月10日,国家体育总局和国家旅游局在第三届中国体育旅游博览会上联合发布的《关于促进体育旅游发展倡议书》中提到"从战略的高度进一步提高对体育旅游融合发展的认识"。如前文所述,体育旅游是以体育作为内涵、旅游作为载体,体育提供资源、旅游带来市场的业态,是体育产业和旅游产业融合的交叉产业。所以,无论是旅游产业还是体育产业,其产业结构高级化的重要路径之一就是旅游产业与体育产业在更大范围和更大程度上的产业融合。体育产业获得快速健康发展的主要途径就是其与文化创意产业、旅游产业、媒介产业、博彩产业等相关产业的高度产业融合,以此实现体育产业自身产值规模的增加和产业结构的高级化。而在这个发展过程中,旅游业也同样会获得巨大的产业效益,因为旅游产业仍需要寻求其产业结构的高级化与产业发展优化转型——即旅游业也需要与文化创意产业、体育产业、博彩产业和信息产业的进一步产业融合。因此,在旅游产业和体育产业的产业结构高级化的演变进程中,也将集中反映在体育旅游相互促进、融合发展的规模与质量上。

基于上述观点,体育旅游发展对策若仅从产品规划、宣传营销、品牌建立和人才培养等措施去寻找解决办法,这只是触及到了体育旅游发展对策的表层次问题,深层次问题是旅游产业与体育产业在两者产业融合发展上还存在大量的瓶颈与障碍,具体表现在:第一,虽对体育旅游的产品开发、市场策略与发展对策研究较多,但对旅游业与体育产业融合的机制在其内涵与本质上认识不够,两者机制融合出现"能力障碍",相关文献缺乏对体育旅游业态在技术融合与标准融合上的深入研究;第二,体育旅游发展的政策与制度环境成为其发展的最大瓶颈,两者政策融合出现"制度障碍",产业政策与制度安排是体育旅游发展的推动力,但相关文献几乎没有专门对体育旅游业态的相关产业政策与制度创新设计进行研究;第三,体育旅游产品始终未形成旅游消费市场主流,产业规模小且发展速度缓慢,体育旅游产品融合和市场融合出现被边缘化的"需求障碍",相关文献缺乏对体育旅游业态的利益主体(供给商、消费者、政府部门等)的市场结构、企业行为和市场绩效(SCP)等需求障碍问题的有效研究。

围绕上述三大障碍的研究,将有利于正确认识和准确把握旅游产业与体育产业的融合本质和规律,以采取更加有利的制度创新与政策措施推动体育旅游业态融合发展。换言之,深入研究旅游业与体育产业的产业融合发展的机制、制度和市场等理论问题,方能切实提出系统完善且具"有效性"的体育旅游发展对策与建议。

3.4 关于体育旅游规划开发的研究

韩忠培(2005)认为,体育旅游应加强规划研究,针对体育旅游的结构、功能、特点,综合开发体育旅游资源。吴必虎等(2007)认为,体育旅游发展需要进行体育旅游发展规划,其必要性体现在:①整合中国的体育旅游资源,形成中国体育旅游品牌;②预测体育旅游需求,开发体育旅游产品,使中国的体育旅游供给能够跟得上不断增长的需求;③合理配置体育旅游设施,减少资源的浪费与重复建设;④体育旅游规划可以调节相关利益主体的利益分配,使得利益分配更加公平合理。宛霞等(2010)认为,指导体育旅游规划实践的理论多为旅游规划理论,能够真正适合体育旅游规划的理论并不多。正如吴必虎和宛霞所言,体育旅游发展规划的研究对体育旅游业态的发展非常重要,因为其规划的数量与质量决定了体育旅游产品的供给规模与档次,但本方面的研究成果目前非常少。究其原因,笔者认为在体育旅游资源规划开发的理论研究上,存在着"两不管"的尴尬局面,即一方面旅游学者一般不具有体育产业的学术背景和实践经验,另一方面体育学者一般也没有旅游规划和城市规划的学术背景和实践经验,由此造成了体育旅游资源规划上的学术研究空白。同时也造成在相关文献中几乎未涉及体育旅游资源规划理论的研究,而更多的是运用"问题—对策"的研究方法提出体育旅游的规划开发对策与建议,明显缺乏体育旅游规划的理论与实证的研究成果,集中表现在以下三个方面。

第一,缺乏对体育旅游设施的空间规划、形态规划和创意规划等专项产品规划理论研究。专项产品规划体系是未来中国旅游规划的一个重要趋势,专项旅游规划需求日益增大,从国家和区域(省)的角度优化资源的利用,将建立各具特色的产品基地,如漂流基地、登山基地、独木舟基地等(吴承照,2009)。

第二,缺乏对体育旅游项目的规划新方法、新技术的应用研究。没有新方法、新技术武装的旅游规划在规划市场竞争中将会失去规划竞争力(吴承照,2009)。当前,国内体育旅游项目的专项规划几乎主要都是由国外的规划设计公司完成。例如成都西岭雪山滑雪场和成都仙林谷乡滑雪场规划都是由法国的一家山地旅游规划公司设计完成的,中国第一条户外铁道式攀岩也是由国外的户外运动规划公司设计完成的,我国的高尔夫球场规划也都是由国外规划公司设计完成。因此,需要充分借鉴与吸收西方国家体育旅游专项规划的技术手段与规划经验,提高我国体育旅游专项规划解决实际问题的理论水平与实践能力。

第三,开展体育旅游规划必须要解决规划团队利益平衡的问题。由于体育旅游的双重属性决定了其利益主体众多,因此规划团队人员的合理组合才能够让规划公平合理(吴必虎等,2007)。基于此,体育旅游项目规划团队除了与地方旅游部门打交道外,更需接受地方体育部门的行业指导,同时规划团队中也一定要有体育产业方面的专家成员,其对体育竞赛表演业、体育健身场(馆)业和体育休闲娱乐业等要有丰富的理论素养与产业实践经验。

吴承照(2009)认为,休闲游憩规划体系将成为未来中国旅游规划的3套体系之一,是旅游规划建立在市场需求基础上的必然要求;未来旅游规划的重要变革之一就是内涵拓展将从观光转向游憩,从经济回归生命的本质,将更加关爱生活,关爱健康和关爱社区居民。笔者非常赞成吴承照的观点并且认为,体育游憩专项规划应是休闲游憩规划体系中的一个重要组成部分,将势必成为当前和未来中国旅游规划的新方向和新思维。但如前所述体育旅游的本质属性为"体育",因此体育旅游资源的规划开发实质上应是体育产业资源规划开发的一个重要内容,因而更需要从体育产业的角度去研究体育旅游资源的规划与开发。所以,体育旅游资源的专项规划需要针对体育产业功能区、体育健身场(馆)、体育游憩场地资源、全民健身公共服务体系、体育赛事与体育节庆活动等这些具有鲜明体育产业特征的体育资源在游憩规划上开展理论研究。所以,针对目前体育旅游规划现状,应具体在以下五个方面开展专项规划研究。

第一,以国家体育产业基地为代表的体育产业功能区的游憩规划研究。截至目前,国家体育总局批准了六个国家级体育产业基地[①]。国家体育产业基地无论是被看成体育产业聚集区还是功能区,从国家"十二五"规划对体育产业界定为"生活性服务产业"定位来看,国家体育产业基地应是一种主要以体育游憩为核心的功能区,并能结合地方文化特色从而成为本地的游憩吸引物。目前,以国家体育产业基地为代表的体育产业园区的专项游憩规划还是一个理论研究空白,需加强对其为代表的体育产业功能区的专项游憩规划、游憩管理和游憩开发的研究。

第二,体育场(馆)的专项游憩规划开发研究。在所有体育旅游文献中,都忽略了(或者不知道)体育场(馆)是一种旅游资源基本类型,因此在体育旅游规划开发上也没有人专门去研究体育场(馆)的游憩规划。因此,需对体育场(馆)开展专项的游憩规划研究,从游憩规划和商业规划等多维角度进行体育场(馆)的重新规划与再定位。目前,在中央渐进调控房地产住宅市场的大背景下,国内地产商已经意识到转型时刻的到来,一些民营和国有性质的知名大型地产开发企业正着手将经营的重点由住宅地产转向商业地产。笔者研判,大量处在中国城市核心地段的体育场(馆)将成为未来中国十年商业地产开发的焦点与热点,要么改扩建,要么拆除新建,中国的体育场(馆)势必将迎来一场"体育休闲主题化"商业地产的开发热潮。因此,体育场(馆)的休闲游憩规划、体育场(馆)演艺产品规划、体育场(馆)商业业态

---

① 国家体育总局从2006年4月开始截至目前,先后批准了广东深圳、四川成都、福建晋江、北京龙潭湖、浙江富阳和山东乐陵六个国家级体育产业基地。

空间规划等相关的理论研究需要跟上这轮产业发展趋势,甚至应走在产业实践的前面。

第三,新兴中高端体育游憩场地资源的专项规划研究。体育旅游产品研究当前主要是针对户外运动、探险旅游等中低端业态,缺乏对新兴中高端体育游憩场地资源的研究,同样也缺乏对高端体育旅游项目的休闲游憩规划。诸如高尔夫球场、赛马场、滑雪场、狩猎场、航空运动基地、帆船运动基地等一批中高端体育游憩项目规划,将成为未来中国休闲游憩专项规划的重点与热点。

第四,全民健身公共服务体系的游憩规划研究。国务院于2011年2月颁布了《全民健身计划(2011—2015)》,全民健身公共服务体系的建立将成为"十二五"时期的一项重要工作实施。全民健身公共服务体系从游憩规划角度讲,就是一种公共休闲游憩服务体系。休闲游憩规划体系是城市健康工程的重要组成部分,立足于城市居民的健康需求、社会交往需求、生活质量需求而建立的空间体系与经营管理体系,欧美很多城市均编制了城市休闲游憩系统规划(吴承照,2009)。因此,结合《全民健身计划(2011—2015)》的实施,学界应加强对城市体育公园、城镇社区公共体育设施的休闲游憩规划研究。

第五,体育赛事节庆活动的游憩规划研究。2010年3月国务院办公厅发布的《关于加快发展体育产业的指导意见(国办发〔2010〕22号)》指出:"支持地方根据当地自然人文资源特色举办体育竞赛活动"的政策指导意见。笔者认为,这一政策信号将会使体育赛事旅游从国际大型体育赛事向具有地方特色的中小型休闲体育赛事的方向转变,因此具有节庆娱乐性质的地方特色体育赛事的游憩规划研究在当前和未来也将成为一个热点研究方向。

4 中国体育旅游研究总结与展望

4.1 研究总结

4.1.1 研究方法简单照搬

体育旅游的众多概念界定都把其内涵属性界定为"是旅游业的组成部分,是一种旅游活动形式,是旅游活动的一种特殊产品",因此未能充分认识和探究体育旅游在其"体育"上的本质内涵,导致体育旅游在研究手段上简单套用旅游学的一般理论与方法,并在无形中被拘泥于传统旅游学的理论框架体系之中,造成了体育旅游的各方面研究都存在一种"简单照搬"旅游学理论的研究范式。仅运用旅游学的一般理论去研究体育旅游,而没有从体育的本身产业特性的角度去研究体育旅游,是一种不完整也不严谨的研究方法和手段。

此外,也存在一些华而不实的体育旅游研究文献。此类文献仅仅是在"旅游"前面添加两个字"体育",就形成了一篇所谓的"体育旅游"论文,这样一种不严谨的学术研究态度将对体育旅游理论发展产生极大的危害,亟须纠正。

4.1.2 研究问题缺乏质量

保继刚(2010)认为,不仅旅游地理学领域,其他领域的旅游研究同样存在旅游研究成果的知识贡献不大的问题,很大程度上是因为这些成果普遍缺乏"研究问题",而研究问题则处于科学研究的核心地位,没有研究问题的研究,自然难以产生好的研究成果。

前文所述造成体育旅游研究在概念界定、类型划分、对策建议和规划开发等方面的成果质量始终一直不高,究其原因正如保继刚而言正是缺乏体育旅游研究问题的结果,尤其是近五年没有什么好的研究问题,导致了我国体育旅游理论研究始终在低层次问题上徘徊,缺乏理论研究的高度与深度。

4.1.3 研究实践缺乏深度

体育旅游消费市场本身的发展困境,导致了体育旅游理论研究缺乏生动的市场实践,尤其身处高校的部分学者往往与社会实践脱节,产生了很多闭门造车式的体育旅游理论研究结果。表现在理论上唱高调,如体育旅游如何如何好,如何如何有广阔的前景、巨大的市场,体育旅游市场在理论上"被繁荣"。但事与愿违,当前的体育旅游消费并没有成为旅游市场消费的主流,也没有成为体育市场消费的热点,市场规模还很弱小,但学界并没有对之有深入的研究与反思。面对体育旅游当前"残酷的现实、滞后的理论"现状,当前急需"深入实践、求真务实"的研究态度。

因此,体育旅游的研究者一定要深入参与到产业发展中去,才能在产业实践中发现好的研究问题,从而在研究中解决问题并产生高质量的理论研究成果。

4.1.4 体育旅游相关课程还未占有旅游管理专业课程一席之地,导致其研究还未引起更多学者的关注

目前,体育旅游文献数量占整个旅游文献数量比例还非常小①,始终没有成为旅游研究的热门领域。主要原因是由于体育旅游课程还未在旅游管理专业课程体系中占有一席之地,自然而然体育旅游的理论研究还未受到旅游学者的高度关注,导致在国内的旅游类学术著作中很少谈及体育旅游,关于体育旅游的专论也非常少。截至目前,国内开设体育旅游课程的高校数量不超过十家,主要集中在一些体育院校②,绝大多数高校旅游管理本科专业还未开设体育旅游等新兴休闲领域的课程。

同时,国内旅游管理专业发展当前也出现了一些严重问题,如旅游院系被边缘化、大学生对旅游专业认可度不断走低(石培华等,2010)、毕业生在本行业内就业率低、就业面狭小(就业去向基本停留在酒店或旅行社)等问题,专业建设目前已出现严重危机与发展瓶颈③。面对危机,旅游院系需要及时进行战略性调整,这还不仅仅是增加体育旅游课程的问题,乃是旅游管理专业在新十年所面临的一个全局性的危机与挑战。

4.2 研究展望

4.2.1 从国家层面政策到部门"十二五"规划都重点指出了体育旅游业态的发展重要性,这将有效促进体育旅游的发展与研究

2009年12月,国务院发布的《关于加快发展旅游业的意见》在多处指出了旅游业与体育产业融合发展的措施,确定了"大力推进旅游与体育产业的融合发展,支持有条件的地区发展体育旅游"。2010年3月,国务院办公厅发布的《关于加快发展体育产业的指导意见》在"重点任务"中也指出:"要推动体育产业与旅游产业的复合经营,促进体育旅游业态的发

---

① 以"旅游"为关键词,在中国期刊全文数据库(1980—2010年)中搜索出全部期刊有65 389篇旅游相关文献,1 408篇体育旅游文献占其2.2%;相对应的核心期刊有12 647篇旅游相关文献,314篇体育旅游核心文献占其2.5%。搜索时间为2011年3月10日23:00。

② 据了解,我国开设本科体育旅游相关专业较早的院校有天津体育学院(2002年)、成都体育学院(2002年)、沈阳体育学院(2004年)。全国开设有旅游管理专业的高等院校为897家(石培华等,2010)。

③ 据了解,某211重点综合性大学的旅游管理专业共有大一新生180多人,大一下学期开学时就有约70人提出转专业申请,这是旅游高等教育的悲哀,足以引发我们对旅游管理专业下一步发展的强烈危机感和紧迫感。

展。"2010年12月,《中国旅游业"十二五"发展规划纲要(征求意见稿)》提出:"旅游业将在'十二五'时期深化与体育产业的融合发展,培育形成体育旅游的新兴市场乃至高端专项体育旅游市场"(杨强,2010)。2011年5月,《体育产业"十二五"规划》明确指出:"充分利用体育运动休闲项目、体育赛事活动、大型体育场(馆)等体育资源,大力发展体育旅游业,创建一批体育旅游示范区,鼓励各地建设体育旅游精品项目。①"可见,两大产业的国家层面政策性文件和"十二五"规划都明确提出大力推进体育产业与旅游业的融合发展,这为体育旅游业态在"十二五"时期的深入发展提供了充分的政策保障。据悉,国家体育总局和国家旅游局正在商讨出台《关于加快我国体育旅游业发展的实施意见》与制定《中国体育旅游业发展规划》。两大产业在"十二五"时期各自的快速发展,尤其是体育产业的快速发展,势必也将对我国体育旅游的健康发展起到极大的推进作用。此外,《全民健身计划(2011—2015年)》的出台与实施,以及《国民旅游休闲纲要》的即将颁布与实施,都将为居民消费的国内旅游从过去偏于观光的选择扩展成更为多样、更为全面的休闲旅游,地区和全国旅游休闲纲要的落实将成为旅游新发展的重要推力(中国旅游未来研究会,2011)。中国体育旅游将伴随国家大力发展全民健身和休闲产业的大势获得更大的发展,相应的科学研究也将迎来学界的高度关注与热情。

4.2.2 前瞻性地确定一批具有高质量的体育旅游研究问题,建立与创新体育旅游理论研究框架体系

体育旅游当前研究由于受到传统旅游学理论的桎梏,其研究视野还比较狭窄,结合笔者前文所述的观点与建议,总结归纳出一个全新的体育旅游理论研究框架体系(图3)。

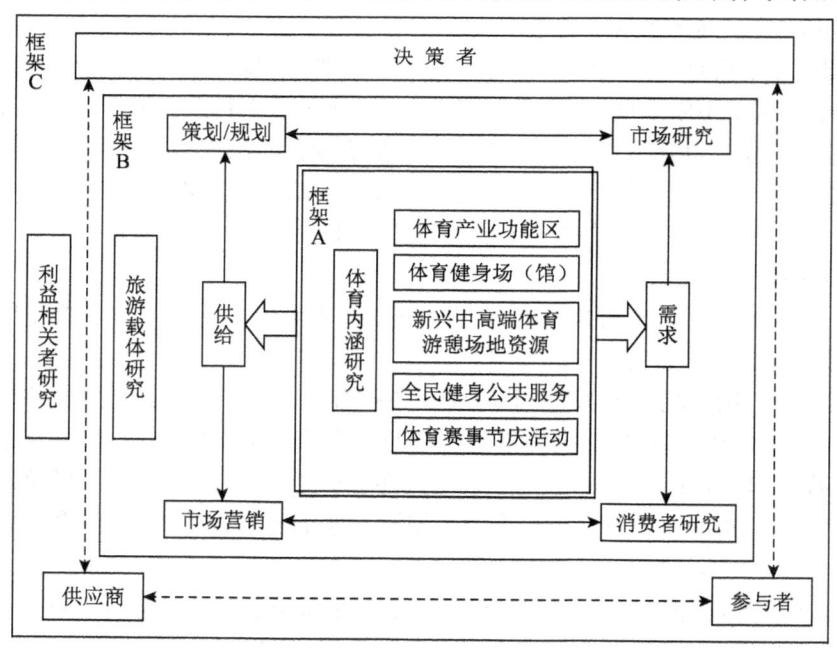

图3 体育旅游研究内容框架模型

---

① 2011年1月,国家体育总局局长刘鹏在"2011年全国体育局长会议"上的讲话指出:"以体育旅游为重点,推动体育与其他相关产业融合发展。"

一是体育旅游的本质内涵研究(图 3 框架 A),其研究视角是基于体育旅游的内涵属性——"体育"的产业本质,具体包括对体育产业功能区/集聚区(国家体育产业基地)、体育健身场(馆)、新兴中高端体育游憩场地资源、全民健身公共服务体系和体育赛事节庆活动等 5 个方面的理论研究。

二是体育旅游的市场载体研究(图 3 框架 B),其研究视角是基于体育旅游的外部载体——"旅游"的市场供求。其中,供给方面具体包括体育旅游产品生产过程的全部环节,需求方面具体包括体育旅游专项游憩策划与规划、体育旅游市场研究、体育旅游市场营销及体育旅游消费者的需求研究等方面。

三是体育旅游的利益相关者研究(图 3 框架 C),其研究视角是基于体育旅游客体与其存在发展的外围环境的关系,具体包括决策者、参与者、供应商三个利益群体的 SCP 研究。决策者包含对体育旅游产业政策、制度创新等的研究,供应商包含体育旅游产品提供商、赛事组织者、运动项目俱乐部和体育中介组织等的研究。

4.2.3 以体育旅游为代表的国民休闲产业的新发展将酝酿旅游院校的新调整、新拓展

中国旅游未来研究会《新 10 年中国旅游发展趋势预测》认为:"旅游的新发展将酝酿旅游院校的新调整、新拓展。"新十年中国旅游业最重要的发展就是休闲产业将更加深入、更大规模的发展,我国体育产业也将朝着休闲化的趋势大力发展,体育休闲将成为国民休闲中一个非常重要的方面。因此,我国旅游高等教育当前需要进行新的调整和变革,以此紧跟新十年的发展形势,培养出符合社会休闲产业需求的合格人才。为此有以下三点建议。

第一,旅游管理本科教育应培养通才型人才,完全没有必要为体育旅游专门成立一个专业。我国高等旅游教育虽然起步较晚,但专业方向设置太多,专业口径过细(韩丁,2000)。汪薇萍(2002)认为,高校没有必要开设体育旅游专业,若专门开设体育旅游专业,是不是还要设置工业旅游、商务旅游、民俗旅游、会展旅游等专业?笔者也认为旅游专业的本科教育应培养通才,而非专才,即培养能适应快速发展的知识经济时代的"复合型"人才。在旅游业与其他相关产业日益深度融合的产业发展背景下,通才化教育比专才化教育更为重要。随着通才化教育的不断推行,将有越来越多进入就业市场的旅游专业本科毕业生会同时配备多种技能,不但能够扩大他们的就业渠道,也可以满足整个休闲行业的需求。而且,在现代生活性服务业融合发展的潮流下,社会也将更青睐复合型旅游休闲管理人才。旅游研究 30 年发展经验表明,跨学科交叉、融合是旅游研究取得长足进步的重要动力(石培华等,2009),同时也是旅游高等教育不断发展的有益经验。杨强(2010)认为,产业要高度融合,首先就需要产业操盘手和执行团队的充分融合,通过建立学习型团队,让懂体育开发的专业体育人才也懂旅游、文化和创意产业的经营,让懂旅游文化开发的专业人才也要懂体育赛事、体育健身和体育用品等的产业经营。先要有"人的知识融合",才有可能产生"产业融合"的结果。因此,培养通才型人才对于旅游管理本科专业的建设非常重要。为此,我们可以借鉴欧美高校的旅游相关院系的架构,例如 PRT(Park,Recreation and Tourism,中文直译为公园、游憩与旅游系)。在欧美、日本及我国台湾很多高校均设有 PRT 的院系,例如澳大利亚悉尼科技大学休闲体育与旅游学院、加拿大阿尔伯塔大学体育与娱乐学院、英国谢菲尔德大学运动与娱乐管理学院、美国弗吉尼亚大学娱乐公园与旅游专业等。从 PRT 所开设的课程来看,各个学校有所不同,研究方向也各有侧重,但从共性来看都是以休闲游憩为核心的全方位研究和多途径的社会服务产业体系,在美国 PRT 学科

最重要的三个实践方向之一为运动项目和游憩俱乐部的管理(吴承照等,2005)。

第二,加大开设以体育旅游为代表的休闲产业选修课。世界休闲组织前主席乔治·托可尔岑在他的专著《休闲与游憩管理》(Leisure and Recreation Management)中把旅游、艺术、博物馆、体育运动和康体活动作为了休闲游憩领域的主要产品类型;英国学者肯·罗伯茨(Roberts,K.)在他的专著《休闲产业》中所涉及的休闲研究领域为旅游、体育运动、节事活动、博彩、艺术等。可见,休闲产业涉及了文化创意产业、体育产业、艺术产业和博彩产业等诸多领域。因此,旅游管理专业本科教学应在现有专业必修课基础上,加大对休闲产业领域选修课的讲授与学习,让专业课程的设置从当前较为纯粹的旅游业体系(景区、酒店、旅行社)向更加融合的休闲业体系进行调整与拓展,让旅游管理专业学生接受更多方面的与体育游憩、赛事(事件)管理、文化创意、艺术博物等相关休闲产业专门知识。

第三,依托高校旅游院系和体育院系,加强体育旅游学术团体和研究机构的培育与建设。2010年12月,我国第一个以户外运动和体育旅游为研究对象的科研机构——"户外休憩和体育旅游研究所"在上海旅游高等专科学校成立[①]。上海旅游高等专科学校在此开了一个好头,同时期望有越来越多的高校旅游院系和体育院系针对体育旅游、体育休闲和户外游憩产生更多的学术团队与研究机构,让更多的学者投身于体育旅游的科学研究与实践中去。

5 结论

纵观20年,我国体育旅游研究从无到有,从少到多,为体育旅游业态在我国的发展提供了一定的理论基础与智力支持。同时我们也要清醒看到,我国体育旅游20年的科学研究虽取得了较多的文献成果,但与国外体育旅游的研究水平以及国内其他旅游业态类型的文献数量和成果质量相比,我国体育旅游研究的发展水平当前还处在一个初级阶段。体育旅游相关文献几乎都从旅游学的角度,而并没有从体育产业的角度寻找"研究问题"和回答"研究问题",导致了众多研究成果乏善可陈。本文所提出来的众多研究问题以及相应的一个理论研究框架体系,希望能抛砖引玉,让更多的有识之士深入到体育旅游的实践与理论研究中去,从而为学界带来越来越多高质量的体育旅游研究成果。

同时,体育旅游相关问题的理论研究,需要不同学科交叉融合,除了运用旅游学和体育学的理论外,还需综合运用发展经济学、制度经济学、演化经济学、空间经济学、地理经济学、城市经济学、商业经济学、游憩规划学、市场营销学、休闲学、管理学、政策学和人类学等相关理论,多视角地展开跨学科研究。

总之,随着国民旅游休闲时代的到来,在体育产业强劲的发展趋势下,体育旅游的研究将势必成为学界未来十年关注的热点和焦点。

参考文献

[1] 保继刚,楚义芳. 旅游地理学(修订版)[M]. 北京:高等教育出版社,1999:73.
[2] 保继刚. 中国旅游地理学研究问题缺失的现状与反思[J]. 旅游学刊,2010:13-17.

---

① 据了解,该研究所主要任务包括探索户外游憩与体育旅游发展、户外游憩与体育旅游资源的研究、户外运动俱乐部的运营与管理、户外游憩与体育旅游市场运作与开发、体育旅游与环境发展等。

[3] 陈宝珠.我国体育旅游开发与对策研究[J].北京体育大学学报,2007,30(1):30-32.
[4] 昌晶亮,徐虹.体育旅游与相关概念辨析及其概念界定[J].成都体育学院学报,2006,32(5):24-26.
[5] 邓凤莲,于素梅,武胜奇.我国体育旅游资源开发的支持系统与影响因素[J].上海体育学院学报,2006,30(3):35-40.
[6] 戴光全,杨丽娟.体育旅游及其国外研究的最新进展[J].桂林旅游高等专科学校学报,2005,(2):68-74.
[7] 冯淑凤(执笔),韩鲁安,和平,等.我国体育旅游消费市场的现状分析与发展对策研究[J].天津体育学院学报,2001,16(3):21-24.
[8] 韩丁.我国体育旅游专业人才培养模式及课程体系设计[J].天津体育学院学报,2000,15(9):9-11.
[9] 韩忠培.中国体育旅游资源和体育旅游市场开发研究[J].体育与科学,2005,26(5):39-41.
[10] 姜付高.体育旅游概念的哲学思辨[J].首都体育学院学报,2005,17(7):30-31.
[11] 姜付高,商勇.体育旅游开发支持评价系统的构建[J].沈阳体育学院学报,2007,27(6):27-29.
[12] 井玲.国外体育旅游研究评述[J].武汉体育学院学报,2010,44(7):48-54.
[13] 金银日.体育旅游研究范畴的西方文献考[J].上海体育学院学报,2010,34(6):27-29.
[14] 康晓梅,徐虹,杨静怡,等.体育旅游研究综述[J].安徽农业科学,2010,34(8):4294-4295,4326.
[15] 柳伯力.体育与旅游结合的机理分析[J].成都体育学院学报,2002,28(3):25-28.
[16] 柳伯力.休闲中体育与旅游的结合[J].山东体育学院学报,2007,23(2):1-2,14.
[17] 刘杰.论体育旅游[J].哈尔滨体育学院学报,1991,9(1):23-26.
[18] 李天元,陈家刚.体育旅游资源开发及营销[J].旅游科学,2006,(6):41-45.
[19] 闵健.体育旅游及其界定[J].武汉体育学院学报,2002,36(11):4-6.
[20] 马敏.中国体育旅游有市场没规模十几年仍在起步阶段[N].中国体育报,2010-08-10.
[21] 曲天敏.试析体育旅游与旅游体育[J].武汉体育学院学报,2009,43(10):28-31.
[22] 宋杰,孙庆祝,刘红建.基于WSR分析框架的体育旅游系统影响因素研究[J].中国体育科技,2010,46(5):139-145.
[23] 石培华,冯凌.中国旅游研究30年:成就、挑战与使命[J].旅游科学,2010,(6):75-84.
[24] 石培华,冯凌.中国旅游研究30年:阶段、特征与规律[J].旅游科学,2009,(12):1-8.
[25] 石岩.近十年来我国体育旅游研究现状综述与展望[J].体育文化导刊,2007,(4):59-62.
[26] 唐小英.国外体育旅游研究现状与分析[J].西安体育学院学报,2005,22(1):36-38.
[27] 吴必虎,严琳.中国体育旅游发展的战略与政策[J].体育科研,2007,28(5):1-4.
[28] 吴承照.中国旅游规划30年回顾与展望[J].旅游学刊,2009,(1):13-18.
[29] 吴承照,刘莉萍,曹霞.PRT学科发展的国际动态与中国的对接[J].旅游学刊,2005年旅游教育专刊:34-39.
[30] 汪德根,陆林,刘昌雪.体育旅游市场特征及产品开发[J].旅游学刊,2002,(1):49-53.
[31] 王辉.体育旅游产业特征及发展策略探讨[J].体育与科学,2010,30(7):59-64.
[32] 汪薇萍.对当前体育旅游研究中若干问题的探讨[J].经济问题探索,2002,(11):121-123.
[33] 宛霞,邵凯,邢晓晨.体育旅游产业发展困境与对策研究[J].沈阳体育学院学报,2010,29(6):33-35.
[34] 王玉海."旅游"概念新探——兼与谢彦君、张凌云两位教授商榷[J].旅游学刊,2010,(12):12-17.
[35] 徐虹,李筱东,吴珊珊.基于共生理论的体育旅游开发及其利益协调机制研究[J].旅游论坛,2008,(10):207-211.
[36] 杨强.事件旅游概念辨析[J].资源开发与市场,2006,(6):588-590.
[37] 杨强.从最新产业政策看体育旅游业如何健康发展[J].环球体育市场,2010,(6):14-15.
[38] 杨强.体育强国发展战略的思考:突破与不足——基于《关于加快发展体育产业的指导意见》的解读[J].体育科学,2010,30(9):12-17.
[39] 于素梅,易春燕.体育旅游资源的内涵及开发问题研究[J].成都体育学院学报,2005,31(1):26-28.

[40] 于素梅. 小康社会的体育旅游资源开发研究[J]. 体育科学, 2007, 27(5): 23 – 35.
[41] 袁书琪, 郑耀星. 体育旅游资源的特征、涵义和分类体系[J]. 体育学刊, 2003, 10(3): 33 – 36.
[42] 周道平. 西部民族地区体育休闲旅游产业开发研究[J]. 北京体育大学学报, 2005, 28(9): 1156 – 1158.
[43] 周道平, 郭振华, 张小林. 西部民族地区体育旅游开发的后发展效应及其创新思路[J]. 武汉体育学院学报, 2006, 40(2): 24 – 26.
[44] 中国旅游未来研究会课题组. 新10年中国旅游发展趋势预测(2011—2020)[J]. 旅游学刊, 2011, (3): 93 – 94.
[45] 张卉, 朱永亮. 基于SCP分析框架的我国体育旅游产业分析[J]. 武汉体育学院学报, 2010, 44(8): 54 – 60.
[46] 朱竞梅. 开发体育旅游项目问题初探[J]. 体育与科学, 2000, 21(3): 25 – 27.
[47] 周珂, 周艳丽. 体育旅游的界定综述[J]. 中国体育科技, 2005, 41(6): 27 – 29.
[48] 朱玲, 惠蜀, 张国力, 等. 发展壮大四川省体育旅游产业的研究[J]. 体育科学, 2006, 26(2): 18 – 21.
[49] 张凌云. 非惯常环境: 旅游核心概念的再研究——建构旅游学研究框架的一种尝试[J]. 旅游学刊, 2009, (7): 12 – 18.

20 Years of Research on Chinese Sports Tourism: Review and Prospect

(1. School of Economics of Sichuan University, Chengdu 610065, China;
2. Economics and Management Department, Chengdu Sport University, Chengdu 610041, China)

YANG Qiang[1,2]

Abstract: Based on the literatures review, this paper briefly reviews 20 years of Chinese sports tourism research process firstly, and then from sports tourism definition, sports tourism type classification, sports tourism special planning and sports tourism development countermeasures, analyzes 20 years of the domestic sports tourism research achievements and put forwards that ①The key of essence of sports tourism's concept definition is sports, tourism attribute is its general attributes only; ②The concept of sports tourism in the "sports" clearly defined on the property, and it provides sports tourism research a new theoretical framework system; ③Sports tourism is not only belongs to the tourism industry, it is also an important part of the sports industry; ④According to the national standard, sports tourism resources types are three kinds: fitness entertainment type, sightseeing type and sports events type; ⑤Sports tourism research category further develop from "sports tourism resources" to "sports recreation resources"; ⑥Sports tourism planning should deepen to "special recreation planning" and "high-end format planning" direction; ⑦From the economic perspective of industry convergence, mining sports tourism development in bottlenecks and obstacles. Finally from tourism and sports industry's national policies in next five years, this paper prospects the future of Chinese sports tourism research, research contents frame system and tourism colleges corresponding adjustment and reform, so as to provide the reference for Chinese sports tourism in scientific research in the next decade.

Key words: Chinese sports tourism; 20 years review; prospect

消费者行为视角下的休闲研究:文献述评

李 耀[1,2],王新新[1]

(1. 上海财经大学国际工商管理学院,上海 200433;
2. 中州大学管理学院,郑州 450044)

摘 要:休闲产业的健康发展离不开对休闲消费行为的准确理解和把握,但是目前消费者行为视角的休闲研究还很少且比较分散。鉴于此,本文从消费者行为视角出发,对国外休闲动机、休闲行为和休闲满意度的相关研究成果进行了述评,系统地回答了休闲消费者为什么参与休闲活动、休闲消费者如何选择休闲活动、休闲行为如何变化、休闲消费者如何评价休闲活动等方面的问题,并从休闲产品开发、休闲产业发展趋势、休闲服务质量提高三个方面探讨了其对国内休闲研究的指导意义。

关键词:休闲;述评;消费者行为
中图分类号:F590
文献标识码:A
文章编号:1003-2398(2011)06-00138-06

1 引言

《2010中国休闲发展报告》显示,2009年我国居民旅游休闲、文化休闲、体育休闲及其他休闲活动的消费规模在17000亿元左右,相当于社会消费品零售总额的13.56%、GDP的5.07%[1]。休闲作为一种文化消费方式,是经济发展、社会进步和民众生活水平高低的重要标志。休闲产业的不断发展,不仅成为人们精神生活水准不断提高的重要标志,也对转变经济发展方式和调整产业结构产生深刻影响,还是促进经济发展、增加就业和促进社会公平的有效途径[2]。

已有学者从社会学、经济学、哲学等角度对休闲进行了研究,并对休闲的定义与研究范围、休闲对经济发展的贡献、休闲产业发展策略等方面进行了探讨[2]-[5]。但是这些研究均未能回答休闲消费者为什么参与休闲活动(休闲动机)、休闲消费者如何选择休闲活动的内容(休闲行为)、休闲消费者如何评价休闲活动(休闲满意度)等方面的问题。对于这些问题

基金项目:国家自然科学基金项目(70872069);上海财经大学重点研究基地招标项目《上海品牌"原产地形象"行业布局的现状分析与战略思考》。
作者简介:李耀(1982—),男,河南南阳人,博士研究生,助教,研究方向为品牌管理、休闲消费者行为。E-mail:liyao538@126.com。

的研究,不仅能够弥补国内休闲研究的空白,而且能够为休闲企业提供决策依据,最大限度地减少休闲提供者和休闲消费者之间的矛盾,促进休闲产业的健康发展[6]。

针对以上问题,本文作者分别以"leisure"与"motivation","leisure"与"behavior"和"leisure"与"satisfaction"为标题关键词对 EBSCO 和 ProQuest 数据库进行了检索,共检索到相关文献 289 篇(EBSCO:三个主题分别为 32、149、108 篇)和 68 篇(ProQuest:三个主题分别为 4、30、34 篇),主要来自 Journal of Leisure Research、Leisure Sciences、Leisure Studies、Journal of Park & Recreation Administration、Social Behavior and Personality 等专业学术期刊。

通过对这些文献的梳理,本文发现:①休闲动机、内在休闲动机和休闲娱乐体验偏好的内容及测量量表开发是国外休闲动机研究的主要内容;②休闲行为的研究成果包括社会情感选择理论、SOC 理论和休闲行为改变模型,它们分别揭示了休闲活动选择的依据、过程和变化规律;③休闲满意度可以通过心理、教育、社会、消遣、生理、审美等六个维度进行测量,是休闲消费者生活满意度、工作满意度和心理健康度的主要预测指标;它受休闲消费者生活方式、人格特征、休闲预期、休闲场景等因素的影响。在此基础上,本文还从休闲产品开发、休闲服务质量提高和休闲产业发展趋势三个方面讨论了其对国内休闲研究的指导意义。

2 休闲动机

国外学者对休闲动机的研究包括以下三个方面(见表1)。

表1 休闲动机研究成果及评价
Tab. 1 Literatures and Reviews of Leisure Motivation

研究者(时间)	研究侧重点	动机内容分类	测项数量	评价
Beard and Ragheb (1983)	休闲动机	4	48	出现最早,被引用次数最多;测量量表具有较高的信度、效度和内部一致性;但分类过于简单,不够全面。
Weissinger and Bandalos(1995)	内在休闲动机	4	24	最早对内在休闲动机进行研究,并开发了相应的测量量表;量表具有较高的信度、效度和内部一致性。
Manfredo, Driver and TalTant(1996)	娱乐体验偏好	19	328	动机内容全面完善,兼顾外在动机和内在动机两个方面;但对动机分类过于详细,不同分类之间具有一定的重复性;量表测项较多,可操作性欠佳。
Walker and Wang (2008)	休闲动机	7	21	动机内容和分类以社会学理论为基础,主要贡献在于将文化引入休闲动机研究;缺陷在于,分类标准不明确,且测量量表的信度、效度需要进一步的检验。

资料来源:本文作者根据参考文献[6],[9]—[11]整理所得。

2.1 休闲动机分类研究

Beard 和 Ragheb 认为个体参与休闲活动的动机包括四个方面:①学习新知识,探索发现新事物,增加想象和创新能力(智力开发动机);②结识新朋友,建立维持良好的人际关系(社交动机);③挑战极限,提高个体的技能水平,增加成就感(技能动机);④逃避日常生活中的烦恼(刺激回避动机)。他们在此分类基础上,开发了休闲动机测量量表(leisure motivation scale),共 48 个测项(item),每类动机由 12 个测项测量[6]。后续研究进一步证明,该量表具有较高的信度和效度[7]。该研究的主要贡献在于,最早对休闲动机的内容进行研究,并开发了相应的测量量表,为后续研究奠定了基础。此后,Murray 和 Nakajima 以该理论为基础将休闲动机的内容分为五类:智力开发动机、友谊动机、同人影响、技能动机和刺激回避动机;他们认为个体参与休闲活动除了受自身内在因素影响外,还受到周围环境的影响,因此主张将社交动机分为友谊动机和同人影响两个方面[8]。

Weissinger 和 Bandalos 认为内在动机(intrinsic motivation)是影响个体参与休闲活动的主要因素。内在动机指个体参与休闲活动是为了获得休闲本身所带来的意义和体验,如开心快乐、享受大自然、放松等。他们将个体的内在休闲动机分为四类:①自我决定动机,即参与休闲活动是为了满足开心、快乐等内心需求;②技能动机,指参与休闲活动是为了提高自身的相关技能;③承诺动机,即参与休闲活动是出于对休闲的热爱和认同;④挑战动机,即参与休闲活动是为了突破个人极限、获得新颖体验。他们在此基础上开发了内在休闲动机量表(intrinsic motivation scale),并用来解释预测个体的休闲消费行为[9]。该研究的理论贡献表现在两个方面:①为内在休闲动机后续研究提供了一个科学可靠的测量工具;②提出不同个体在内在休闲动机的强度和内容上存在着差异,但同一个体的内在休闲动机强度和内容在不同时间和不同休闲活动中却具有相对的稳定性[9]。

2.2 休闲动机跨文化研究

Walker 和 Wang 依据社会学动机理论将个体的休闲动机分为七类:①内在休闲动机,休闲是为了达到如兴趣、快乐等个人目的;②整合休闲动机,休闲是为了提高自我形象(如休闲是我身份构成的一部分);③认同动机,参与休闲是基于个体对休闲目标的认同(如休闲反映了我的价值观);④投射报酬动机,参与休闲活动可以提高个体的自尊、自豪感等(如参与休闲活动后,我的自我感觉非常好);⑤投射惩罚动机,参与休闲活动可以避免像后悔、愧疚等心理感受(如假如不参与该休闲活动,我会感觉到后悔);⑥外在报酬动机,休闲可以为个体带来外在收益(如休闲活动能使他人认为我很积极);⑦外在惩罚动机,参与休闲可以减少个体受到的外界惩罚(如假设不参加休闲活动,别人会觉得我很丢脸)。将文化引入休闲动机研究是该理论的主要贡献。该研究表明,在独立自我构建的文化中(如加拿大),个体的内在动机、认同动机、投射报酬动机、投射惩罚动机较高;而在相互依赖为主的文化中(如中国大陆),外在惩罚动机、外在报酬动机较高[10]。

2.3 娱乐体验偏好研究

体验分析法(experiential approach)认为休闲不仅是散步、钓鱼、旅行、野营等休闲活动,还是一个自我满足的心理和生理体验过程[11]。因此,一些学者从体验的角度对休闲动机进行了研究。Driver 在已有研究基础上开发了娱乐体验偏好量表(recreation experience preferences scales),并被广泛地应用到休闲活动研究中[12]。但是该量表的科学性和完善性一直受到其他学者的质疑[13]。为此,Manfredo 等人利用元分析(Meta-analysis)技术对 36 个相关研究成果进行了归纳总结,并将休闲娱乐体验偏好分为 19 类,如刺激、自主、挑战、与家人在一起等;由 328 个测项(item)测量[11]。该研究虽然全面完善,但是分类过于详细、量表的测项较多,操作性欠佳。

3 休闲行为

休闲行为(leisure behavior)研究的内容包括休闲活动(leisure activity)选择的依据、过程及其变化规律,主要研究成果有社会情感选择理论、SOC 理论、Jackson 等人的休闲行为改变模型和 Nimord 的休闲行为改变模型。

3.1 Jackson 和 Dunn 的休闲行为改变模型

为了研究休闲消费者的休闲行为变化规律,Jackson 和 Dunn 以"停止参与"和"开始参与"为维度,将休闲消费者分为四种类型:停止者(ceaser)、替换者(replacer)、增加者(increaser)、继续者(continuer)。停止参与维度指休闲消费者在过去一年是否停止参与某种休闲活动;与此对应,开始参与维度衡量休闲消费者在过去一年是否开始参与新的休闲活动[14],详见表2。

其他学者对该模型做了后续研究。McGuire 等人证明了这四种休闲消费者的存在,但各类所占的比例有所不同,原因是研究中选择的休闲活动不同[15];Searle 等人进一步证实了这四种类型休闲消费者的存在,并研究了引起休闲行为改变的原因,包括年龄、教育程度、休闲态度、休闲满意度等[16];Iso – Ahola 等人将该模型与生命周期理论结合起来,分析生命周期不同阶段休闲消费者休闲行为的变化规律[17]。详见表3。

表2 Jackson 等人的休闲行为改变模型
Tab. 2 Jackson and Dunn's Leisure Behavior Model

		开始参与	
		有	无
停止	有	替换者(27.4%)	停止者(22.7%)
参与	无	增加者(20.2%)	继续者(29.7%)

资料来源:本文作者根据参考文献[14]整理所得。

表3 Jackson 等人休闲行为改变模型的主要研究者及贡献
Tab. 3 Contributors and Contributions of Jackson and Dunn's Leisure Behavior Model

研究者	时间	主要贡献
Jackson 和 Dunn	1988	首次提出该模型,并证明各类休闲消费者在整体中所占的比重
McGuire 等人	1989	进一步证实了这四类休闲消费者的存在
Searle 等人	1993	证实了该模型的科学,并研究了引起个体休闲行为变化的原因包括年龄、教育程度、人格特征等
Iso – Ahola 等人	1994	将该模型与生命周期理论结合起来,研究性别和生命周期对休闲行为的影响
Monika	2000	将该模型应用到移民群体研究中,研究移民群体的休闲行为变化情况

资料来源:本文作者根据参考文献[14] – [18]整理所得。

3.2 Nimrod 的休闲行为改变模型

与 Jackson 和 Dunn 的研究不同,Nimrod 提出了以一致性理论(continuity theory)为基础的休闲行为改变模型。一致性理论认为,在生命周期变化过程中,个体为了维持自身角色的稳定性,会对休闲行为做出相应的调整。该模型以参与范围和参与频率为依据,将休闲消费者分为四类:扩张者(expander)、缩减者(reducer)、集中者(concentrator)和分散者(diffuser)(见表4)。范围代表休闲消费者参与休闲活动的多样性,而频率则指休闲消费者参与的程度[19]。

表4 Nimrod 的休闲行为改变模型
Tab. 4 Nimrod's Leisure Behavior Model

		参与频率	
		提高	降低
参与范围	扩大	扩张者	分散者
	缩小	集中者	缩减者

资料来源:本文作者根据参考文献[19]整理所得。

除了上述贡献外,该研究还对不同类型休闲消费者的特征进行了探讨,如缩减者的主要特征是文化程度不高、身体健康欠佳;而扩张者的主要特征是文化程度较高、安全感较强、健康状况较好。实证研究还表明,不同类型休闲消费者在生活满意度上也存在着较大的差异,如扩张者和集中者的整体生活满意度较高[19]。

3.3 SOC 和社会情感选择理论

随着研究深入,一些学者认为现有理论无法很好地解释和预测老年群体的休闲行为,并在克服现有研究成果局限性的基础上提出了两个新的理论——SOC 理论和社会情感选择理论[20]。

(1)SOC 理论。该理论认为,在资源(如时间、精力、健康状况等)受到限制的条件下,个体的休闲行为将以目标为导向,其休闲消费的过程包括三个方面:①选择(selection),指休闲消费者根据自身资源限制确定休闲目标,并进行调整;②最优(optimization),指休闲消费者为达到休闲目标所采取的一些优化策略,如休闲时机选择、休闲技能学习等;③调整(compensation),指当预期的休闲目标无法实现时,休闲消费者将对休闲活动的内容进行调整。在休闲消费过程中,这三个方面不可分割,共同决定休闲消费的内容和目标[20]。

(2)社会情感选择理论(socioemotional selectivity theory)。社会情感选择理论将休闲研究与社会网络理论结合起来,解释老年群体在认知剩余时间(即个体认为自己留在世界上的时间)不多的情况下休闲行为的选择标准。该理论认为,在认知剩余时间有限的情况下,个体休闲活动的内容将以社会网络中最亲近和最重要的关系(如主要家庭成员、老朋友)为主,并缩减休闲消费的范围[20]。

在现有休闲行为研究中，Jackson 和 Dunn 的休闲行为改变模型与 Nimrod 的休闲行为改变模型揭示了休闲消费行为的变化规律，而社会情感选择理论和 SOC 理论则揭示了休闲消费的标准及过程。由于社会情感选择理论和 SOC 理论出现得比较晚，在后续研究中的应用还比较少。

4 休闲满意度

休闲动机和休闲行为揭示了休闲消费者参与休闲活动的原因及其休闲行为变化规律，而休闲满意度（leisure satisfaction）则为理解休闲消费者对休闲活动的整体评价提供了依据。所谓休闲满意度指休闲活动满足参与者需求的程度，是休闲消费者从休闲活动中获得的积极感受，也是休闲消费者对休闲活动的整体评价[21]。休闲满意度的研究包括三个方面：休闲满意度的测量、影响因素和应用（见表5）。

表5 休闲满意度研究视角
Tab. 5 Research Perspectives of Leisure Satisfaction

研究视角	主要内容	代表性成果
休闲满意度的测量	休闲满意度的分类，测量量表开发，信度、效度和内部一致性检验	Beard and Ragheb(1980)，Henry(1998)
休闲满意度的影响因素	休闲预期、个体差异、休闲场景等因素对满意度的影响	Jia-Jeng Hou et al.(2007)，Yang et al.(2008)，Broughton et al.(2006)
休闲满意度的应用	休闲满意度与生活满意度、生活质量、心理健康等因素之间的关系研究	perfson(2008)，Agate et al.(2009)

资料来源：本文作者根据文献[21]-[27]整理所得。

4.1 休闲满意度的测量研究

Beard 和 Ragheb 最早对休闲满意度进行了研究。他们通过对社会学、心理学相关文献的回顾，将休闲满意度分成六个方面：心理、教育、社会、消遣、生理和审美。并在此基础上开发了休闲满意度测量量表，共 24 个测项，每类满意度有 4 个测项测量。实证研究表明，该量表具有较高的信度和效度[21]。后续研究将该量表翻译成不同的语言，并对翻译后量表的信度和效度进行了检验，证明了其在不同文化中的适应性[28]。该量表最初主要应用于心理治疗领域[26],[29]，后被应用到普通休闲消费行为的研究中[27]，成为休闲满意度测量的主要工具。

4.2 休闲满意度影响因素研究

许多学者对休闲满意度的影响因素进行了研究，本文将其分为两类：休闲消费者自身因素和休闲场景（见表6）。

表6 休闲满意度影响因素研究
Tab.6 Influence Factors of Leisure Satisfaction

分类	研究者	时间	研究侧重点	主要理论贡献
休闲消费者自身因素	Guinn	1990	生活方式	健康程度、生活满意度、人际关系、心理压力等因素是休闲满意度的主要影响因素,生理健康、生活满意度和抽烟情况是休闲满意度的主要预测指标
	Broughton等人	2006	人口统计变量	性别、年龄、婚姻状况、健康程度等个体因素对休闲满意度的影响
	Hou等人	2007	人格特征	神经质对休闲满意度的影响
	Yang等人	2008	人格特征	谨慎性和宜人性对休闲满意度的影响
休闲情景因素	Hultsman	1998	休闲阶段	休闲活动第一阶段和最后阶段是整体休闲满意度的主要影响因素
	Lee等人	2005	休闲阶段与自我认同	休闲活动与参与者的自我认同感是否一致是决定休闲满意度的主要因素

资料来源:本文作者根据参考文献[23-25],[30],[32],[33]整理所得。

(1)休闲消费者自身因素

影响休闲满意度的个体因素包括休闲预期、休闲消费者的人格特征、人口统计特征、生活方式等[23],[24],[30]。Stewart经过研究发现,休闲消费准备阶段是休闲预期形成的主要阶段,对休闲满意度具有重要影响[13]。Broughton等人则证实了年龄、性别、婚姻状况、教育程度、休闲经历等人口统计特征对休闲满意度的影响[31]。Yang等人研究了人格特征对休闲满意度的影响,结果表明:责任型、外向型性格的休闲消费者具有较强的自控性和自律能力,在休闲消费者中更容易获得较高的满意度[24]。

(2)休闲情景因素

Hultsman研究了休闲消费不同阶段对整体休闲满意度的影响,结果表明,休闲消费开始阶段是整体满意度的直接决定因素[32]。Lee等人将休闲消费和认同理论结合起来进行研究,认为个体进行休闲消费的目的是确立自我认同,因此当某一阶段的休闲活动与消费者的自我认同一致时,休闲消费者将会产生积极的情感,并对该阶段做出较高的评价,具有较高的满意度。此外,休闲设施、天气情况、休闲提供者的态度等也是休闲满意度的主要影响因素[33]。

4.3 休闲满意度应用研究

经过文献梳理发现,休闲满意度应用研究的内容主要包括:休闲满意度与生活满意度、生活质量之间的关系研究;休闲满意度与工作满意度、心理健康度之间的关系研究。

(1)休闲满意度与生活满意度、生活质量间的关系研究

休闲满意度和生活满意度之间的关系研究,是休闲满意度应用研究的一个重要组成部

分。Johnson等人系统研究了休闲活动参与频率、参与时间及休闲满意度等与婚姻满意度之间的关系,结果表明休闲满意度是婚姻满意度的主要影响因素,也是生活质量的主要预测指标[34]。而Agate等人的研究将家庭休闲活动分为核心休闲活动(core family leisure)和平衡休闲活动(balance family leisure)两类。其中核心休闲活动指一些日常的、低成本、以家庭为主的休闲活动,如一起吃饭、看电视、聊天等;平衡活动则指一些户外的休闲活动,如度假、野营、旅行等。他们的研究结果表明,家庭休闲满意度是家庭生活满意度的主要预测指标,其中核心休闲活动是家庭生活满意度的主要影响因素[27]。其他学者的研究也得出了相同的结论[35],[36]。

(2)休闲满意度与心理健康之间的关系研究

休闲满意度与心理健康之间的关系研究表明,休闲满意度能够提高员工的工作满意度、降低员工流失率,也是员工心理健康度的有效预测指标[26],[29]。Pearson对189个全职男性进行了实证研究,结果表明工作满意度是心理健康程度的主要预测指标,但与休闲满意度相结合,能够更好地预测员工的心理健康状况[29];他的后续研究发现,低水平的角色超载、高水平的工作满意度和休闲满意度是员工保持健康心理状态的主要因素,这为人力资源管理者提供了一个预测员工心理状态的有效工具[26]。此外,Ranjita等人也对休闲满意度的应用做了研究,发现适度参与休闲活动是减轻科研压力的主要途径[37]。

5 结论与讨论

5.1 研究结论

(1)国外休闲动机的研究包括休闲动机、内在休闲动机和娱乐体验偏好的内容及测量量表开发,主要研究成果有Beard和Ragheb的休闲动机研究、Weigginger和Bandalos的内在休闲动机研究、Walker和Wang的休闲动机研究和Manfredo等人的娱乐体验偏好研究。这些研究表明,休闲动机的内容包括智力开发、技能挑战、社交、承诺、自我决定、整合、认同等。

(2)随着年龄的增加和生活方式的变化,个体的休闲消费活动将以社会网络中最重要和最亲近的关系为主,并通过选择、最优、调整的程序对休闲目标和休闲消费的内容进行调整;休闲消费行为的变化规律可以通过Jackson和Dunn的休闲行为改变模型或Nimrod的休闲行为改变模型进行衡量,虽然这两个模型衡量休闲消费行为变化规律的维度不同,但实质上是一致的。

(3)休闲满意度可以通过心理、教育、社交、生理、消遣、审美等六个维度测量,是休闲消费者生活满意度、生活质量的主要预测指标;在人力资源管理中,休闲满意度可以提高员工的工作积极性、降低员工流失率、提高员工的工作满意度;适度地参与休闲活动是降低科研压力的有效途径。

5.2 讨论:对国内休闲研究的启示

(1)探索中国休闲消费者的休闲动机,为休闲产品开发提供依据。虽然国内已有学者对休闲消费动机进行了研究,但这些研究基本以学生为主,其他休闲消费者群体的休闲动机尚不明确。休闲动机研究可以帮助企业预测潜在休闲消费者的休闲需求,为休闲产品开发提供依据。这部分具体研究内容包括中国休闲消费者休闲动机的内容及测量量表开发。

(2)加强休闲行为研究,预测中国休闲产业的发展趋势,为休闲决策提供依据。具体研究内容包括休闲消费的内容、影响因素及发展趋势。国内已有学者对休闲消费的影响因素和休闲消费的内容做了初步研究[38],[39],但是中国社会正处于经济转型和旅游转型时期[40],休闲消费的内容和形式也在发生变化。国内学者可以借鉴国外休闲消费行为的研究成果,预测国内休闲消费者休闲消费活动的选择依据、消费内容及变化趋势,为国内休闲产业的发展提供决策支持。

(3)通过休闲满意度研究,提高休闲企业的服务质量,休闲满意度的影响因素及测量方法是具体研究内容。营销学的研究已经证实了满意度对顾客忠诚的影响[41],通过对休闲满意度影响因素的研究,可以帮助休闲企业改进服务质量,提高休闲消费者的满意度,为其培养忠诚的顾客。国外学者已经从心理、生理、社交、消遣、审美等维度对休闲消费者的满意度进行测量,但是国内类似的研究尚未出现。国内学者在研究休闲满意度影响因素的同时,还要开发科学合理的测量量表,为休闲满意度的评估提供依据。

参考文献

[1] 刘德谦,高舜礼,宋瑞.2010年中国休闲发展报告[M].北京:社会科学文献出版社,2010:440.
[2] 卿前龙,胡跃红.休闲产业:国内研究述评[J].经济学家,2005(4):40-46.
[3] 程遂营.北美休闲研究:回顾与展望[J].旅游学刊,2009,24(10):87-92.
[4] 马惠娣,刘耳.西方休闲学研究述评[J].自然辩证法研究,2001,17(5):45-49.
[5] 魏翔,孙迪庆.闲暇经济理论综述及最新进展[J].旅游学刊,2008,23(4):13-18.
[6] Beard J. G., Ragheb M. G. Measuring leisure motivation[J]. *Journal of Leisure Research*,1983,15(3):219-228.
[7] Lounsbury J. W., Polik J. R. Leisure needs and vacation satisfaction[J]. *Leisure Sciences*,1992,14(2):105-119.
[8] Murray C., Nakajima I. The leisure motivation of Japanese managers: a research note on scale development[J]. *Leisure Studies*,1999,18(1):57-65.
[9] Weissinger E., Bandalos D. L. Development, reliability and validity of a scale to measure intrinsic motivation in leisure [J]. *Journal of Leisure Research*,1995,27(4):379-400.
[10] Walker G. J., Wang X. A cross-cultural comparison of Canadian and mainland Chinese university students' leisure motivations[J]. *Leisure Sciences*,2008,30(3):179-197.
[11] Manfredo M. J., Driver B. L., Tarrant M. A. Measuring leisure motivation: A meta-analysis of the recreation experience preference scales[J]. *Journal of Leisure Research*,1996,28(3):188-213.
[12] Driver B. L. Master list of items for recreation experience preference scales and domains[Z]. Unpublished document. Fort Collins, CO: USDA Forest Service, Rocky Mountain Forest and Range Experiment Station, 1983:15-34.
[13] Stewart W. P. Influence of the onsite experience on recreation experience preference judgments [J]. *Journal of Leisure Research*,1992,24(2):185-198.
[14] Jackson E. L., Dunn E. Integrating ceasing participation with other aspects of leisure behavior [J]. *Journal of Leisure Research*,1988,20(1):31-45.
[15] Mcguire F. A., O'Leary J. T., Yeh C. K., Dottavio F. D. Integrating ceasing participation with other aspects of leisure behavior: A replication and extension[J]. *Journal of Leisure Research*,1989,21(4):316-326.
[16] Searle M. S., Mactavish J. B., Brayley R. E. Integrating ceasing participation with other aspects of leisure behavior: A replication and extension[J]. *Journal of Leisure research*,1993,25(4):388-404.
[17] Iso-Ahola S. E., Jackson E., Dunn E. Starting, ceasing, and replacing leisure activities over the lifespan [J]. *Journal of Leisure Research*,1994,26(3):227-249.

[18] Monika S. Changes in leisure participation patterns after immigration[J]. *Leisure Sciences*,2000,22(1):39-63.

[19] Nimrod G. Expanding,reducing,concentrating and diffusing:post retirement leisure behavior and life satisfaction[J]. *Leisure science*,2007,29(1):91-111.

[20] Burnett-Wolle S., Godbey G. Refining research on older adults'leisure:implications of selection,optimization,and compensation and socioemotional selectivity theories [J]. *Journal of Leisure Research*,2007,39(3):498-513.

[21] Beard J. G.,Ragheb M. G. Measuring leisure satisfaction[J]. *Journal of Leisure Research*,1980,12(1):20-33.

[22] Henry A. D. Development of a measure of adolescent leisure interests[J]. *The American journal of occupational therapy:official publication of the American Occupational Therapy Association*,1998,52(7):531-539.

[23] Hou J.,Tu H. H.,Yang M. Agreeableness and leisure satisfaction in the context of online games[J]. *Social Behavior and Personality*,2007,35(10):1379-1384.

[24] Yang M.,Hou J.,Tu H. H. An empirical study of the effect of conscientiousness on leisure satisfaction when playing online games [J]. *Social Behavior and Personality*,2008,36(5):659-664.

[25] Broughton K.,Beggs B. A. Leisure satisfaction of older adults[J]. *Activities, Adaptation & Aging*,2006,31(1):34-47.

[26] Pearson Q. M. Role overload,job satisfaction,leisure satisfaction,and psychological health among employed women[J]. *Journal of Counseling and Development*,2008,86(1):57-64.

[27] Agate J.,Zabriskie R.,Agate S.,PoffR. Family leisure satisfaction and satisfaction with family life [J]. *Journal of Leisure Research*,2009,41(2):205-223.

[28] Lysyk M.,Brown G. T.,Mcnally J.,Loo K. Translation of the leisure satisfaction scale into French:a validation study [J]. *Occupational Therapy International*,2002,9(1):76-89.

[29] Pearson Q. M. Job satisfaction,leisure satisfaction,and psychological health[J]. *Career Development Quarterly*,1998,46(4):416-426.

[30] Guinn B. The importance of healthy behavior to leisure satisfaction of elderly recreational vehicle tourists[J]. *Wellness Perspectives*,1990,6(4):33-41.

[31] Broughton K.,Beggs B. A. Leisure satisfaction of older adults[J]. *Activities, Adaptation & Aging*,2007,31(1):1-18.

[32] Hultsman W. The multi-day,competitive leisure event:examining satisfaction over time[J]. *Journal of Leisure Research*,1998,30(4):472-473.

[33] Lee B.,Shafer C. S,Kang I. Examining relationships among perceptions of self episode-specific evaluations,and overall satisfaction with a leisure activity[J]. *Leisure Sciences*,2005,27(2):93-109.

[34] Johnson H.,Zabriskie R. B.,Hill B. The contribution of couple leisure involvement,leisure time,and leisure satisfaction to marital satisfaction[J]. *Marriage & Family Review*,2006,40(1):69-91.

[35] Russell R. V. The importance of recreation satisfaction and activity participation to the life satisfaction of ages-egregated retirees [J]. *Journal of Leisure Research*,1987,19(4):273-283.

[36] Riddick C. C.,Stewart D. G. An examination of the life satisfaction and importance of leisure in the lives of older female retirees:a comparison of blacks to whites [J]. *Journal of Leisure Research*,1994,26(1):786-823.

[37] Ranjita M.,Michelle M. College students'academic stress and its relation to their anxiety,time management,and leisure satisfaction[J]. *American Journal of Health Studies*,2000,16(1):41-51.

[38] 宁泽群,赵鹏,罗振鹏.社会发展转型背景下北京不同职业居民的休闲行为分析[J].旅游学刊,2009,24(6):46-52.

[39] 何建民.城市休闲产业与产品的发展导向研究——基于休闲需求结构与行为的分析[J].旅游学刊,2008,23(7):13-17.
[40] 刘少和.全球化、经济社会转型与旅游转型升级[J].旅游学刊,2009,24(8):10-11.
[41] 范秀成,郑秋莹,姚唐,等.顾客满意带来什么忠诚[J].管理世界,2009(2):83-91.

Leisure Research in Consumer Behavior: a LIterature Review

LI Yao[1,2], WANG Xin-xin[1]

(1. International business administration school, Shanghai University
of Finance and Economics, Shanghai 200433, China;
2. Business administration school, Zhongzhou University, Zhengzhou 450044, China)

Abstract: With the rapid development of economic, leisure is becoming more and more important. Firstly, Participating in leisure activities reasonably is not only good for physical health, but also good for improving life satisfaction and work efficiency. Secondly, as a new industry, leisure has a great impact on industry structure adjustment, employment, and economics' sustained development. Thirdly, leisure has become one of the symbols of economic development, social advancement and living standard improvement. This attracts academic scholars' attention, and related literatures emerge gradually during recent years. But it is still rare; leisure theory development lags severely. Although some scholars have already made literature review from disciplines of sociology, philosophy and economic, most of them are just about leisure's definition, leisure's scope, and leisure industry policy. In order to better understand leisure participant's behavior, this paper scans related literatures in database of EBSCO and ProQuest, and reviews them from consumer behavior perspective, which includes leisure motivation, leisure behavior and leisure satisfaction. Through literatures review, the findings are as follows. First, leisure motivations include intellectual motivation, social motivation, skill motivation, escape motivation, and so on; motivation categorization and scale development are the main trends of current leisure motivation study. Second, current leisure behavior study includes socioemotional selectivity theory, SOC theory and leisure behavior changing models. Third, leisure satisfaction includes psychological satisfaction, entrainment satisfaction, physical satisfaction, educational satisfaction, social satisfaction, esthetic satisfaction, and so on. Leisure situation and individual's demographic variables are primary factors which influence leisure satisfaction. As predictors of life satisfaction, job satisfaction and mental well-being, leisure satisfaction is widely used in sociology, human resource management and psycho diagnosis. At last, this paper also explores the furure directions of Chinese leisure academic study from local scale development, leisure product research, leisure industry development, leisure service quality improvement, and so on.

Key words: leisure; review; consumer behavior

(原载《人文地理》2011年第6期)

二、旅游者研究

服务公平性、消费情感与旅游者忠诚关系

——以乡村旅游者为例

粟路军,黄福才

(厦门大学管理学院,厦门 361005)

摘　要:旅游者忠诚是旅游地理学研究的重要内容,是旅游地在激烈的市场竞争中立于不败之地的关键。本文根据"认知—情感—行为"理论,构建服务公平性、消费情感与旅游者忠诚关系的结构方程(SEM)模型,以长沙市乡村旅游者为研究对象,探求服务公平性、消费情感与旅游者忠诚之间的关系。研究发现:(1)服务公平性是消费情感、旅游者满意的直接前因变量,对正面消费情感、旅游者满意具有显著直接正向影响,对负面消费情感具有显著直接负向影响;(2)服务公平性通过消费情感、旅游者满意两个中介变量对旅游者忠诚产生间接影响;(3)正面消费情感对负面消费情感有显著负向影响;(4)正面消费情感对旅游者满意、口碑宣传具有显著直接正向影响,负面消费情感对寻找替代旅游地具有显著直接正向影响;(5)旅游者满意是旅游者忠诚最重要、最直接的前因变量,对重游倾向、口碑宣传维度具有显著直接正向影响,对寻找替代旅游地维度具有显著直接负向影响;(6)旅游者忠诚的重游倾向与口碑宣传维度之间存在递进关系。

关键词:服务公平性;消费情感;旅游者满意;旅游者忠诚;中介作用

文章编号:1000-0585(2011)03-0463-14

1 引言

自 20 世纪 90 年代以来,随着世界经济的持续发展与中国经济的快速发展,我国旅游业发展迅速,但竞争也日趋激烈,如何保持旅游者忠诚已成为许多旅游地在激烈的市场竞争中立于不败之地的关键。在学术界,许多研究者根据传统营销学的交易营销研究范式,将服务质量作为旅游者忠诚的重要外生变量,认为服务质量、旅游者满意是旅游者忠诚的主要影响因素,沿"服务质量—旅游者满意—旅游者忠诚"研究线路来探讨旅游者忠诚驱动因素,而很少关注旅游活动过程中的情感因素。在实践界,许多旅游地在大力提升服务质量后,大部分

基金项目:教育部课题(09YJA790069)。

作者简介:粟路军(1979—),男,湖南邵阳人,博士研究生,主要从事旅游市场理论、休闲经济与管理研究。E-mail:sulujunslj@163.com。黄福才(1947—),男,福建泉州人,教授,博士生导师,主要从事旅游基础理论与旅游市场研究。

旅游者仍然"流失",并未实现旅游者忠诚,这让许多旅游地经营管理者感到困惑不已。根据"认知—情感—行为"理论,旅游者在旅游活动过程中,通过信息搜集、现场体验以及接受相应服务等环节与旅游地接触,在购买与消费旅游产品的同时,也经历了情感体验过程,即首先对旅游地及相关服务产生认知,这种认知作用于心理,产生相应情感,再由情感影响行为。因此,旅游活动过程既是旅游消费过程,也是情感体验过程。但传统的交易营销范式缺乏对旅游者消费情感的考察,将旅游者消费过程当作一个"黑箱",较少分析"黑箱"中的情感因素对旅游者行为的影响,从而使得旅游者行为难以预测,导致前述现象难以从理论层面得到合理解释。

根据心理学公平理论,公平是人的重要需求之一,只有感觉到了公平,才会有受尊重的感觉,即实现公平是让人感受到受尊重的前提条件之一。公平概念起源于社会心理学[1],后被广泛地应用于解释个人判断他们在各种事物中是否被公平对待[1]。服务管理学对公平性理论的研究起源于1988年Clemmer提出的服务公平性概念[2]。随后,服务公平性理论引起了广大学者的关注,Seiders等撰文强调服务公平的重要性,指出企业必须高度重视服务公平性,认为公平待客是企业与顾客建立、保持和发展长期关系的重要前提,在服务过程中,服务人员的细微疏忽都可能使顾客觉得自己遭受了不公平的对待,进而产生不满情绪[3]。一般认为,旅游需求属于较高层次需求,与受尊重需求层次较契合,受尊重是人们外出旅游的一种重要需求,旅游地公平地对待旅游者,使旅游者产生受尊重的感觉,满足其受尊重的需求,提高其满意度,进而与旅游者建立、保持长期的客户关系。由此可见,服务公平性是影响旅游者行为的重要外生变量之一,尤其是对旅游者忠诚具有重要影响,将服务公平性纳入研究视野,有利于增强对旅游者忠诚行为的解释。

从已有研究成果看,学术界对服务公平性的研究还不够深入,对补救性服务公平研究成果较多,而正常服务公平性研究成果较少,尤其是以"认知—情感—行为"理论为基础研究旅游者忠诚行为的成果还不多见。因此,从服务公平性着手分析其与消费情感、旅游者忠诚的关系显得重要且紧迫,具有重要的理论价值与实践意义。本文将服务公平性作为旅游者忠诚的外生变量,根据关系营销研究范式,构建服务公平性、消费情感与旅游者忠诚关系的整合模型,以长沙市乡村旅游者为调研对象,通过抽样调查获取基础数据,探讨服务公平性、消费情感与旅游者忠诚之间关系,尝试揭开旅游者消费过程的"黑箱",以期为旅游者忠诚研究提供新的视角,对旅游者消费过程有更为清楚的认识,为旅游地采取有效管理措施、培育旅游者忠诚,保持长期良好的客户关系,提高市场竞争能力提供理论依据。

2 文献回顾与研究假设

2.1 相关概念界定

2.1.1 服务公平性　服务公平性起源于人类的公平需求。公平是对结果、程序、交互公正的信仰[4]。美国社会心理学家Linda从心理学角度,解释了人们为什么需要公平,他认为公平是人类的一种基本需求,人们对他人对待自己公平程度的看法是他们决定自己是否与他人建立关系的一个重要参考依据。在公平文献中,"公平"与"公正"术语一般交错使用。感知公平可以提升一个企业声望与信赖感,进而转化为竞争优势[5]。对结果、程序、交互不公正的信念将导致人们产生不公平的感觉[4]。1988年,Clemmer在其博士论文研究中,首次提出服务公平概念,在对快餐店、高级餐馆、医院、银行等服务性企业进行研究时发现,公平性理论在服务性企业也是适用的,并发现服务公平性包括结果公平、程序公平和交往公平等三个维度。至此之后,服务公平性受到了广大学者的热捧,取得了大量成果。从现有的文献看,服务公平性的研究成果主要集中在两大类:一是研究补救服务公平性问题;二是研究正常服务公平性问题。大部分研究发现,服务公平性对顾客感知服务质量、价值、满意度、忠诚等具有显著影响,由此可见服务公平性的重要作用。在旅游消费过程中,旅游者感知的服务公平性不但会影响其对本次旅游消费经历的评估,影响到其消费情感,而且会影响旅游者对旅游地的评价和未来旅游消费行为。

2.1.2 消费情感 对消费情感的界定,学界尚未形成统一认识。有学者认为,顾客对产品的感知过程,就是一系列的情感(高兴、兴奋、生气、悲伤等)反应过程[6]。Izard认为消费情感是指在产品使用或消费经历过程中所诱发出来的情感反应,可以用离散的情感(高兴、生气等)来描述[7],也可以用不同的情感维度(愉快—不愉快等)来描述[8]。Westbrook等认为消费情感是指消费者在产品的使用与消费体验过程中的一系列情感反应,要么用来描述情感体验和表达的具体分类(如高兴、生气、害怕等)或情感类型的潜在结构维度,如高兴/不高兴,放松/行动,或谨慎/兴奋[9]。由于对消费情感还未形成统一认识,导致对消费情感的分类还存在较大争议,有些学者认为消费情感是一个概念的两个方向,即由不愉快过渡到愉快,犹如负数和正数的关系一样,因此不区分正面消费情感和负面消费情感[10],而另一些学者认为,正面消费情感和负面消费情感是两个独立概念,是消费情感的两个方面,应该区分开来[11],[12]。本文认为,消费情感是顾客在对产品和服务等消费过程中的一系列情感反应,这种情感反应可以是正面的(如高兴、兴奋等),也可以是负面的(如失望、害怕等),将消费情感划分为正面消费情感与负面消费情感两个方面更具合理性。

2.1.3 旅游者满意 旅游者满意概念来自于顾客满意。顾客满意是满足消费者需求和欲望的一个基本营销概念,在营销文献中是一个非常重要的研究主题。Oliver认为满意是期望水平与此后感知不一致(disconfirmation)的综合结果,这种"期望—不一致"(Ex-pectancy-Disconfirmation)后来成为了顾客满意研究的重要理论基础[13]。对顾客满意的界定,学术界普遍认同Oliver的定义,认为顾客满意是顾客的需要得到满足之后的心理状态,是顾客对产品和服务满足自己的需要程度的判断[14]。根据顾客满意的概念,本文将旅游者满意界定为旅游者通过旅游体验与原来预期进行比较的满足程度。

2.1.4 旅游者忠诚 旅游者忠诚概念来自于顾客忠诚。忠诚是战略营销的一个基本概念,虽然顾客忠诚作为服务业中的一种关键资产得到了广泛认同[15],但对顾客忠诚的定义却不尽一致[16]。Guest最早进行品牌忠诚界定,认为忠诚就是某人一生中一段时间内偏好的持久不变[17]。Jones等认为顾客忠诚是对企业人员、产品或服务的一种归宿感或情感[18]。Oliver认为忠诚就是在未来持续重购或再惠顾某一偏好产品或服务的一种深度承诺,从而导致对同一品牌或同一品牌大类的重复购买,尽管存在情景影响,以及营销努力对转移行为的潜在影响[16]。根据顾客忠诚定义,本文将旅游者忠诚界定为旅游者在一段时间内重复消费同一旅游产品的行为及意愿或对同一产品有种特殊偏好的情感现象。

在对顾客忠诚测量方面,还存在较大差异。具体到旅游研究文献,大多数研究使用重游倾向一个维度或与口碑宣传两个维度一起使用来测量旅游者忠诚。本文认为,这是不完整的,因为无论是重游倾向还是口碑宣传,都只针对本旅游地而言,没有考虑到与其他旅游地之间的关系。从前面有关顾客忠诚的研究成果可知,顾客忠诚包含了与其他竞争(替代)产品之间的关系,因此旅游者忠诚也应包括这部分内容,应考虑旅游者对替代旅游地的态度。如只采用重游倾向或口碑宣传维度来测量旅游者忠诚,则将与其他替代旅游地之间的关系排除在外,研究结论将存在较大局限,因此,本文对旅游者忠诚的测度包括了重游倾向与口碑宣传两个常用维度,同时,在参考了Hutchinson等研究成果的基础上[19],考虑了旅游地与其他替代旅游地之间的关系,新增寻找替代旅游地作为第三个维度。这是因为旅游者在其决策过程中,往往面临许多替代旅游地可供选择,有可能会考虑寻找不同的旅游地,即旅游者忠诚可能会表现出同时忠于多个旅游地的特征。增加该维度后,更加符合旅游者在旅游决策过程中的客观实际,同时很好地诠释了旅游者忠诚的含义,也能很好地解释旅游地与其他替代旅游地之间的竞合关系,为旅游地竞合关系建立理论基础。

2.2 研究假设

在早期的营销文献中,研究者根据交易营销研究范式,用认知过程来解释消费者的购买行为[20],后来随着关系营销研究范式的成熟,开始引入情感因素[21],[22],分析其对消费者行为等因素的影响。奥地利学者Gerold等在对37个国家进行调研的基础上研究发现,当人们遭到他人的不公平对待时会产生生气、害怕、厌恶、羞愧、内疚等负面情感,而且人们对不公平行为的情感反应通常比较持久和强烈[23]。Groth等对在快餐店不同的排队方式对顾客情感反应(高兴、满意、烦恼、无聊等)的影响研究结果表明,顾客对企业排队制度公平性的看法会影响他们的消费情感[24]。由此可见,服务公平性对消费情感有显著影响,因此本文提出如下研究假设:

H1a:服务公平性对旅游者正面消费情感具有显著直接正向影响。

H1b:服务公平性对旅游者负面消费情感具有显著直接负向影响。

国内外许多学者使用公平性理论,探讨在补救性服务中,三类服务公平性对顾客满意度、再次购买意向和口碑宣传意向的影响。许多研究表明,企业赔偿顾客的损失可增强顾客满意度[25],[26],也可增强再购意向,同时降低顾客进行消极口碑宣传的可能性[25],[27],[28];Andreassen研究发现,与实际和期望之差相比较,顾客感觉中的结果公平性对他们的满意度影响更大[29]。旅游者在该旅游地接受到公平的服务后,将会产生受尊重的感觉,这种感觉会影响到他对该旅游地的满意程度和相应行为。接受到公平服务后,如果他重游该旅游地,仍可接受到公平服务,相反,如果寻找替代旅游地不一定会接受到公平服务,从而面临较大风险。许多研究成果表明,大多数情况下人们一般是风险规避者,故为规避风险,旅游者接受到公平服务后,不愿意寻找替代旅游地而承担较大风险。由此可见,服务公平性对旅游者满意、忠诚行为具有显著影响,因此本文提出如下研究假设:

H1c:服务公平性对旅游者满意具有显著直接正向影响。

H1d:服务公平性对重游倾向具有显著直接正向影响。

H1e:服务公平性对口碑宣传具有显著直接正向影响。

H1f:服务公平性对寻找替代旅游地具有显著负向影响。

在本文中,采用Writz等[11]、Bagozzi等[12]、Westbrook[30]、Yong等[31]的观点,将消费情感划分为正面消费情感与负面消费情感两个单极维度,正面消费情感与负面消费情感虽然可以同时存在,但也存在此消彼长的动态关系,即如果旅游者正面消费情感多,则负面消费情感少,反之亦然,正面消费情感对负面消费情感具有抑制作用。因此,提出如下研究假设:

H2a:正面消费情感对负面消费情感具有显著直接负向影响。

Westbrook 研究发现,顾客在消费过程中经历的情感对他们满意感有影响,正面消费情感对顾客满意有显著的正向影响,负面消费情感对顾客满意有显著负向影响[30]。Price 等对旅游者调查发现,在旅游过程中,旅游者经历的正面消费情感和负面消费情感对他们的满意度都有显著影响[32]。其他相关研究也有类似结论,认为正面消费情感与顾客满意显著正相关,负面消费情感与顾客满意显著负相关,即正面消费情感增加顾客满意感,负面消费情感降低顾客满意感[11]。因此,提出如下研究假设:

H2b:正面消费情感对旅游者满意具有显著直接正向影响。

H3a:负面消费情感对旅游者满意具有显著直接负向影响。

Schneider 等实证研究表明,企业应尽力为顾客提供卓越的服务,使顾客感到惊喜[33]。而根据 Russel 对情感分类,惊喜是高度唤醒和高度愉快的情感属性的表现[8]。顾客在惊喜的服务经历中,会导致顾客忠诚[16]。Bloemer 等研究了顾客高参与服务忠诚和低参与服务忠诚分别与正面消费情感之间的关系,结果表明,在顾客高参与的服务行业中,正面消费情感与忠诚之间的关系是显著的,低参与服务的正面消费情感与忠诚之间关系不显著[34]。Nyer实证研究表明顾客消费情感对顾客的口头宣传意向具有显著的正向影响[35]。温碧燕等对宾馆、银行、医院和民航顾客进行研究表明,正面消费情感和负面消费情感对顾客忠诚的再购意向都有显著的直接影响[36]。因此,提出如下研究假设:

H2c:正面消费情感对重游倾向具有显著直接正向影响。

H2d:正面消费情感对口碑宣传具有显著直接正向影响。

H2e:正面消费情感对寻找替代旅游地具有显著直接负向影响。

H3b:负面消费情感对重游倾向具有显著直接负向影响。

H3c:负面消费情感对口碑宣传具有显著直接负向影响。

H3d:负面消费情感对寻找替代旅游地具有显著直接正向影响。

顾客满意已被大多数研究证实为顾客忠诚的重要前因变量[37]。Babin 等对餐馆消费者研究表明,顾客满意对积极口碑宣传具有显著直接正向影响[38]。顾客对于他们的服务体验满意,将产生动机向他人进行积极口碑宣传,推荐相同的体验[39],并且口碑宣传越积极,消费者购买推荐产品的可能性越大[40],[41]。在旅游研究文献中,研究表明旅游者满意、重游倾向、积极口碑宣传具有显著相关关系[42],[43]。一个相类似的研究发现,旅游者不满意、寻找其他旅游目的地、负面口碑宣传具有显著相关关系[44]。Kozak 等发现顾客对于以前的旅游地不满意将导致他们更大可能性寻找替代旅游地[45]。黄燕玲等[46]、史春云等[47]实证研究发现旅游者满意对旅游者忠诚具有显著正向影响。本文认为,如果旅游者对于以前的旅游地满意,这意味着如果重游该旅游地,面临的风险更小,于是,他们可能会减少寻找替代旅游地;相反,如果对于以前的旅游地不满意,这意味着如果重游该旅游地,他们将面临更大的风险,因此,更有可能寻找替代旅游地。这表明,旅游者满意与寻找替代旅游地存在负相关关系。因此,提出如下研究假设:

H4a:旅游者满意对重游倾向具有显著直接正向影响。

H4b：旅游者满意对口碑宣传具有显著直接正向影响。

H4c：旅游者满意对寻找替代旅游地具有显著直接负向影响。

Kozak等研究发现,推荐倾向和重游倾向之间存在显著的相关关系[45]。温碧燕等也发现行为倾向与口碑宣传之间存在递进关系[36]。本文认为,有重游倾向的旅游者,对该旅游地有好的印象和评价,他们愿意将这种信息与其他人(亲朋好友等)分享,即会对该旅游地进行口碑宣传,同时由于其对替代旅游地不甚熟悉,存在很大的不确定性,即面临较大的风险,为了减少风险,而不愿意寻找替代旅游地。因此,提出如下研究假设：

H5：重游倾向对口碑宣传具有显著直接正向影响。

H6：口碑宣传对寻找替代旅游地具有显著直接负向影响。

根据前面理论分析与研究假设,构建研究理论模型如图1所示。

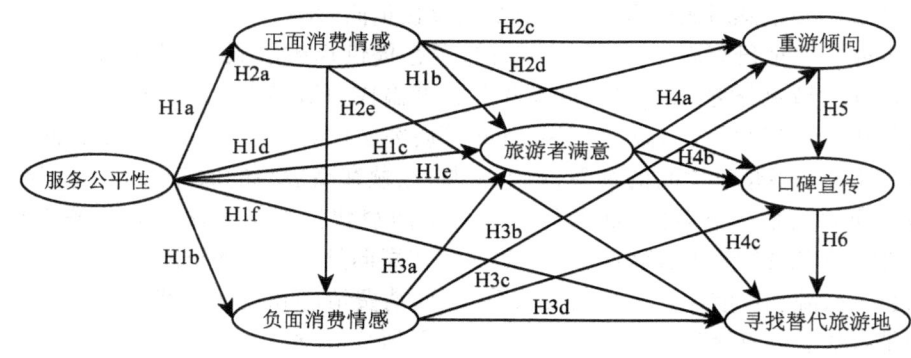

图1 研究理论模型
Fig.1 The research theoretical model

3 研究设计与数据来源

3.1 问卷设计

为了验证前面提出的理论模型,选择长沙市乡村旅游者作为本研究的调查对象。根据Churchill的量表设计原则,本研究主要涉及了测量服务公平性、正面消费情感、负面消费情感、旅游者满意、重游倾向、口碑宣传、寻找替代旅游地等七个变量。其中服务公平性题项主要来自于Seiders和Berry[3]、Clemmer和Schneider[48]、Servert[49]等量表,从结果公平、程序公平、交往公平每个维度抽取一个题项,加上最新有关服务公平性信息公平维度一个题项,共4个题项。消费情感主要来源于Izard[7]、Russell[8]、Yong－K等[31]量表,分为正面消费情感和负面消费情感。旅游者满意题项来自于Hutchinson等量表[19],旅游者忠诚在参考了Hutchinson等题项的基础上,由本研究修改而成,具体包括重游倾向、口碑宣传、寻找替代旅游地等三个变量[19]。

问卷采用李克特5分值量表进行测量,1表示完全不同意,3表示不确定,5表示完全同意,分值越高,代表被调查者越同意该题项。

3.2 数据收集

本文的抽样调查,充分考虑调查对象的时空差异性,采取多时空配比抽样方法,以保证所获基础数据的代表性和可靠性[50]。调查选取了长沙市辖区内的芙蓉、开福、天心、岳麓、雨花五区和长沙、宁乡、望城三县及浏阳一市所有具有代表性的乡村旅游点作为调查地点。调查时间从2009年3月份开始,到8月份结束,历时6个多月。代表了春、夏二季,获得了周一到周五工作日、周末双休日、清明、"五一"、端午三个小黄金周等代表性时段内的样本。采取问卷留置在乡村旅游点由工作人员实施,强调调查时机的选择,要求让被调查者在乡村旅游活动结束时,利用休息时间填写,以最大限度地提高问卷的质量。共发放问卷600份,回收问卷398份,回收率为66.33%,去掉信息不完整等原因造成的无效问卷,共有有效问卷320份,有效率为80.40%。调查结束后,将320份有效问卷形成数据库。本次调查样本的人口学特征见表1。从性别看,比例均衡;从年龄看,以24~44岁为主;从文化程度看,以大专或本科为多;从职业看,每种职业都有;从家庭人均月收入看,以4000元以下为主。

3.3 分析方法

本文主要采用SPSS15.0和AMOS7.0软件进行分析。主要分析方法包括:(1)采用 *Cronbacha* 系数考察变量测量题项的内部一致性;(2)验证性因子分析(CFA)考察各潜变量的聚合效度与区分效度;(3)结构模型分析各潜变量之间的因果关系,验证服务公平性、消费情感与旅游者忠诚之间的相互关系。

4 数据分析与假设检验

4.1 验证性因子分析

为检验服务公平性、正面消费情感、负面消费情感、旅游者满意、重游倾向、口碑宣传、寻找替代旅游地等潜变量的各指标测量效度及其区分度,进行验证性因子分析(Confirmatory Factor Analysis,CFA)。使用AMOS7.0软件构建测量模型A。

表1 样本人口学特征
Tab.1 The samples demographic characteristics

样本基本情况	分类	人数	百分比(%)	样本基本情况	分类	人数	百分比(%)
性别	男	156	48.75	年龄	≤14岁	15	4.69
	女	164	51.25		15~24岁	78	24.38
职业	工人	12	3.75		25~44岁	143	44.69
	学生	38	11.88		45~64岁	62	19.38
	公务员	45	14.06		≥65岁	22	6.68
	农民	15	4.69	文化程度	初中及以下	27	8.44
	个体经营商	36	11.25		高中及中专	124	38.75
	教师	25	7.81		大专或本科	142	44.36

样本基本情况	分类	人数	百分比(%)	样本基本情况	分类	人数	百分比(%)
职业	专业技术人员	43	13.44	文化程度	研究生及以上	27	8.44
	企事业管理人员	32	10.00	家庭人均月收入	≤1999元	90	28.13
	服务或销售人员	26	8.13		2000~2999元	82	25.63
	离退休人员	26	8.13		3000~3999元	74	23.13
	军人	8	2.50		4000~4999元	37	11.56
	其他	14	4.38		≥5000元	37	11.56

表2 模型拟合指数

Tab.2 The model goodness – of – index

	x^2/df	RMSEA	GFI	AGFI	CFI	NFI	IFI	TLI
模型A	1.445	0.037	0.933	0.905	0.978	0.933	0.978	0.972
模型B	1.615	0.044	0.978	0.953	0.990	0.975	0.990	0.982
模型C	1.848	0.052	0.911	0.881	0.956	0.910	0.956	0.946
模型D	1.479	0.039	0.926	0.902	0.975	0.926	0.975	0.970

4.1.1 模型拟合优度检验 从模型A的拟合指数可知,x^2/df值为1.445,小于2;RMSEA值为0.037,小于0.05;GFI、AGFI、CFI、NFI、IFI、TLI值均大于0.9,说明模型A拟合得非常好,是一个完全可以接受的模型。

4.1.2 信度检验 调查问卷量表总体信度为0.840,大于0.7的标准(Nunnally,1978)[5],说明测量指标的一致性很强,可靠性很高,反映了调查使用的问卷具有良好而稳定的同质信度。一般认为,组合信度大于0.7时,说明各题项对其构念测量的信度较高(Fornell and Larcker,1981)[52]。从表3可知,各潜变量的组合信度在0.765~0.861之间,均大于0.7的标准,同时,各潜变量测量题项的Cronbach alpha值在0.767~0.852之间,结合前面问卷量表总体信度检验结果,充分说明本次调查有较高的信度。

表3 验证性因子分析结果(CFA)

Tab.3 The results of confirmatory factor analysis

潜变量	观测变量	标准化载荷	T值	组合信度	Cronbaeh alpha 值
服务公平性（SF）	SF1:您认为自己得到了公平对待。	0.708	12.984	0.836	0.840
	SF2:您认为自己得到了正确、及时与诚实对待。	0.798	15.763		
	SF3:您认为该乡村旅游企业对所有顾客都是一视同仁。	0.742	14.200		
	SF4:您认为该乡村旅游企业愿意与顾客分享所有服务信息。	0.746	14.135		
正面消费情感（PE）	PE1:兴奋的	0.778	15.916	0.861	0.852
	PE2:愉快的	0.893	19.556		
	PE3:轻松的	0.787	16.273		
负面消费情感（NE）	NE1:生气的	0.743	13.700	0.765	0.767
	NE2:失望的	0.752	13.897		
	NE3:后悔的	0.669	12.272		
旅游者满意（CS）	CS1:总体来说,您对本次乡村旅游还是非常满意的。	0.723	14.202	0.773	0.772
	CS2:与预期相比,您对本次乡村旅游各方面还是满意的。	0.733	14.471		
	CS3:与理想的状况相比,您对本次乡村旅游还是满意的。	0.730	14.383		
重游倾向（IR）	IR1:您有下次重游该乡村旅游地的意愿。	0.696	13.711	0.808	0.798
	IR2:您非常可能下次再来该乡村地旅游消费。	0.882	18.601		
	IR3:您非常可能再次进行乡村地旅游消费。	0.705	13.711		
口碑宣传（WO）	WO1:您将向其他人正面宣传该乡村旅游地。	0.675	12.952	0.777	0.774
	WO2:您非常愿意向其他乡村旅游者推荐该乡村旅游地。	0.775	15.559		
	WO3:您将会向有旅游计划的人员推荐该乡村旅游地。	0.746	14.791		

续表

潜变量	观测变量	标准化载荷	T 值	组合信度	Cronbaeh alpha 值
寻找替代旅游地(SA)	SA1:您将努力寻找一个替代性的乡村旅游地。	0.845	17.038	0.827	0.820
	SA2:您将不断寻找替代性的乡村旅游地。	0.844	17.000		
	SA3:您将不断向其他人打听其他乡村旅游地。	0.674	12.852		

4.1.3 聚合效度检验 聚合效度主要考察各题项对其构念的贡献,一般认为,载荷大于0.4,且T检验值较大,在P值为0.01的水平下显著,平均提取方差(AVE)大于0.5时,聚合信度较好。从表3可知,题项的载荷在0.669~0.893之间,远大于0.4的标准,T值从12.272~19.556,在P<0.001的水平下均显著,平均提取方差(AVE)在0.521~0.674之间,均大于0.5的标准,说明各变量具有充分的聚合效度。

4.1.4 区分效度检验 区分效度主要考察不同构念之间的差异性。一般认为,当平均提取方差(AVE)大于0.5,潜变量之间的相关系数的平方小于平均提取方差(AVE)时,区分效度即满足。从表4可知,模型A中的各潜变量的相关系数在-0.509~0.866之间,平均提取方差(AVE)在0.521~0.674之间,均大于0.5的标准,且大部分潜变量相关系数的平方小于平均提取方差(AVE),但也存在大于的情况,证明潜变量之间具有较好区分效度,但不十分理想。

表4 相关系数及平均提取方差

Tab.4 The correlation coefficient and average variance extracted

	服务公平性	正面消费情感	负面消费情感	旅游者满意	重游倾向	口碑宣传	寻找替代旅游地
服务公平性	**0.561**						
正面消费情感	0.696	**0.674**					
负面消费情感	-0.509	-0.495	**0.521**				
旅游者满意	0.844	0.830	-0.486	**0.531**			
重游倾向	0.689	0.649	-0.405	0.798	**0.586**		
口碑宣传	0.751	0.794	-0.446	0.866	0.861	**0.537**	
寻找替代旅游地	-0.398	-0.335	0.592	-0.435	-0.332	-0.357	**0.626**

注:对角线上为各潜变量平均提取方差(AVE),对角线下为各潜变量之间的相关系数。

4.2 旅游者忠诚二阶验证性因子分析

为验证旅游者忠诚是否由重游倾向、口碑宣传、寻找替代旅游地三个维度组成,构建模型B进行二阶验证性因子分析,模型B的拟合指数见表2。从表示可知,x^2/df值为1.615,

小于 2；RMSEA 值为 0.044，小于 0.05；GFI、AGFI、CFI、NFI、IFI、TLI 值均大于 0.95，说明模型 B 拟合得非常好，二阶因子旅游者忠诚到重游倾向、口碑宣传、寻找替代旅游地三个一阶因子的系数分别为 0.908、0.953、-0.349，被解释方差分别为 0.824、0.909、0.122，由此说明旅游者忠诚确实由重游倾向、口碑宣传、寻找替代旅游地三个维度组成。

验证性因子分析说明七个潜变量具有良好信度与效度，旅游者忠诚二阶验证性因子分析说明旅游者忠诚由重游倾向、口碑宣传、寻找替代旅游地三个维度构成。因此，可以进行下一步的结构模型分析。

4.3 理论模型评价与假设检验

确认测量模型的信度和效度后，将前面的潜变量及其题项导入设定的理论模型中，以便对前面提出的研究假设进行检验，采用极大似然法对模型进行估计，得到理论模型的拟合指数、各路径系数值和 T 检验值。理论模型的各项拟合指数见表 2 中模型 C 的数值，路径系数值 T 检验值和假设验证结果见表 5。从模型 C 的拟合指数可知，各项指标都达到了优秀水平，但从假设检验的结果来看，服务公平性对正面消费情感、负面消费情感、旅游者满意都有着显著影响，即假设 H1a、H1b、H1c 得到了验证；正面消费情感对负面消费情感、旅游者满意、口碑宣传都有显著影响，即假设 H2a、H2b、H2d 得到了验证；负面消费情感对寻找替代旅游地有显著影响，即假设 H3d 得到验证；旅游者满意对重游倾向、寻找替代旅游地具有显著影响，即假设 H4a、H4c 得到验证；重游倾向对口碑宣传有显著影响，即假设 H5 得到验证。与此相反，服务公平性对重游倾向、口碑宣传、寻找替代旅游地；正面消费情感对重游倾向、寻找替代旅游地；负面消费情感对旅游者满意、重游倾向、口碑宣传；旅游者满意对口碑宣传；口碑宣传对寻找替代旅游地的影响都不显著，即假设 H1d、H1e、H1f、H2c、H2e、H3a、H3b、H3c、H4b、H6 没有通过统计检验。以上结果表明理论模型还需进一步修正，以使其与数据更好地拟合。

4.4 理论模型修正

为了寻求更优模型，根据检验结果和修正指数对理论模型进行修改。在理论模型的基础上，采取逐步剔除没有通过检验的路径，并根据 MI 指数增减路径。修正模型的拟合指数见表 2 中的模型 D。从模型 D 的拟合指数可知，修正模型的拟合指数均达到了优秀水平。另外各条路径系数都通过了统计检验，证明修正模型比理论模型更符合数据的内在逻辑关系，并且没有违背理论基础。根据以上的修正过程，对模型进行了相应的调整，最终结果如图 2 所示。

表 5　理论模型评价指标和假设检验结果

Tab. 5　The theoretical model evaluation index and hypothesis tested results

假设	变量之间关系	路径名称	标准化路径系数	T 值	标准误	假设检验结果
H1a	服务公平性→正面消费情感	λ21	0.699***	9.851	0.070	支持
H1b	服务公平性→负面消费情感	λ31	-0.295**	-2.982	0.081	支持
H1c	服务公平性→旅游者满意	λ41	0.478***	5.829	0.069	支持

续表

假设	变量之间关系	路径名称	标准化路径系数	T值	标准误	假设检验结果
H1d	服务公平性→重游倾向	λ51	0.074	0.551	0.113	拒绝
H1e	服务公平性→口碑宣传	λ61	0.050	0.491	0.087	拒绝
H1f	服务公平性→寻找替代旅游地	λ71	0.036	0.255	0.144	拒绝
H2a	正面消费情感→负面消费情感	β32	-0.302***	-3.088	0.081	支持
H2b	正面消费情感→旅游者满意	β42	0.504***	6.252	0.069	支持
H2c	正面消费情感→重游倾向	β52	-0.059	-0.434	0.116	拒绝
H2d	正面消费情感→口碑宣传	β62	0.252**	2.350	0.092	支持
H2e	正面消费情感→寻找替代旅游地	β72	0.243*	1.696	0.145	反向支持
H3a	负面消费情感→旅游者满意	β43	0.010	0.170	0.063	拒绝
H3b	负面消费情感→重游倾向	β53	-0.012	-0.175	0.071	拒绝
H3c	负面消费情感→口碑宣传	β63	0.022	0.392	0.058	拒绝
H3d	负面消费情感→寻找替代旅游地	β73	0.544***	6.185	0.108	支持
H4a	旅游者满意→重游倾向	β54	0.781***	3.626	0.216	支持
H4b	旅游者满意→口碑宣传	β64	0.218	1.132	0.193	拒绝
H4c	旅游者满意→寻找替代旅游地	β74	-0.468*	-1.666	0.334	支持
H5	重游倾向→口碑宣传	β65	0.512***	4.926	0.104	支持
H6	口碑宣传→寻找替代旅游地	β76	0.079	0.430	0.217	拒绝

注:表中*表示在$P<0.1$下显著;**表示在$P<0.05$下显著;***表示在$P<0.001$下显著。

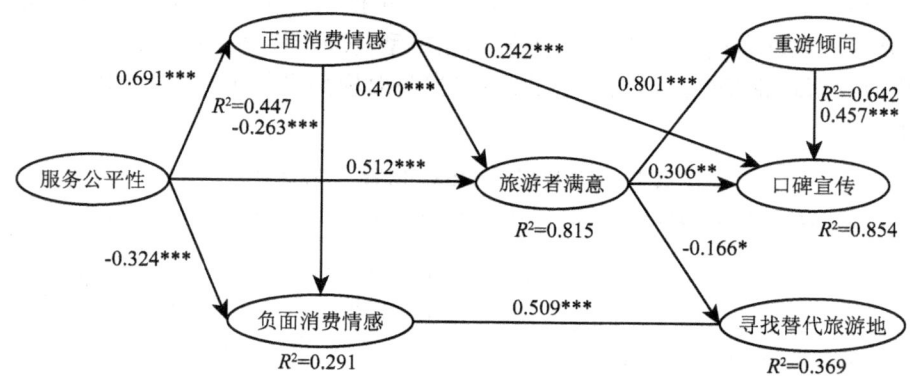

图2 修正模型
Fig.2 The modified model

注:**表示在$P<0.05$下显著;***表示在$P<0.001$下显著。

从图 2 可知,修正模型有很好的预测能力。其中,模型对旅游者满意、口碑宣传变量的解释方差均超过 80%,分别为 81.5% 与 85.4%,重游倾向变量被解释方差也达到了 64.2%,正面消费情感、负面消费情感、寻找替代旅游地被解释方差也分别达到 44.7%、29.1% 与 36.9%,说明模型变量之间的关系稳定。

5 结论与讨论

(1)服务公平性主要通过消费情感、旅游者满意两个中介变量对旅游者忠诚产生间接影响。服务公平性到旅游者忠诚三个维度的路径系数均不显著,而是被消费情感、旅游者满意完全中介,研究假设 H1d、H1e、H1f 没有得到验证。该结论与 Hoeutt 等[25]、Blodgett 和 Donna[27]、Hocutt 等[25]、Teo 和 Lim[28]研究结论不一致。与本研究模型相比,他们的模型缺少了消费情感变量,这可能是他们得出"服务公平性直接影响顾客忠诚行为"研究结论的主要原因。本研究以"认知—情感—行为"理论为基础,探讨了服务公平性与消费情感、旅游者忠诚的关系,服务公平性、消费情感、旅游者忠诚分别属于认知、情感、行为范畴,深刻地揭示了旅游者行为产生过程的"黑箱",说明了旅游活动过程既是旅游消费过程,同时也是情感体验过程。

(2)学术界对消费情感的维度划分还存在较大争议,有些学者认为消费情感是一个双极概念,不需要区分正面消费情感和负面消费情感[10],而另一些学者认为消费情感是两个单极概念,应区分开来分别测量[11],[12]。本研究通过验证性因子分析发现,消费情感包含正面消费情感和负面消费情感两个方面,通过结构模型分析证实了正面消费情感对负面消费情感具有抑制作用,由此说明将消费情感划分为正面消费情感和负面消费情感不但在理论上完全可行,而且得到了实证支持。

(3)正面消费情感对旅游者满意、口碑宣传具有显著直接正向影响,而对重游倾向、寻找替代旅游地影响不显著,H2c、H2d 没有得到验证;负面消费情感对寻找替代旅游地具有显著直接正向影响,而对旅游者满意、重游倾向、口碑宣传影响不显著,H3a、H3b、H3c 没有得到验证。该研究结论与 Price[32]、Bloemer 等[34]、温碧燕等[36]研究结论有一定的差别,原因可能是他们在测量旅游者(顾客忠诚)时,只使用了一个或两个维度,故在他们的研究中,只需消费情感对一个维度产生影响即可认为消费情感对顾客忠诚产生显著影响,而本文将旅游者忠诚划分重游倾向、口碑宣传、寻找替代旅游地三个维度,正面消费情感或负面消费情感只对旅游者忠诚的一个或两个维度产生直接影响,没有同时对三个维度产生影响,从这个角度看,本文的这些研究结论的细致程度更高。

(4)旅游者满意是旅游者忠诚最直接、最重要的前因变量,到旅游者忠诚的三个维度影响路径均显著,对重游倾向、口碑宣传具有显著直接正向影响,该结论与黄海玲等[46]、史春云等[47]、汪侠等[55]研究结论相一致,并对寻找替代旅游地具有显著负向影响。说明提高旅游者满意度不但可以促使旅游者重游产生,并进行积极口碑宣传,而且对寻找替代旅游地具有抵制作用,这充分反映了旅游者满意的重要作用。

(5)重游倾向对口碑宣传具有显著正向影响,而口碑宣传对寻找替代旅游地没有显著影响,即 H5 得到验证,H6 没有得到验证。在以往的相关文献中,大部分只使用重游倾向、口碑宣传或两者混合作为一个维度来测量旅游者忠诚,很少使用寻找替代旅游地维度。本文认为旅游者忠诚的内在含义应包括与替代旅游地之间的关系,因此增加了寻找替代旅游地维度。以前相关研究很少分析旅游者忠诚维度之间的关系,本文通过假设 H5、H6 探索性地验证旅游者三个维度间的关系,该结论还有待更多实证研究验证。

本研究还存在一定局限。首先,在研究样本方面,只选择了乡村旅游者进行调查,对其他类型的旅游者还缺乏探讨;其次,在研究时点上,即使采取了多时空配比抽样方法以提高调查数据的有效性,但获得的仍是截面数据,而要想建立变量之间的因果关系,最好能进行追踪调查,收集纵列数据进行分析。今后在研究中,将着重在不同时点,对不同类型旅游者进行跟踪调查,以获得服务公平性、消费情感与旅游者忠诚关系的普适性模型。

参考文献

[1] Adams J. S. Inequity in social exchange[J]. *Advances in Experimental Social Psychology*, 1965, 2(1):267-299.

[2] Clemmer E. C., The role of fairness in customer satisfaction with services[D]. University of Maryland, 1988.

[3] Seiders L., Berry L. Service fairness: What it is and why it matters[J]. *Academy of Management Executive*, 1998, 12(2):8-20.

[4] Bolton R. N., Kanna R. K., Bramlett M. D. Implications of loyalty program membership and service experiences for customer retention and value[J]. *Journal Academy Marketing Science*, 2000, 28(1):95-108.

[5] Morgan R. M. Hunt S. D. The commitment-trust theory of relationship marketing[J]. *Journal of Marketing*, 1994, 58(3):20-38.

[6] Havlena W. J., Holbrook M. B. The varieties of consumption experience[J]. *Journal of Consumer Research*, 1986, 13:394-404.

[7] Izard C. E. Human Emotions[M]. New York: Plenum Press, 1977.

[8] Russel J. A. A. Circumflex model of affect[J]. *Journal of Personality and Social Psychology*, 1980, 39: 1161-1180.

[9] Westbrook R. A., Oliver R. L. The dimensionality of consumption emotion patterns and consumer satisfaction[J]. *Journal of Consumer Research*, 1991, 18(1):84-92.

[10] Mattila A., Wirtz J. The role of pre-consumption affect in post-purchase evaluation of services[J]. *Psychology & Marketing*, 2000, 17(7):587-605.

[11] Wirtz J., Mattila A. S., Tan R. L. P. The moderating role of target arousal on the impact of affect on satisfaction: An examination in the context of service experiences[J]. *Journal of Retailing*, 2000, 76(3): 347-356.

[12] Bagozzi R. P., Copinath M., Nyer P. U. The role of emotions in marketing[J]. *Journal of the Academy of Marketing Science*, 1999, 27(2):184-206.

[13] Olive R. L. A cognitive model of the antecedents and consequences of satisfaction decisions[J]. *Journal of Marketing Research*, 1980, 17(4):460-469.

[14] Oliver R. L. Satisfaction: A Behavioral Perspective on the Consumer[M]. New York, NY: Irwin-McGraw-Hill, 1997:13.

[15] Keaveney S. M. Customer switching behavior in service industries: An exploratory study[J]. *Journal of Marketing*, 1995, 59(2):71-82.

[16] Oliver R. L. Whence consumer loyalty[J] *Journal of Marketing*, 1999, 63(special Issue):33-44.

[17] Guest L. A study of brand loyalty[J]. *Journal of Applied Psychology*, 1944, 28(11):16-27.

[18] Jones T. O. ,Sasser W. E. Why satisfied customers defect[J]. *Harvard Business Review*,1995,73(6):88 – 101.

[19] Hutchinson J. ,Fujun L. ,Youcheng W. Understanding the relationship of quality,value,equity,satisfaction, and behavioral intentions among golf travelers[J]. *Tourism Management*,2009,30(2):298 – 308.

[20] Bettman J. R. An Information Processing Theory of Consumer Choice[M]. MA:Addison – Wesley Publishing Company,1979.

[21] Holbrook M. B. ,Hirschaman E. C. The experiential aspects of consumption:consumer fantasies,feeling and fun[J]. *Journal of Consumer Research*,1982,9(2):132 – 140.

[22] Peterson R. A. ,Hoyer W. D. ,Wilson W. R. The Role of Affect in Consumer behavior:Emerging Theories and Ap – plication[M]. MA:Lexington Books,1986.

[23] Gerold M. ,Scherer K. R. ,Athenstaedt U. The role of injustice in the elicitation of differential emotional reactions[J]. *Personality and Social Psychology Bulletin*,1998,24(7):769 – 783.

[24] Groth M. ,Gillind S. W. The role of procedural justice in the delivery of services:A study of customers. reactions to waiting[J]. *Journal of Quality Management*, 2001,6(1):77 – 97.

[25] Hocutt M. A. ,Chakraborty G. ,Mowen J. C. The impact of perceived justice on customer satisfaction and intention to complain in a service recovery[J]. *Advances in Consumer Research*,1997,24(1):457 – 463.

[26] Ruyter D. K. ,Wetzels M. Customer equity considerations in service recovery:A cross – industry perspective [J]. *International Journal of Service Industry Management*,2000,11(1):91 – 108.

[27] Blodgett J. G. ,Donna J. H. The effects of distributive,procedural,and interaction on postcomplaint behavior [J]. *Journal of Retailing*,1997,73(2):185 – 210.

[28] Teo S. H. ,Lim K. G. The effects of perceived justice on satisfaction and behavioral intentions:The case of computer purchase[J]. *Intentional Journal of Retail and Distribution Management*,2001,29(2):109 – 124.

[29] Andreassen T. W. Antecedents to satisfaction with service recovery[J]. *European Journal of Marketing*, 2000,34(1):156 – 175.

[30] Westbrook R. A. Product/Consumption – based affective responses and post – purchase processes[J]. *Journal of Marketing Research*,1987,24(3):258 – 270.

[31] Yong – K. L. ,Chong – K. L. ,Seung – K. L. ,etal. Festivalscapes and patrons' emotions, satisfaction, and loyalty[J]. *Journal of Business Research*,2008,61(1):56 – 64.

[32] Price L. L. ,Arnould E. J. ,Patrick T. Going to extremes:Managing service encounters and assessing provider performance[J]. *International of Marketing*,1995,59(2):83 – 97.

[33] Schneider B. ,Bowen E. D. Understanding customer delight and outrage[J]. *Sloan Management Review*, 1999,(1):35 – 45.

[34] Bloemer J. ,Ruyter K. Customer loyalty in high and low involvement service setting:The moderating impact of positive emotions[J]. *Journal of Marketing Management*,1999,15(4):315 – 330.

[35] Nyer P. U. A study of the relationships between cognitive appraisals and consumption emotions[J]. *Journal of the Academy of Marketing Science*,1997,25(4):296 – 304.

[36] 温碧燕,汪纯孝,岑成德,等. 服务公平性、顾客消费情感与顾客和企业的关系[M]. 广州:中山大学出版社,2004.

[37] Petrick J. F. ,Bachman S. J. An examination of the construct of perceived value for the prediction of golf travelers' intention to revisit[J]. *Journal of Travel Research*,2002,41(1):38 – 45.

[38] Babin B. J. ,Lee Y,K. ,Giffin M. Modeling consumer satisfaction and word – of – mouth:Restaurant patronage in Korea[J]. *Journal of Services Marketing*,2005,19(3):133 – 139.

[39] Mangold G., Miller F. Word-of-mouth communications in the service marketplace[J]. *Journal of Service Marketing*, 1999, 13(1):73-90.

[40] Mittal V., Kumar P., Tsirosm M. Attribute-level performance, satisfaction, and behavioral intention over time: a consumption-system approach[J]. *Journal of Marketing Research*, 1999, 63(2):88-101.

[41] Wirtz J., Chew P. The effects of incentive, deal proneness, satisfaction and tie strength on word-of-mouth behavior[J]. *International Journal of Service Industry Management*, 2002, 13(2):141-162.

[42] Beeho A. L., Prentice R. C. Conceptualizing the experience of heritage tourists: A case study of New Lanark World Heritage Village[J]. *Tourism Management*, 1997, 18(2):75-87.

[43] Ross G. Destination evaluation and vacation preferences[J]. *Annals of Tourism Research*, 1993, 20(2):477-489.

[44] Alamanza B. A., Jaffe W., Lin L. Use of the service attribute matrix to measure customer satisfaction[J]. *Hospitality Research Journal*, 1994, 17(2):63-75.

[45] Kozak M., Remington M. Tourist satisfaction with Mallorca, Spain, as an off-season holiday destination[J]. *Journal of Travel Research*, 2000, 38(1):260-269.

[46] 黄燕玲,黄震方. 农业旅游地游客感知结构模型与应用——以西南少数民族地区为例[J]. 地理研究, 2008, 27(6):1455-1465.

[47] 史春云,张捷,尤海梅. 游客感知视角下的旅游地竞争力结构方程模型[J]. 地理研究, 2008, 27(3):703-714.

[48] Clemmer E. C., Schneider S. Fair service. In: Swartz Teresa A., David E. Bowen, Stephen W. Brown. [J] *Advances in Services Marketing and Management*, 1996, 5(11):109-126.

[49] Servert D. E. The customers'path to loyalty: A partial test of the relationshps of prior experience, justice, and customer satisfaction[M]. Virginia Polytechnic Institute and State University, 2002.

[50] 粟路军,黄福才. 旅游客源市场抽样调查信息有效化途径研究. 旅游学刊, 2009, 24(4):24-28.

[51] Nunnally J. C. Psychometnc Theory[M]. New York: McGraw-H:11. 1978.

[52] Fomell C., Larcker D. F. Evaluating strucfocal euqation models with unoloservalole and measureact error[J]. *Journal of Marlcerly Research*. 1981, 18(1):39-50.

[53] Anderson J. C., Gerbing D. W. Strucual equation modelig in practice: A review and recommead two-step ap-proach[J]. *Psychological Bullerin*, 1988, 103(3):411-423.

[54] Chin W. The partial least squares approach to strutuel equation moelely[M]. Mahwah-NJ: Lawrence Ertloaum Associates, 1998:295-336.

[55] 汪侠,顾朝林,梅虎. 旅游景区顾客的满意度指数模型[J]. 地理学报, 2005, 60(5):870-816.

A study on the relationships of service fairness, consumption emotions and tourist loyalty: A case study of rural tourists

SU Lu-jun, HUANG Fu-cai

(*School of Management, Xiamen University, Xiamen 361005, Fujian, China*)

Abstract: Tourist loyalty is an important content of tourism geography and the key of fierce market competition between destinations. Based on the cognition-emotion-behavior theory, this paper constructs an integrative SEM model, and takes rural tourists as the study object to explore the relationships between service fairness, consumption emotions and tourist loyalty. The results are obtained as follows. Firstly, service fairness is the direct antecedent variable, and has a direct positive effect on positive emotion and tourist satisfaction, but a direct negative effect on negative consumption emotion. Secondly, service fairness has an indirect impact on tourist through consumption emotions and satisfaction mediators. Thirdly, positive emotion has a significant negative effect on negative emotion. Fourthly, positive emotion has a significant direct positive effect on tourist satisfaction and word-of-mouth and negative emotion to search for alternatives. Fifthly, tourist satisfaction is the most important and directive antecedent variable of tourist loyalty. Sixthly, there is a progressive relationship between intention to revisit and word-of-mouth of tourist loyalty that has a direct positive effect on intention to revisit and word-of-mouth, but a direct negative effect on search for alternatives. Discussion and implications are provided based on the research results.

Key words: service fairness; consumption emotion; tourist satisfaction; tourist loyalty; mediated effect

（原载《地理研究》2011年第3期）

情感因素对游客体验与满意度的影响研究

——以桂林山水实景演出"印象·刘三姐"为例

罗盛锋[1]，黄燕玲[1,2]，程道品[1]，丁培毅[2]

(1. 桂林理工大学旅游学院，广西桂林 541004；
2. 澳大利亚昆士兰大学旅游学院，布里斯班 Qld 4305)

摘 要：研究运用结构方程，从情感与认知两个视角构建游客满意度测评模型并进行实证研究，运用 LISREL 及 SPSS 统计软件进行检验。研究表明，游客的"满意"是认知与情感两条路径综合影响的结果。消费前情感因素显著影响游客对旅游产品的体验评价与属性评价($\gamma_{11}=0.23^{**}$，$\gamma_{21}=0.24^{**}$)，消费后情感因素显著影响游客对旅游产品的感知价值评价($\beta_{43}=0.41^{***}$)，感知价值进而显著影响满意度形成($\beta_{54}=0.73^{***}$)。游客对产品的体验评价较产品属性评价更显著地影响消费后情感、感知价值及游客满意度($\beta_{31}=0.54^{***}>\beta_{32}=0.22^{**}$；$\beta_{41}=0.46^{***}>\beta_{42}=0.22^{**}$；$\beta_{51}=0.18^{*}>\beta_{52}=0.17^{*}$)。而消费前期望与消费后情感及感知价值并无必然联系。同时发现，游客对审美体验与教育体验的感受更强烈地影响他们对产品的体验评价。研究将有助于更全面地认识顾客满意度及购后行为的形成过程。

关键词：情感因素；体验；满意度；结构方程；表演；桂林
中图分类号：F59
文献标识码：A
文章编号：1002-5006(2011)01-0051-08

1 国内外研究现状

国外顾客满意程度研究文献中，奥立弗(Oliver)提出了"期望—实绩模型"[1]，伍德洛夫、卡杜塔和简金思(Cadotte, Woodruff & Jenkins)提出了"顾客消费经历比较模型"[2]，韦斯卜洛克和雷利(Westbrook & Reilly)提出"顾客需要满意程度模型"[3]。对顾客满意度进行测

基金项目：本研究受国家社会科学基金项目资助(08XJY024)。
作者简介：罗盛锋(1977—)，男，湖南湘乡人，硕士，讲师，研究方向为旅游规划、旅游企业管理，E-mail: shengfeng_luo@163.com；黄燕玲(1976—)，女，广东四会人，博士，副教授，研究方向为旅游管理、休闲旅游、旅游行为研究；程道品(1962—)，男，湖北广水人，教授，博士生导师；丁培毅(1962—)，男，高级研究员，博士生导师。

度的宏观主流模型中,包括瑞士顾客满意指数 SICS（Swiss index of customer satisfaction）、欧洲顾客满意度指数模型 ECSI（European customer satisfaction index），以及运用最为广泛的美国顾客满意度指数模型 ACSI（American customer satisfaction index）。

传统满意度测评主要基于认知过程的研究,其理论基础以期望差异理论（expectationdisconfirmation）的运用最为广泛,大量研究是基于这一理论框架下的成果的[4]-[7]。但是研究发现,单纯分析认知过程不足以诠释顾客满意度的形成,情感因素在顾客满意度中扮演的角色日益引起重视。20世纪80年代开始,学者对消费情感因素的关注有所增加。霍布鲁克等（Holbrook,et al.）就情感因素中的感觉（feelings）在顾客消费中的影响做出分析[8]。心理学教授福加斯（Forgas）指出,心情（moods）对人们知觉判断具有显著影响[9],[10]。美国营销学者韦斯布鲁克（Westbrook）在1980年首次对顾客的消费情感与满意度之间的关系进行实证研究,其成果显示消费情感直接影响顾客满意度,情感因素与认知因素对满意度产生的作用基本相同[11]。此后,韦斯布鲁克与奥立弗（Westbrook & Oliver）将消费情绪（emotion）划分为3个维度,并对购后产品消费的情感模式做出5类区分[12]。霍姆堡等（Homburg,et al.）对顾客满意研究中的认知与情感因素进行动态分析,指出认知因素（cognition）的影响将不断增强,而情感因素（affection）的影响则会减弱,同时也认为随着消费经验的积累,不同类型的顾客满意度影响因素仍是动态变化的[13]。罗哈斯与卡马内罗（Rojas & Camarero）以遗产旅游地为例,就情感因素中的心情与情绪对游客体验的影响作了分析,指出在游客满意度形成过程中情感因素的重要调节作用[14]。同时,梳理相关研究还发现,除少数学者外,绝大多数学者侧重于研究顾客消费后的情感对满意度的影响,而对消费前、后情感因素影响综合研究较少。

国内顾客满意度的研究同样侧重于认知过程的研究,在旅游研究中的成果也相当丰富,旅游目的地[15],[16]、旅游产品[17]、饭店[18]、旅行社[19]、旅游景区[20]等均有涉及。然而,学者对情感因素的影响研究也较为薄弱[21]。

综合文献研究,国内外顾客态度与行为测评遵循"期望→质量与价值评判→满意度→行为预测（忠诚度）"路径。旅游研究中对情感因素的讨论不多。然而,随着体验经济时代的到来[22],游客的体验不仅是物质内容的体验,更是一种情感的体验,情感因素研究的缺乏将不利于对顾客满意度形成过程的全面了解,实际操作中对业界的帮助也将削弱。因此,就情感因素对游客体验、态度与行为的影响进行深入研究显得非常必要。

2 概念界定与假设模型

2.1 概念与研究变量界定

本研究在继承传统满意度的核心架构并遵循认知路径的基础上,着重关注情感因子对游客体验、感知、态度的影响：

1. 增加满意度先导结构变量——消费前与消费后情感因素。情感（affective aspects）包含了人类可被评估的或具有效价（valence）的所有状态（如情绪、心情、感觉等）[23]。情绪是相对强烈、简洁的情感反应,采用效价和唤醒度来评价,它包含了或多或少会同步发生的情绪分类（如高兴、惊讶、悲伤、害怕、恶心、生气）,且其发生在特定的目标上,可持续几分钟到几小时。心情是比情绪的情感反应强度低的相对持久的情感状态,其发生没有清晰的诱因,持续时间比情绪要长(几个小时到几天),主要用效价来评价,如感觉良好或感觉不好[24]。感觉是情绪或心情的主观体验,往往通过自我评价来衡量,它可以反映任意的情绪成分或所有的情绪成分。鉴于情感因子在游客参与旅游活动时难以泾渭分明地分割情绪、心情,因此依据心理学研究成果[23],[24],根据情绪与心情的目标指向具体性,将消费前情感称为心情,而消费后情感称之为情绪,均由游客根据自身感觉判定。罗素(Russell)提出目前应用较为广泛的情感因素维度划分,包含8个4组两两对应的情感特征圆形图谱,愉快(pleasure,0°),精力充沛/兴奋(excitement,45°),兴致盎然/唤醒(arousal,90°),紧张压抑(stress,135°),不愉快(displeasure,180°),精力不足/沮丧(depression,225°),昏昏欲睡(sleepiness,270°),身心放松(relaxation,315°)[25]。本研究以此为基础,提出相应4组观测变量。

2. 质量评价细分为两个结构变量——游客体验评价与产品属性评价。服务产品感知质量通常包括对有形产品和无形产品两大部分的感知。质量测评的文献中,泽丝曼尔(Zeithaml)提出重要观点,即顾客评价产品会从相对简单的产品属性(如物质形态特征、定义属性等)跨越到复杂的个人价值与受益评判[25]。格罗路斯(Grönroos)提出技术质量(technical quality)与功能质量(functional service quality)的概念,前者指提供顾客什么样的产品,后者指如何提供产品[26]。派恩与吉尔莫(Pine & Gilmore)提出体验经济时代的概念并对4个典型体验——娱乐、教育、审美和逃逸(entertainment, education, esthetic & escapism)进行阐述[27]。在考虑具体表演类旅游产品及研究案例的技术质量评判基础上,本研究对游客的体验进行测评,并综合采用泽丝曼尔对产品评价的观点,以及派恩与吉尔莫对体验评价的4类划分进行观测变量设定。

3. 传统路径中的其他4个结构变量:传统态度与行为测评路径"期望→质量与价值评判→满意度→行为预测(忠诚度)"涉及期望、价值、满意度与忠诚度等。本研究着重关注情感因素影响的同时,也分析传统认知因素的作用。(1)顾客期望结构变量,顾客期望体现两方面内容:一是参考企业提供的产品的先验消费经历;二是对企业未来能够提供的产品质量预测,包括总体期望、产品满足顾客需要的程度的期望、可靠性预测[28]等观测变量。据此,本研究的顾客期望观测变量包括3个,即总体预期、特色预期与满足顾客需求的可靠性预期;(2)感知价值结构变量,通常用两个观测变量测评,一是给定价格下对产品质量的感知,二是给定质量下对价格的感知;(3)满意度结构变量,根据ACSI与ECSI模型,应当包括对总体满意程度、同预期相比满意程度、同理想相比满意程度的测量;(4)行为预测结构变量,根据ACSI与ECSI模型,同时考虑到本研究模型主要目的是对情感因素的测量,因此,行为预测变量只包括重复购买的可能性、向亲友推荐的可能性,并未纳入顾客的抱怨,但顾客抱怨的可能性也可经由所采用的观测变量评价高低反映。

2.2 理论模型与结构方程

总体而言,本研究与一般游客满意度测评模型不同的是:(1)综合考察认知与情感两方面影响因素;(2)在体验经济时代,产品需求方更重视自身的体验感受,因此将游客体验评价与产品属性评价分开研究,分别设立独立的潜在结构变量,以便更直观地考察体验感知的影响作用。

研究提出的概念模型中,潜在变量列于椭圆形中[18],[29],各路径假设及路径系数表达式均列于变量间的连线上,如图1所示。本研究包括两个外生潜变量,6个内生潜变量,28个测量因子。7组17个假设,见表1。β与γ为通径系数。β_{ij}是η_j对η_i的通径系数,表示作为

起因变量的 η_j 对作为效应变量的 η_i 的直接影响程度;γ_{ij} 表示外生潜变量 ξ_j 对 η_i 的通径系数,即作为起因变量的消费前情感与事前期望 ξ_j 对作为效应变量的 η_i 的直接影响程度。

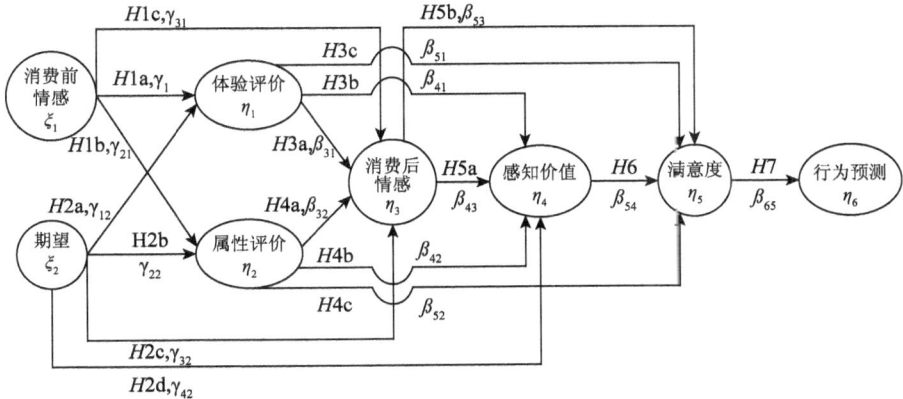

图 1 情感与认知双因素影响下的游客满意度概念模型
Fig. 1 Theoretical model of effective and cognitive factors on perception, satisfaction and behavior intention

表 1 研究提出的 7 组 17 个假设
Tab. 1 Seventeen hypotheses in seven groups

假设	描述
H1a	游客消费前的情感正向影响旅游产品体验评价
H1b	游客消费前的情感正向影响旅游产品属性评价
H1c	游客消费前的情感正向影响游客消费后的情感
H2a	游客消费前的期望正向影响旅游产品体验评价
H2b	游客消费前的期望正向影响旅游产品属性评价
H2c	游客消费前的期望正向影响游客消费后的情感
H2d	游客消费前的期望正向影响旅游产品感知价值
H3a	游客对旅游产品体验评价正向影响游客消费后的情感
H3b	游客对旅游产品体验评价正向影响旅游产品感知价值
H3c	游客对旅游产品体验评价正向影响游客满意程变
H4a	游客对旅游产品属性评价正向影响游客消费后的情感
H4b	游客对旅游产品属性评价正向影响旅游产品感知价值
H4c	游客对旅游产品属性评价正向影响游客满意程变

续表

假设	描述
H5a	游客消费后的情感正向影响旅游产品感知价值
H5b	游客消费后的情感正向影响游客满意程度
H6	旅游产品感知价值正向影响游客满意程度
H7	游客满意程度正向影响游客购后行为

3 实证分析

3.1 研究案例

案例选择与研究目的密切相关,本文着重关注情感因素对游客体验与满意度的影响。大型桂林山水实景演出《印象·刘三姐》是我国第一部"山水实景演出",将其作为研究案例,首先因为游客观看旅游文化艺术表演较之其他旅游活动更容易体验到产品供给方所赋予的意境,优秀表演艺术将促使游客投入更多的情感;其次,案例具有典型的地域性、不可移植性与人文历史渊源,集唯一性、艺术性、震撼性、民族性、视觉性等于一身;其三,演出在方圆两千米漓江水域上,以12座山峰为背景,构成迄今为止世界上最大的山水剧场,同时利用不同的自然气候创造出无穷魅力,使每场演出都给人不同凡响的体验感受;其四,作为国家首批文化产业示范基地,该案例是旅游文化产品的典型代表,世界旅游组织官员看过演出后评价:"这是全世界看不到的演出,从地球上任何地方买张机票来看再飞回去都值得"[①],并将其定为世界旅游组织目的地最佳休闲度假推荐景区。

3.2 研究方法

3.2.1 问卷设计与调查

2010年1月进行了20份中英文定性与定量问卷的预调查。2010年4月,修正问卷后正式进行调研。鉴于表演时间是夜晚,有效定性问卷获取难度大,因此总共分发250份定量问卷,回收有效问卷229份,有效率为91.6%。调查地点选在《印象·刘三姐》演出场所及观看演出后多数客人会前往的桂林阳朔西街。定量问卷内容包括两大部分:第一部分就游客观看演出的动机、观前情感(心情)、观前期望、体验感知、演出及目的地质量评价、观后情感(情绪)、观后满意程度及行为预测进行调查;第二部分是被访者的人口统计学特征以及社会属性。问卷第一部分采用李克特6级量表(根据对各描述语句的赞同程度由低至高分别赋1~6分)。需要指出的是,本文只用到问卷当中的部分内容。研究成果借助统计分析软件(SPSS11.5)和结构方程建模软件(LISREL8.70)实现。

3.2.2 描述性分析与问卷信度

调查样本人口统计学基本特征见表2。结果显示,男女性别比例较均匀;国内游客较多,入境游客占1/3;游客多数受到良好教育,这与欣赏演出的能力有关联;以中青年游客为主。

---

① 参见网站:http://www.yxlsj.com/chinese/yxlsj.asp。

表2 样本人口统计学基本特征($N=229$)

Tab.2 Demographic profiles of tourist samples($N=229$)

项目		频数(份)	比例(%)
性别	男性	107	46.72
	女性	122	53.28
年龄	14岁及以下	2	0.87
	15～24岁	65	28.38
	25～44岁	124	54.15
	45～64岁	34	14.85
	65岁及以上	4	1.75
国别	国内游客	148	64.63
	入境游客	81	35.37
学历	初中及以下	3	3.49
	高中或中专	40	17.47
	大专	50	21.83
	本科	78	34.06
	研究生及以上	53	23.14

问卷信度检验。表3中各结构变量与观测变量Alpha(α)值大于0.7,说明获取的数据有较高的内在信度。对模型中所有28个观测变量进行重复度量的方差分析,结果是 $F = 15.037, p < 0.0001$,表明量表的重复度量效果良好。

3.2.3 测量模型分析

运用极大似然法经迭代17次对调研数据进行参数估计,分析观测变量对潜在变量的影响,见表4。所有指标的偏度$|S|<3$、峰度$|K|<10$,即各观测变量评价值均属常态,个项与总量相关系数均大于0.3,符合结构方程建模要求[30]。所有观测变量载荷t检验值都在0.001水平上显著①,观测变量对特定结构变量的影响都是显著的[31],能够很好地解释相应的潜变量。组合信度的取值均大于0.60,说明比较理想。潜变量的平均变异抽取量是某一潜变量对所属的测量指标所能解释的变异百分比,0.5以上是理想标准。测量模型各潜在变量的变异抽取量在0.5～0.7之间,且$EP = 0.000000$,小于规定收敛标准(Epsilon = 0.000001),说明测量模型的各观测变量较好地被结构变量所解释,即各观测变量收敛于特定的结构变量[32]。

---

① $t\geq 1.96$ 为0.05水平上显著,*;$t\geq 2.58$ 为0.01水平上显著,**;$t\geq 3.29$ 为0.001水平上显著,***;以下均同。

表3 问卷标准化信度分析表与观测变量参考来源

Tab.3 Result of questionnaire's reliability analysis and the original or reference resources of observing items

潜在变量	观测变量	Alpha(α)值	观测变量参考来源
体验评价 η_1	Y1 教育体验 Y2 审美体验 Y3 娱乐体验 Y4 逃逸体验	0.790	派恩与吉尔莫[27]
属性评价 η_2	Y5 音乐优美 Y6 灯光、布景好 Y7 地域、民族特色突出 Y8 演员表演专业 Y9 表演具有文化内涵	0.841	泽丝曼尔[25]
观后情感 η_3	Y10 昏昏欲睡/兴致盎然 Y11 紧张压抑/身心放松 Y12 精力不足/精力充沛 Y13 不愉快/愉快	0.906	罗素[25];罗哈斯与卡马内罗[14]
感知价值 η_4	Y14 给定价格下对质量的感知 Y15 给定质量下对价格的感知	0.797	费耐尔等[28]
满意度 η_5	Y16 前来观赏表演是正确选择 Y17 我很高兴观看到这一演出 Y18 比我的预期要好 Y19 总体满意程度	0.894	费耐尔等[28];罗哈斯与卡马内罗[14]
行为预测 η_6	Y20 我会对表演作正面宣传的可能性(如介绍给亲朋好友) Y21 我会再次观看此类表演	0.737	
观前情感 ξ_1	X1 昏昏欲睡/兴致盎然 X2 紧张压抑/身心放松 X3 精力不足/精力充沛 X4 不愉快/愉快	0.804	罗素[25];罗哈斯与卡马内罗[14]
期望 ξ_2	X5 我对"印象·刘三姐"总体的期望很高 X6 我认为该表演应当很有特色 X7 我认为该表演可以满足我的需求	0.758	费耐尔等[28]
总量表		0.939	

表4 测量模型参数估计值及各项检验（N=229）
Tab. 4 Variables estimates of model and kinds of tests（N=229）

观测变量	均值	标准差（SD）	偏度	峰度	个项与总体相关系数	载荷	t 检验	变异误差 Var(E)	个体变量信度（SMC）	组合信度（CR）	平均变异抽取量（AVE）
Y1	3.98	1.055	-0.133	-0.020	0.616	0.671	—	0.55	0.486	0.798	0.5
Y2	4.39	0.985	-0.351	-0.079	0.783	0.911	11.231	0.17	0.728		
Y3	4.15	0.965	-0.363	0.505	0.544	0.642	8.682	0.59	0.488		
Y4	3.81	1.143	-0.215	-0.408	0.480	0.571	7.813	0.67	0.435		
Y5	4.66	1.134	-0.639	0.137	0.564	0.695	—	0.57	0.482	0.846	0.5
Y6	4.74	1.143	-0.619	-0.374	0.611	0.733	9.251	0.46	0.540		
Y7	4.83	1.090	-0.569	-0.428	0.536	0.709	9.012	0.50	0.496		
Y8	4.36	1.145	-0.409	-0.172	0.561	0.724	9.161	0.48	0.554		
Y9	4.52	1.153	-0.466	-0.177	0.587	0.774	9.632	0.40	0.600		
Y10	4.53	1.138	-0.675	0.341	0.655	0.765	—	0.38	0.601	0.903	0.7
Y11	4.50	1.161	-0.744	0.277	0.695	0.832	13.941	0.26	0.707		
Y12	4.46	1.183	-0.614	0.008	0.676	0.857	14.465	0.22	0.729		
Y13	4.52	1.187	-0.693	0.125	0.670	0.817	13.622	0.29	0.684		
Y14	4.24	1.209	-0.267	-0.235	0.800	0.859	—	0.18	0.764	0.787	0.7
Y15	3.83	1.298	-0.189	-0.384	0.612	0.689	12.381	0.47	0.630		
Y16	4.36	1.211	-0.299	-0.409	0.759	0.764	—	0.34	0.722	0.882	0.7
Y17	4.44	1.185	-0.326	-0.331	0.765	0.821	14.889	0.23	0.751		
Y18	4.05	1.315	-0.241	-0.487	0.670	0.735	12.676	0.39	0.686		
Y19	4.29	1.172	-0.109	-0.549	0.698	0.776	13.687	0.32	0.703		
Y20	4.46	1.153	-0.229	-0.798	0.602	0.82	—	0.27	0.577	0.728	0.6
Y21	4.03	1.429	-0.383	-0.634	0.546	0.653	8.844	0.54	0.521		
X1	4.39	1.302	-0.472	-0.489	0.317	0.638	9.927	0.59	0.503	0.808	0.5
X2	4.44	1.467	-0.838	-0.015	0.486	0.73	11.76	0.47	0.512		
X3	4.29	1.307	-0.461	-0.262	0.456	0.836	14.036	0.30	0.597		
X4	4.41	1.459	-0.886	0.005	0.349	0.65	10.163	0.58	0.449		

续表

观测变量	均值	标准差(SD)	偏度	峰度	个项与总体相关系数	载荷	t检验	变异误差Var(E)	个体变量信度(SMC)	组合信度(CR)	平均变异抽取量(AVE)
X5	4.43	1.281	-0.426	-0.598	0.405	0.75	11.443	0.44	0.466		
X6	4.62	1.104	-0.643	0.585	0.400	0.705	10.651	0.50	0.476	0.745	0.5
X7	4.27	1.165	-0.543	0.110	0.313	0.651	9.702	0.58	0.490		

注：SD = Std. Deviation；$Var(E)$ = Error variances；SMC = Squared multiple correlation；CR = Composite reliability；AVE = Average variance extracted.

3.2.4 结构模型分析

结构模型各预先假设成立与否经由标准化路径系数体现，系数越大表示在相互关系中影响越大，重要性越高。通过对结构方程模型中结构变量的路径系数进行检验发现（图2），理论假设中 14 个得到支持,3 个不支持（$H2c$、$H2d$、$H5b$），得到证实的结构变量之间的路径系数均在 0.05 水平以上正向显著，理论模型大部分得到验证。本结构方程模型绝对拟合指数 x^2/df = 2.018，小于最大上限5；相对拟合指数与简约拟合指数均达到理想标准，$NNFI$ = 0.970、CFI = 0.973、IFI = 0.974 与 $RMSEA$ = 0.068，它们是常用的并在诸多指数中是比较好的指标[33]，绝对拟合指数中的 GFI = 0.825，略小于理想值 0.90，理论模型与调研数据契合待进一步加强。

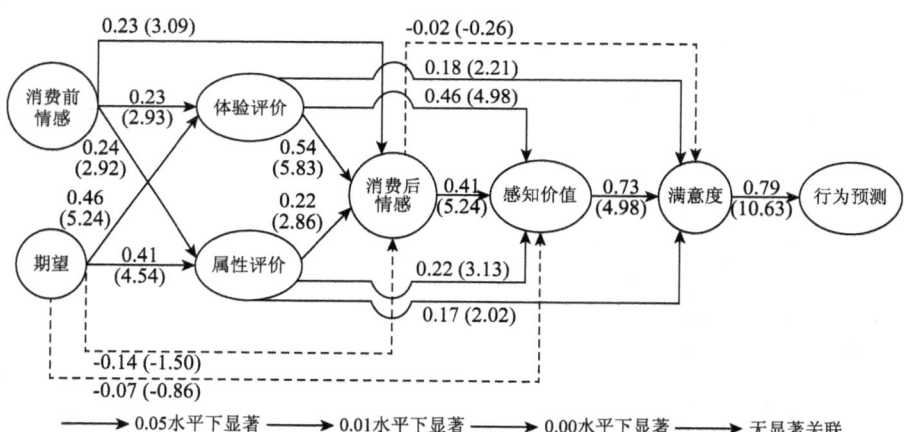

图 2 情感与认知双因素影响下的游客满意度结构模型

Fig. 2 The structure equation modeling of effect of affective and cognitive factors on perception, satisfaction and behavior intention

检验表明,研究模型中各潜变量之间的关系与模型假定基本符合,模型具有较强解释能力：(1)情感因素确实对游客感知产生重要影响,消费前情感显著影响体验评价与产品属性评价（γ_{11} = 0.23**，γ_{21} = 0.24**），消费后情感显著影响游客的感知价值（β_{43} = 0.41***），同时消费前情感显著影响消费后情感($\gamma_{31}=0.23^{**}$)。因此,H1a、H1b、H1c、H5a 这 4 个假设得到证明。但消费后情感并未直接影响游客的满意度评价,而是经由感知价值间接对游客满意程度产生影响,H5b 未得到验证;(2)认识锁链中一直观察先导变量"期望",其对体验评价与产品属性评价的显著影响同样得到证明($\gamma_{12}=0.46^{***}$,$\gamma_{22}=0.41^{***}$),$H2a$、$H2b$ 两个假设得到证明。从路径系数值分析,认知变量较情感变量对旅游产品评价影响更为显著。但"期望"对游客消费后情感及感知价值并未产生显著影响,即不支持 $H2c$、$H2d$ 两个假设;(3)游客体验评价对消费后情感、感知价值及游客满意度的影响力高于产品属性评价($\beta_{31}=0.54^{***}>\beta_{32}=0.22^{**}$,$\beta_{41}=0.46^{***}>\beta_{42}=0.22^{**}$,$\beta_{51}=0.18^{*}>\beta_{52}=0.17^{*}$),体验经济时代游客更注重体验感知,同时,也说明案例《印象·刘三姐》确实带给游客独特的感受;(4)传统态度与行为测评路径,期望→质量评判→满意度→行为预测(忠诚度)得到验证,即 $H3a$、$H3b$、$H3c$、$H4a$、$H4b$、$H4c$、$H6$、$H7$ 得到验证。

游客的"满意"不仅仅受"消费前期望"的影响,也受"情感因素"影响,即"满意"是认知与情感两条路径综合作用的结果。游客对旅游产品服务、服务态度、产品质量、价格等方面直观的满意,更深层的含义是对所提供的产品和服务与顾客情感、期望、要求等的吻合程度较高。"消费前期望""消费前情感"与"消费后情感"直接影响到游客在旅游产品消费与体验过程中对产品质量与价值的评判,并最终影响游客满意度与行为预测。同时,由于"消费后情感"显著影响游客感知价值,进而影响满意度的形成,因此,观测消费后情感受哪方面因素影响显得尤为必要。从模型分析,游客消费后情感受产品体验评价的影响非常显著,即要求旅游产品提供者应当注重如何为游客提供更丰富的体验,以达到游客对教育、娱乐、审美和逃逸的体验要求。

4 结论与讨论

(1)情感因素对游客体验及满意度的影响模型是在总结前人研究基础上,构建的一个具有因果关系的结构方程模型。模型由测量模型和结构模型组成,包括 2 个外生潜变量、6 个内生潜变量和 28 个观测变量,所提出的 8 个潜变量分别是消费前情感、消费后情感、顾客预期、体验评价、属性评价、感知价值、顾客满意度、行为预测,各潜变量间存在 17 种关联。其中,14 个假设得到证明,否定 3 个假设,模型具有较强解释能力。

(2)研究表明,游客的"满意"受认知与情感两条路径综合影响。游客对旅游产品满意是对旅游产品供给方提供的产品和服务与顾客情感、期望、要求等吻合程度相比较的结果。传统态度与行为测评路径,期望→质量评判→满意度→行为预测(忠诚度)得到验证,而新增加的情感因素测评路径,情感→质量、价值评判→满意度→行为预测(忠诚度)同样得到验证。情感因素确实对游客感知产生了重要影响,消费前情感显著影响体验评价与产品属性评价,消费后情感显著影响游客的感知价值,同时消费前情感显著影响消费后情感。旅游产品供给方应当充分关注旅游者对旅游产品的情感诉求,强调产品宣传中情感因素的宣传,同时注重消费过程中各种产品要素对情感的影响,调动旅游者积极性,促进旅游者正面情感体验,以最终提高满意度与忠诚度。此外,期望对感知价值的影响并不显著,这需要对更多不同类型的旅游产品案例进行分析后才能作进一步判定。

(3)体验经济时代,游客对产品体验的评价更显著地影响游客满意度的最终形成与重购行为的产生。体验评价变量的各因子载荷中,审美因子载荷极高(0.91),教育因子次之(0.67)。游客对审美体验与教育体验的感受更强烈地影响他们对产品的体验评价。产品属性评价中"表演具有文化内涵"(0.77)与"地域、民族特色突出"(0.73)两因子载荷最高。因此,旅游产品供给方应重视旅游产品文化的品位、精神的寄托、情感的满足,不断提高游客的审美体验与教育体验。通过提高产品文化内涵与地方民族特色等属性质量、注意产品体验的完整性、主题性与互动性,以及提供优质服务、高品质体验创造令人难以忘怀的愉快经历,增加旅游产品的附加值,以进一步影响游客的满意度与良好口碑宣传及购后重游行为。

(4)现有文献中,国内对于旅游企业顾客满意度、购后行为的研究仍大多沿用传统的量化方法,简单的比重统计方法已经难以满足市场要求。本研究成果将有助于学术界及旅游业界更全面地认识顾客满意度及购后行为的形成过程。

由于包含认知与情感两条路径的游客满意度结构关系模型是一个动态模型,模型的构建和完善有待时间检验,未来研究的重点将是进一步完善测量工具,对模型做进一步修正、改进并提高评价准确度。今后将选择不同类型、不同时段的旅游产品进行更加广泛深入的研究。但本研究为探讨多重角度审视游客满意度测评的科学化和规范化提供了有益的思路,将促进游客满意度理论的进一步发展和完善。

致谢: 感谢澳大利亚昆士兰大学旅游学院Noel Scott教授对调研问卷设计给予的指导;感谢桂林理工大学2009级旅游管理研究生肖婷婷、吴露岚等对调查问卷发放、回收及数据的录入所做的工作。

参考文献

[1] Oliver R. L. A cognitive model of the antecedents and consequences of satisfaction decision[J]. *Journal of Marketing Research*,1980,17(4):460-469.

[2] Cadotte E. R., Woodruff R. B., Jenkins R. L. Expectations and norms in models of consumer satisfaction [J]. *Journal of Marketing Research*,1987,24(3):305-314.

[3] Westbrook R. A., Reilly M. D. Value-percept disparity:An alternative to disconfirmation of expectations theory of consumer satisfaction [J]. *Advances in Consumer Research*,1983,(10):256-261.

[4] Bearden W. O, Teel J. E. Selected determinants of consumer satisfaction and complaint reports [J]. *Journal of Marketing Research*,1983,20(1):21-28.

[5] Zeithaml V. A. Consumer perceptions of price,quality,and value:A meansend model and synthesis of evidence [J]. *Journal of Marketing*,1988,52(3):2-22.

[6] Fornell C. The science of satisfaction [J]. *Harvard Business Review*,2001,79(3):120-121.

[7] Hutchinson J., Lai F. J., Wang Y. C. Understanding the relationships of quality,value,equity,satisfaction,and behavioral intentions among golf travelers [J]. *Tourism Management*,2009,30(2):298-308.

[8] Holbrook M. B., Hirschman E. C. The experiential aspects of consumption:Consumer fantasies,feelings,and fun [J]. *Journal of Consumer Research*,1982,9(2):132-140.

[9] Forgas J. P., Bower G. H. Mood effects on person-perception judgments [J]. *Journal of Personality and Social Psychology*,1987,53(1):53-60.

[10] Forgas J. P. Mood and judgment:The affect infusion model(AIM)[J]. *Psychological Bulletin*,1995,117(1):39-66.

[11] Westbrook R. A. Intrapersonal affective influences on consumer satisfaction with products [J]. *Journal of*

Consumer Research,1980,7(1):49-54.

[12] Westbrook R. A., Oliver R. L. The dimensionality of consumption emotion patterns and consumer satisfaction [J]. *Journal of Consumer Research*,1991,18(1):84-91.

[13] Homburg C., Koschate N., Hoyer W. D. The role of cognition and affect in the formation of customer satisfaction: A dynamic perspective [J]. *Journal of Marketing*,2006,70(3):21-31.

[14] Rojas C. D., Camarero C. Visitors' experience, mood and satisfaction in a heritage context: Evidence from an interpretation center [J]. *Tourism Management*,2008,29(3):525-537.

[15] 张宏梅,陆林.主客交往偏好对目的地形象和游客满意度的影响——以广西阳朔为例[J].地理研究,2010,29(6):1129-1140.

[16] 汪侠,梅虎.旅游地顾客忠诚模型及实证研究[J].旅游学刊,2006,21(10):33-38.

[17] 陈楠,白凯,乔光辉,等.入境游客对中国传统文化旅游产品满意度的实证研究——以禅宗少林音乐大典为例[J].旅游学刊,2008,23(6):24-29.

[18] 黄燕玲,黄震方,袁林旺.基于SEM的饭店顾客满意度测评模型研究[J].旅游学刊,2006,21(11):54-60.

[19] 魏婧,张结魁,姜元春.旅行社顾客满意度的评价方法研究[J].华东经济管理,2006,20(5):131-134.

[20] 汪侠,顾朝林,梅虎.旅游景区顾客的满意度指数模型[J].地理学报,2005,60(5):807-816.

[21] 温碧燕,韩小芸,伍小奕,等.顾客的消费情感与顾客满意感关系的实证研究[J].旅游科学,2003,(4):1-6.

[22] Pine B. J., Gilmore J. H. The Experience Economy: Work Is Theatre & Every Business A Stage[M]. Boston, MA: Harvard Business School Press,1999:1-10.

[23] Winkielman P., Knutson B., Paulus M., Trujillo J. L. Affective influence on judgments and decisions: Moving towards core mechanisms [J]. *Review of General Psychology*,2007,11(2):179-192.

[24] Beedie C. J., Terry P. C., Lane A. M. Distinctions between emotion and mood [J]. *Cognition & Emotion*,2005,19(6):847-878.

[25] Russell J. A. A circumplex model of affect [J]. *Journal of Personality and Social Psychology*,1980,39(6):1161-1178.

[26] Grönroos C. Service Management and marketing: A Customer relationship management approach [M]. New York: John Wiley & Sons,2000:45-61.

[27] Pine B. J., Gilmore J. H. Welcome to the experience economy[J]. *Harvard Business Review*,1998,76(4):97-105.

[28] Fornell C., Johnson M. D., Anderson E. W., et al. The American customer satisfaction index: Nature, purpose and findings [J]. *Journal of Marketing*,1996,60(4):7-18.

[29] 侯杰泰,温忠麟,成子娟.结构方程模型及其应用[M].北京:教育科学出版社,2004:14-19.

[30] 邱皓政.结构方程模式——LISREL的理论、技术与应用[M].台北:双叶书廊有限公司,2005:15-40.

[31] Swanson K. K., Horridge P. E. Travel motivations as souvenir purchase indicators[J]. *Tourism Management*,2006,27(4):671-683.

[32] Swanson K. K., Horridge P. E. A structural model for souvenir consumption, travel activities, and tourist demographics [J]. *Journal of Travel Research*,2004,42(2):372-380.

[33] 温忠麟,侯杰泰,马什·赫伯特.结构方程模型检验:拟合指数与卡方准则[J].心理学报,2004,36(2):186-194.

Study on the effect of affective factors on tourist experience and satisfaction

LUO Sheng-feng[1], HUANG Yan-ling[1,2], CHENG Dao-pin[1], DING Pei-yi[2]

(1. School of Tourism, Guilin University of Technology, Guilin 541004, China;
2. School of Tourism, University of Queensland, Qld 4305, Australia)

Abstract: Based on the structural equation model, the paper constructs the evaluation model of tourist satisfaction from the perspective of affection and cognition and makes an empirical study. By means of the statistical software of LISREL and SPSS for testing, the study indicates that tourist "satisfaction" is the outcome of the comprehensive effect of both cognition and affection. The affective factor before consumption significantly affects tourist experience evaluation of tourist products and attribute evaluation ($\gamma_{11} = 0.23^{**}$, $\gamma_{21} = 0.24^{**}$), while affective factor after consumption significantly affects tourist evaluation of perceptional value of tourist products ($\beta_{43} = 0.41^{***}$). Perceptional value furthermore significantly affects the formation of satisfaction ($\beta_{54} = 0.73^{***}$). Tourist experience evaluation of products significantly affects their affection after consumption, their perceptional value and satisfaction more than the attribute evaluation they make ($\beta_{31} = 0.54^{***} > \beta_{32} = 0.22^{**}$; $\beta_{41} = 0.46^{***} > \beta_{42} = 0.22^{**}$; $\beta_{51} = 0.18^{*} > \beta_{52} = 0.17^{*}$). There is no evident relationship between pre-consumptive expectation and post-consumptive affection and perceptional value. Besides, tourist esthetic and educational experiences affect their experience evaluation more strongly. The study will be conducive to understanding more fully tourist satisfaction and their post-purchasing behavior.

Key words: affective factor; experience; satisfaction; structural equation model; performance; Guilin

(原载《旅游学刊》2011年第1期)

基于游客涉入的入境旅游者分类研究

——以桂林、阳朔入境旅游者为例

张宏梅,陆 林

(安徽师范大学国土资源与旅游学院,安徽芜湖 241000)

摘 要:涉入是消费行为最重要的决定因素之一。文章基于游客涉入对桂林、阳朔入境旅游者进行聚类分析,并比较不同类型旅游者的特征和态度差异。聚类分析将入境旅游者分为4种类型:中等涉入型、低涉入型、高涉入型和低风险可能型。这些类型旅游者在大多数社会人口统计特征和旅行行为特征上无显著差异,但在所属文化群体、信息来源数量、主客交往偏好、目的地整体形象和满意度上存在显著差异。

关键词:游客涉入;旅游者分类;入境旅游者
中图分类号:F59
文献标识码:A
文章编号:1002-5006(2011)01-0038-07

1 引言

国际旅游业由于能给东道主国家带来巨大的经济和社会文化效益,已经成为众多发展中国家和发达国家的重要产业。我国现代旅游业起步于20世纪80年代,经过30年发展,出现了入境旅游、国内旅游和出境旅游三足鼎立的局面[1]。其中,入境旅游自始至终是我国大力发展的领域,对创汇、促进交流和树立国际旅游目的地形象都做出了重要贡献。但随着国际旅游业的不断发展,目的地之间的竞争也愈加激烈,近年来我国入境旅游增长速度出现逐渐放缓的趋势[2]。为了进一步开拓入境市场、提高中国在国际旅游市场中的竞争力,有必要进一步深入认识和理解不同客源地旅游者心理和行为特征差异,实行差别化和定制化的管理和营销战略。涉入(involvement)理论在西方消费行为领域是一个解释消费行为的重要理论,涉入被证明是消费行为最重要的决定因素之一,且被广泛地应用于休闲与旅游研究中,但国内目前对消费涉入和游客涉入的研究都还比较缺乏。本研究以涉入理论作为研究

基金项目:本研究受国家自然科学基金(40771059)和安徽高校省级人文社科重点研究项目(2010sk085zd)资助。
作者简介:张宏梅(1969—),女,博士,教授,硕士生导师,研究方向为旅游消费行为和目的地营销,E-mail:hongmei_221@yahoo.com.cn;陆林(1962—),男,教授,博士生导师,研究方向为旅游地理,E-mail:llin@263.net。

的理论基础,以桂林、阳朔为案例地,基于游客涉入对中国入境旅游者进行分类,并分析比较不同涉入类型旅游者在社会人口统计特征、旅行特征、主客交往偏好、目的地形象和满意度上的差异,以期对入境旅游者的心理和行为特征有更深入的理解,弥补国内游客涉入研究的不足,为旅游目的地管理实践提供理论参考。

2 文献回顾

2.1 游客涉入概念的发展

"涉入"一词被研究者所关注源于1947年塞利弗(Sherif)和肯切尔(Cantril)发表的《自我涉入心理学:社会态度和识别》。1965年,塞利弗等又在《态度和态度改变:社会判断——涉入方法》一书中进一步阐述了自我涉入(ego involvement)对社会判断和态度改变的影响。自我涉入是一种态度结构,是个体自我概念的一部分,这种态度包括什么是重要的、有意义的和相关的,常被个体用来对自我和他人进行判断,并影响行为决策[3]。态度对象与自我建立起认知联系会导致重要的动机和情感结果。

20世纪60年代中期,自我涉入被引入消费行为研究领域,出现"消费涉入"(consumer involvement)的概念,近30年来消费涉入受到营销研究的广泛关注。消费涉入是个体与活动或产品间的动机、激活和兴趣的心理状态[4];是指行为的准备状态,反映消费者愿意为消费活动付出的心理和生理努力程度的差异[5];反映消费者参与产品、广告、信息搜集和加工、决策和购买等消费过程的程度[6],是消费行为的最重要决定因素之一。1988年,塞林(Selin)和霍华德(Howard)将自我涉入理论引入休闲研究领域,由于涉入可能成为解释个体参与休闲活动的认知和情感意义,以及解释休闲决策的重要因素,因而激起了休闲研究者的研究兴趣。哈维斯(Havitz)和迪曼彻(Dimanche)根据罗斯切尔德(Rothschild)的消费涉入定义提出了休闲涉入的定义,即休闲涉入是对游憩活动或相关产品的一种潜在的动机、激活或兴趣状态,由特定的刺激或情境激发,并具有驱动性。尽管概念中强调了情境因素,但休闲研究一般认为涉入是性质上相对持久的态度和意义系统[7]。1990年,哈维斯和迪曼彻提出15个研究命题引导休闲和游客涉入研究,并在1997年和1999年对这一期间进行的50多个休闲和游客涉入研究进行了全面的总结和评述。以往的游憩、游客涉入研究证明涉入的概念可以用到旅游情境中,用来解释目的地选择行为[8],[9]。相应地,游憩和游客涉入(tourist involvement)的概念被描述为"由游憩活动、旅游目的地及其相关产品所引发的个体的动机、激活或兴趣的心理状态"[10]。

2.2 休闲和游客涉入的测量

20世纪80年代中期以前,涉入一直被看成是单维度的。1985年,劳伦特(Laurent)和科普菲尔(Kapferer)编制的消费涉入量表(consumer involvement profile, CIP)将涉入看成是包括5个成分的多维结构。他们根据被访者对14个产品类别的涉入数据检验了CIP量表的信度和效度,最后提出5个维度:重要性、娱乐、符号或象征价值、风险的重要性、风险可能性[11]。这种多维结构观念被大多数消费行为和休闲研究所采纳,但在到底包括哪些具体维度方面却存在争议。除了CIP量表,哈维斯和迪曼彻还总结了测量涉入的另外5种量表:PII(personal involvement inventory)、Watkin的量表、RPII(revised personal involvement inventory)、EII(enduring involvement index)、LRI(leisure and recreation involvement)。其中,CIP和PII是使用最多的两个量表[7]。另外,有一些研究者使用行为涉入方法来测量涉入,如使用搜集产品所花费的时间/精力、备选产品的数量、参与活动的频率、所用信息源的数量和类型、花费的时间和金钱、旅行距离、能力、设备的拥有、经历等来测量涉入水平[12]。

1991年,迪曼彻和哈维斯将CIP量表首次用于游憩和旅游情境中,麦金太尔(McIntyre)和皮格亚姆(Pigram)在CIP量表的基础上,提出休闲涉入包括3个维度:吸引力、自我表达、核心的生活方式[13],他们的测量方法被多数休闲涉入研究者接受并用于休闲涉入的研究中。与休闲涉入研究相比,游客涉入研究数量少且成果零散,涉入的测量方法也缺少一致性,包括单维度测量[14]、多维度测量[15],[16]和行为涉入测量[12],[17]。因为离开居住地的旅游活动不同于主要在居住地开展的休闲活动,旅游决策中包含较多的风险因素,所以,旅游决策应该是高涉入程度的决策。这一点在游客涉入多维度量表中有所体现,格索伊和卡夫卡(Gursoy & Gavcar)[15]和黄等(Hwang, et al.)[16]研究中使用的游客涉入量表均包含风险可能性和风险结果两个维度。

2.3 基于游客涉入的市场细分研究

涉入可以作为市场细分变量对旅游市场进行细分。1989年,费森密尔(Fesenmaier)和约翰逊(Johnson)将涉入作为细分工具用于得克萨斯国内旅游市场细分研究,是旅游领域中较早使用涉入进行细分的研究。早期的研究多将涉入作为单维度现象,基于单维度量表将市场细分为低涉入市场、中等涉入市场和高涉入市场。随着涉入作为多维结构现象被学术界广泛认可,出现了基于多维涉入概念的市场细分研究。帕克等(Park, et al.)依据科普菲尔和劳伦特、麦金太尔等的涉入量表对博彩旅游者进行细分,聚类分析发现存在4种类型的博彩旅游者:低博彩涉入组、高中心性博彩涉入组、高娱乐性博彩涉入组、高自我表达博彩涉入组。各组在行为特征、人口统计特征和行为意图上基本不存在显著差异,但对目的地感知存在显著差异[8]。胡(Hu)和余(Yu)综合使用工艺品选择标准和购物涉入对旅游购物市场进行细分,该研究仍使用米塔尔(Mittal)修订的PII单维度量表测量购物涉入,将游客分为狂热购物者、喜欢购物者和漠视购物者,分析3类旅游者在购物收益性、可得性、可达性及社会人口特征上的差异,发现3组在平均购物花费、购买产品的频率、购买地点、购物信息来源及性别上存在显著差异[18]。

3 研究方法

3.1 数据收集方法

本研究以桂林、阳朔作为案例地,以桂林和阳朔的入境旅游者作为研究对象,使用方便样本取样方法,选择桂林市区入境旅游者比较集中的芦笛岩、象山公园、七星岩、两江四湖和阳朔西街、大榕树等景点作为调查地点,问卷现场发放,旅游者做完后立刻收回。调查共发放问卷630份,回收有效问卷602份,有效率为95.6%,其中桂林210份,阳朔392份。样本中,入境旅游者来自近40个客源国,剔除其中样本量太少的客源国问卷,用于本研究的问卷共578份。

3.2 游客涉入的测量

本研究使用格索伊和卡夫卡修订的游客涉入量表,各题项的测量均使用李克特5点量表。格索伊和卡夫卡以到土耳其旅游的国际休闲旅游者为研究对象,验证劳伦特和科普菲尔的消费涉入(CIP)量表在国际休闲旅游研究中的适用性,研究结果支持多维结构的 CIP 量表,但与以往研究中存在 4 个或 5 个维度不同,该研究只发现 3 个维度:娱乐/兴趣、风险可能性和风险重要性。修订后的量表题项从 16 个降到 10 个,3 个维度的信度系数分别为 0.79、0.76、0.61,作者认为 0.61 仍处于较低的可接受的限度内。判别效度、复合效度和法则效度均得到了较理想的结果。

3.3 数据分析方法

首先对游客涉入进行验证性因子分析,检验量表用于中国入境旅游研究的跨文化适用性。然后使用游客涉入因子作为聚类变量对入境旅游者进行聚类分析,聚类方法使用 K-均值聚类。最后,使用卡方检验和方差分析技术检验不同涉入类别旅游者在社会人口特征、旅行特征、主客交往偏好、整体形象感知和满意度上的差异。

4 结果分析

4.1 游客涉入的验证性因子分析和聚类分析

4.1.1 入境旅游者游客涉入的验证性因子分析

格索伊和卡夫卡修编的游客涉入量表包括 3 个维度和 10 个观测变量。3 个维度(因子)分别是娱乐/兴趣、风险可能性和风险结果。其中,娱乐/兴趣维度有"旅游能给我带来很

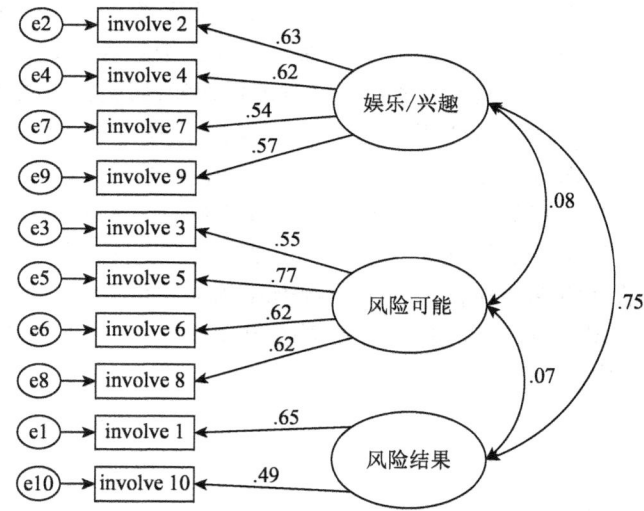

图 1 入境旅游者游客涉入的验证性因子分析

Fig. 1 Confirmatory factor analysis of tourist involvement for inbound tourists

注:involve 2 = "度假对我来说非常重要";involve 4 = "旅游能给我带来很多乐趣";involve 7 = "花钱度假就相当于买个礼物送给自己";involve 9 = "可以说,度假目的地让我非常感兴趣";involve 3 = "无论何时购买度假产品,人们都不可能真正知道是否这就是应该购买的";involve 5 = "当我面对各种度假产品时,我总是不知如何选择";involve 6 = "选择度假目的地非常麻烦";involve 8 = "当一个人购买了度假产品后,他总是不能确信他的选择";involve 1 = "选择了不合适的旅游目的地会让人很气恼";involve 10 = "购买度假产品后,假如我的选择被证明是失败的,我会非常难过"。

多乐趣"等4个观察变量,风险可能性维度包括"选择度假目的地非常麻烦"等4个观察变量,风险结果维度包括"选择了不合适的旅游目的地会让人很气愤"等2个观察变量。为了检验该量表能否适用于中国入境旅游者研究情境,需对游客涉入量表进行验证性因子分析。模型检验的指标选用卡方值(x^2)、卡方与自由度之比(x^2/df)、拟合优度指数(GFI)、比较拟合指数(CFI)、近似误差均方根($RMSEA$)。一般认为,卡方值不显著、卡方与自由度之比在2.0~5.0之间、拟合优度指数(GFI)和比较拟合指数(CFI)大于0.9、近似误差均方根($RMSEA$)在0.08以下模型可以接受,但由于以上指数多受样本量大小的影响,特别是卡方值受影响较大,所以需要将多种指数综合起来使用。验证性因子分析得到入境旅游者游客涉入模型拟合指数为:$x^2 = 105.68$,$x^2/df = 3.30$,$GFI = 0.96$,$CFI = 0.93$,$RMSEA = 0.06$,说明模型拟合较好,该游客涉入量表具有跨文化的适用性,可以用于中国入境旅游市场研究。

4.1.2 基于游客涉入的入境旅游者聚类分析

使用3个游客涉入因子作为聚类变量对入境旅游者进行聚类分析,寻找涉入程度相似的细分市场。用K-均值聚类法分别对两分类、三分类、四分类、五分类方案进行运算,初始类中心由SPSS自行确定,收敛标准设为2%,即当类中心距离变化的最大值(欧几里得距离)小于最小的初始类中心坐标值的2%时,停止迭代。对几种分类方案进行比较,发现四分类是较好的分类方案,各类别理论上具有较明显差异,旅游者分布也较合理(表1)。单因素方差分析发现:在风险可能性和风险结果两个因子上,4个类别两两之间均存在显著差异;第一类和第二类旅游者的娱乐/兴趣均值无显著差异,但与另外两类旅游者之间存在显著差异。根据各类别在3个涉入因子上均值大小的分析,可将第一类旅游者命名为"中等涉入型"($n=139$),其3个因子均值均处于中间水平,说明这类旅游者的旅游涉入程度不高也不低;第二类旅游者命名为"低涉入型"($n=93$),3个因子的均值均较低,说明这类旅游者的旅游涉入程度较低;第三类命名为"高涉入型"($n=141$),3个因子均值均较高,说明这类旅游者是高涉入旅游者;第四类命名为"低风险可能型"($n=205$),这类旅游者的娱乐/兴趣和风险结果的涉入程度较高,但风险可能性涉入很低。

表1 入境旅游者游客涉入聚类分析的结果

Tab.1 Results of cluster analysis of tourist involvement for inbound tourism

游客涉入因子	类别				F 值	p 值
	第一类:中等涉入型(n=139)	第二类:低涉入型(n=93)	第三类:高涉入型(n=141)	第四类:低风险可能型(n=205)		
娱乐/兴趣	3.87[1]	3.80[1]	4.62[2]	4.36[3]	100.12	0.000
风险可能性	3.43[1]	2.48[2]	3.65[3]	2.26[4]	366.40	0.000
风险结果	3.61[1]	2.78[2]	4.58[3]	4.28[4]	330.22	0.000

注:均值右上方的数字表示3个游客涉入因子方差分析的结果,标相同数字的说明均值间无差异,标不同数字的说明均值和其他均值间存在差异。

4.2 4种类型入境旅游者的比较

4.2.1 人口统计特征比较和文化差异

对4个不同类型入境旅游者的性别、年龄、婚姻状况、职业、教育和所属文化群体的分布进行卡方检验，发现4个类型旅游者在人口统计特征方面只存在性别分布的差异，其他4个变量（年龄、婚姻状况、职业、教育）的分布无显著差异。相比而言，中等涉入型旅游者包含更多的男性，低风险可能型旅游者拥有更多的女性，而且女性所占比例（51.7%）高于男性（48.3%）。这表明女性更重视旅游的娱乐/兴趣和风险结果涉入，而较少感觉到风险的可能性，这可能与女性更倾向情感化、男性更倾向理性化有关。娱乐/兴趣和风险结果涉入反映旅游者对旅游的兴趣以及选择不合适旅游目的地带来的情感反应，而风险可能性涉入更加强调旅游目的地选择的困难，具有认知的特性。与人口统计特征比例相比，4个涉入类型在旅游者所属文化群体的分布上明显存在更强的显著差异（性别分布仅在0.05水平上存在差异，而文化分布在0.001水平上存在显著差异）。具体表现为：英语语系国家的旅游者更多属于高涉入型和低风险可能型；亚洲、北欧和拉丁语系旅游者更多属于中等涉入型和低涉入型；德语语系旅游者在4个类型上的分布大体相同（表2）。

从以上分析结果可以看出，虽然社会人口统计变量是管理者较为偏好的市场细分变量，操作起来也较容易，但有些研究表明，用社会人口变量来细分市场并不合适，这些变量无法真正反映各细分市场的内在差异。帕克用博彩涉入量表对博彩参与者进行细分，没有发现不同博彩涉入类别的社会人口统计特征差异，作者认为用社会人口统计特征对博彩参与者进行分类是不合适的[8]。本研究的结果也说明，仅用社会人口统计特征对中国入境旅游者进行市场细分也是不够的，而文化是一个更加有效的入境旅游者市场细分变量。

4.2.2 旅行特征的比较

对4个涉入类型旅游者的旅行特征进行卡方检验或单因素方差检验，结果显示，8个旅行特征变量中有7个在4类旅游者间无显著差异，表明涉入程度对旅行组织、旅行同伴、信息来源种类、旅行次数和停留时间均无显著影响。这一结果与帕克关于博彩涉入研究的结果相一致（帕克没有发现不同涉入组在旅行组织、停留时间和旅行次数上存在差异）[8]，但本研究发现不同涉入程度旅游者在使用信息来源的数量上存在显著差异（表2），涉入程度越高，旅游者使用信息来源的数量就越多。这在理论上是较为合理的，因为对高涉入型旅游者而言，旅游对其重要性较大、选择旅游目的地的时候面临较大的不确定性，选择错误的旅游目的地带来的负面情感反应也较大，因此，为了减少不确定和负面情感产生的概率，旅游者会通过多种途径获取信息。

4.2.3 主客交往偏好的比较

对4个不同涉入程度类型旅游者在10个主客交往方式偏好上的均值进行单因素方差分析，结果发现，5个交往方式偏好存在显著差异（表3）。与其他3个类别相比，低风险可能型旅游者最不喜欢被邀到对方家里、最不喜欢与当地人建立密切关系、最不喜欢与当地人互换礼物，这种类型的旅游者在选择旅游目的地时具有较小的风险感和不确定性，可能与他们并不希望与目的地居民建立密切关系有关。中等和低涉入型旅游者较不喜欢在街上/商场与当地人聊天，他们更喜欢应邀去对方家里、与当地人建立密切关系和互换礼物。这在理论上似乎不太合理，因为从理论上分析，心理涉入程度越低（如缺乏兴趣），其行为涉入程度也会越低(如时间、经历投入小),因此,这个问题需要进一步研究。相对于中等涉入型旅游者,其他3类旅游者较不喜欢与当地人没有任何交往。

表2 不同类型入境旅游者在人口统计特征、文化和旅行特征上的差异
Tab. 2 Differences of demographic characteristics, culture and travel characteristics for different types of inbound tourists

旅游者特征		中等涉入型	低涉入型	高涉入型	低风险可能型	总体	卡方值	p 值
性别	男	87(65.4%)	52(56.5%)	79(56.8%)	98(48.3%)	316(55.7%)	9.72	0.02
	女	46(34.6%)	40(43.5%)	60(43.2%)	105(51.7%)	251(44.3%)		
文化群体	英语语系	67(48.2%)	37(39.8%)	99(70.2%)	146(71.2%)	349(60.4%)	54.06	0.00
	亚洲	17(12.2%)	9(9.7%)	7(5.0%)	2(1.0%)	35(6.1%)		
	德语语系	11(7.9%)	9(9.7%)	12(8.5%)	14(6.8%)	46(8.0%)		
	北欧	23(16.5%)	19(20.4%)	13(9.2%)	24(11.7%)	79(13.7%)		
	拉丁语系	21(15.1%)	19(20.4%)	10(7.1%)	19(9.3%)	69(11.9%)		
信息来源的数量(个)		2.12^1	$1.91^{1,2}$	$2.38^{2,3}$	2.51^3	2.29	4.75	0.00

注:均值右上方的数字表示3个游客涉入因子方差分析的结果,标相同数字的说明均值间无差异,标不同数字的说明均值和其他均值间存在差异。

表3 不同类型入境旅游者在主客交往偏好上的差异
Tab. 3 Differences of host-contact contact preferences for different types of inbound tourists

旅游者特征	中等涉入型	低涉入型	高涉入型	低风险可能型	总体	F 值	p 值
应邀去对方家里	3.37^1	3.36^1	3.37^1	3.10^2	3.27	3.05	0.03
一起参加体育运动	2.94	3.08	2.80	2.88	2.91	1.28	0.28
一起参加娱乐活动	3.25	3.40	3.21	3.23	3.26	0.76	0.52
参加家庭聚会	3.28	3.24	3.24	3.09	3.20	1.27	0.29
建立密切关系	3.24^1	3.16^1	3.15^1	2.89^2	3.08	4.08	0.01
一起吃饭	3.81	3.79	3.93	3.88	3.86	0.69	0.56
在街上/商场聊天	3.69^1	$3.76^{2,3}$	3.98^3	3.96^3	3.87	3.54	0.02
互换礼物	3.04^1	3.00^1	2.74^2	2.70^2	2.84	4.93	0.00
只在交易时交往	2.30	2.16	2.06	2.08	2.14	1.94	0.12
没有任何交往	1.97^1	1.66^2	1.68^2	1.58^2	1.71	4.55	0.00

注:均值右上方的数字表示3个游客涉入因子方差分析的结果,标相同数字的说明均值间无差异,标不同数字的说明均值和其他均值间存在差异。

总体来看,入境旅游者与目的地居民建立密切关系的愿望较弱,只有"在街上/商场聊天"和"一起吃饭"两项愿望相对较强(均值分别为3.87和3.86),但旅游者也不希望与当地居民没有任何交往,也就是说,入境旅游者希望与当地居民有适度交往,不喜欢建立密切关系,但也不喜欢没有任何交往。这可能与大多数入境旅游者在桂林/阳朔的旅游目的仍是自然和文化观光、缺少与当地居民密切接触的动机、相当一部分旅游者选择跟团旅游有关,也反映了旅游过程中主客交往的性质。这一点可以用旅游罩理论加以解释。旅游罩是指在旅游活动中客观存在的、对旅游者的旅游活动行为和空间范围构成一定程度限制的现象[19]。旅游罩在旅游者与目的地居民之间形成了一道交往屏障,阻碍了双方的交往活动。文化距离可能是导致旅游罩产生的一个重要原因,瑟恩等(Thyne, et al.)研究新西兰居民与入境旅游者之间的主客交往时指出,人们更喜欢与自己相似的人交流,主客之间的社会距离(社会和文化差异)越大,旅游者受东道国居民欢迎的可能性就越小,因此不应该过高估计旅游对跨文化理解的作用[20]。此次调查的桂林、阳朔的入境旅游者主要来自欧美等西方发达国家,与中国的文化和社会距离较大,这些因素可能会进一步阻碍双方的交往。

4.2.4 目的地整体形象感知和满意度的比较

单因素方差分析发现:旅游目的地整体形象和满意度在4个涉入类别上的均值存在显著差异(表4),高涉入型和低风险可能型旅游者对桂林和阳朔的形象感知和满意度优于中、低涉入旅游者,说明涉入程度越高,目的地形象感知越好,满意度越高。涉入程度高的旅游者对旅游有较大兴趣,旅游是其生活中的一件非常重要的事情,他们希望每次旅游都能有非常好的体验,能给自己留下美好回忆,因此他们在选择目的地时会比较慎重,通过多种渠道搜集信息,对备选目的地进行评估,从而对目的地有相对合理的期望。目的地形象—自我形象同一性的研究发现,目的地形象与自我形象一致性越高,旅游者越倾向于选择该目的地。游客涉入作为中介变量会强化这种联系,即涉入程度越高,自我形象同一性对目的地选择的影响越大,这可能是因为涉入程度高的旅游者更关注目的地的情感和象征意义[16]。结合认知协调理论,涉入程度高的旅游者会对自己选择的目的地产生较好的印象和较高的满意度,以避免认知失调带来的心理不平衡。在4个涉入类别中,低风险可能型旅游者的整体形象感知和满意度明显高于另外3组游客,可能与该类型旅游者多为研究生学历、旅游信息来源的数量最多、目的地的选择更关注自我形象同一性有关。

表4 不同类型入境旅游者在目的地整体形象和满意度上的差异
Tab. 4 Differences of destination total image and satisfaction for different types of inbound tourists

旅游者特征	中等涉入型	低涉入型	高涉入型	低风险可能型	总体	F值	p值
否定—肯定	4.16^1	4.16^1	$4.29^{1,2}$	4.38^2	-	3.66	0.01
差—好	4.13^1	$4.19^{1,2}$	$4.33^{2,3}$	4.39^3	-	4.30	0.01
与期望比较满意度	$3.81^{1,2}$	3.72^1	3.95^2	3.95^2	-	2.51	0.06
不值—值得	4.15^1	4.14^1	4.43^2	4.59^2	-	12.08	0.00

续表

旅游者特征	中等涉入型	低涉入型	高涉入型	低风险可能型	总体	F 值	p 值
与类似地方比较	3.87	3.76	3.94	3.93	—	1.33	0.26
整体满意度	$4.16^{1,2}$	4.14^{1}	$4.33^{2,3}$	4.41^{3}	—	4.88	0.00

注:均值右上方的数字表示3个游客涉入因子方差分析的结果,标相同数字的说明均值间无差异,标不同数字的说明均值和其他均值间存在差异。

5 总结

本研究以桂林、阳朔作为案例地,基于游客涉入对入境旅游者进行聚类分析,并比较不同涉入类型旅游者的社会人口统计特征、旅行特征、主客交往偏好、目的地整体形象和游客满意度的差异。聚类分析将入境旅游者分为4种不同的涉入类型,3个聚类变量(游客涉入因子)对聚类分析均有显著作用,各类别之间的划分界限也较明确,不同类别之间的涉入程度有着明显的差异。

第一个类别是中等涉入型旅游者,这类旅游者在娱乐/兴趣、风险可能性和风险结果3个因子上的均值均处于中间水平。男性所占比例较高,年龄主要分布在25~44岁之间,多数为单身,职业多为专业技术人员,本科和研究生学历相对较多,但与高中和专科学历数量差异不是太大。旅游者主要来自英语语系国家,但与其他来源国的分布差异小于第三和第四类别旅游者。朋友是这类旅游者最主要的旅行同伴,旅游信息主要来自亲戚朋友和网络,平均信息来源量数为2.12个。希望与目的地居民建立更为密切的关系,目的地整体形象和满意度相对第三、第四类旅游者来说较低,略高于低涉入型旅游者。

第二个类别是低涉入型旅游者,这类旅游者在3个游客涉入因子上的均值显著低于另外3类旅游者。男性、25~44岁、本科学历、英语语系国家旅游者居多,但性别、年龄、受教育程度和文化群体的分布在4个类型中最为平均,单身和专业技术人员较多。自助游比例较高,旅行同伴分布较为平均,亲戚朋友和网络是最主要的信息来源,平均信息来源量数为1.91个。希望与目的地居民建立更为密切的关系;目的地整体形象和满意度在4个类别中最低。

第三个类别是高涉入型旅游者,这类旅游者在3个游客涉入因子上的均值显著高于另外3类旅游者。男性、25~44岁、单身、专业技术人员、研究生学历、英语语系国家旅游者居多,且职业、受教育程度和文化群体的分布差异比中、低涉入类型旅游者要大。家人/亲戚是最主要的旅行同伴,网络和亲戚朋友是最主要的信息来源,平均信息来源量数为2.38个。希望与目的地居民建立更为密切的关系,目的地整体形象和满意度高于中、低涉入型旅游者,但低于低风险可能型旅游者。

第四个类别是低风险可能型旅游者,这类旅游者在娱乐/兴趣和风险结果两个因子上的均值高于中、低涉入型旅游者,但低于高涉入型旅游者,风险可能性的均值在4个类别中最低。这类旅游者中,女性稍多于男性,25~44岁、单身、专业技术人员、研究生学历者居多,且年龄、职业、受教育程度和文化群体的分布差异在4个类别中最大。自助游的比例最大,家人/亲戚是最主要的旅行同伴,网络和亲戚朋友是最主要的信息来源,平均信息来源量数为2.51个。

最不希望与目的地居民建立更为密切的关系,目的地整体形象和满意度在4个类别中最高。

6 结论

(1)根据桂林、阳朔入境旅游者的游客涉入程度,可将入境旅游者划分为4个类型:中等涉入型、低涉入型、高涉入型和低风险可能型;

(2)4个类型旅游者在5个社会人口统计特征上只存在性别分布差异;

(3)4个类型旅游者所属文化群体差异显著,英语语系国家旅游者的涉入程度显著高于其他文化群体;

(4)4个类型旅游者的旅行特征基本上不存在差异,只在信息来源的数量上,后两个类型明显多于前两个类型;

(5)中、低涉入型旅游者更希望与当地居民建立密切关系,低风险可能型旅游者最不希望建立这种密切关系,在街上/商场聊天是4个类型旅游者都喜欢的交往方式;

(6)涉入程度越高,目的地形象感知越好,满意度越高。当娱乐/兴趣和风险结果的重要性较高,而风险可能性较低时,旅游者的形象感知最好,满意度最高。

参考文献

[1] 白凯,李天顺. 国际旅游者出游的隐性相关因素分析——以我国主要入境客源国为例[J]. 旅游学刊, 2007, 22(5): 34-39.

[2] 韩东林. 当前中国入境旅游的结构分析及对策研究[J]. 特区经济, 2004, (11): 72-74.

[3] Wiley C. G. E., Shaw S. M., Havitz M. E. Men's and women's involvement in sports: An examination of the gendered aspects of leisure involvement[J]. *Leisure Sciences*, 2000, 22(1): 19-31.

[4] Rothchild M. Perspectives on involvement: Current problems and future directions[J]. *Advances in Consumer Research*, 1984, 11: 216-217.

[5] Broderrick A. J. A cross-national study of the individual and national-cultural nomological network of consumer involvement[J]. *Psychology & Marketing*, 2007, 24(4): 343-374.

[6] Broderic A., Mueller R. A theoretical and empirical exegesis of the consumer involvement construct: The psychology of the food shopper[J]. *Journal of Marketing Theory and Practice*, 1999, 7(4): 97-108.

[7] Havitz M. E., Dimanche F. Leisure involvement revisited: Conceptual conundrums and measurement advances [J]. *Journal of Leisure Research*, 1997, 29(3): 245-278.

[8] Park M., Yang X. B., Lee B., et al. Segmenting casino gamblers by involvement profiles: A Colorado example [J]. *Tourism Management*, 2002, 23(1): 55-65.

[9] Dimanche F., Havitz M., Howard D. Consumer involvement profiles as a tourism segmentation tool[J]. *Journal of Travel and Tourism Marketing*. 1993, 1(4): 33-52.

[10] Havitz M. E., Dimanche F. Propositions for guiding the empirical testing of the involvement construct in recreational and tourist contexts[J]. *Leisure Sciences*, 1990, 12(2): 179-196.

[11] Laurent G., Kapferer J. Measuring consumer involvement profiles[J]. *Journal of Marketing Research*, 1985, 22 (1): 41-53.

[12] Lehto X. R., O'Leary J. T., Morrison A. M. The effect of prior experience on vacation behavior[J]. *Annals of Tourism Research*, 2004, 31(4): 801-818.

[13] McIntyre N., Pigram J. Recreation specialization reexamined: The case of vehicle-based campers[J]. *Leisure

Sciences, 1992, 14(1): 3 - 15.

[14] Beerli A., Meneses G. D., Gil S. M. Self - congruity and destination choice[J]. *Annals of Tourism Research*, 2007, 34(3): 571 - 587.

[15] Gursoy D., Gavcar E. International leisure tourists' involvement profile[J]. *Annals of Tourism Research*, 2003, 30(4): 906 - 926.

[16] Hwang S. N., Lee C., Chen H. J. The relationship among tourists' involvement, place attachment and interpretation satisfaction in Taiwan's national parks[J]. *Tourism Management* 2005, 26(2): 143 - 156.

[17] Cai L. P., Feng R. M., Breiter D. Tourist purchase decision involvement and information preferences[J]. *Journal of Vacation Marketing*, 2004, 10(2): 138 - 148.

[18] Hu B., Yu H. Segmentation by craft selection criteria and shopping involvement[J]. *Tourism Management*, 2007, 28(4): 1079 - 1092.

[19] 李东和, 赵玉宗. 旅游罩: 类型、形成机制及其对旅游业发展的启示[J]. 旅游学刊, 2006, 21(2): 46 - 51.

[20] Thyne M., Lawson R., Todd S. The use of conjoint analysis to assess the impact of the cross - cultural exchange between hosts and guests[J]. *Tourism Management*, 2006, 27(2): 201 - 213.

On the Segmentation of Inbound Tourists Based on Tourist Involvement
—— A Case of Inbound Tourists in Guilin and Yangshuo

ZHANG Hong-mei, LU Lin

(*College of Territorial and Tourism Management, Anhui Normal University, Wuhu 241000, China*)

Abstract: Involvement is one of the most important determinant factors that influences consuming behavior. The paper tries to develop market segmentation profiles based on tourist involvement patterns of the inbound tourists who visit Guilin and Yangshuo and compare the features of different types of tourists and their attitude disparity. Inbound tourists are divided into four types through cluster analysis: middle involvement tourists, high involvement tourists, low involvement tourists and low risk probability tourists. No significant differences are found for most of social demographic variables and travel behavior variables. But significant differences exist in terms of their cultural background, number of informational sources, preference for guest-host contact, total image of destinations and tourist satisfaction.

Key words: tourist involvement; tourist segmentation; inbound tourist

(原载《旅游学刊》2011年第1期)

三、旅游企业研究

中国饭店企业社会责任实现机制研究

谷慧敏[1]，李 彬[2]，牟晓婷[3]

(1.北京第二外国语学院，北京 100024；2.中国人民大学，北京 100872；
3.中国旅游饭店业协会，北京 100001)

摘 要：当前，旅游企业承担相应的社会责任具有重要意义。文章基于利益相关者识别的视角，采用扎根理论的质性研究方法，通过对36位饭店中高层管理人员进行访谈而得到的数据进行分析，得出结论：第一，饭店的利益相关者分为两类："命运共同体"，包括业主和员工；"利益共同体"，包括顾客、当地政府、特殊群体、社会舆论和社区。针对前者所承担的是基础型社会责任，针对后者的是升华型社会责任。第二，这两类社会责任都是通过"动机—认知—行为—结果"机制来实现的，但机制中的各个环节内容不尽相同，特别是升华型社会责任的动机复杂性决定了其实现的难度较大。第三，与一般企业相比，饭店企业承担社会责任的特殊性在于：一是国有饭店首先注重关注和解决员工就业，而民营饭店首先注重给业主带来回报；二是在环境保护和节能减排方面和作为对外交流平台和"形象窗口"方面，特定类型的饭店要比一般企业承担更多和更特殊的社会责任。

关键词：饭店企业；社会责任；扎根理论；利益相关者
中图分类号：F59
文献标识码：A
文章编号：1002-5006(2011)04-0056-010

1 引言

伴随着中国旅游业30余年来的蓬勃发展，饭店业作为旅游业中的主力军也在向纵深发展，其中一个不可回避的话题就是企业的社会责任，如谷慧敏[①]提出，在国家视野上，旅游业对其他产业和社会文化要有自己的贡献。旅游业要重视社会责任问题，重塑产业形象，提高经济贡献率，注重环境保护，率先采用低碳生产方式，充分考虑利益相关者。从实

基金项目：本研究受国家社科基金重大项目(10zd&051)和国家旅游局项目(09TACG012)资助。
作者简介：谷慧敏(1964—)，女，湖北钟祥人，教授，主要研究方向为旅游企业管理，E-mail:bjguhuimin@sina.com；李彬(1982—)，男，河北唐山人，博士研究生，主要研究方向为饭店企业管理、战略与组织理论；牟晓婷(1983—)，女，山东青岛人，职员。
① 中国旅游业应承担起社会责任.人民网，http://travel.people.com.cn/GB/139035/179316/10777482.html，2010-01-15.

践来看,每年进行的"绿色旅游饭店"创建与评选活动以及两年一度的中国旅游饭店"金星奖"评选活动等,都说明饭店主管部门已经开始引导和规范饭店企业在社会责任方面的行为。

关于企业社会责任的研究,主要基于经济责任、社会责任、法律责任、伦理责任等方面[1],近期也有学者提出社会责任的过程观点[2],然而,在实践中,企业家或管理者可能并不是按照这些理论框架思考的,他们更多的是倾向于企业在特定的时间、地点和所处阶段,应该首先对谁负责的问题,这个"谁"就是"利益相关者"。进而企业家会针对不同的利益相关者采取针对性的社会责任行为。如果按照原有的社会责任研究框架,现实中各种社会责任不是按照分类清晰地区别开来,而是会在企业发展的同一时期交织在一起,如美国经济发展委员会在1971年提出的社会责任"同心圆"概念就说明了这一点:"法律责任"在企业任何时期均是首要的,其他几个方面的责任在各个时期各有侧重;同时,这一框架也不具有操作性,对企业来说,经济责任、法律责任等往往包括较多内容,且内容交叉,而实践中管理者识别出利益相关者,然后针对利益相关者的诉求提供相应的社会责任则往往很容易操作。

在以往的研究中,将利益相关者理论引入企业社会责任研究主要聚焦于两个问题:第一,企业社会责任到底是什么;第二,企业到底需要对谁负责任。本文主要关注第二个问题,即关注企业对谁负责和如何实现这种责任的问题。本文通过引入利益相关者视角,利用扎根理论方法,针对36位饭店中高层管理者进行深入访谈,得出了基于两类利益相关者的不同层次的社会责任实现机制,最后针对饭店管理者在利益相关者的识别方法等方面提出了建议。

2 文献综述

2.1 企业社会责任

第一,关于企业社会责任内涵的研究。自20世纪50年代美国学者开启企业社会责任正式的学术研究开始,众多学者提出了相应的理解,如著名的"责任定律"[3]。弗里德曼(Friedman)认为,企业社会责任就是增加利润[4]。卡罗(Carroll)认为,经济、法律、伦理和慈善4个层次的社会责任构成了企业社会责任[1],这一定义也是后来的学者在社会责任研究时认为应当包括哪些责任方面取得了较大共识的定义。之后,大多数学者都沿着这一概念框架进行不断的深入和修正,本文将应用这一定义来认识社会责任内涵。

第二,关于企业社会责任与企业经营绩效关系的研究。总体来说,尽管研究结果较为冲突,既有正相关关系,也有负相关关系,还有结论表明两者关系不确定或没有影响,但进入20世纪80年代中后期,越来越多的学者开始接受企业社会责任能够提升企业竞争力的观点,如奥佩勒(Aupperle)证明企业社会责任能够提高企业的利润[5],波特(Porter)提出了企业社会责任行为与竞争优势之间的联系[6],曼努埃尔(Manuel)和卢西亚(Lucia)提出了企业进行社会责任活动可以从企业的内部(如开发无形资产和形成企业文化)和外部(企业声誉)两方面提高竞争优势[7]。

第三,关于影响企业社会责任因素的研究。包括政府干预、产业和区域特征[8]、组织特征,如组织文化、奖惩与表扬等制度、学习变革行为、参与管理程度等[9]。另外,一些学者研究认为,管理者对于社会责任的态度和伦理意识对社会责任行为有较强影响[10]-[12]。

第四,关于企业社会责任实现过程的研究。关于社会责任的研究基本上都是采取截面数据研究和静态研究,对社会责任实现过程的研究较少。其中巴苏(Basu)和博拉祖(Palazzo)提出关于企业社会责任的意义建构过程模型,包括认知(身份导向、合法性)、释义(解释性和透明性)、行为(态度、一致性和承诺)3个过程,也就是企业在社会责任方面的"所思—所说—所做"[2]。这个模型也是本文所借鉴和参考的。

进入2000年以来,我国企业社会责任研究进入快速发展时期,但主要集中于对国外企业社会责任理论和观点的引入评述以及对企业社会责任内涵与外延的界定,如卢代富和高尚全提出的社会责任概念和范围等[13],[14]。和上述国外学者研究的几个方面相对应,国内其他学者进行了一系列研究,包括黎友焕和陈宏辉等分析了社会契约理论与社会责任关系[15]-[17],黎友焕和刘藏岩等分析了企业竞争力和社会责任关系[16],[18],马力、齐善鸿和汪建新等论证了利益相关者与社会责任关系[19],[20]等。总体来看,我国关于企业责任方面的研究虽然在数量和质量上取得了进步,但一方面没有理论创新和实践创新[21],往往只是直接将国外出现的一些成果翻译过来加以引用或适当改造,缺乏基于本土企业情境的研究;另一方面,也较少有针对社会责任的实现机理等方面进行的研究。

2.2 利益相关者视角与企业社会责任

2.2.1 利益相关者视角的引入

这里的利益相关者概念同样延续具有代表性的弗里曼(Freeman)的观点,他认为,"利益相关者是能够影响一个组织目标的实现,或者受到一个组织实现其目标过程影响的所有个体和群体"[22]。

将利益相关者理论引入能够为解决上述问题带来有益探讨。第一,修正了"股东至上"原则。利益相关者理论主张,企业存在的目的不只是实现股东利润的最大化,管理者应对除股东外的其他利益相关者负责。第二,对利益相关者的识别可以相对明确企业社会责任范围与客体。目前,针对企业社会责任理论的质疑来自企业社会责任的义务对象和内容过于抽象与模糊,理论始终没有给出具体而可操作的答案。而利益相关者理论的引入,一定程度上弥补了企业社会责任理论的这一缺陷。可以说,利益相关者理论为企业社会责任提供了一个有效的分析工具。

2.2.2 利益相关者的识别

如何识别利益相关者,也就是如何对利益相关者进行分类,是引入这一理论视角的关键,其中比较有代表性的分类包括以下几种:弗里曼的分类具有开创性,但操作性稍差;克拉克森(Clarkson)将利益相关者分为首要的利益相关者和次要的利益相关者[23];米切尔(Mitchell)和伍德(Wood)分为确定型利益相关者、预期型利益相关者、潜在型利益相关者[24]。

国内学者也基本上沿用上述分类方法,并进一步完善,如陈宏辉分为核心利益相关者、蛰伏利益相关者和边缘利益相关者[17];吴玲等将利益相关者分为关键利益相关者、非关键利益相关者和边缘利益相关者[25]。

本文参考针对一般企业的研究中克拉克森和陈宏辉的研究结论,以及针对饭店企业的研究中俞霞、郑向敏和熊伟、吴必虎等的研究结论,将饭店利益相关者分为核心利益相关者和非核心利益相关者[26],[27]。其中,核心利益相关者主要是由管理人员和员工组成的队伍,非核心利益相关者主要包括顾客、分销商、供应商、政府、债权人、社区和特殊团体等。

2.3 饭店企业社会责任

国外饭店企业社会责任的相关研究,是在进入21世纪之后才逐渐丰富起来的,主要是将前述的一般企业社会责任理论运用到饭店企业中,结合饭店业的特点加以研究和分析。主要研究方向有如下几个方面:(1)饭店企业社会责任意识与行为的研究,研究发现,不同业态、不同星级饭店的社会责任意识和行为并不相同[28];(2)对饭店企业社会责任与财务业绩的关系研究,研究表明,饭店企业(或旅游企业)可以通过积极的社会责任投资来提升短期(盈利性)和长期(企业价值)企业业绩[29],[30]。除此之外,还有一些关于饭店企业社会责任其他方面的研究,如蔡等(Tsai, et al.)研究发现,企业形象的提升是促使饭店实现企业社会责任目标的主要驱动力[31]。另外,斯欧科等(Seoki, et al.)研究了消费者满意度与美国饭店和餐馆企业社会责任活动的关系,并区分了积极的和消极的企业社会责任活动[32]。

而国内旅游管理研究领域中,对于旅游企业(特别是饭店企业)社会责任的研究相对较少,21世纪之后才出现了较多数量的研究且有部分实证研究[33],[34]。另外,对饭店企业社会责任的研究则主要集中于"绿色饭店"的研究[35]-[37]。

3 研究方法

扎根理论(grounded theory)是定性研究方法中较为常用的方法,最早由格拉泽(Glaser)和施特劳斯(Strauss)提出,之后施特劳斯(Strauss)和科尔宾(Corbin)完善,提倡在基于数据的研究中发展理论,而不是从已有的理论中演绎可验证性的假设。扎根理论方法忠于原始材料,它能够很好地将所挖掘出来的理论和实际相联系[38]。

目前,国内研究中关于企业社会责任的基本理论大多是从国外的研究成果中直接借鉴,饭店企业社会责任研究更是将一般企业的研究结论直接应用于饭店企业,缺少从饭店企业具体实践中得到的中国情境下饭店企业理论。饭店企业社会责任的实现是一个动态的过程,也会针对不同的情境而有不同内容。扎根理论根植于资料来发展理论,具有注重现象发展的过程,强调现象的多样性与复杂性的特点,因此,本文认为这一方法比较适合分析饭店企业社会责任实现机制。

3.1 样本

本研究选择了36位我国饭店及饭店管理公司的高、中层管理者,他们分别来自不同地区、不同类型的饭店企业,包括首旅、锦江、金陵、港中旅、华天、岷山等主要国有饭店企业及开元、世贸君澜等民营企业。通过对这36位管理者进行访谈后,访谈资料的范畴已显示出"理论性饱和",因此停止访谈资料的收集。访谈对象的基本情况见表1。

表1 访谈对象资料

Tab.1 Interviewee data

项目	属性	人数
性别	男	24
	女	12
地区	华北地区	9
	华东地区	16
	中南地区	5
	西南地区	6
企业类型	饭店管理公司	8
	单体饭店	25
	业主	3
职务	总裁、总经理	12
	副总经理、总监	14
	部门经理及以下	10

为了方便后期资料的整理，厘清概念的来源，对每位被访者进行编号，男性被访者的编号依次为 Ma,Mb,…,Mx；女性被访者的编号依次为 Fa、Fb,…Fx。

3.2 访谈

本次访谈分为两种方式：一是在各种饭店业的会议中，于会议的休息时间访谈饭店管理者，如2008年6月的"中国饭店集团年会（长沙）"；二是成立访谈小组，通过事先联系，然后分别赴广州、青岛、成都、昆明、北京、上海等地的饭店进行访谈。

访谈方法主要是问题聚焦访谈法，通过前期研究所持有的理论知识在资料收集阶段起着"启动分析框架"的作用，为研究者在与访谈对象的对话中提供思路。对现有一般企业社会责任理论和饭店企业社会责任的相关文献进行了梳理，形成了访谈提纲，并于2008年4月在北京对5位饭店管理人员进行了预访谈，之后对访谈提纲进行了细微调整，形成了最终的访谈提纲，主要包括以下重点：

- 如何理解饭店的企业社会责任
- 饭店履行企业社会责任的主要动机有哪些方面
- 哪些因素会对饭店履行社会责任产生影响
- 饭店的企业社会责任主要通过哪些举措来实现
- 如何看待饭店履行社会责任所带来的成效

在访谈具体过程中，访谈地点和时间以方便被访者和保证访谈效果为原则，同时在取得被访者同意后进行全程录音，每次访谈时间为30~40分钟。每次访谈后，都回顾访谈过程中的话题把握、时间控制、气氛控制,以此优化与下一个对象的访谈过程。访谈不是依照访谈提纲机械地一问一答,而是给予被访者充分的空间自由谈话。

4 结果与分析

4.1 开放性编码

4.1.1 概念的抽取

在开放性编码的分析工作中,首先是把资料转化为概念。本文针对36份访谈资料,进行了逐行逐段的分解,辨别意义单元,将原始资料分解为一件件独立的事件;其次,对每个意义单元所指示的现象进行了概念赋予,共抽取出近千个概念,这些概念之间很多在意义上存在重复或者交叠,因此将意义相同的概念进行合并,例如:"融入社会""得到社会的接受""立足于当地""适合当地环境"等概念合并为"适应社会环境";"得到政策支持""获得政府鼓励"等都合并为"政府支持";"专项资金支持员工活动""令员工家人放心"等都合并为"关爱员工",等等。最终从资料中得到73个概念①。

4.1.2 范畴的发展

通过概念化的过程,对资料内容进行了标识,从而得到了庞大的概念群。为了缩减需要处理的概念数量,借助主题分析,把看似与同一现象有关的概念聚拢成一类,即发展"范畴"。在此之前,首先可以通过语词间的语意关系分析,确立不同概念之间的关系,包括相关关系、同意关系、属分关系,等等。

根据上述原则,将概念化过程中获得的73个概念进行同类聚拢,最终形成19个范畴,分别为经济性质、管理性质、企业价值观、无形资产、社会认同、经济收益、环境保护、慈善捐赠、物质与精神激励、节能减排、运营水平、员工流动率、员工归属感、企业信誉与形象、安全产品与服务、服务当地居民、当地经济与旅游业发展、美化城市形象、对外形象窗口。表2是范畴发展过程的一个例子(限于篇幅,仅举几例)。

表2 范畴发展过程举例
Tab. 2 Examples for the process of categories development

概念	范畴
企业道德,博爱,感恩,良知,因果轮回,务实,责任铁律	企业价值观
美化城市形象,提升地区接待水平	社会效益
企业形象,企业口碑,企业知名度	无形资产
融入社会,获得社会支持,政策支持	社会认同

4.2 主轴编码

此时的范畴意义较为广泛,相互之间的关系模糊,主轴编码是为了将开放式编码中被分

---

① 限于篇幅原因,本文得到的73个概念和下文中从73个概念中抽取范畴的过程没有一一列出。

割的资料在不同范畴之间建立关联。在建立关联时,需要寻求一定的线索,这需要分析各个范畴在概念层次上是否存在潜在的联结关系。通过进一步分析开放式编码中得到的范畴之间的因果关系,得到了一系列主范畴以及19个主范畴之间的关系。之后继续在资料中搜寻主范畴之间的关系,并没有发现其他关系,根据测量"理论饱和度"的原则,主范畴关系已达饱和。

4.2.1 "命运共同体"与"利益共同体"

饭店企业社会责任的实现机制存在两条线索,单从动机来看,一是基本动机,包括经济动机和管理动机;二是外部动机,如社会认同动机等。动机的产生会促使饭店企业对于社会责任进行解读或认知,其中认知的重要对象就是利益相关者,经济动机对应的是业主,管理动机对应管理团队和员工;外部动机对应的是顾客、社会舆论、当地政府、社区、特殊群体等。主轴编码提供了一系列证据,如"一个企业要做好,我认为有4个原则:首先,给业主最好的回报;第二,给员工最好的发展机会;第三,给企业最大的一个利润;第四,社会最大的认同"、"饭店最基本的社会责任是解决就业和提高税收",等等。

(1)业主和员工(包括管理团队)是饭店的核心利益相关者[17]。根据饭店企业在实践中的特殊性,本文称为饭店的"命运共同体"①。因为,第一,饭店业主从资金链条上对企业经营的监督、干预和控制直接影响着饭店企业的各类经营决策。此时,业主已和饭店捆绑在一起。第二,饭店业是典型的劳动密集型产业,产品质量很大程度上需要通过管理团队和员工在服务过程中的"人为表现"来体现,因此,相对于制造类企业,管理团队以及一线员工的综合职业素养都直接关系到饭店企业的竞争力和生命力。

(2)顾客、当地政府、特殊群体、社会舆论等利益相关者是饭店的非核心利益相关者[17],他们是饭店的"利益共同体"。因为他们与饭店的关系体现出的是饭店与外部环境发生的多种错综复杂的"利益"关系,如有了顾客,企业各种形式的生产才有意义。政府是饭店较为复杂的利益相关者,一方面很多地方政府、各类管理部门大多有自己投资建设的饭店;另一方面,政府机构是很多饭店的重要客源市场。同时,很多地方政府把高星级、国际品牌饭店看做是政府形象工程的一部分、政绩的体现。最重要的是,政府对饭店具有监管作用。特殊群体(指捐赠或慈善等活动的对象)一般通过社会舆论、道德伦理等力量对饭店产生影响,主要涉及的方面有饭店的环境保护、公益活动参与度、慈善捐赠活动等。社会舆论既可以提高饭店的声誉和知名度,也是社会大众了解饭店各种行为的媒介。

针对这两种不同的共同体,饭店所承担的社会责任也体现出了不同层次,见图1。命运共同体是饭店的内部群体,利益共同体是饭店外部环境中的群体,针对前者体现的社会责任是"基础型社会责任",而针对后者的是"升华型社会责任",前一种社会责任决定了饭店的生存,后一种社会责任决定了饭店的长期发展。那么,这两种社会责任是如何实现的呢?

---

① 这里关于"命运共同体"和"利益共同体"的说法主要来自企业界的说法,如"华为主张在顾客、员工与合作者之间结成利益共同体"[39]。本文把这里的"利益共同体"进一步细化。

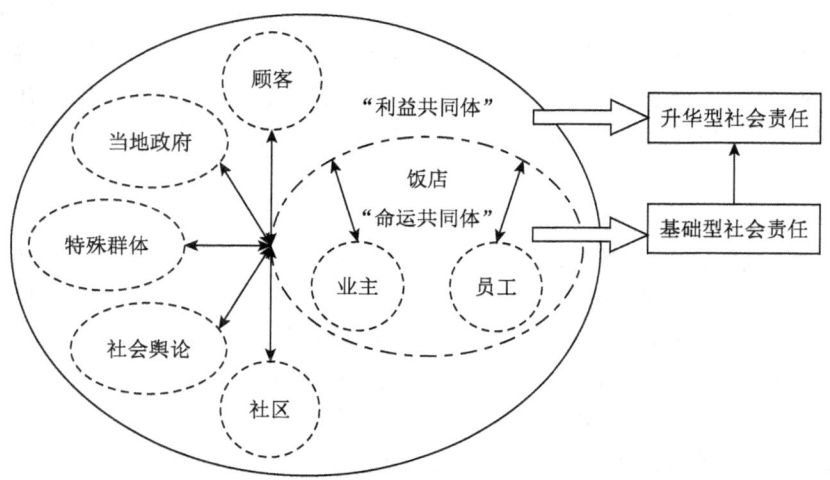

图 1　饭店命运共同体与利益共同体及其社会责任类型
Fig. 1　Hotels' destiny communities, interest communit and their types of social responsibility

本文从访谈资料的分析中发现，"动机—认知—行为—结果"之间的关联机制是存在的，这和心理学中经典的个体行为"刺激—反应—结果"模型以及前面提及的巴苏和博拉祖[2]的过程模型的逻辑基本一致。

从主轴编码得出的范畴关系可以看出，受访者对社会责任各个方面的回答也是按照"命运共同体"和"利益共同体"两个方面进行回答的。

4.2.2　主范畴 I 实现机制

主范畴的提取过程参见表3，把属于同一关系类型的各个主轴关系列到一起，并提取出它们之间的关系范畴，如表3中5、7、17都谈到的是关于动机与对社会责任认知的关系，可以列在一起，并归纳为动机—认知关系的主范畴。

表 3　基于主轴编码得出的主范畴 I（命运共同体）
Tab. 3　Super - categories I basing on Axle coding (destiny community)

关系类型	主轴编码的范畴关系（例子）
动机—认知	5. 主轴：动机（本能、习惯、经济）与社会责任行为关系；动机：首先是本能、习惯，经济动机次之 7. 主轴：经济动机与社会责任的关系 17. 主轴：企业社会责任的动机：首先是经济动机，然后是政府方面、社会大众方面动机 20. 主轴：企业动机（爱）与社会责任行为（对员工物质与精神激励；对客人的细致、安全与舒适服务）关系 25. 主轴：企业社会责任动机：短期：利润最大化；长期：口碑和信誉
认知—行为	29. 主轴：饭店企业社会责任认知：最基本的社会责任是解决就业和提高税收 9. 主轴：企业社会责任行为：企业经济收益和就业问题最重要，其次为环境保护 15. 主轴：企业社会责任行为：提高经济收益与解决就业
行为—结果	16. 主轴：企业社会责任效果：基本的经济收益，先进管理理念和促进旅游业和经济发展 24. 主轴：饭店社会责任效果：员工稳定、归属感强，企业形象提升

进而，建立主范畴模型（图2）。首先，饭店企业在经济性质（追求利润最大化）和管理性质（为员工创造价值）的内在驱动下，对所应承担的社会责任进行了两个方面的"解读"：一方面对应这两种动机的对象是业主和员工，另一方面认识到针对这两者采取的社会责任是最基本的、使饭店生存下来的社会责任。进一步，饭店针对业主和员工采取相应的社会责任行为，包括针对业主的节能减排、提高运营水平行为，针对员工的物质与精神激励行为，而行为的结果是企业的业主取得了良好的经济收益，员工流动率下降、归属感增强。之后，这些结果的实现同样会作为一种反馈而进一步强化之前饭店动机和认知的形成。这样的一个机制实质上也就是实现了"基础型"企业社会责任。

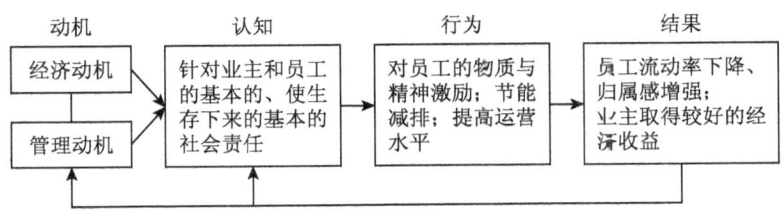

图2 主范畴Ⅰ的模型图
Fig. 2 Model of super-category Ⅰ

以上过程表明，原始访谈资料所描述的事件等有效地证实和支持了主范畴Ⅰ的构想，得出的基本命题为：

命题1：在饭店的经济动机和管理动机驱动下，饭店企业把针对业主和员工（包括内部管理团队）这两类核心利益相关者群体组成的"命运共同体"而承担的社会责任视为"基础型社会责任"，然后在员工物质和精神激励、节能减排和提高运营水平等方面采取了相应的社会责任行为，最终实现了较好经济效益、员工流动率下降、归属感增强等目标。

基于上述命题，将"饭店企业所有制"这一变量引入该模型，发现36家饭店中（25家是国有企业，其他为民营企业和外资企业），国有企业的管理者大都将解决员工就业问题作为首要目标，其次是给业主带来回报；民营饭店首先提到的是通过好的经济收益而回报业主。

4.2.3 主范畴Ⅱ

同理，得出主范畴Ⅱ抽取过程，见表4。

表4 基于主轴编码得出的主范畴Ⅱ（利益共同体）
Tab. 4 Super-category Ⅱ basing on Axle coding (interest community)

关系类型	主轴编码的范畴举例
动机—认知	8. 主轴：动机（适应环境：市场环境、当地社会环境）与社会责任行为关系 17. 主轴：企业社会责任的动机：首先是经济动机，然后是政府方面、社会大众方面动机 18. 主轴：企业社会责任的动机：感情投入（爱） 20. 主轴：企业动机（爱）与社会责任认知（对员工物质与精神激励；对客人细致服务）关系 25. 主轴：企业社会责任动机：短期：利润最大化；长期：口碑和信誉

续表

关系类型	主轴编码的范畴举例
认知—行为	19. 主轴:饭店企业社会责任认知:引导作用,除了对酒店、员工,还有环境、文明意识、精神境界等 13. 主轴:企业社会责任认知:企业与社会两者之间的关系;社会责任行为:解决就业、捐赠 27. 主轴:企业社会责任认知:付出与回报对应(要想取之,必先与之) 28. 主轴:企业社会责任认知:付出就是回报,饭店业的社会责任更大 29. 主轴:饭店企业社会责任认知:最基本的社会责任是解决就业和提高税收 6. 主轴:社会责任行为包括:捐赠、节能减排、解决就业问题 9. 主轴:企业社会责任行为:企业经济效益和就业问题最重要,其次为环境保护 13. 主轴:一,企业社会责任认知:企业与社会两者之间的关系;二,社会责任行为:解决就业、捐赠 10. 主轴:企业社会责任行为:捐赠管理和绿色食品
行为—结果	11. 主轴:环境保护(社会责任行为)与社会责任绩效关系 14. 主轴:一,饭店社会责任效果:促进区域经济发展、对外形象窗口 16. 主轴:企业社会责任效果:基本的经济绩效,先进管理理念和促进旅游业和经济发展 23. 主轴:饭店企业社会责任效果:服务当地居民,美化城市形象 24. 主轴:饭店社会责任效果:员工稳定/归属感强/企业形象提升 26. 主轴:企业社会责任效果:无形资产(信誉度和整体形象) 30. 主轴:社会责任效果:获得社会认同

基于主轴编码得出基于利益共同体的饭店企业社会责任实现机制,如图3所示。由于饭店所处的外部环境较为复杂,饭店所扮演的角色也较多,甚至饭店有时候在当地被作为公共场所、对外交流的窗口,因此饭店承担社会责任的外部动机往往会更加错综复杂,如各种不同的价值观(感情投入——"爱"是永远的动机、能力与责任对等的"责任铁律"以及伦理道德等)会与获得社会认同、拥有无形资产等各种动机相结合,又如拥有无形资产(如声誉、形象等)的同时往往也会追求社会认同等(如社会舆论的正面报道等)。在这些互相交织作用的动机驱动下,饭店会对如何应对这些动机产生新的"认知":首先识别顾客、当地政府、社会舆论、特殊群体等作为"客体",同时把为这些群体提供的社会责任视为更高层次的责任。之后采取了相应的行为:为顾客提供安全细致的产品与服务,为特殊群体捐赠和举行慈善活动,为自然环境提供环境保护等。这些行为的结果除了实现了"动机"之外,还带来更多的正外部性,如服务了当地居民,促进区域旅游业和经济发展、美化城市形象、成为对外形象窗口等。之后,这种结果也会作为反馈而强化动机和认知的形成。至此,基于利益相关者的升华型社会责任机制形成。由此提出:

命题2:在各种相互影响的动机(包括价值观、社会认同、无形资产)驱动下,饭店企业把针对顾客、当地政府、社会舆论、特殊群体所组成的"利益共同体"而承担的社会责任视为更高层次的社会责任,然后采取提供安全细致的产品与服务、捐赠与慈善活动、环境保护等方面的行为,从而在信誉、形象、社会认同、促进经济发展、城市形象等方面取得了相应的结果。

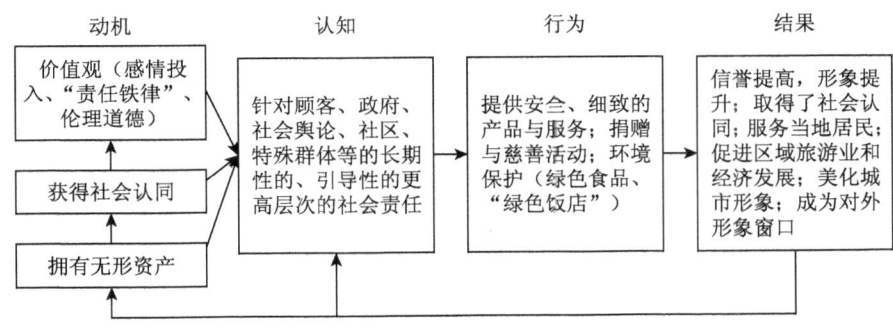

图 3 主范畴Ⅱ的模型图
Fig. 3 Model of super – category Ⅱ

进一步,本次访谈中的超过半数以上的饭店管理者都认为,饭店可能要比其他类型的企业承担更多的社会责任,原因是:第一,饭店是资源消耗、浪费和污染排放比较严重的企业,特别是一般的饭店都位于风景优美的景区周边或城市发达的商业中心等,有可能会对当地环境造成很大的破坏。第二,饭店可能更多地被赋予了作为一个提供交流或展示形象的平台功能,从而为当地政府、城市甚至国家带来"形象窗口""对外形象名片"等"超经济性"的意义。

扩展命题:在环境保护和节能减排方面和作为交流和展示平台而成为"形象窗口"方面,饭店企业要比一般类型的企业承担更多和更为特殊的责任。

那么基础型社会责任和升华型社会责任是何种关系呢?

饭店企业社会责任首先针对的是"命运共同体",在这个实现自我生存的过程中完成了对业主和员工的社会责任。在企业价值观的引导下,出于企业长远发展考虑,饭店开始期望获得社会认同、提升自身的无形资产价值,同时也迫于社会舆论压力,饭店企业或主动或被动地面向更多的"利益共同体"。这些社会责任是饭店企业具备了基本能力、实现了基本经营目标之后的行为选择,是一个更高层次的阶段。所以,前者是后者实现的基础或前提,而后者是前者的进一步发展。没有前者,就似"建在沙滩上的高楼",基础不牢靠,迟早会有坍塌的危险,如饭店只关注于社会舆论,靠出风头、作秀等,而不是靠良好的经济效益作为基础,则不会有长久的发展。当然,在某个特定的阶段或遇到特定的事件,饭店可能会暂时放弃基础型社会责任。从总体和长期发展来看,"基础型"和"升华型"两种社会责任的关系不会改变。

4.3 选择编码

选择编码是指选择核心范畴,把它系统地和其他范畴予以联系,验证其间的关系,并把概念化尚未发展完备的范畴补充完整的过程,选择编码中的资料分析与主轴编码差别不大,只不过它所处理的分析层次更为抽象,需要综合和提炼[40]。本文中,通过主轴编码可以看出,两个主范畴的关系实际上都是通过"动机—认知—行为—结果"的机制来实现,但在此机制中动机、认知、行为和结果这几个环节的内容不尽相同。两种社会责任之间的关系也体现出了两者实现机制的关系,因此,选择编码方面,可以将两种机制结合成为一个完整的饭店企业社会责任实现机制。

5 研究结论与研究讨论

本文运用扎根理论的方法,从利益相关者识别视角,得出了我国饭店企业社会责任实现机制。第一,饭店把业主和员工(包括管理团队)视为"命运共同体",把顾客、当地政府、特殊群体、社会舆论、社区等视为"利益共同体",针对前者实现的社会责任是基础型社会责任,针对后者的社会责任是升华型社会责任。第二,两种社会责任的实现机制都是按照"动机—认知—行为—结果"机制来实现的,基础型社会责任的动机主要是经济动机和管理动机,从而产生的行为和结果也是从回报业主和解决员工就业两个方面展开,这一机制也同样适合一般企业。升华型社会责任的实现是建立在基础型社会责任实现的基础上展开的,但动机较多且相互交织,因此相对于基础型社会责任实现的单一目标函数,目标函数更加复杂,造成了升华型社会责任不容易实现。由于饭店作为一个对外、公共的交流平台,有时甚至作为地区形象窗口而出现,因此这一机制部分体现了饭店业的特点。第三,饭店企业实现社会责任的特殊性还表现在,国有饭店更加注重首先关注和解决员工就业,而民营饭店更注重首先给业主带来回报。另外,在环境保护和节能减排方面和作为交流平台而成为"形象窗口"方面,饭店企业要比一般类型的企业承担更多和更特殊的责任。

关于本文的结论,可以在如下几个方面进行讨论:

第一,关于如何区别"命运共同体"和"利益共同体"是饭店企业实现社会责任机制中的关键问题。本文尽管对饭店企业的社会责任进行了层次性的划分,但从实践来说,各种利益相关者相互之间会出现相互影响,自身也会出现各种变化。可借鉴乌里奇(Ulrich)提出的关键系统启发法(critical systems heuristics,CSH)来为管理者提供一种方法或思路。这种方法源自系统论思想,通过把饭店及其所在环境视为系统,而与这一系统有关联的群体视为各个子系统,然后通过系统边界判断的方法来确定哪些是关键系统[41],[42],如沃思(Vos)认为,关于利益相关者识别可以通过关键系统启发法来帮助管理者识别和确认利益相关者[43]。这里,"启发式"的意思就是不要过于机械、静态和笼统地分类、制定标准或模式,而是要试探性地通过每一步的反馈而不断进行下一步的内容。具体来看,"关键系统"就是要通过"系统边界判断"来确认"命运共同体"和"利益共同体"的边界,这两者的边界不是一成不变的(图1所示各种利益相关者的边界是虚线),判断边界的标准也是多样的,比如饭店所处的企业生命周期、饭店所在的区域地理位置、饭店所属业态类型、当地人文历史环境等。管理者按照这些标准,试探性地进行分类和有针对性地采取社会责任行为。例如,位于一个度假地的刚成立的民营度假村,其划分的利益相关者就应当是将业主作为命运共同体,将顾客、当地社区(居民和自然环境)作为主要的利益共同体,这是由于企业处于初创阶段,主要的任务是赚钱生存下来,可能员工、社会舆论、特殊群体均不是"关键系统",但随着饭店的发展,其目标可能会出现新的变化。

第二,本文所得结论可以在如下两个方面进行应用:一是可以作为饭店企业社会责任评价指标体系建立的基础性参考。但以往关于旅游企业社会责任评价指标的建立均是直接参考关于一般企业的评价指标[44],[45]等,而忽视了旅游企业或饭店企业的产业独特性,而本文扎根于饭店实践中而建构的理论可以作为评价体系指标选取的基础性参考,再结合对于一般企业的相关研究结论,可以得出一个评价饭店企业社会责任的合理指标体系,供相关政府管理部门和研究人员参考。二是本文得出的饭店企业社会责任实现过程机制中的4个方面下的各个维度,可以作为后续研究的参考和基础,如机制中"认知"下的各个维度可以作为"饭店企业管理者的社会责任认知对饭店社会责任行为的影响"这项定量研究的理论基础。

6 局限与展望

本文的研究局限主要体现在:一是在分析方法方面,本文采用的是人工编码、提炼范畴关系等,可能会在一定程度上影响结论,今后在继续增加访谈人员数量的基础上,试图运用质性分析方法软件如NVIVO9.0等进行更为精细化的分析。二是在饭店类型选取上,没有进一步细分商务饭店、度假饭店等类型,使结论还不具有更具体和针对性的特点。

作为一项探索性研究,希望能够给未来研究提供可参考的思路。首先,可以进一步将两类"命运共同体"进行分类,从而得出针对各个子类的饭店社会责任,如可以按照饭店的业态,探究经济型饭店、度假型饭店等所承担的社会责任有何不同等;其次,就是进行大样本的实证检验,问卷除了参考国内外相关问卷外,也可以将本文通过扎根理论得出的变量作为问卷题项,进一步证伪本文所得出的结论。

致谢:对在本次研究过程中给予访谈支持的中国旅游饭店业协会及饭店管理人员表示感谢;同时感谢参与访谈及资料整理的北京第二外国语学院旅游企业管理方向的硕士研究生邓翠云、杨磊、吕佳宇、孙欢等。

参考文献

[1] Carroll A. B. Corporate social responsibility evolution of adefinitional construct[J]. *Business And Society*, 1999, 38(3):268 – 295.

[2] Basu K., Palazzo G. Corporate social responsibility: A process model of sense – making [J]. *Academy of Management Review*, 2008, 33(1):122 – 136.

[3] Davis K. Can business afford to ignore social responsibilities?[J]. *California Management Review*, 1960, 2(3):70 – 76.

[4] Friedman M. The social responsibility of business to increase its profits[J]. *New York Times*, 1970(9):1 – 6.

[5] Aupperle K. E., Carroll. A. B., Hatfield J. D. An empirical examination of the relationship between corporate social responsibility and profitability[J]. *Academy of Management Journal*, 1985, 28(2):446 – 463.

[6] Porter J. How should corporations deal with environmental skepticism[J]. *Corporate Social Responsibility and Environmental Management*, 2006, 13(1):25 – 36.

[7] Manuel C. B., Lucia L. R. Corporate social responsibility and resource – based perspectives [J]. *Journal of Business Ethics*, 2006, 69(2):111 – 132.

[8] Constantina B. Corporate socially responsible(CSR) practices in the context of Greek industry[J]. *Corporate Social Responsibility and Environmental Management*, 2003, 10(1):12 – 24.

[9] Lyon D. How can you help organizations change to meet the corporate responsibility agenda [J]. *Corporate Social Responsibility and Environmental Management*, 2004, 11(3):133 – 139.

[10] Zenisk T. J. Corporate social responsibility: A conceptualization based on organization literature[J]. *Academy of Management Review*, 1979, 4(3):359 – 368.

[11] David C., Nathan L., David P. An exploration of corporate attitudes to the significance of environmental information for stakeholders [J]. *Corporate Social Responsibility and Environmental Management*, 2003, 10(4): 199-211.

[12] Yaman H. R., Gurel E. Ethical ideologies of tourism marketers [J]. *Annals of Tourism Research*, 2006, 33(2): 470-489.

[13] 卢代富. 国外企业社会责任界说述评[J]. 现代法学, 2001, 23(3): 34-37.

[14] 高尚全. 企业社会责任和法人治理结构[N]. 学习时报, 2004-03-10.

[15] 黎友焕. 企业社会责任研究[D]. 陕西: 西北大学, 2007.

[16] 黎友焕, 龚成威. 环境规制下的国外企业社会责任运动及启示[J]. 世界环境, 2008, (3): 26-29.

[17] 陈宏辉, 贾生华. 企业社会责任观的演进与发展: 基于综合性社会契约的理解[J]. 中国工业经济, 2003, (12): 85-92.

[18] 刘藏岩. 民营企业社会责任推进机制研究[J]. 经济经纬, 2008, (5): 111-113.

[19] 马力, 齐善鸿. 公司社会责任理论述评[J]. 经济社会体制比较, 2005, (2): 138-141.

[20] 汪建新. 企业社会责任研究——基于利益相关者角度[D]. 天津: 南开大学, 2009.

[21] 黎友焕, 龚成威. 国内企业社会责任理论研究新进展[J]. 西安电子科技大学学报(社会科学版). 2009, 19(1): 1-15.

[22] Freeman R. E. Strategic Management: A Stakeholder Approach[M]. Boston: Pitman, 1984: 34.

[23] Clarkson M. A stakeholder framework for analyzing and evaluating corporate social performance [J]. *Academy of Management Review*, 1995, 20(1): 92-117.

[24] Mitchell, Wood. Toward a theory of stakeholder identification and salience: Definite the principle of who and what really counts[J]. *Academy of Management Review*, 1997, 22(4): 853-886.

[25] 吴玲. 中国企业利益相关者管理策略实证研究[D]. 成都: 四川大学, 2006.

[26] 俞霞, 郑向敏. 从利益相关者角度谈饭店激励机制构建[J]. 饭店现代化, 2006, (8): 58-60.

[27] 熊伟, 吴必虎. 星级酒店利益相关者结构及其影响分析——以广州为例[J]. 旅游学刊, 2007, 22(4): 91-96.

[28] Henderson J. C. Corporate social responsibility and tourism: Hotel companies in Phuket, Thailand, after the Indian Ocean tsunami [J]. *International Journal of Hospitality Management*, 2007, 26(1): 228-239.

[29] Juan L. N. Corporate social responsibility: Worth-creating activities[J]. *Annals of Tourism Research*, 2008, 35(4): 990-1006.

[30] Kang K. H., Seoki L., Chang Huh. Impacts of positive and negative corporate social responsibility activities on company performance in the hospitality industry [J]. *International Journal of Hospitality Management*, 2010, 29(1): 72-82.

[31] Tsai W. H., Hsu J. L., Chen C. H. An integrated approach for selecting corporate social responsibility programs and costs evaluation in the international tourist hotels[J]. *International Journal of Hotel Management*, 2009, 29(3): 766-778.

[32] Seoki L., Heo C. Y. Corporate social responsibility and customer satisfaction among US publicly traded hotels and restaurants[J]. *International Journal of Hotel Management*, 2009, 28(4): 635-637.

[33] 陈雪琼. 影响饭店承担社会责任的因素与消除途径[J]. 饭店现代化, 2006, (7): 50-53.

[34] 蒋术良. 酒店社会责任研究[D]. 长沙: 湖南师范大学, 2009.

[35] 吴芸廷. "绿色饭店"理念及其在中国的运用[J]. 商场现代化, 2005, (23): 48-49.

[36] 陈春琴. 绿色营销与饭店业可持续发展探析[J]. 生态经济, 2003, (10): 96-98.

[37] 陈琦. 绿色饭店与饭店绿色认证体系的探讨[J]. 商场现代化, 2007, (11): 151-152.

[38] Strauss A., J. Corbin. Grounded theory methodology—An overview[A]. Norman K. D., Vonnaeds S. Handbook of qualitative research[C]. Thousand Oaks: Sage Publications, 1994: 22-23.

[39] 任正非. 要从必然王国走向自由王国. 华为人报, 1998(63): 1-2.

[40] 李志刚, 李兴旺. 蒙牛公司快速成长模式和影响因素研究——扎根理论研究方法的运用[J]. 管理科学, 2006, 19(3): 2-7.

[41] Ulrich W. Systems thinking, systems practice, and practical philosophy: A program of research[J]. *Systems Practice*, 1988, 1(2): 137-163.

[42] Ulrich W. Critical Heuristics of Social Planning: A New Approach to Practical Philosophy[M]. Wiley: Chichester, 1983: 35.

[43] Vos J. F. Corporate social responsibility and the identification of stakeholders [J]. *Corporate Social Responsibility and Environmental Management*, 2003, 10(3): 141-152.

[44] 高建芳. 旅游企业社会责任评价指标体系研究[D]. 北京: 北京林业大学, 2007.

[45] 苏志平. 基于 AHP 的旅游企业社会责任评价体系探讨[J]. 安徽农业科学, 2010, 38(12): 6573-6575.

Research on Corporate Social Responsibility Implementation Mechanism of Chinese Hotels

GU Hui-min[1], LI Bin[2], MU Xiao-ting[3]

(1. *Beijing International Studies University, Beijing* 100024, *China*;
2. *Renmin University of China; Beijing* 100872, *China*;
3. *China Tourist Hotel Association, Beijing* 100001, *China*)

Abstract: It is of great significance that the tourism and hospitality enterprises take on much more corporate social responsibilities. Based on the perspective of stakeholder identification theory, this paper analyzes the qualitative data from interviewing 36 senior executives by using grounded theory method. The conclusions include: Firstly, there are two types of hotel stakeholders, one is called "destiny community" which includes owners and staff, and the other one is "interest community" which includes customers, local government, special groups and social public. For the former type, hotels should take on "basis social responsibility", while for the latter type, "advanced social responsibility". Secondly, these two kinds of social responsibilities are all carried out by the mechanism of "Motive-Cognition-Behavior-Result", in which four different segments have different specific contents. Thirdly, special characteristics in hotel industry in taking social responsibility are: the state-owned hotels pay much more attention on employment, and private hotels concern more on returns to the owners; in terms of the aspects of environmental protection and energy conservation, and as communication platform and the "image window", some specific types of hotels may take more activities than general enterprises do.

Key words: hotel enterprises; corporate social responsibility; Grounded Theory; stakeholders

(原载《旅游学刊》2011 年第 4 期)

基于扎根理论的民营会展企业成长路径研究

——以广州光亚展览公司为例

罗秋菊[1,2]，陈可耀[1,2]

(1. 中山大学旅游学院，广东广州 510275；
2. 中山大学旅游发展与规划研究中心，广东广州 510275)

摘 要：文章以我国民营会展企业的典型代表——广州光亚展览公司为例，运用扎根理论研究方法，通过开放性译码、主轴译码和选择性译码三个严谨的分析步骤，分析案例企业的成长路径及其影响因素。研究发现，光亚公司的成长沿着"先收后放，柔道运势"型的成长路径，在快速成长、质变式成长和跨越式成长三个不同发展阶段其成长影响因素各有不同。文章提出了基于案例企业成长的过程、路径和影响因素三者相关关系的逻辑传导机制，对快速成长的民营会展企业有现实意义，希望给该领域尚是盲点的理论研究提供启示。

关键词：民营会展企业；扎根理论；成长路径；影响因素；译码
中图分类号：F59
文献标识码：A
文章编号：1002-5006(2011)07-0071-09

1 引言

企业成长具有积极的社会经济功能，有助于扩大社会就业和促进经济增长[1]，其成长过程通常反映企业被市场接受的程度[2]。然而，企业的持续成长是非常困难的，通常只有1/7的企业能够在激烈的市场竞争中持续发展壮大[3]。因此，对企业成长的探讨在国内外一直是经济学、管理学和社会学学者关注和研究的主题[4]。

民营会展企业是会展业走向市场化道路的重要载体。其一，现在政府办展、协会办展运用的是政府资源，其利益诉求和运作模式不符合会展业市场化发展的需求，展会的可持续发展之路非常艰难；其二，境外展览公司进驻中国的主要模式是合作，包括合资、参股经营与兼并收购[5]，其中主要寻求与民营展览项目进行合资，原因是这些民营展览公司培育了一批

基金项目：本研究受国家自然科学基金(40971071)资助。
作者简介：罗秋菊(1968—)，女，江西新余人，副教授，博士，硕士生导师，研究方向为会展经济、节庆、旅游规划，E-mail: bettyluoqiuju@126.com；陈可耀(1986—)，男，广东四会人，硕士研究生，E-mail: sysuchenkeyao@126.com。

成长性良好的展览项目,而且产权清晰。

但近年来,面对大型国有会展企业的激烈竞争和境外展览公司的大举进入,民营会展企业的成长空间受到挤压,现有政策对其未来成长不利,产权问题[6]、家族式经营管理问题[7]、融资问题[8]在民营企业成长过程中暴露得越来越明显,制约着民营会展企业的成长。

事实上,无论是民营展览企业的制度、运行机制还是创新实践等方面,都需要详细的梳理和深入的研究。本文特别选取我国民营会展企业的典型代表——广州光亚展览贸易有限公司(简称光亚)为研究对象,主要基于两点原因:其一,光亚展览公司是中国众多民营会展企业中为数不多的成功案例,创办以来日益壮大,持续发展。旗下拳头产品广州国际照明展从最初2000平方米展出面积、96家参展企业,增加到现在的11万平方米展出面积、1543家参展企业,成为目前亚洲第一、全球第二的照明行业盛会,走过了一条成熟而又相对规范的成长历程,因而有其成长路径和发展轨迹可循。其二,光亚的典型性与代表性在于它是在中国会展业起步阶段最早成立与发展起来的民营会展企业之一,同时也是国外展览公司资本进入广东市场的首个案例。目前,光亚业已启动上市融资计划。可以说,光亚充分经历了现阶段中国民营会展企业从项目运作→品牌运作→资本运作的全过程,涵盖了民营会展企业在成长过程中遇到的情况,它的成长路径既具有特殊性又带有普遍性,对我国快速发展的民营会展企业有借鉴作用。本文运用扎根理论的研究方法,识别该企业成长的影响因素,最终挖掘出民营会展企业快速成长的独特路径,力求给该领域尚是盲点的研究提供一些案例支撑。

2 文献进展

自战略管理大师钱德勒(Chandler)开创企业管理成长理论以来[9],学者们主要围绕着企业成长因素和企业成长过程两条主线对企业成长问题展开研究,比较有代表性的成果有核心竞争力理论[10]、企业内部资源论[11]、企业成长决定因素理论[12],等等。国内外学者对企业成长理论的发展主要有两个方面:一是强调研究企业内部拥有和控制的资源和能力,主张完善企业自身机制来推动企业的成长;二是强调研究企业所处的外部环境,认为企业成长路径的选择需要与企业所处的外部环境相匹配。

关注研究企业内部机制有代表性的观点有:维尔纳和巴尼(Werner & Barney)认为,企业的竞争优势来自于内部资源能力的积累和创造[13],[14],这种战略思想强调"内部审视"的重要性[15]。金和莫博涅(Kim & Mauborgne)在研究中发现,高速成长的企业都遵循价值创新战略,所谓的价值创新战略就是根据顾客需要,不断对企业的产品和服务进行功能分析,创造或重塑价值链结构,从而使自己建立持续竞争优势,以保持企业的持续发展[16]。一些研究也开始关注企业的规模与学习能力对企业成长的影响。卡尔和乔治(Karl & George)通过对不同产业中企业规模与成长关系的研究,发现企业规模经济的获得实现了企业的成长[17]。希特等人(Hitt,et al.)的研究认为,不确定性和变化无常等市场竞争新环境不断改变着竞争基础,学习对企业竞争取胜起着关键作用[18]。苏理瓦根等人(Sleuwaegen,et al.)综合了以上两种观点,用企业规模和年龄两个变量来解释企业成长,认为企业成长是规模扩张和不断学习的结果[19]。韩太祥则提出管理能力的数量和质量决定了企业的所有其他资源所能提供的生产性服务的数量和质量,最终制约企业成长的速度[20]。

关注研究企业外部环境有代表性的观点有：波特（Porter）认为，企业的竞争优势在于产业选择，企业持续成长的效果取决于企业选择进入的产业[10]。彭和哈斯等（Peng & Heath, et al.）从企业间正式和非正式的网络关系研究出发，指出寻求网络化成长成为在复杂的全球化商业环境下企业重要的成长方式和策略[21]。冈萨雷斯（Gonzalez）研究了经济管制对企业成长的影响，用事实充分证明了金融发展水平与经济增长、企业成长之间存在正相关性[22]。谢光亚、倪见关注国际化战略对企业成长所起的作用，通过对发展中国家企业的成长战略作SWOT分析后发现，企业的国际化战略与成长战略要相互协调，在开展国际化的同时实现企业的成长[23]。

一些学者进一步关注到民营企业的成长。张维迎以民营企业内部斗争为着眼点，指出企业被拖垮现象的本质是"元老"问题，"元老"们争的是权力，而它的实质又是产权问题[6]。林乐芬认为，家族企业呈现家族主导型治理模式，即家族成员是家族企业股权的绝对拥有者，剩余索取权和剩余控制权的占有者[24]。家族企业除了正式契约的委托代理关系，更重要的是一种非正式的关系治理[25]。牛国良指出，家族式治理结构会导致民营企业"决策科学化程度低""产权的封闭性""人力资源封闭性"以及"文化基础的非契约性"等一系列问题[26]。一些研究也开始关注到如何突破民营企业的成长瓶颈。如施沃茨和巴恩斯等人（Schwartz & Barnes, et al.）认为，引入外部董事能给企业的决策带来客观和独立，因而能提高决策过程的质量和效率[27]。伊马泽尔和施兰克（Yilmazer & Schrank）论证了建立外部支持系统的重要性，包括政策支持系统、金融支持系统、法律支持系统、社会服务支持系统[28]。张维迎认为，企业成长的一个充分条件是要有一个可行的成长模式，民营企业的持续发展依赖于成长模式的正确选择[6]。吴照云、黎军民继承与发展了张维迎的观点，在此基础上归纳得出民营中小企业现阶段可选择的成长模式为市场创新型成长模式、技术创新型成长模式、制度创新型成长模式、管理创新型成长模式和企业迁移型成长模式[7]。

目前，国内对会展企业成长的理论研究涉及不多，只有少数学者进行过企业集团化发展战略与资本运营的初步探讨，案例研究和理论探讨尚是空白。可以说，会展业的理论研究滞后于实践发展，个案研究太少且散乱[29]，甚至有学者认为，中国会展理论研究长期处于被人遗忘的角落[30]。基于学界对民营会展企业研究的薄弱性，对其成长路径进行专门的梳理和研究有一定价值。

3 研究方法

3.1 运用个案研究方法的缘由

本文选取个案研究方法主要基于两个原因：其一，会展企业带有显著的产业特征，现有制造业及一般服务业企业理论体系难以适用；其二，会展企业尤其是民营会展企业的理论研究长期滞后于实践发展，基于本土研究的理论创建还存在巨大空白。因而当对所研究问题知之甚少或试图从一个全新角度切入时，案例研究将非常有用，也是可行的[31]。

个案研究由于其代表性问题曾在某段时期被研究者质疑，众多学者对此作出过解释。例如，艾森哈德（Eisenhardt）认为，从个案中建立理论时，所选取的个案样本应该具有独特性，该样本主要是用来重制之前的案例或是延伸现有理论，个案研究案例的代表性因而也就不存在问题[31]。王宁则提出，个案研究实质是形成对某一类共性（或现象）的较为深入、详细和全面的认识,而不是达到对一个总体的认识,其研究的一般结论适用于与所研究的个案相类似的其他个案或现象,选择具有典型性的个案可有效提高个案研究的"可外推性"[32]。

3.2 运用扎根理论方法的缘由及其实质

传统意义上的理论建构通常走的是自上而下的路线,即从现有的、被有关学科领域认可的概念、命题或理论体系出发,通过分析原始资料对其进行逻辑论证,然后在证实或证伪的基础上进行部分的创新[33]。事实上,会展业的现有研究尚处于起步阶段,民营会展企业成长研究近乎空白,其企业成长有别于制造业以及一般的服务企业,缺乏可直接借鉴的理论成果。这就要求研究者要尽量舍弃文献演绎模式和实证研究方法,利用归纳法从现象中提炼该领域的基本理论,从而逐渐构建和完善相应的理论体系。为深入了解民营会展企业成长这一社会现象,挖掘相应规律,不作任何理论假设,从原始经验资料的基础上自下而上建立理论的扎根理论方法便成为本文研究民营会展企业成长路径的合理选择。

扎根理论(Grounded Theory)被视为是质性研究领域中较为科学的一种方法,1967年由社会学者格拉斯(Glaser)和斯特劳斯(Strauss)提出[34]。研究开始前一般没有理论假设,而是带着研究问题,直接从实际观察入手,从原始资料中归纳出概念与范畴,然后上升到理论,是一种从下往上建立实质理论的方法。与其他质性研究方法的区别在于,发展扎根理论的研究者不是先有一个观点然后论证观点,而是先有一个待研究的领域,然后自此领域中萌生出概念、范畴和理论。

扎根理论研究方法的核心是资料收集与分析过程,主要分析思路是比较,在资料和资料之间、理论和理论之间不断进行对比,然后根据资料与理论之间的相关关系提炼出有关的类属及其属性。斯特劳斯将扎根理论对资料的分析称为译码,指将所收集的文字资料加以分解、赋予概念,再以适当方式将概念重新抽象、提升和综合为范畴以及核心范畴的操作化过程,包括3个级别的译码[35]。扎根理论研究的目的在于从理论层次上描述现象的本质和意义,从而建立一个适合于资料的理论。

3.3 资料收集与整理

本研究于2009年10月~2010年6月,收集与整理了有关光亚公司的成长历程、发展趋势以及利益相关者对企业成长的感知与评价等资料。具体包括:①2010年对光亚公司相关人员的深入访谈调研记录;②CNKI、维普期刊全文数据库收集相关论文;③通过www.google.com和www.baidu.com搜索引擎收集关于光亚公司的报道与评论等;④光亚公司内部资料(会刊杂志、媒体年度报道收录、展会总结报告);⑤广州会展行业发展状况调研报告以及政府的相关政策文件。

对以上资料进行整理、质证,为降低访谈会因被访者记忆问题和"研究效应"导致效度失真的可能性,本研究对照访谈和被访者公开发表的报道与评论来提高研究的效度,以确保资料真实准确反映企业状况,将最后待分析的资料正式命名为光亚资料记录。本研究的资料收集和资料分析不分先后,而是交替出现,循环使用,在分析过程中也不断地审查资料的丰裕度,填补资料的空隙。

4 广州光亚展览公司的成长路径分析

4.1 资料分析

扎根理论方法对资料的分析过程可以分为3个主要步骤,依次为开放性译码、主轴译码与选择性译码。

(1)开放性译码

开放性译码指将资料分解、检视、比较、概念化和范畴化的过程,也就是一个将资料打散,赋予概念,然后再以新的方式重新组合起来的操作化过程[35]。为了说明本研究开放性译码过程,对光亚资料记录中部分资料记录的开放性译码重点说明,如表1所示。

表1 光亚公司资料记录的开放性译码分析举例
Tab.1 A sample of open coding from Guangya

光亚资料记录	开放性译码			
	概念化	范畴化	范畴的性质	性质的面向
企业准备成立时,会展在中国是一个新行业,在广东也刚刚起步,进入门槛低,竞争程度不高。(a1)	a1 行业环境	1.以概念a1,…,a8 范畴化为:时机	时机的性质:行业时机 产业时机 经济时机 政策时机	行业时机的面向 有利/不利 产业时机的面向 有利/不利 经济时机的面向 有利/不利 政策时机的面向 有利/不利
中国是世界最大的照明产品生产国和出口国,而珠三角集中了全国60%以上的灯饰生产企业。(a2)	a2 产业依托			
当时全中国除了上海有一个2000平方米的展览外没其他同类的展览。(a3)......	a3 竞争性低			
光亚公司决定对业务进行战略调整,将一些市场前景不大、光亚不具备竞争优势的项目砍掉,集中精力,重点经营、培养对整个公司发展有利的核心项目。(a12)	a12 收缩战线	3.以概念a12,…,a15 范畴化为:收缩	收缩的性质:收缩的时间 收缩的程度 收缩的范围 收缩的时机	收缩时间的面向 早/晚 收缩程度的面向 强/弱 收缩范围的面向 大/小 收缩时机的面向 有利/不利
要想一个展会更好地生存发展下去,就得集中所有的资源进行扶持,光亚放弃了多项目办展模式,集中资源办好照明展。(a14)......	a14 资源集中			
	计78个概念	计10个范畴		

注:资料的开放性译码和主轴译码涉及大量的分析表格,为了说明研究过程和节省空间,文中只截取了部分表格,以此为例证。

概念和范畴的命名有多重来源,有的来自访谈记录(鲜活代码),有的来自文献资料(建构代码),有的是笔者研讨的结果。本着尽量"悬置"个人的"倾见"和研究界的"定见"原则[33],通过对光亚资料记录的开放性译码分析,最终从资料中抽象出78个概念和10个范畴。挖掘出的10个范畴(A1~A10)分别为时机、学习、收缩、自知、成长、稳定、融合、扩张、敢为人先和企业家精神。时机是指企业创立和成长过程中对内外部机会的洞察和把握;学习是指企业全员全方位学习以补足差距;收缩是指企业放弃多项目办展模式,集中优势资源经营核心项目;自知是指企业知己知彼、审时度势的量力运营;成长是指企业对快速发展和自我超越的热衷和获取;稳定是指企业持续发展壮大的稳健性及其获得;融合是指企业联同国外展览公司成立合资公司,资源共享,品牌结合,实现质的飞跃;扩张是指企业在深厚积累的前提下寻求多元化发展;敢为人先是指企业有灵敏的市场触角,反应迅速,强力创新;企业家精神是指企业家组织建立和经营管理企业的综合素质与才能。

(2)主轴译码

由概念化和范畴化阶段得出的概念与范畴几乎都是独立的,其间的关系还没有得到深入探讨,而关系的建立是得出结论的必要前提。这就有赖于主轴译码阶段典范模型工具(paradigm model)的运用。

主轴译码是指通过运用因果条件→现象→脉络→中介条件→行动/互动策略→结果这一典范模型,将开放性译码中得出的各项范畴联结在一起的过程[35],目的是发展主范畴与副范畴。典范模型的6个主要方面引导范畴的整理和分析,具体操作上就是将范畴安排至典范模型6个方面的不同位置,位置即体现了关系。

在主轴译码阶段通过典范模型共得到3个主范畴,分别为收缩成长(AA_1)、审时运势(AA_2)和柔道扩张(AA_3)。收缩成长是由收缩、企业家精神、成长、稳定4个范畴以及高增长率、资源积累、快速发展、长线投资、客户价值导向、舍得放弃、敢冒风险、行动迅速、资源集中、品牌建设和规模竞争11个概念通过典范模型构成;审时运势是由时机、自知、学习3个范畴以及原有展会做大做强、独有资源、产业依托、政府扶持、深思熟虑、动态完善、移情和自我超越8个概念通过典范模型构成;柔道扩张是由融合、敢为人先、扩张3个范畴以及柔道、突破瓶颈、长期合作、人才培养、资源共享、引进技术与理念、理解变通、团队磨合、各司其职、中外合资、进军网络、引进新项目和兼并收购13个概念通过典范模型构成。关于典范模型分析过程举例如图1所示。

典范模型建构起了范畴/概念间的紧密关系,有助于更全面、更准确地把握事件的主范畴。这其实也展示了与企业资料的持续互动。收缩成长体现在企业创建初期虽然拥有近30个展览项目,但由于资源分散,企业的发展举步维艰。在颇具企业家精神的核心创业者的决策下,企业收缩战线,采取资源集中、品牌建设和规模竞争的策略,最终促成了高速成长。审时运势体现在企业基于对自身所处发展阶段及其优劣势的准确判断,多次抓住有利时机拓展生存空间,采取动态学习完善的策略,量力运营。柔道扩张体现在企业对当前与未来竞争格局的洞察,灵活处理与竞争者的关系,善于借助与未来最大竞争对手的捆绑与结盟,通过借力来实现多元化扩张。

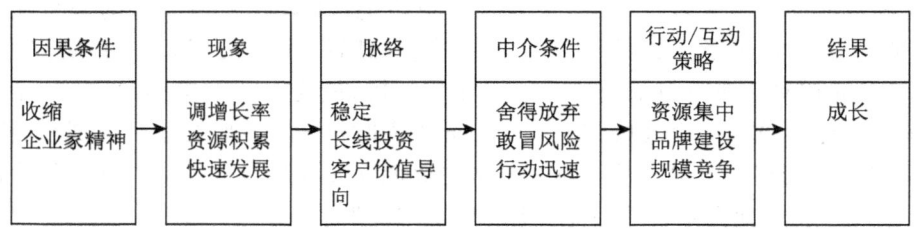

图1 主范畴收缩成长的典范模型
Fig. 1 Paradigm model about shrinking growth

(3) 选择性译码

选择性译码是指选择核心范畴,把它系统地和其他范畴予以联系,验证其间的关系,并把概念化尚未发展完备的范畴补充完整的过程[35]。该过程主要包括:①识别出能够统领其他所有范畴的核心范畴;②用所有资料及由此开发出来的范畴、关系等扼要说明全部现象,即开发故事线;③通过典范模型将核心范畴与其他范畴联结,用资料验证这些联结关系;④继续开发范畴使其具有更细微、更完备的特征[36],[37]。

根据光亚企业的成长轨迹,本研究的选择性译码遵循了以下基本思路:①以光亚企业的成长历程、发展趋势以及利益相关者对企业成长的感知与评价作为选择核心范畴的依据;②核心范畴的选择必须具有真实性、专属性和认同性。

通过对开放性译码阶段所抽象出来的时机、学习、收缩、自知、成长、稳定、融合、扩张、敢为人先和企业家精神这10个范畴的继续考察,尤其是对收缩成长、审时运势和柔道扩张这3个主范畴及相应副范畴的深入分析,同时结合原始资料记录进行互动比较,发现可以运用"先收后放,柔道运势"这一核心范畴来分析其他所有范畴。光亚企业围绕该核心范畴的故事线可以概括为:企业创建后采取收缩战略,集中优势资源发展单一展会;与全球展览业巨头结盟,达到品牌结合,资源共享,旗下照明展会得以做大做强;持续学习创新,善于把握时机,借助强大品牌效应,吸附并整合资源,走上多元化扩张路径,实现快速发展。关于选择性译码中故事线的形成如表2所示。

4.2 研究发现

根据扎根理论研究方法,通过前述三重译码分析,围绕核心范畴、主副范畴以及所有范畴和概念而构建的立体网络关系,可以得出广州光亚展览公司的企业成长路径为"先收后放,柔道运势",并进一步得出企业快速成长的影响因素。

(1) 光亚公司成长过程的故事线

自1995年创建后,光亚先后举办了近30个题材的行业展会,经过4年的经验和资金积累,创始人对企业进行了战略调整,舍弃了95%以上市场前景不大、企业不具备竞争优势的展会项目,集中资源,重点培养核心项目国际照明展,开始走专一发展的路径。收缩战线的成功使得光亚照明展自此以来仅用4年时间就已经在行业内成为全世界规模第二位的展览。但是,随着企业的发展,资金、规模、国际资源、人才和管理水平的不足越发成为制约其快速发展的瓶颈。为求突破,企业于2005年与全球第二大的德国法兰克福展览公司结盟,以双方各占50%股份的形式共同组建了广州第一家中外合作展览公司——广州光亚法兰克福展览公司。自此,双方战略资源互补,产生了"1+1>2"的效应,照明展展会规模以年均16%的速度增长,国际化、品牌化更得以迅速提升。随后,借助法兰克福品牌效应带来的强大资源整合能力,以合资公司光亚法兰克福名义投资策划新的展览项目——广州国际模具展和广州国际工业自动化展成功运行。此外,光亚依托于展览带来的资金、品牌、人才的深厚积累,于2008年斥资成立广州光亚网络科技有限公司,正式进军网络,并成功并购欧洲一家民营展览公司,以实现其多元化发展,由专一发展路径走上扩张道路。

（2）光亚公司"先收后放,柔道运势"型成长路径

表2 光亚公司成长路径的故事线形成过程
Tab.2 The analysis of story line about development of Guangya

核心范畴	主范畴	副范畴	概念
先收后放柔道运势	收缩成长	收缩	收缩战线、舍得放弃、资源集中、快速发展(4个概念)
		企业家精神	胆识、行业经验、行动迅速、拼搏精神、成功欲望、善于发现、敢冒风险、信心信念、创业激情、社会责任、执着坚持(11个概念)
		成长	成本控制、资源积累、品牌建设、海外资源、展会推广、规模竞争、高增长率、适时的市场定位、原有展会做大做强、创造展会亮点、自我超越(11个概念)
		稳定	项目经理股份制、客户价值导向、长线投资、资源垄断、以人为本、做专做细、保证参展质量、客户稳定性(8个概念)
	审时运势	时机	行业环境、产业依托、竞争性低、市场需求、经济基础、硬件设施、信息化发展、政府扶持(8个概念)
		自知	发展初期不放弃小展商、成熟期定位重新调整、移情、独有资源、敏锐触角、知己知彼、深思熟虑、网络定位准确、核心服务、优势互补(10个概念)
		学习	模仿学习、动态完善、调查研究(3个概念)
	柔道扩张	融合	资源共享、品牌结合、突破瓶颈、柔道、引进技术与理念、人才培养、理解变通、化解矛盾、各司其职、长期合作、团队磨合、分散投资风险、国际营销网络(13个概念)
		敢为人先	中外合资、进军网络、运作模式创新(3个概念)
		扩张	产业扩张、兼并收购、引进新项目、增加新题材、新公司独立运作、资源嫁接、商业网络运作(7个概念)
1个核心范畴	3个主范畴	10个范畴	78个概念

光亚公司的快速成长表现为"先收后放,柔道运势"型成长路径。柔道运势是实现先收后放的前提基础,而先收后放是实现快速成长的具体过程。首先,光亚公司的快速成长得益于公司创业初期的收缩战略。光亚公司的核心创业团队在创业初期近30个展会的实战操作中,深谙在企业实力较弱和规模较小的初创期,如果采取资源分散的多项目办展模式往往顾此失彼,自知要使企业快速成长,必须集中有限的优势资源重点培育一个核心项目。在企业收缩阶段,创业者团队紧密围绕在颇具企业家精神的核心创业者周围,形成了高度默契。勇于冒险、敢于断臂的核心创业者及其追随团队对收缩战略的准确运用是光亚公司创建后实现快速成长的一个前提条件。其次,光亚公司的质变式成长得益于创业者自知展会国际资源较差而成长性较好这一准确判断而实施的具有柔道特性的结盟战略。着力避免与竞争对手正面对抗,通过与拥有世界上最大照明展的全球展览巨头的有效捆绑和结盟,在缓和竞争中构建了赢取质变壮大的时空优势,成功地把未来最大的竞争对手变成现在的战略合作伙伴。其三,光亚公司的跨越式成长得益于企业的运势扩张。这是一种基于品牌效应及其附属资源渗透的扩张行为。企业有效利用与法兰克福结盟带来的造势、借势和乘势功能,拓宽了资源吸附路径,资源整合与支配能力极强,解除了跨越式成长的资源缺失障碍。在照明展已步入成熟阶段的前提下,把握适时的进入时机,借助法兰克福品牌效应和已有展会资源,相继举办新的展览项目以及从展览进军网络,实现其多元化扩张,而这种具有价值性、稀缺性和难以替代性的异质资源和品牌效力有很强的路径依赖效应。光亚公司实现了由快速成长到质变式成长、再到跨越式成长的成功转型,生动演绎了一条"先收后放,柔道运势"的企业成长路径。

　　(3)光亚公司快速成长的影响因素

　　光亚企业快速成长的影响因素因快速成长、质变式成长和跨越式成长的不同阶段而异。结合研究得出的概念/范畴分析可识别出影响光亚企业快速成长的具体因素,并从内部、外部两个维度与成长阶段相匹配。在快速成长阶段,最为显著的影响因素为企业采取收缩的战略。依托于良好的行业环境、照明产业的发展、强烈的市场需求、并不激烈的市场竞争和良好的企业家精神,通过模仿学习和经验、资源的积累,为企业初创期的快速成长奠定了坚实基础。初步实现了快速成长的目标之后,光亚企业凭借与德国展览巨头的融合,进入了质变式的成长阶段。政府扶持、品牌建设、规模竞争和优越的会展硬件配套设施都为企业的质变式发展提供了非常有利的条件,加之成立合资公司带来的资源共享、品牌结合,促使企业的成长速度有了质的飞跃。经过质变式的高速成长,企业又进入了维持成长速度的跨越式成长阶段,企业多元化扩张是此阶段最为显著的影响因素。企业善于抓住时机,把握产业的发展脉络,根据市场的需求、原有资源的嫁接、公司管理的成熟,运势借力进行多元化扩张,从而有序地进入跨越式的成长阶段,如表3所示。

表3 光亚公司快速成长的影响因素
Tab.3 Determinants of Guangya's fast growth

	快速成长阶段	质变式成长阶段	跨越式成长阶段
内部	收缩战略、企业家精神、行业经验、资源积累、模仿学习	中外合资、资源共享、瓶颈突破、品牌建设、客户价值导向	多元扩张、资源垄断、公司治理、品牌效力、项目经理股份制
外部	行业环境、产业依托、竞争环境、市场需求	政府扶持、经济基础、规模竞争、硬件设施	进入时机、产业发展、市场需求、关系网络

5 结论与研究贡献

本研究严格遵循开放性译码、主轴译码和选择性译码3个分析步骤,分析得出的扎根理论为:①光亚公司个案的成长路径为"先收后放,柔道运势"型快速成长;②通过成长路径和影响因素之间的关系,从内部、外部两个维度分析得出了光亚公司在快速成长阶段、质变式成长阶段和跨越式成长阶段的具体影响因素;③案例企业成长过程、路径和影响因素三者相关关系的逻辑传导机制通过扎根理论的三重译码得以完整动态地表现,如图2所示。

典型个案抽样可以在满足理论探索的基础上,提高研究结论在案例类型上的普适性,案例公司成长的过程、路径和影响因素的逻辑传导机制从应用价值上对我国快速成长的民营会展企业提供了参考和借鉴。本文的研究贡献在于运用个案研究和质性研究方法,是对已有相关实证研究的补充。目前学术界对企业成长研究大多采用定量实证研究范式,但企业成长复杂且动态的过程使得研究困难重重。企业成长过程中许多作用因素和现象往往是由于某些深层次原因引发,对那些难以量化的现象和内部非公开信息,大样本统计检验法在分析上往往力不从心。此外,会展业尤其是民营会展企业的研究相对缺乏,尚未达到构建理论体系的水平,只有深入的个案研究才有助于理论的发展,因而运用扎根理论进行的个案研究便是一种行之有效的方式。同时,这样的研究还可丰富企业成长研究的理论体系,是对已有相关研究的补充。通过个案和质性研究方法得出案例企业成长的过程、路径及影响因素三者相关关系的逻辑传导机制,这往往是定量研究方法难以做到的,也是本文的贡献所在。

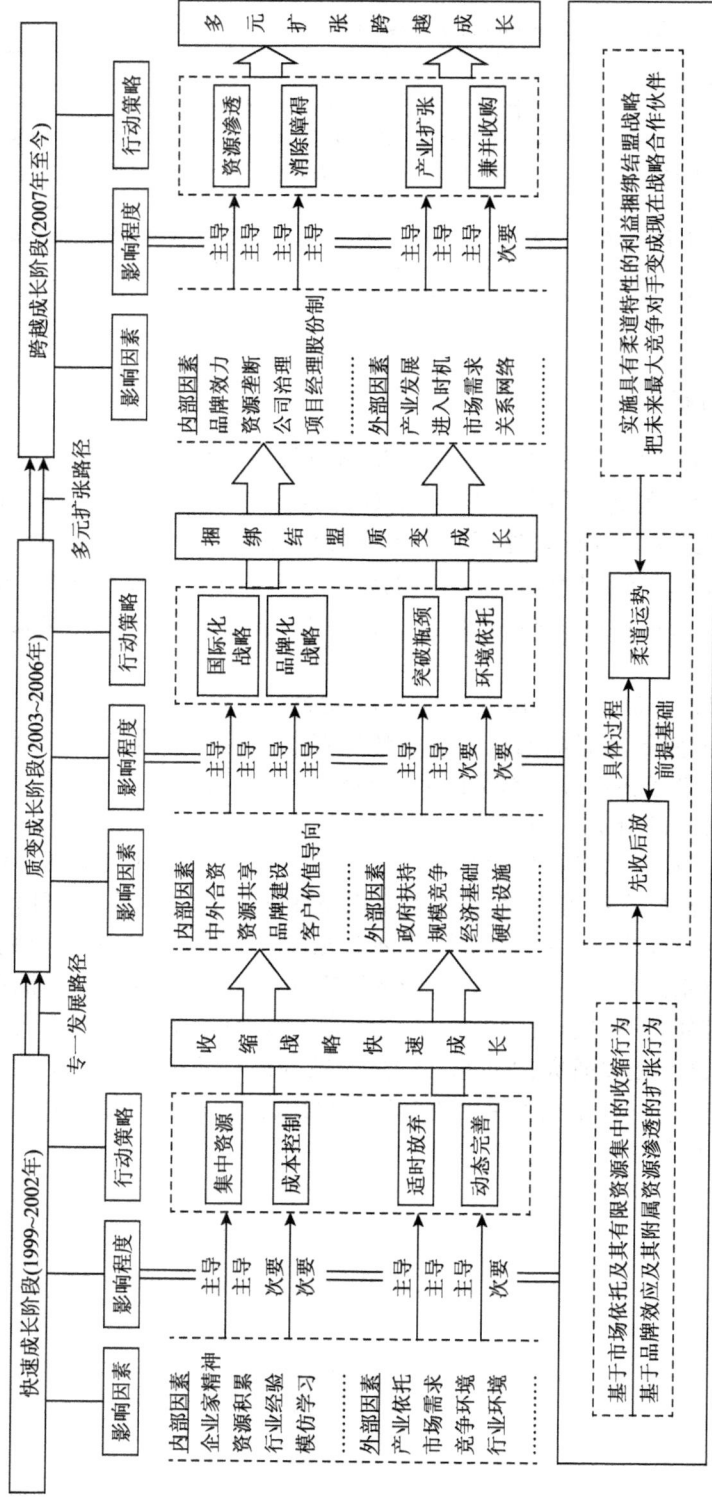

图2 光亚公司成长的过程、路径及影响因素的逻辑传导机制

Fig.2 The logical transmission of growth, route and determinants from Guangya

参考文献

[1] Jordi Canals. How to think about corporate growth[J]. *European Management Journal*, 2001, 19(6): 587-598.

[2] Feeser H. R., Willard G. E. Founding strategy and performance: A comparison of high and low growth high tech firms[J]. *Strategic Management Journal*, 1990, 11(2): 87-98.

[3] Zook C., Allen J. The facts about growth[J]. *Bain and Company*, 1999, (2): 2-7.

[4] 邹爱其, 贾生. 国外企业成长理论研究框架探析[J]. 外国经济与管理, 2002, 24(12): 2-5.

[5] 潘文波. 会展业国际合作的综合效应——关于外资进入中国会展业的综合研究[M]. 北京: 中央编译出版社, 2008: 142-151.

[6] 张维迎. 中国企业到底能长多大[J]. 科学投资, 2001, (2): 70-71.

[7] 吴照云, 黎军民. 我国现阶段民营中小企业成长可选择的模式[J]. 经济管理, 2005, (17): 41-44.

[8] 李增泉, 辛显刚, 于旭辉. 金融发展、债务融资约束与金字塔结构——来自民营企业集团的证据[J]. 管理世界, 2008, (1): 123-135.

[9] Pederson T., Petersen B. Explaining gradually increasing resource commitment to a foreign market[J]. *International Business Review*, 1998, (7): 484-496.

[10] Porter M. 国家竞争优势[M]. 李明轩, 邱如美, 译. 北京: 华夏出版社, 2002: 138-139, 168, 189.

[11] Kotler P., 营销管理[M]. 王永贵, 等, 译. 10版. 北京: 中国人民大学出版社, 2001: 245-259.

[12] Weinzimmer L. G., Nystrom P. C., Freeman S. J. Measuring organizational growth: Issues, consequences and guidelines[J]. *Journal of Management*, 1998, 24(2): 235-262.

[13] Werner F. B. A resource-based view of the firm[J]. *Strategic Management Journal*, 1984, 5(2): 48-56.

[14] Barney J. Firm resources and sustained competitive advantage[J]. *Journal of Management*, 1991, 17(1): 78-90.

[15] Grant R. G. The resource-based theory of competitive advantage: Implications for strategy formulation[J]. *California Management Review*, 1991, 33(3): 114-135.

[16] Kim W. C., Mauborgne R. Value innovation: The strategic logic of high growth[J]. *Harvard Business Review*, 1997, (7): 103-112.

[17] Karl L., George E. B. Firm size, age and efficiency: Evidence from Kenyan manufacturing firms[J]. *Journal of Development Studies*, 2000, 36(3): 146-163.

[18] Hitt M. A., Tina M. D., Edward L., et al. Partner selection in emerging and developed market contexts: Resource-based and organizational learning perspectives[J]. *The Academy of Management Journal*, 2000, 43(3): 449-467.

[19] Sleuwaegen L., Goedhuys M. Growth of firms in developing countries, evidence from Coted'Ivoire[J]. *Journal of Development Economics*, 2002, 68(1): 117-135.

[20] 韩太祥. 经济发展、企业成长与跨国企业——发展中国家跨国企业研究[M]. 北京: 经济科学出版社, 2004: 157-185.

[21] Peng M. W., Heath P. The growth of the firm in planned economies in transition: Institutions, organizations and strategic choice[J]. *Academy of Management Review*, 1996, 21(2): 492-528.

[22] Gonzalez N. U. Legal environment, capital structure and firm growth: International evidence from industry data[J]. *Business Economics*, 2002, (10): 3-5.

[23] 谢光亚, 倪见. 发展中国家企业国际化成长战略模式选择[J]. 财经理论与实践, 2007, 28(147): 102-105.

[24] 林乐芬. 家族企业资本结构与治理结构的路径选择[J]. 当代财经, 2003, (10): 65-67.

[25] Mustakallio M. A. Contractual and relational governance in family firms: Effects on strategic decision-making quality and firm performance[J]. *Institute of Strategy & International Business*, 2002, (2): 80-89.

[26] 牛国良.民营企业成长中的制度障碍与突破[J].北京市经济管理干部学院学报,2006,21(2):48-51.
[27] Schwartz M. A., Barnes L. B. Outside boards and family business: Another look[J]. *Family Business Review*, 1991,4(3):269-285.
[28] Yilmazer T., Schrank H. Financial intermingling in small family businesses[J]. *Journal of Business Venturing*, 2006,21(5):726-751.
[29] 罗秋菊.展览会主题定位及运作模式研究[M].天津:南开大学出版社,2008:35-36.
[30] 刘大可.会展发展理论先行[J].中国会展.2006,(15):66-67.
[31] Eisenhardt K. M. Building theories from case study research[J]. *The Academy of Management Review*,1989, 14(4):532-550.
[32] 王宁.代表性还是典型性?——个案的属性与个案研究方法的逻辑基础[J].社会学研究,2002,(5):123-125.
[33] 陈向明.质的研究方法与社会科学研究[M].北京:教育科学出版社,2000:327-336.
[34] Glaser B., Strauss A. The Discovery of Grounded Theory: Strategies for Qualitative Research[M]. Chicago: Aldine Press,1967:18-48.
[35] Strauss A., Corbin J. 质性研究概论[M].徐宗国,译.台北:巨流图书公司,1997:117-135.
[36] 李志刚,李兴旺.蒙牛公司快速成长模式及其影响因素研究——扎根理论研究方法的运用[J].管理科学,2006,19(3):2-7.
[37] 张燚,刘进平,张锐.基于扎根理论的城市形象定位与塑造研究:以重庆市为例[J].旅游学刊,2009,24(9):53-60.

Study on the growth path of privately-run MICE enterprises based on grounded theory
——A Case of Guangya Exhibition Co. Ltd, Guangzhou
LUO Qiu-ju[1,2], CHEN Ke-yao[1,2]
(1. *Tourism School, Sun Yat-sen University, Guangzhou 510275, China*;
2. *Center for Tourism Planning & Research, Sun Yat-sen University, Guangzhou 510275, China*)

Abstract: Privately-run MICE enterprises are important carriers leading to marketization. Facing intense competitions from state-run MICE businesses and overseas exhibition companies, their development space is being squeezed. The growth path of privately-run MICE enterprises is different from those of manufacturing industries and general service enterprises. The paper, taking the typical representative of privately-run MICE enterprise—Guangzhou Guangya Exhibition. Co. Ltd, as an example, by way of the study method of grounded theory, analyses its growth path and affecting factors through three analytic procedures: open coding, axial coding and selective coding. The study shows that the company achieves speedy growth, growth of qualitative change and leaping growth along the path of "extension after concentration and taking advantages from other forces ". The paper puts forward logic-conducted mechanism based on the relationship between growth, process, path and affecting factors of case enterprises. This study is not only of immediate significance to the speedy growth of privately-run MICE enterprises but also offers enlightenment for the blind theoretical study in this field.

Key words: privately-run MICE enterprises; grounded theory; growth path; affecting factor; coding

基于"共同创造"的旅行社转型研究

——以奖励旅游为例

张文敏[1]，沙振权[2]

(1. 华南理工大学经济与贸易学院，广东广州 510006;
2. 华南理工大学工商管理学院，广东广州 510275)

摘　要：网络化使旅行社的转型成为一个迫切的问题，商务旅游市场是旅行社转型的重要阵地，而定制化是商务旅游市场区别于传统大众观光旅游市场的重要特征，如何满足顾客的定制化需求是旅行社面向商务旅游市场转型的重要问题。文章以奖励旅游为例，指出与顾客组成项目小组共同创造价值是解决定制化实现旅行社面向商务旅游市场转型的有效方式，然后对旅行社与顾客如何共同生产、共同创造价值进行了分析，最后从参与驱动因素的角度将顾客参与共同创造分为外在性参与与内源性参与。

关键词：旅行社；共同创造；奖励旅游；顾客参与
中图分类号：F59
文献标识码：A
文章编号：1002-5006(2011)11-0052-06

旅行社如何应对电子商务的挑战是一个现实的热点问题。随着通信和计算机技术的发展，随着互联网的不断普及，使旅游资源拥有者和旅游消费者聚集在一起，互通信息，以致可以抛开旅行社中介机构，直接进行买卖活动，旅行社的传统经营方式受到了极大的挑战。有学者提出若不改变经营机制、转换服务功能，旅行社将被订房中心、信息交流中心等网上信息服务机构所取代。何云霞提出，旅行社传统的中间人角色，其功能正由于数字式的网络发展而日趋式微，饭店、航空公司等旅游产品供应商借助科技，有能力而且已经在一定程度上与旅游者取得了直接的业务联系，旅行社的简单代办服务必将被挤出市场。如何改变传统角色、实现旅行社的转型，学者们从不同的角度进行了探讨[1]。不少人将我国旅行社行业发展的希望寄托于商务旅游市场，宋子千、宋志伟提出，面向商务旅游市场实现旅行社的转型不失为旅行社摆脱传统角色实现转型的一条有效路径，同时指出新兴商务旅游产品与团体

基金项目：本研究受广州市哲学社会科学"十一五"规划课题基金资助(10B78)。
作者简介：张文敏(1976—)，女，博士研究生，讲师，研究方向为体验营销和旅行社管理，E-mail: zhangwm@scut.edu.cn；沙振权(1959—)，男，博士，教授，博士生导师，研究方向为服务营销和消费者行为。

观光旅游产品以及传统商务旅游产品相比具有很大差别,旅行社必须理解这些差异,进行相应的调整,才有可能真正实现面向商务旅游的转型,还说,相对国外来说,国内对商务旅游服务的研究刚刚起步,既有的少量相关文献为旅行社如何开拓商务市场仅提供了一些有意义的建议,但是在对旅行社商务旅游产品的特征等方面挖掘还欠深入[2]。奖励旅游是旅行社商务旅游产品的重要组成部分。本文将以奖励旅游为例,对旅行社面向商务旅游市场,如何依靠"共同创造"实现企业转型进行深入分析,以期为推动旅行社的转型提供理论与实践的借鉴。

1 "共同创造"研究概述

共同创造(co-creation)是顾客参与的一种提升模式。早在20世纪30年代,顾客参与的概念就已经深入人心,在大量的关系研究文献中顾客参与的重要性得到学者的广泛认同。总体来看,早期顾客参与的研究多数集中于服务业,且多以单个消费者为研究对象,而对B2B市场的顾客参与研究较少。20世纪70年代,消费者创新理论的研究将顾客参与研究向前推进了一步。希贝尔(Hippel)通过对仪表、元件制造等行业新产品开发的实证研究,发现很多创新不是来自企业内部,而是源于最终使用者。专著《创新的源泉》和《让创新民主化》全面介绍了以消费者为中心的创新理论,明确指出虽然传统的以制造商为中心开发新产品的模式仍然具有旺盛的生命力,但以领头用户为中心开发新产品的模式正变得愈来愈重要。其后,共同生产(co-production)、共同选择(co-opting)及全面顾客参与(total customer-participation)等研究增加。传统营销中的交易重心是有形的商品,服务只是有形商品的辅助形式[3]。然而,社会正在悄悄地发生着深刻的变革,全球化、网络化、高新技术的发展以及消费者角色的不断变化,使得服务在营销中的重要性日渐突出。对服务的研究不再是营销学中的一个分支,营销已经从产品导向转向了以无形的交易过程和交易关系为核心的服务导向,这一导向适用于包括生产有形商品在内的所有产品,商品只是价值创造的媒介,顾客是服务的共同创造者[4]。

2004年,普拉哈拉德(Prahalad)和拉马斯瓦米(Ramaswamy)正式提出"共同创造"的概念,他们认为,价值是厂商和顾客共同创造的结果,而不是全部在厂商内部创造的[5]。当前,价值的意义以及价值创造的过程已经从产品中心和厂商中心转移到了个性化的消费者体验。见多识广的、网络化的、充分授权的、积极主动的消费者正在和厂商一起共同创造着价值[5],[6]。

可见,与顾客共同创造独特的消费体验是价值共同创造的基础,而旅游业走在顾客体验研究的前列[7]。本文以旅行社的奖励旅游为例,从商务旅游市场定制化特征入手,对企业与顾客如何共同生产、如何共同创造价值以及企业如何依靠共同创造实现转型进行深入分析。

2 奖励旅游的"共同创造"及特征

为了了解奖励旅游中的"共同创造"营销模式及其特征,本文采用了深度访谈与二手资料分析相结合的方法。其中,访谈样本遵循便利性抽样原则,于2010年9~11月和2011年3月,对一家举办奖励旅游比较成功的旅行社奖励旅游部门负责人进行了前后三次共计三个小时的半结构式访谈,并对四家参加奖励旅游的单位中负责安排奖励旅游的人员进行了深度访谈。访谈内容围绕以下4点进行:

①顾客参与共同生产共同创造的现状;
②如何看待共同创造的现象;
③顾客参与共同创造的动机;
④顾客参与共同创造的影响。

同时,本研究对奖励旅游大顾客(直销公司与保险公司)的网页进行搜索,对涉及奖励旅游的报道及栏目进行内容分析,以了解顾客参与共同创造的原因及对其感知价值的影响。研究发现:

(一)项目小组共同生产致旅行社向顾客"参谋"转型

与传统的休闲旅游产品不同,商务旅游产品定制化特点突出,传统的大规模标准产品无法满足商务旅游市场的定制化要求。就奖励旅游而言,它是一种管理工具,旅游是手段或者诱因,激励是根本目的,这一特性决定了奖励旅游的定制化特点。奖励旅游团的行程安排除了常规旅游项目外,围绕企业文化建设的主题活动策划成为"非比寻常"的旅游体验开发的核心。如香港广之旅为某大型保险公司开发的年终奖励旅游产品中,在旅途中的豪华邮轮上安排了一场由身着船长制服的保险公司总裁及装扮成船员的公司其他行政人员主持的颁奖晚会主题活动,既别出心裁地宣传了企业文化,增加了企业凝聚力,又带给参与者平常参加普通团队程式化的旅游活动所无法获得的惊喜的旅游体验,令参加者回味无穷,极大地延长了奖励的激励效用[8]。奖励旅游的主题活动的计划与内容需要与企业的经营理念和管理目标相融合,而对企业文化及企业实现激励目标的种种需求,只有企业内部人士最了解,因此,近年来,许多经常开展奖励旅游的大公司在销售支持部里增设了一项职能,就是与旅行社共同开发为本公司定制的奖励旅游产品。在奖励旅游产品开发与实施过程中,产品不再是传统商品导向逻辑下由旅行社独立生产然后卖给顾客,而是在顾客中派出销售支持部的客服专员、主管与部门总监和旅行社奖励旅游部的销售员、业务经理和业务总监共同组成项目小组,进行奖励旅游产品的共同生产(见图1)。顾客成为企业能力的重要来源,顾客与企业共同创造价值,价值创造过程以个体的异质化体验为中心,共同创造体验成为价值的基础。

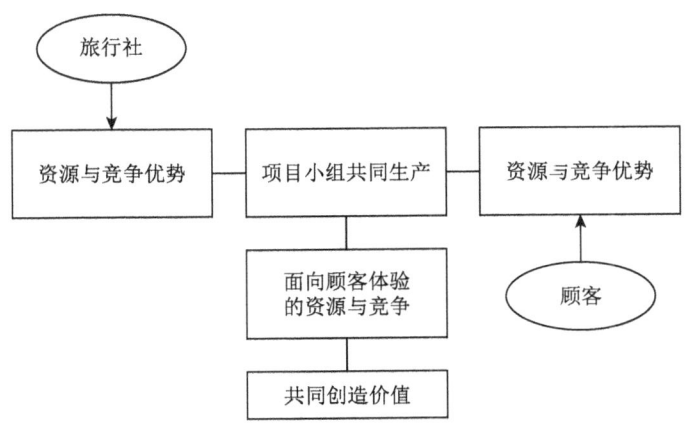

图1 服务导向下的奖励旅游共同创造模式

Fig.1 Co-creation model of incentive travel by sevice dominant logic

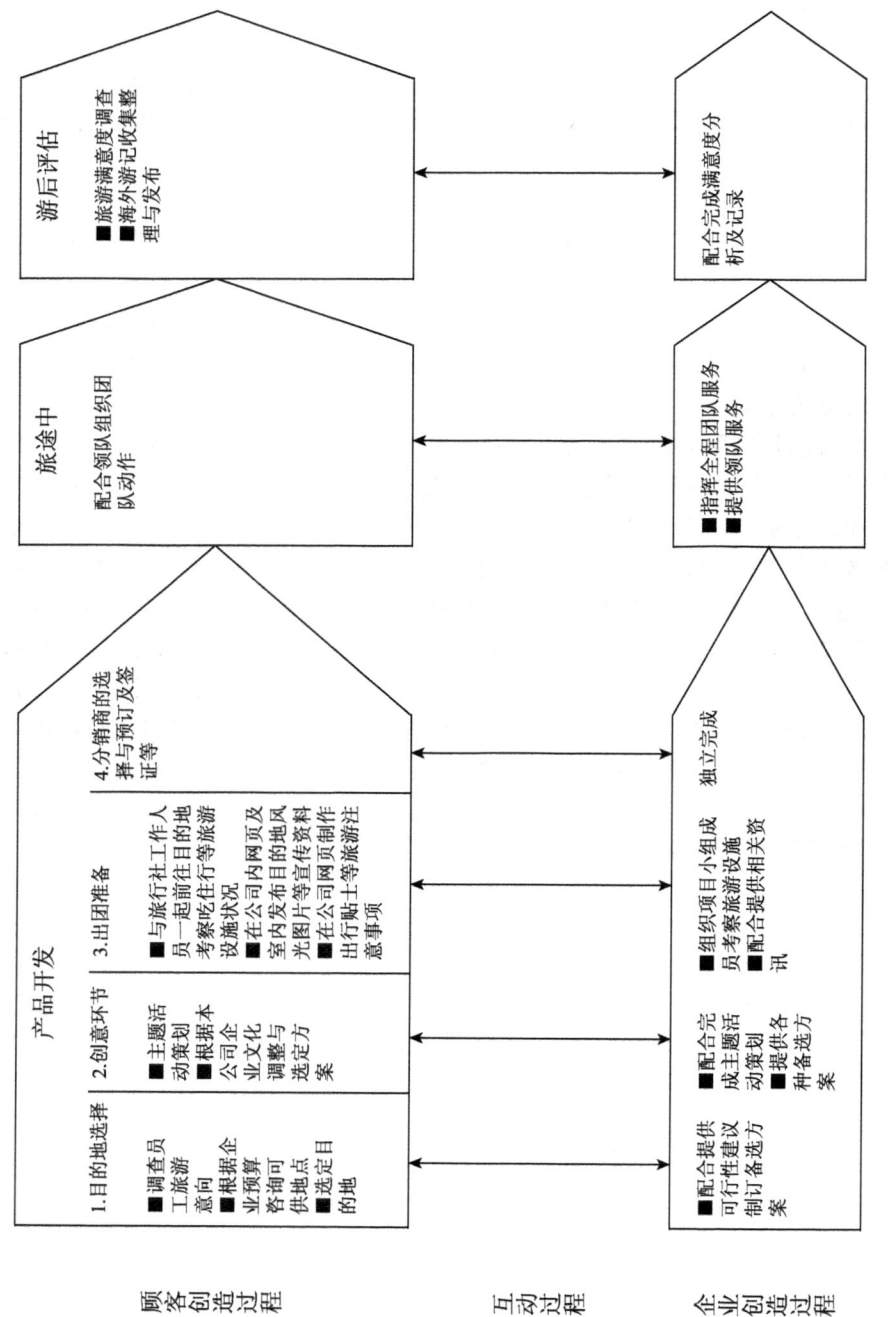

图2 顾客、供应商及互动流程图
Fig.2 Cocreation process of supplier and consumer
注：根据访谈及无限极网页资料整理。

旅行社与顾客共同组成的项目小组使产品由厂商与顾客共同创造得以实现,旅行社传统的生产包价旅游产品并出售给顾客的商品导向逻辑行不通了,旅行社的经营重点转向管理环境、创造机会、吸引顾客贡献知识参与生产,并利用自身的专业知识与技能为共同创造的实施提供服务支持,旅行社的经营哲学从商品导向向服务导向转变,其角色从传统的旅游供应商向旅游顾问或顾客的参谋转变。相应地,在组织结构方面,对应团队观光旅游产品为主的按照旅游目的地进行划分的组织结构已经不能适应顾客关系为经营重点的需要,旅行社奖励旅游部门的组织结构也相应转为按照顾客来划分。

(二)奖励旅游的价值共同创造过程

在常规的价值创造过程中,企业和消费者具有不同的生产与消费角色。企业生产产品与提供服务并创造价值,通过产品与服务在市场上的交换,使产品和服务从生产者手中转移到消费者手中,价值创造是发生在市场之外的。但佩恩等(Payne, et al.)提出,价值的创造已经跨越了厂商的界限,由企业创造过程、顾客创造过程和互动过程共同构成价值共同创造的框架[9]。这意味着伴随着顾客与企业共同生产现象的出现,上述区分与差异正在消失。消费者已经越来越多地参与到价值的界定与创造过程之中。笔者将佩恩的价值共创流程应用到奖励旅游中,识别出在奖励旅游中顾客参与共同创造的环节和方式,见图2。

在奖励旅游案例中,笔者发现,在整个价值创造过程中,只有少数环节由旅行社独立完成,多数环节由双方共同完成,其中多数环节以顾客为主导完成,旅行社提供各种支持与配合。这验证了服务导向逻辑提出的厂商只能提供价值建议,价值必须通过顾客参与共同生产的过程而得以实现的假设。旅行社不再销售产成品,而是通过支持顾客的价值创造过程与其共同创造价值。旅行社回归其经营旅行信息服务顾客的本质,利用其分工优势将众多杂乱的信息加以集聚整合,降低顾客的信息搜索成本,帮助顾客节省费用和时间,提供专业咨询,创造附加值。旅行社在酒店、航班等分销商的选择、预订及签证服务手续的办理等常规业务的运作上具有专业优势,由其独立完成。其他环节则由主客双方根据竞争优势共同合作完成。在旅途中,旅行社具有丰富的团队组织经验,因此,团队的安排由旅行社主导完成,顾客单位做好团队集中等配合工作即可。而在产品开发中的目的地选择环节,旅行社主要进行可行性建议,传统由旅行社进行的顾客旅游意向咨询与调查则由顾客方企业内部共同开发项目小组主导完成。在主题活动策划的创意环节,在一些顾客企业派出的项目组成员中,有的具有广告策划经验,有的长期进行企业文化建设与管理工作,具有丰富的活动策划经验,这时围绕企业文化建设的主题活动策划则可由顾客企业主导完成,但如果顾客企业缺乏相关运作人才和经验,则由旅行社主导完成,提供备选方案由顾客方选择。

(三)顾客参与共同创造的驱动因素

顾客参与共同创造是一种顾客主动行为,是与被动消费相对应的一种行为方式。然而,本研究在访谈中发现,顾客的这种主动行为背后其实也有着被动的原因,正是主动与被动共同驱动着看似主动的顾客共同创造行为。

在谈到顾客参与共同创造的时候,顾客本身对参与持有两种不同的态度:一种是表示参与是被迫的,为了提高参与者的旅游体验、实现其组织目标等原因不得不参与,但其实他们不希望过多参与奖励旅游产品的策划过程,他们更希望让专业的人去做专业的事,因为参与本身需要花费时间和精力,而这些都是成本;另一种则表示参与本身很有意义,愿意积极参与。

仔细分析发现,这两类不同的态度源自两类不同的参与动机:感知风险及独特性体验需求。

顾客被动参与的原因是感知风险的存在,即顾客感到若由供应商独自生产,可能无法产出其期望的结果(如稳定的高质量、独特的产品等),为此,顾客不得不参与到生产过程中与供应商共同创造价值。此时,顾客将感知到高额的成本付出,从其内心来讲并不希望参与或过多进行此类参与,换句话说,由感知风险驱动的顾客参与,是由于供应商的供应能力限制所致,如果供应外部条件成熟,顾客更希望通过外包等途径解决,并非一定要通过顾客参与实现,因此,笔者将之称为外在性参与。

顾客感知的风险主要体现在两方面:绩效风险与财务风险。

绩效风险主要体现在三方面:①担心本单位员工旅游后达不到预期的目的。比如有组织者反映"为了实现出行目的,希望以后会有更多的员工参与旅游,也是为了更好地履行工会的职责,我们自己多辛苦点,对旅行社的安排进行核查值得"。②担心旅行社提供的产品不能满足本单位的个性化需求。比如有组织者反映"我们去旅游的时候,通常都是一到目的地就开会,而且开会还是很重要的内容,但旅行社有时候在时间安排上就没有考虑到这点,有时候会出现开会时间不够或者安排不合理等问题,所以我们情愿自己安排";"有时我们会有一些我方的要求,想使旅行过程能更加符合我方要求,积极参与更能了解旅行社的产品是否符合我们的需求";"希望产品能更符合我们的个性化要求,业务资源部的会跟他们做一些沟通"。③担心产品的质量不如预期的好。如有组织者反映,"为了保证旅游产品的服务质量,让员工们的抱怨减少,一般会通过网评等方式对酒店等情况进行核实"。

财务风险主要是针对旅游价格。有组织者反映"积极参与是为了少花钱,认为旅行社不会真正从顾客利益出发,总想多赚点钱"。有的反映,"涉及经费花得值不值,担心产品价格高于市场平均价格",还有的担心旅途中产生额外的花费,所以事先要多沟通多询问。

还有一种顾客参与,是出于顾客的独特性体验需求,是种内在驱动力。在这种内驱力作用下,顾客只有通过参与本身才能满足其独特性体验,外力无法代替。如船长晚宴中,保险公司总裁穿上船长制服,公司其他行政人员装扮成船员,为参加奖励旅游的员工服务。再如访谈中提到健康食品业某跨国公司在中国境内举办的会议不交给旅行社代办而全部由公司内部人员筹备、组织,在海外的会议由于签证等手续的需要才交给旅行社。其主要动因就是把企业参与会议筹备这种形式作为表达企业团队荣誉感的一种方式:会议由公司团队自己完成,而且做得这么好,觉得有种荣誉感在里面。通过这种方式,公司表达和塑造了企业文化。从顾客内心来讲,此类参与是主动参与,与供应商的供应能力等外部条件无关,本文将基于此类动机的顾客参与称为内源性顾客参与。

(四)顾客参与共同创造的影响

顾客积极参与共同创造,是由于参与能为他们带来价值。早期研究主要关注顾客参与对经济价值的影响,认为顾客参与的主要原因是为了节省时间和金钱等财务刺激,对于企业来说,鼓励顾客参与主要是为了提高企业效率、降低运营成本。1985年,贝特森(Bateson)综合前人的研究提出即使不存在通常所说的财政刺激,仍有顾客会选择自助服务等参与行为,并对顾客参与的价值影响进行了系统研究,提出顾客参与除节省时间、提高效率和降低风险等财务刺激外,也增加顾客的控制感、独立感等因素[10]。2010年,柯米等(Kimmy, et al.)提出顾客参与通过更好的服务质量、定制化的服务和提高控制感等三方面提升顾客的经济价值[11]。在奖励旅游的共同创造中,通过访谈发现,提高产品性价比、降低服务风险是顾客积极参与共同创造的主要动因。这与之前的研究一致:顾客参与共同创造与经济价值显著正相关。进一步的研究发现,顾客参与共同生产对顾客价值的影响并不局限于经济价值,还包括关系价值和体验价值等[12]-[15]。

随着研究的深入,研究者发现顾客参与共同生产未必一定能提升顾客的价值,开始关注顾客参与为顾客带来的负面影响。柯米等研究表明,顾客参与会增加服务企业员工工作压力进而降低其工作满意度,还可能通过顾客与员工的互动对顾客产生负面影响,指出顾客参与价值共同造是把双刃剑[11]。但对这把双刃剑的分界尺度在哪儿,何时发挥正向影响,何时发挥负面影响并未作探讨。

访谈发现,顾客参与共同创造对顾客价值具有提升作用。一方面表现在功能性价值上,如旅游产品质量提高了,更好地满足了本单位的个性化需求,员工旅游后反映好等。另一方面则表现在象征价值上,主要体现在企业文化上,增强了团队凝聚力,传达甚至提升了企业文化。

当然,顾客参与除了增加以上收益外,同时也增加了顾客的成本付出,包括时间、精力和经费等。但在成本感知上由于驱动因素不同,则产生了不同的影响。基于独特性体验的内源性参与,虽然同样投入了大量的时间、精力和经费等,但这些付出从顾客感知的角度已经不是成本,而成了一种体验,导致体验价值的提升,同时对成本的感知变弱,因此在降低顾客对参与成本的感知的同时提升了顾客的体验价值和经济价值,是正向影响。而基于感知风险的外在性参与虽然也提升了顾客的经济价值和体验价值,但其对成本的感知也增加了,因此,对顾客价值的影响是双面的,既有正面影响也有负面影响。另外,外在性参与归根到底是由于顾客对供应商的能力存在不信任所致,这种不信任有时会引发双方的利益冲突,进而破坏双方的关系,最终对顾客价值产生负面影响。比如在奖励旅游中,对于分销商的选择,旅行社希望独立完成,此时如果顾客参与介入的话(如对旅行社选择的酒店进行自行询价等)可能激起旅行社的反感,进而破坏双方关系。进一步的访谈分析发现,这种激起旅行社反感的原因可归于信任的作用,旅行社认为顾客的这种询价行为等对分销商选择环节的介入是对其专业度的不信任所致。

3 "共同创造"推动旅行社经营转型

1. 转型升级历来是理论界和企业界关注的热点问题。从以往研究来看,学者们把目光较多地投向产业或经济转型升级问题研究,对企业转型问题的探索则相对较少[16]。而任何一个区域经济的可持续发展都是通过企业的微观发展来实现的,区域经济的转型升级也是建立在企业转型基础之上,对企业转型问题的研究将有助于实现区域经济转型升级。企业转型是一种创新行为。企业创新主要有两种实现途径:一是依靠技术变革和技术推广实现技术创新,二是以依靠制度变革实现制度创新。通过与顾客共同制造体验、共同创造价值的管理与运营模式创新可以成为依靠营销创新实现企业转型的一个理想的研究进路。

2. 商务旅游市场与传统的大众观光旅游市场不同,定制化的需求显著,以生产者为中心的传统经营模式受到挑战,从奖励旅游的案例中笔者发现,共同创造的方式使旅行社经营哲学从商品导向向服务导向转变,企业的组织结构等内部生产经营模式也进行了调整,企业经营整合了顾客和企业的价值,其管理重心转向环境管理以创造机会、吸引顾客贡献他们的知识参与生产,并利用自身的专业知识与技能为共同创造的实施提供服务支持,其角色从传统的供应商向顾问成功转变,这为开发商务旅游市场提供了转型的理论与实践模型。

3. 旅行社吸引顾客参与价值共同创造活动,需摆脱经济价值驱使的单一模式,兼顾顾客体验价值和关系价值提升的需求。同时也应看到顾客参与共同创造是把双刃剑,它既可以提升顾客价值,也可能产生消极影响,因此,企业需要对共同创造中的顾客参与进行有效管理。

4. 致力于提高顾客参与度并非总是企业的最佳选择。对于基于感知风险的顾客参与,企业营销重点不是如何引导和增强顾客参与,而是探求如何通过各种途径增进顾客的信任,从而减少此类顾客参与。而对于基于独特性需求的顾客参与,才应该积极创造条件,引导顾客参与水平提高。

致谢:感谢广之旅国际旅行社股份有限公司蔡亮先生在论文数据收集方面给予的大力支持。

参考文献

[1] 何云霞. 旅行社的流程再造及其组织变革[J]. 旅游学刊,1998,(5):31-35.

[2] 宋子千,宋志伟. 关于旅行社面向商务旅游转型的思考[J]. 商业经济与管理,2008,(5):75-79.

[3] Fisk R. P., Brown S. W., Bitner M. J. Tracking the evolution of the services marketing literature[J]. *Journal of Retailing*,1993,69(1):61-103.

[4] Vargo S L, Lusch R F. Evolving to a new dominant logic for marketing[J]. *Journal of Marketing*,2004,68(1):1-17.

[5] Prahalad C. K., Ramaswamy V. Cocreation experiences: The next practice in value creation[J]. *Journal of Interactive Marketing*,2004,18(Summer):5-14.

[6] Ordanini A., Pasini P. Service co-production and value co-creation: The case for a service-oriented architecture[J]. *European Management Journal*,2008,26(5):289-297.

[7] Shuai Quan, Ning Wang. Towards a structural model of the tourist experience: An illustration from food experiences in tourism[J]. *Tourism Management*,2004,25:297-305.

[8] 张文敏. 旅行社奖励旅游产品的开发与促销策略探讨[J]. 华南理工大学学报(社会科学版),2005,(4):41-43.

[9] Payne A. F., Storbacka K., Frow P. Managing the co-creation of value[J]. *Journal of the Academy of Marketing Science*,2008,36(1):83-96.

[10] Bateson J. E. G. Self-sevice consumer: An exploratory study[J]. *Journal of Retailing*,1985,61(3):49-76.

[11] Chan K. W., Yim C. K., Lam S. S. K. Is customer participation in value creation a double-edged sword? Evidence from professional financial services across cultures[J]. *Journal of Marketing*,2010,74(5):48-64.

[12] Smith J. B., Colgete M. Customer value creation: A practical framework[J]. *Journal of Marketing Theory and Practice*,2007,15(1):7-23.

[13] Claycomb C., Lengnick-Hall C. A., Inks L. W. The customer as a productive resource: A pilot study and strategic implications[J]. *Journal of Business Strategies*,2001,18(Spring):47-69.

[14] Dabholkar P. A. ,Bagozzi R. P. An attitudinal model of technology – based self – service:Moderating effects of consumer traits and situational factors [J]. *Journal of the Academy of Marketing Science*,2002,30(3):184 – 201.

[15] Sharma N. ,Patterson P. G. The impact of communication effectiveness and service quarlity on relationship commitment in consumer,professional services[J]. *Journal of Service Marketing*,1999,13(2):151 – 170.

[16] 吴家曦,李华森. 浙江省中小企业转型升级调查报告[J]. 管理世界,2009,(8):1 – 6.

Study on the Transformation of Travel Services Based on "Co-creation"
——Taking Incentive Travel as A Case

ZHANG Wen-min[1],SHA Zhen-quan[2]

(1. *Economics and Commerce School of South China University of Science and Technology, Guangzhou* 510006,*China*;
2. *Business Management School of South China University of Science and Technology, Guangzhou* 510275,*China*)

Abstract:Networking has enabled the transformation of travel services to be a pressing problem and business tourism market is an important position for the transformation of travel serices. Customerization is the important characteristics of business tourism market different from traditional sightseeing tourism market. How to meet with the customerized demand of visitors is an important problem of travel services facing business tourism market. The paper,taking incentive travel as an example,points out that composing item groups together with visitors to co-create value is an effective way to solve customerization and complete the trasformation. The paper then analyzes how to co-produce and co-create value with the visitors. Finally,from the perspective of participation and driving factors,visitors' participation is divided into exogenous participation and endogenous participation.

Key words:travel service;co-create;incentive travel;visitor participation

(原载《旅游学刊》2011年第11期)

支持型领导与授权氛围对旅游企业员工服务质量的影响

林美珍

（华侨大学旅游学院，福建泉州 362021）

摘　要：文章基于对我国52个旅游企业进行的实证研究，同时检验企业层次变量（企业的支持型领导氛围、授权氛围、员工服务行为评估氛围）和部门层次变量（部门的支持型领导氛围、心理受权氛围）对员工服务质量的影响。多层次线性模型分析结果表明，企业和部门的支持型领导氛围、部门的心理受权氛围和员工的心理受权对员工的服务质量都有显著的正向影响。此外，企业的支持型领导氛围会调节部门的支持型领导氛围、心理受权氛围和员工的工作满意感对员工服务质量的影响，部门的支持型领导氛围会调节员工的角色模糊、心理受权和工作满意感对服务质量的影响，部门的心理受权氛围会调节员工的角色负担过重对服务质量的影响。

关键词：支持型领导氛围；授权理论；服务质量；多层次线性模型
中图分类号：F59
文献标识码：A
文章编号：1002-5006(2011)01-0063-11

1　研究目的

在竞争日益激烈、顾客的需求不断变化的市场环境中，旅游企业管理人员越来越意识到：企业以顾客为中心，尽力满足顾客的需要，才能增强竞争实力，提高经济效益。近年来，欧美企业管理学者开始采用多层次理论，研究组织氛围对员工的工作态度、工作行为和工作绩效的影响。但是，企业管理学术界极少采用多层次理论，同时研究企业和部门的组织氛围对员工工作绩效的影响[1],[2]。在本研究中，笔者采用多层次理论，同时探讨企业层次变量（企业的支持型领导氛围、授权氛围、员工服务行为评估氛围）和部门层次变量（部门的支持型领导氛围、心理受权氛围）对员工服务质量的影响。支持型领导氛围和组织氛围如何调节

基金项目：本文受国家自然科学基金项目(70871123)、福建省教育科学"十一五"规划2010年度项目(FJQI10-099)资助。

作者简介：林美珍(1977—)，女，福建漳平人，讲师，博士，主要研究方向为旅游企业人力资源管理、工作压力管理，Email：linmeizhen603@yahoo.com.cn。

员工的角色压力、心理受权、工作满意感和情感性归属感对服务质量的影响,以及企业氛围如何调节部门氛围对服务质量的影响。

2 文献综述

2.1 支持型领导氛围的研究情况

美国著名服务管理学者施奈德(Schneider)认为,组织氛围指员工对组织奖励与支持的工作行为和工作程序的共同看法[3]。员工会根据组织制定的各种政策、管理措施和程序,以及自己在组织中的各种经历(组织期望、奖励、支持员工),形成他们感知的组织氛围。尽管每位员工都会根据自己的工作经历,对组织氛围作出主观评价,但同一个组织的员工往往会对组织的工作环境产生相似的看法。同一个团队的员工接受相同管理人员的领导,往往会对管理人员的领导行为产生相似的看法。美国企业管理学者陈杰澜(Chen)和布莱斯(Bliese)把团队成员对领导者为他们提供的工作任务指导和社交性情感支持的共同看法称作领导氛围[4]。

在领导学理论、职业压力理论、指导理论研究中,欧美学者对支持型领导的作用进行了大量的研究。他们普遍认为,支持型领导指领导者友好地对待追随者,关心追随者的需要。美国企业管理学者艾弗里欧(Avolio)和贝斯(Bass)认为,支持型领导指领导者全面支持追随者的工作,尊重追随者,关心追随者的情感和需要[5]。澳大利亚学者拉弗蒂(Rafferty)和格里芬(Griffin)认为,领导者为员工提供的最直接的社交性支持是情感性支持,包括领导者同情、喜爱、关心追随者,倾听追随者的观点、意见和想法。支持型领导会在决策过程中关心、考虑追随者的需要和爱好[6]。

在现有的文献中,欧美学者对管理人员的支持型领导行为对服务质量的影响进行了大量的研究,但是,企业管理学术界极少采用多层次理论,检验企业和部门的支持型领导氛围对员工服务质量的跨层次影响。香港大学许志超等(Hui,et al.)曾采用多层次分析方法,检验团队的服务氛围与主管人员的领导行为对员工服务质量的影响。他们的研究结果表明,团队的服务氛围与主管人员的领导行为对员工的服务质量有显著的交互效应,却没有显著的主效应。他们只要求主管人员评估员工的服务质量,是他们研究中的一个局限性。他们认为,企业管理理论工作者今后应要求顾客评估员工的服务质量[7]。本研究采用多层次理论,同时检验企业和部门的支持型领导氛围对员工服务质量的影响,并对企业的支持型领导氛围与部门的支持型领导氛围对员工服务质量的交互效应进行检验。

2.2 授权氛围、心理受权氛围和员工的心理受权的研究情况

从20世纪80年代起,企业管理学术界对授权理论进行了大量的研究。他们主要从以下两个不同的角度探讨授权的含义和授权管理的作用:(1)从关系的角度研究授权理论,不少欧美企业管理学者把授权管理看作企业的授权结构、政策和措施,强调管理人员应与员工分享决策权力,为员工提供信息、知识、支持和资源。(2)从员工激励角度研究授权理论,许多欧美企业管理学者认为,授权并不是企业管理人员采取的授权措施,而是员工的受权心态。只有在员工的心理状态能激发员工内在的工作动力时,员工才会产生受权感。因此,研究人员不仅应从关系的角度研究授权管理理论,而且应从员工激励的角度研究授权管理理论。美国企业管理学者斯普蕾查(Spreitzer)认为,员工的心理受权是一个由员工感知的工作

意义、工作能力、自主决策权和影响力组成的内在工作动力概念[8]。

2004年,赛伯特等(Seibert,et al.)首先论述授权氛围的概念。赛伯特等人认为,授权氛围指员工对企业利用组织结构、政策和管理措施,支持授权工作的共同看法[1]。管理人员愿意与员工分享信息,授予员工较大的服务工作自主权,发动员工参与管理决策,奖励那些主动为顾客提供优质服务的员工,并通过员工培训工作,提高员工的工作能力,员工才会相信组织非常重视、支持授权管理工作。赛伯特等人对美国东北部某企业(该企业是《财富》100强企业)的50个团队的375名员工进行了一次问卷调查。他们的数据分析结果表明,团队授权氛围包括以下3个维度。①信息分享:指管理人员为全体员工提供企业的经营成本、生产效率、产品和服务质量、财务状况、经营绩效等敏感的信息。②员工在一定范围之内的工作自主权:指企业的组织结构和管理措施鼓励员工的自决行为,包括管理人员确定企业的愿景,明确员工的工作目标、工作程序和职责范围。③团队职责:指团队拥有自主决策权,对团队的工作结果负责,承担团队成员的选聘和培训工作。他们的实证研究结果表明,团队的授权氛围会提高团队的工作绩效和员工的心理受权程度,员工的心理受权会增强员工的工作满意感,提高员工个人的工作绩效[1]。

欧美企业管理学者不仅研究员工的心理受权[8],而且研究团队的心理受权[9]、班组的心理受权[1]的影响因素与作用。1999年,美国企业管理学者科克曼(Kirkman)和罗森(Rosen)首先论述了"团队的心理受权"概念。他们认为,团队心理受权包括团队潜能、团队的工作意义、团队的自主决策权和影响力等4个组成成分。美国企业管理学者陈杰澜等(Chen, et al.)采用多层次理论,研究团队的心理受权氛围的作用。他们发现,团队的心理受权氛围会提高团队的工作绩效,员工的心理受权会提高员工个人的工作绩效[2]。至今为止,企业管理学术界同时探讨企业的授权氛围、部门的心理受权氛围和员工个人心理受权如何影响员工工作态度、工作行为和工作绩效的实证研究成果极为少见。在本研究中,笔者同时检验企业的授权氛围、部门的心理受权氛围和员工个人的心理受权对员工服务质量的影响。

3 概念模型和假设

在文献研究的基础上,笔者提出图1所示的概念模型。

企业支持服务工作的氛围会增强员工为顾客服务的意愿,进而增强顾客的满意感,提高顾客感知的服务质量[10]。美国旅游管理学者萨斯金德等(Susskind,et al.)的实证研究结果表明,管理人员的支持与员工的服务导向行为存在显著的正相关关系[11]。因此,笔者假定,H1:企业的支持型领导氛围与员工的服务质量正相关。

企业的授权管理措施的一个主要作用是增强员工的自信心[12]。受权的员工有权决定最好的服务方法,可增强自我效能感[13],更好地适应服务环境的变化[14],更灵活地满足顾客的需要[15],提高顾客感知的服务质量[16]。因此,笔者假定,H2:企业的授权氛围与员工的服务质量正相关。

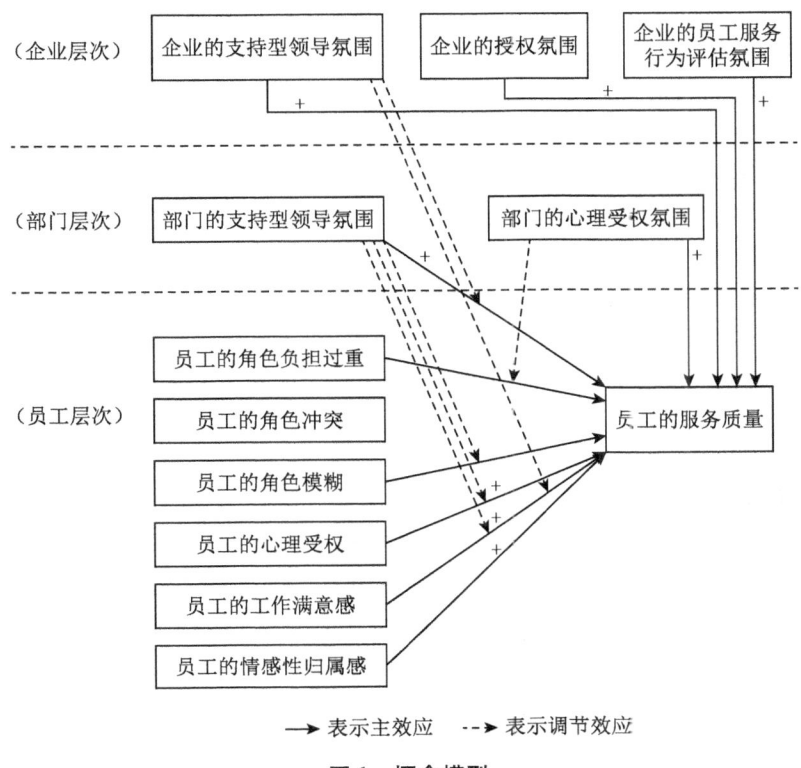

图 1 概念模型
Fig.1 Conceptual model

服务人员直接为顾客服务,他们的服务态度和服务行为会极大地影响顾客感知的服务质量和满意程度。管理人员根据员工的服务态度、顾客导向的服务意识、解决顾客问题的能力,评估员工的工作,确定员工的报酬,不仅可向员工表明企业高度重视服务质量,而且可使员工相信企业会承认并奖励他们的优质服务行为。因此,企业的员工服务行为评估制度可激励员工表现出顾客需要的行为[17],按照顾客的期望,尽力提高服务质量,增强顾客满意感[18]。因此,笔者假定,H3:企业的员工服务行为评估氛围与员工的服务质量正相关。

根据人际关系理论,管理人员的支持型领导行为和管理人员与员工之间的非正式接触,可缩短管理人员与员工之间的距离,增强员工对管理人员的信任感,激励员工灵活地做好服务工作,向管理人员反映顾客的需要与他们的建议。管理人员支持员工、体贴员工,员工就会同样对待顾客[19]。因此,笔者假定,H4:部门的支持型领导氛围与员工的服务质量正相关。

科克曼和罗森指出,员工团队的心理受权氛围与员工的个人心理受权同样重要[9],[20]。他们发现,在高度受权的团队里,员工愿意牺牲个人的利益,为团队的成功作出自己的贡献[20]。因此,笔者假定,H5:部门的心理受权氛围与员工的服务质量正相关。

授权管理理论的一个重要假设是受权程度较高的员工比受权程度较低的员工更可能做

好自己的工作[21]。受权的员工对自己的工作比较满意,相信自己拥有各种必要的工作资源。他们会热情地为顾客服务,迅速地做好服务工作,提高顾客的满意程度[22]。因此,笔者假定,H6:员工的心理受权与员工的服务质量正相关。

在企业管理文献中,国内外学者对员工的工作满意感是否会影响员工的工作绩效仍存在不少争论。美国营销学者赫德林(Hartline)和范里尔(Ferrell)的实证研究结果表明,员工的工作满意感与顾客感知的服务质量存在显著的正相关关系。他们指出,与缺乏自信、不满的员工相比较,自信、满意的员工更可能做好自己的服务工作,提高顾客感知的服务质量[16]。因此,笔者假定,H7:员工的工作满意感与员工的服务质量正相关。

美国康奈尔大学教授赖特等(Wright, et al.)指出,企业增强员工的归属感可提高企业的绩效[23]。国内外许多学者的实证研究结果表明,员工对企业的情感性归属感会提高员工的工作绩效[24],[25]。因此,笔者假定,H8:员工的情感性归属感与员工的服务质量正相关。

在员工工作满意感和工作绩效之间关系的实证研究中,欧美学者最常探讨调节变量的作用[26]。许多欧美学者的实证研究结果表明,支持型领导行为与员工的服务质量存在显著的正相关关系。根据社会交换理论与领导和成员交换关系理论,管理人员支持员工的工作,可增强员工回报管理人员支持的责任感。为了回报管理人员的关心和支持,员工会表现出管理人员需要的行为。因此,在支持型领导氛围较好的情况下,广大员工会尽力提高服务质量。在支持型领导氛围较差的情况下,员工认为管理人员缺乏公仆意识,不愿为他们服务,不能为他们提供情感性、工具性、信息性、评估性资源。在这种情况下,满意的员工也可能会因他们缺乏各类资源而无法为顾客提供优质服务。根据上述推论,笔者假定,H9:企业的支持型领导氛围(H9a)和部门的支持型领导氛围(H9b)与员工的工作满意感对员工的服务质量有显著的跨层次交互效应。

美国企业管理学者阿诺德等(Arnold, et al.)指出,面临角色压力的员工会设法解决角色压力源引起的问题[27]。在心理受权氛围较好的部门里,员工越认为自己有较强的工作能力,能扮演好自己的工作角色,就越可能通过自己的努力,完成繁重的工作任务。因此,角色负担过重的员工更可能把繁重的工作任务看成"挑战"。他们会尽力提高工作绩效,而不会降低自己的服务质量。相反,在心理受权氛围较差的部门里,员工的工作能力普遍较弱。角色负担过重的员工很可能认为他们无法应付繁重的工作任务,也就不会努力扮演好自己的工作角色,从而降低他们的服务质量。因此,笔者假定,H10:部门的心理受权氛围与员工感知的角色负担过重对服务质量有显著的跨层次交互效应。

在支持型领导氛围较好的部门里,广大员工可从部门管理人员那里得到较多的帮助和指导。因此,他们的角色明晰度较高,更能为顾客提供优质服务。但是,在支持型领导氛围较差的部门里,广大员工缺乏管理人员的支持、指导和帮助,不知道自己应如何扮演好工作角色。因此,他们感知的角色模糊更可能降低他们的服务质量。因此,笔者假定,H11:部门的支持型领导氛围与员工感知的角色模糊对服务质量有显著的跨层次交互效应。

在支持型领导氛围较好的部门里,广大员工更可能表现出管理人员需要的行为,尽力做好服务工作,为顾客提供优质服务,回报管理人员对自己的支持。在支持型领导氛围较差的部门里,与缺乏受权心态的员工相比较,受权的员工更可能根据顾客的需要,灵活地为顾客提供服务。因此,笔者假定,H12:部门的支持型领导氛围与员工的心理受权对服务质量有显著的跨层次交互效应。

在现有的文献中,企业管理学术界极少探讨企业和部门的支持型领导氛围对员工服务质量的交互影响。笔者认为,在企业和部门的支持型领导氛围都较好的情况下,员工最可能为顾客提供优质服务。因此,笔者假定,H13:企业的支持型领导氛围与部门的支持型领导氛围对员工的服务质量有显著的跨层次交互效应。

4 问卷设计与调研过程

在文献研究的基础上,笔者设计了调查问卷。(1)企业的支持型领导氛围指企业成员对企业负责人在工作任务和人际关系方面支持员工工作的共同看法。笔者选用加拿大企业管理学者鲁尼(Rooney)和戈特里伯(Gottlieb)的13个支持型领导行为计量项目,计量企业的支持型领导氛围。(2)企业的授权氛围指企业成员对企业利用组织结构、政策和管理措施,支持授权工作的共同看法,包括信息分享、员工在一定范围之内的工作自主权、团队职责等3个维度。笔者选用美国学者布兰查德等(Blanchard, et al.)的21个授权氛围计量项目,计量企业的授权氛围。(3)企业的员工服务行为评估氛围指企业成员对企业根据员工的服务行为,评估员工的工作绩效的共同看法。笔者使用赫德林和范里尔的7个员工服务行为评估计量项目,计量企业的员工服务行为评估氛围。(4)部门的支持型领导氛围指部门成员对部门负责人在工作任务和人际关系方面支持员工的共同看法。笔者选用鲁尼和戈特里伯的14个支持型领导行为计量项目,计量部门的支持型领导氛围。(5)部门的心理受权氛围指部门成员集体感知的受权程度,包括团队潜能、团队的工作意义、团队的自主决策权、团队的影响力等4个组成成分。笔者选用科克曼等人的20个部门心理受权氛围计量项目,计量部门的心理受权氛围。(6)员工的角色压力指员工实际扮演的角色与他们感知的角色期望传送者对他们的期望存在差异,包括角色负担过重、角色冲突、角色模糊等3个组成成分。笔者使用美国学者彼得逊等(Peterson, et al.)的3个员工角色负担计量项目与贝克拉奇等(Bacharach, et al.)的5个员工角色负担计量项目,计量员工的角色负担过重,选用美国心理学者里佐等(Rizzo, et al.)的13个角色冲突和角色模糊计量项目,计量员工的角色冲突(7个计量项目)和角色模糊(6个计量项目);(7)员工的心理受权指员工内在的工作动力,包括员工的工作意义、能力、自主决策权、影响力等4个组成成分。笔者使用斯普蕾查的12员工心理受权计量项目,计量员工的心理受权。(8)员工的工作满意感指员工对工作的总体满意感。笔者使用美国学者史密斯等(Smith, et al.)的5个员工工作满意感计量项目,计量员工的工作满意感。(9)员工对企业的情感性归属感指员工对企业的依恋程度。笔者选用美国学者艾伦(Allen)和迈耶(Meyer)的1个员工情感性归属感计量项目,莫迪等(Mowday, et al.)的8个员工情感性归属感计量项目,计量员工对企业的情感性归属感。(10)员工的服务质量指基层管理人员对员工服务质量的评估。笔者对贝里等(Berry, et al.)设计的"顾客感知的服务质量"量表进行了适当的修改,选用其中的10个计量项目,计量员工的服务质量[28]。问卷中所有项目均采用李克特7点计量尺度。

表1 多层次线性模型分析结果
Tab.1 Output of hierarchical linear model

	模型1:虚无模型	模型2:随机系数回归模型(增加层次1控制变量)	模型3:随机系数回归模型(增加层次1自变量)	模型4:截距为结果的模型(增加层次2自变量)	模型5:斜率为结果的模型(增加层次2与层次1交互项)	模型6:截距为结果的模型(增加层次3控制变量)	模型7:截距为结果的模型(增加层次3自变量)	模型8:斜率为结果的模型(增加层次3与层次2交互项)	模型9:斜率为结果的模型(增加层次3与层次1交互项)
截距(β_{00})									
截距(γ_{000})	5.519**	5.561**	5.518**	5.529**	5.537**	5.590**	5.585**	5.545**	5.539**
IND(γ_{001})						-0.064	-0.004	-0.004	-0.013
PRO(γ_{002})						-0.024	-0.014	-0.010	-0.010
OWN1(γ_{003})						-0.070	-0.123	-0.114	-0.101
OWN2(γ_{004})						0.022	-0.068	-0.088	-0.085
OWN3(γ_{005})						0.237	0.049	-0.015	-0.006
OSL(γ_{006})							0.318+	0.323+	0.324+
OEM(γ_{007})							-0.275	-0.277	-0.294
OSB(γ_{008})							-0.120	-0.161	-0.183
GDSL(β_{01})									
截距(γ_{010})				0.193**	0.182**	0.185**	0.152*	0.178*	0.177*
GDEM(β_{02})									
截距(γ_{020})				0.028	0.014	0.017	0.056	0.090	0.078
OSL(γ_{021})								0.288**	0.232*
SEX(β_{10})									
截距(γ_{100})		0.126*	0.119*	0.121*	0.120*	0.145**	0.144**	0.145**	0.146**
AGE(β_{20})									
截距(γ_{200})		-0.071*	-0.109**	-0.119**	-0.116**	-0.120**	-0.118**	-0.115**	-0.112**
EDU(β_{30})									
截距(γ_{300})		0.105**	0.113**	0.106**	0.104**	0.100**	0.102**	0.100**	0.097**
SAL(β_{40})									
截距(γ_{400})		0.109	0.101	0.090	0.086	0.076	0.079	0.078	0.077
EC(β_{50})									

续表

	模型1:虚模型	模型2:随机系数回归模型(增加层次1控制变量)	模型3:随机系数回归模型(增加层次1自变量)	模型4:截距为结果的模型(增加层次2自变量)	模型5:斜率为结果的模型(增加层次1与层次2交互项)	模型6:截距为结果的模型(增加层次3控制变量)	模型7:截距为结果的模型(增加层次3自变量)	模型8:斜率为结果的模型(增加层次3与层次2交互项)	模型9:斜率为结果的模型(增加层次3与层次1交互项)
截距(γ_{500})		0.064**	0.052*	0.048*	0.048*	0.051*	0.048*	0.050*	0.049*
OT(β_{60})									
截距(γ_{600})		0.218**	0.211**	0.210**	0.209**	0.219**	0.219**	0.219**	0.218**
RO(β_{70})			−0.030	−0.030	−0.022	−0.021	−0.021	−0.022	−0.023
截距(γ_{700})									
GDEM(γ_{710})				0.069**	0.068**	0.066**	0.066**	0.066**	0.067**
RC(β_{80})									
截距(γ_{800})			0.018	0.017	0.009	0.009	0.008	0.008	0.009
RA(β_{90})			−0.021	−0.018	−0.004	−0.005	−0.007	−0.006	−0.004
					0.073*	0.071*	0.071*	0.076*	0.076*
截距(γ_{900})									
GDSL(γ_{910})									
EMP(β_{100})			0.090*	0.085*	0.074	0.065	0.069	0.065	0.062
截距(γ_{1000})									
GDSL(γ_{1010})					−0.057*	−0.058*	−0.058*	−0.060*	−0.061*
JS(β_{110})									
截距(γ_{1100})			0.005	−0.000	0.017	0.019	0.018	0.015	0.029
OSL(γ_{1101})									0.086+
GDSL(γ_{1110})					0.098*	0.099*	0.101*	0.094*	0.076
OC(β_{120})									
截距(γ_{1200})			0.066**	0.064**	0.056*	0.055*	0.055*	0.056*	0.055*
方差组成成分									
σ^2	0.672	0.649	0.580	0.580	0.573	0.571	0.571	0.572	0.570
$\tau_{\pi00}$	0.205**	0.210**	0.190**	0.164**	0.165**	0.160**	0.157**	0.153**	0.155**

续表

	模型1:虚模型	模型2:随机系数回归模型(增加层次1控制变量)	模型3:随机系数回归模型(增加层次1自变量)	模型4:截距为结果的模型(增加层次2自变量)	模型5:斜率为结果的模型(增加层次2与层次1交互项)	模型6:截距为结果的模型(增加层次3控制变量)	模型7:截距为结果的模型(增加层次3自变量)	模型8:斜率为结果的模型(增加层次3与层次2交互项)	模型9:斜率为结果的模型(增加层次3与层次1交互项)
$\tau_{\beta 00}$	0.048*	0.043*	0.016	0.023	0.018	0.022	0.018	0.012	0.014
$D(NP)$	4073.658 (4)	3891.409 (10)	3791.602 (20)	3781.585 (22)	3759.338 (26)	3754.192 (31)	3750.987 (34)	3746.881 (35)	3744.159 (36)
$\Delta\chi^2(\Delta_{df})$		182.249 (6)**	99.807 (10)**	10.017 (2)**	22.247 (4)**	5.146 (5)	3.204 (3)	4.106 (1)*	2.722 (1)+

注:(1)层次1控制变量:SEX=员工的性别,AGE=员工的年龄,EDU=员工的学历,SAL=员工的月收入,EC=员工的用工类别,OT=员工的本企业工龄。层次1自变量:RO=员工的角色负担过重,RC=员工的角色冲突,RA=员工的角色模糊,EMP=员工的心理受权,JS=员工的工作满意感,OC=员工的情感性归属感。(2)层次2自变量:GDSL=部门的支持型领导氛围,GDEM=部门的心理受权氛围。(3)层次3控制变量:IND=企业的类别;PRO=企业所在地;OWN1=民营企业;OWN2=外资企业;OWN3=集体企业。层次3自变量:OSL=企业的支持型领导氛围,OEM=企业的授权氛围,OSB=企业的员工服务行为评估氛围。+表示 p 值在0.1显著性水平时显著,* 表示 p 值在0.05显著性水平时显著,** 表示 p 值在0.01显著性水平时显著。D 和 NP 分别指模型的偏差平方和估计的参数数量,$\Delta\chi^2$ 和 Δdf 分别指两个模型的偏差平方和之差和自由度之差。层次1方差百分比为72.64%,层次2方差百分比为22.19%,层次3方差百分比为5.17%。

2008年3~9月,笔者在我国11个省市自治区的52个旅游企业(包括饭店、旅行社、度假村和快餐馆)里,对121个部门的服务人员进行了问卷调查。笔者要求他们评估企业的支持型领导氛围、授权氛围和员工服务行为评估氛围、部门的支持型领导氛围和心理受权氛围、他们的角色负担、角色冲突、角色模糊、心理受权、工作满意感和情感性归属感,并要求主管评估他们的服务质量。笔者共收回有效配对问卷1594套。在本样本中,女性员工占61.0%,16~34岁的员工占85.9%,0~10年工龄的员工占81.6%,大专及以下学历的员工占91.2%。

5 数据分析

5.1 数据质量分析

笔者使用SPSS14.0软件,计算各个概念的计量尺度的内部一致性系数。计算结果表明,各个概念的计量尺度都是可靠的。

笔者使用LISREL8.8软件,进行确认性因子分析。分析结果表明,各个概念的计量指标有较高的会聚有效性与判别有效性[28]。

5.2 数据聚合的依据

在多层次数据分析中,学术界采用组内一致性系数(r_{wg})、组内相关系数[$ICC(1)$和$ICC(2)$]等指标,判断个人层次的变量是否可聚合为团队层次的变量[29]。学术界普遍认为,如果①r_{wg}值大于0.6[30],[31]或0.7,②研究人员使用单向方差分析方法,计算$ICC(1)$指标,F检验结果表明组内方差是显著的,③$ICC(2)$系数大于0.7[32],研究人员才能把个人层次的变量聚合为团队层次的变量[研究人员可勉强接受0.5与0.7之间的$ICC(2)$系数][33]。

笔者采用"变换参照对象之后共识"法,计量"企业的支持型领导氛围""企业的授权氛围"、"企业的员工服务行为评估氛围"(层次3变量)、"部门的支持型领导氛围"和"部门的心理受权氛围"(层次2变量)。计算结果表明,①层次3变量的r_{wg}分别为64.25%、73.82%、70.41%,$ICC(1)$系数分别为9.98%、6.43%、6.12%,F检验结果表明组内方差是显著的,$ICC(2)$系数分别为79.37%、61.32%、58.19%;②层次2变量的r_{wg}分别为73.92%(79.73%)和67.89%(84.81%),$ICC(1)$系数分别为22.66%(30.35%)和11.32%(17.96%),F检验结果表明组内方差是显著的,$ICC(2)$系数分别为76.42%(78.60%)和47.24%(70.02%)。在层次2变量的相关数值中,括号外数值为饭店样本(福建省19家饭店)计算结果,括号内数值为旅游企业样本(全国33个旅游企业)计算结果。因此,笔者可以把员工个人的评分聚合为团队层次的变量值。

5.3 多层次模型分析结果

笔者使用HLM6.4软件的限制性极大似然估计程序,以员工的服务质量为因变量,进行单向方差分析。分析结果表明,员工服务质量既有较大的组内方差($\sigma^2 = 0.672$),又有显著的组间方差($\tau_{00} = 0.048, p < 0.001$)。因此,笔者可以把员工的服务质量作为因变量,进行3个层次的多层次线性模型分析。

笔者按照荷兰学者德琼奇等(de Jonge, et al.)[34]、美国学者乔希等(Joshi, et al.)[35]使用的3个层次线性模型分析方法,检验企业氛围和部门氛围与员工服务质量之间的关系。

(1)随机系数回归模型(模型2和模型3)

分析服务质量评分的组内与组间方差之后,笔者分析随机系数回归模型,检验层次1的控制变量和自变量与服务质量是否存在显著的相关关系。模型2的分析结果(见表1)表明,员工的月收入水平与主管人员评估的员工的服务质量没有显著的相关关系,员工的性别、学历、用工类别和本企业工龄与主管人员评估的员工的服务质量有显著的正相关关系,员工的年龄与主管人员评估的员工的服务质量有显著的负相关关系。模型3的分析结果表明,员工的角色负担($\gamma_{700} = -0.030, p > 0.05$)、角色冲突($\gamma_{800} = 0.018, p > 0.05$)、角色模糊($\gamma_{900} = -0.021, p > 0.05$)和工作满意感($\gamma_{1100} = 0.005, p > 0.05$)与员工的服务质量没有显著的相关关系,员工的心理受权($\gamma_{1000} = 0.090, p > 0.05$)和情感性归属感($\gamma_{1200} = 0.066, p < 0.01$)与员工的服务质量有显著的正相关关系。这些数据分析结果支持H6和H8,不支持H7。在补充分析中,笔者分别检验层次1自变量与员工服务质量的关系。检验结果表明,员工的工作满意感与服务质量有显著的正相关关系。

(2)截距为结果的模型(模型4:层次2自变量)

模型4的分析结果(见表1)表明,部门的支持型领导氛围与员工的服务质量有显著的正相关关系($\gamma_{010}=0.193, p<0.01$),支持 H4,部门的心理受权氛围与员工的服务质量没有显著的相关关系($\gamma_{020}=0.028, p>0.1$),不支持 H5。在补充分析中,笔者分别检验层次 2 自变量与员工的服务质量之间的关系。检验结果表明,部门的心理受权氛围与员工的服务质量有显著的正相关关系。

(3)斜率为结果的模型(模型 5:层次 2 与层次 1 交互项)

模型 5 的分析结果(见表 1)表明,部门的心理受权氛围与员工的角色负担对员工的服务质量有显著的跨层次交互效应($\gamma_{710}=0.069, p<0.01$),部门的支持型领导氛围与员工的角色模糊($\gamma_{910}=0.073, p<0.05$)、员工的心理受权($\gamma_{1010}=-0.057, p<0.05$)和工作满意感($\gamma_{1110}=0.098, p<0.05$)对员工的服务质量都有显著的跨层次交互效应。在心理受权氛围较好的部门里,员工的角色负担与他们的服务质量没有显著的相关关系[简单斜率 = 0.017,t(117) = 0.634,$p>0.1$];在心理受权氛围较差的部门里,员工的角色负担与他们的服务质量有显著的负相关关系[简单斜率 = -0.060,t(117) = -2.864,$p<0.01$],支持 H10。

与支持型领导氛围较差的部门相比较,在支持型领导氛围较好的部门里,员工的服务质量较好。在这类部门里,员工的角色模糊[简单斜率 = 0.052,t(117) = 1.518,$p>0.1$]和心理受权[简单斜率 = 0.030,t(117) = 0.637,$p>0.1$]与他们的服务质量都没有显著的相关关系,员工的工作满意感与他们的服务质量有显著的正相关关系[简单斜率 = 0.092,t(117) = 2.109,$p<0.05$]。在支持型领导氛围较差的部门里,员工的角色模糊与他们的服务质量有显著的负相关关系[简单斜率 = -0.060,t(117) = -2.177,$p<0.05$],员工的心理受权与他们的服务质量有显著的正相关关系[简单斜率 = 0.118,t(117) = 3.033,$p<0.01$],员工的工作满意感与他们的服务质量没有显著的相关关系[简单斜率 = -0.058,t(117) = -1.507,$p>0.1$],支持 H9b、H11 和 H12。

(4)截距为结果的模型(模型 6 和模型 7:层次 3 控制变量与自变量)

模型 6 的分析结果(见表 1)表明,层次 3 各个控制变量与员工的服务质量都没有显著的相关关系。模型 7 的分析结果表明,企业的支持型领导氛围与员工的服务质量有显著的正相关关系($\gamma_{006}=0.318, p<0.1$),支持 H1,企业的授权氛围($\gamma_{007}=-0.275, p>0.1$)和员工服务行为评估氛围($\gamma_{008}=-0.120, p>0.1$)与员工的服务质量没有显著的相关关系,不支持 H2 和 H3。

(5)斜率为结果的模型(模型 8:层次 3 与层次 2 交互项)

模型 8 的分析结果(见表 1)表明,企业的支持型领导氛围与部门的心理受权氛围对员工的服务质量有显著的跨层次交互效应($\gamma_{021}=0.288, p<0.01$)。如图 2 所示,与支持型领导氛围较差的企业相比较,在支持型领导氛围较好的企业里,员工的服务质量较好。在这类企业里,部门的心理受权氛围与员工的服务质量有显著的正相关关系[简单斜率 = 0.312,t(48) = 2.058,$p<0.05$];在支持型领导氛围较差的企业里,部门的心理受权氛围与员工的服务质量没有显著的相关关系[简单斜率 = -0.131,t(48) = -1.019,$p>0.1$]。

(6)斜率为结果的模型(模型 9:层次 3 与层次 1 交互项)

模型 9 的分析结果(见表 1)表明,企业的支持型领导氛围与员工的工作满意感对员工的服务质量有显著的跨层次交互效应($\gamma_{1101}=0.086, p<0.1$)。与支持型领导氛围较差的企业相比较,在支持型领导氛围较好的企业里,员工的服务质量较好。在这类企业里,员工

的工作满意感与他们的服务质量有显著的正相关关系[简单斜率=0.095,t(48)=1.846,$p<0.05$];在支持型领导氛围较差的企业里,员工的工作满意感与他们的服务质量没有显著的相关关系[简单斜率=−0.037,t(48)=−1.024,$p>0.1$],支持 H9a。

(7)跨层次中介的调节效应分析

笔者按照表2所示的步骤,检验部门的心理受权氛围(中介变量)是否中介了部门的支持型领导氛围(自变量)与企业的支持型领导氛围(调节变量)对员工的服务质量(因变量)的交互效应。检验结果表明,①企业和部门的支持型领导氛围对员工的服务质量有显著的交互效应($\gamma_{011}=0.191,p<0.01$)。如图3所示,在支持型领导氛围较好的企业里,部门的支持型领导氛围与员工的服务质量存在显著的正相关关系[简单斜率=0.369,t(48)=3.000,$p<0.01$]。在支持型领导氛围较差的企业里,部门的支持型领导氛围与员工的服务质量没有显著的相关关系[简单斜率=0.076,t(48)=1.484,$p>0.1$]。②部门的支持型领导氛围与心理受权氛围存在显著的正相关关系($\gamma_{10}=0.493,p<0.01$)。③企业的支持型领导氛围与部门的心理受权氛围对员工的服务质量也有显著的交互效应($\gamma_{021}=0.299,p<0.1$)。在支持型领导氛围较差的企业里,员工的服务质量普遍较差,部门的心理受权氛围与员工的服务质量存在不显著的负相关关系[简单斜率=−0.149,t(48)=−1.044,$p>0.1$]。笔者在第一步分析的模型中增加这个交互项之后,企业与部门的支持型领导氛围对员工的服务质量不再有显著的交互效应($\gamma_{011}=0.008,p>0.1$)。索伯尔检验结果表明,企业与部门的支持型领导氛围对员工的服务质量有显著的间接交互效应($Z=1.491,p<0.1$)。因此,部门的心理受权氛围完全中介了企业与部门的支持型领导氛围对员工的服务质量的交互效应。

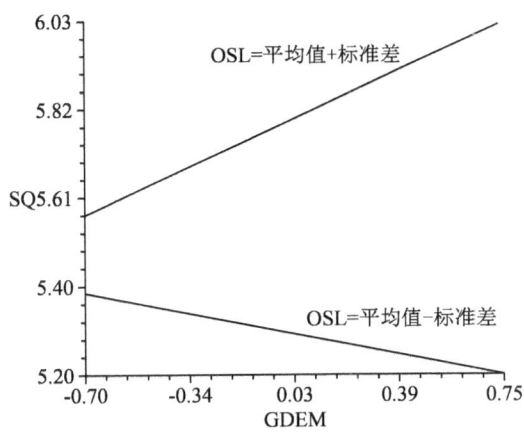

图2 OSL 和 GDEM 对 SQ 的调节作用

Fig.2 Interaction effects between OSL and GDEM on SQ

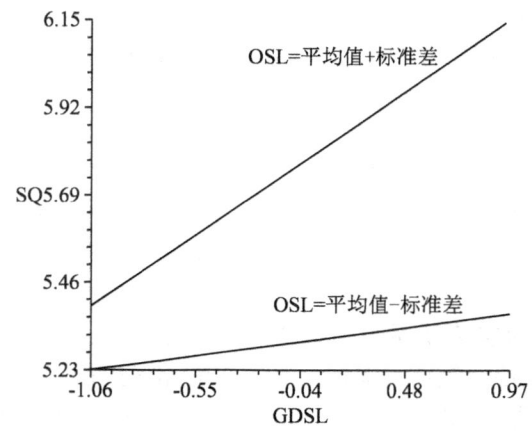

图 3　OSL 和 GDSL 对 SQ 的调节作用
Fig. 3　Interaction effects between OSL and GDSL on SQ

笔者按照表2所示的步骤,检验员工的工作满意感(中介变量)是否中介了部门的心理受权氛围(自变量)与企业的支持型领导氛围(调节变量)对员工的服务质量(因变量)的交互效应。根据检验结果,如前所述,①企业的支持型领导氛围与部门的心理受权氛围。对员工的服务质量有显著的交互效应($\gamma_{021} = 0.299, p < 0.1$)。②企业的支持型领导氛围与部门的心理受权氛围对员工的工作满意感有显著的交互效应($\gamma_{021} = 0.497, p < 0.01$)。部门的心理受权氛围与员工的工作满意感也有显著的正相关关系($\gamma_{020} = 0.234, p < 0.01$)。③企业的支持型领导氛围与员工的工作满意感对员工的服务质量也有显著的正向交互效应($\gamma_{1101} = 0.084, p < 0.1$)。笔者在第一步分析的模型中增加这个交互项之后,企业的支持型领导氛围与部门的心理受权氛围对员工的服务质量不再有显著的交互效应($\gamma_{021} = 0.255, p > 0.1$)。索伯尔检验结果表明,企业的支持型领导氛围与部门的心理受权氛围对员工的服务质量有显著的间接交互效应($Z = 1.548, p < 0.1$)。因此,员工的工作满意感完全中介了企业的支持型领导氛围与部门的心理受权氛围对员工的服务质量的交互影响。

6　讨论与结论

6.1　本研究的结论与贡献

(1)首次采用多层次模型,同时检验企业的授权氛围、部门的心理受权氛围和员工的心理受权对服务质量的影响,得出了"部门的心理受权氛围和员工的心理受权对服务质量有显著的正向影响","企业的授权氛围对员工的服务质量没有显著的影响"的研究结论。企业的授权措施并不一定能使员工产生受权心态。在某些情况下,即使企业与员工分享信息、知识、报酬和权力,员工仍然会产生无权感。在另一些情况下,即使企业缺乏授权环境,员工仍可能产生受权心态,表现受权行为。因此,要提高员工的服务质量,企业管理人员应增强部门集体和员工个人的受权心态。

(2)企业管理学术界极少采用多层次理论,检验"工作职务要求与工作资源"理论。本次研究采用多层次模型,检验多类组织氛围(工作资源)与员工的角色压力(工作职务要求)

对服务质量的调节效应。检验结果表明,部门的心理受权氛围会调节角色负担过重对服务质量的影响,部门的支持型领导氛围会调节角色模糊对服务质量的影响。在组织氛围较好的情况下,员工的角色压力对他们的服务质量的负面影响较小;而在组织氛围较差的情况下,员工的角色压力对他们的服务质量的负面影响较大。因此,部门管理人员应尽力营造良好的心理受权氛围和支持型领导氛围,激励员工尽力为顾客提供优质服务。

(3)采用多层次理论,同时检验企业和部门的支持型领导氛围对员工服务质量的影响。研究结果表明,①控制层次1变量之后,部门的支持型领导氛围与员工的服务质量仍然存在显著的正相关关系,控制层次1和层次2变量之后,企业的支持型领导氛围与员工的服务质量仍然存在显著的正相关关系。②部门的支持型领导氛围会调节员工的角色模糊、心理受权和工作满意感对服务质量的影响,企业的支持型领导氛围会调节部门的支持型领导氛围、部门的心理受权氛围和员工的工作满意感对服务质量的影响。这些原创性的研究结果揭示了企业和部门支持型领导氛围的不同作用,深化了领导氛围理论。

表2 跨层次中介的调节效应分析
Tab.2 Output of cross-level hierarchical mediated moderation effects

	因变量		
	SQ	GDEM	SQ
步骤(模型1)	1	2	3
自变量:GDSL	0.223 (0.076)**	0.493 (0.061)**	0.185 (0.072)*
调节变量:OSL	0.314 (0.174)+	-0.171 (0.160)	0.312 (0.177)+
调节变量与自变量的交互项: OSL × GDSL	0.191 (0.073)**	0.072 (0.064)	0.008 (0.129)
中介变量:GDEM			0.081 (0.122)
调节变量与中介变量的交互项: OSL × GDEM			0.299 (0.165)+

	因变量		
	SQ	JS	SQ
步骤	1	2	3
自变量:GDEM	0.081 (0.122)	0.234 (0.073)**	0.077 (0.122)

续表

	因变量		
	SQ	JS	SQ
调节变量：OSL	0.312 (0.177)⁺	0.291 (0.148)⁺	0.310 (0.175)⁺
调节变量与自变量的交互项： OSL × GDEM	0.299 (0.165)⁺	0.497 (0.168)**	0.255 (0.171)
中介变量：JS			0.029 (0.024)
调节变量与中介变量的交互项： OSL × JS			0.084 (0.048)⁺

注：第一个数值为 γ 系数，括号内数值为标准误。+ 表示 p 值在 0.1 显著性水平时显著，* 表示 p 值在 0.05 显著性水平时显著，** 表示 p 值在 0.01 显著性水平时显著。表中各个变量的代码含义见表 1 注。

（4）同时检验多类组织氛围（企业的支持型领导氛围、授权氛围、员工服务行为评估氛围、部门的支持型领导氛围和心理受权氛围）对员工服务质量的影响。检验结果表明，在这 5 个团队层次自变量中，支持型领导氛围对员工的服务质量有最大的正向影响。这些研究成果进一步丰富了组织氛围理论。

（5）多层次线性模型分析结果不仅表明企业和部门的支持型领导氛围对员工的服务质量有显著的交互效应，而且表明企业的支持型领导氛围会调节部门的心理受权氛围与员工服务质量之间的关系。在现有的文献中，国内外学者通常只研究某个层次（企业、部门、团队、基层单位等）的组织氛围对员工工作结果的影响，无法揭示多个层次的组织氛围对员工的工作结果的共同影响。笔者的研究结果为企业管理学术界进一步深入研究组织氛围的作用提供了新的思路。

（6）中介的调节效应分析结果表明，部门的心理受权氛围完全中介了企业与部门的支持型领导氛围对员工的服务质量的交互效应。员工的工作满意感完全中介了企业的支持型领导氛围与部门的心理受权氛围对员工的服务质量的交互影响。

这些创新的研究成果深化了领导氛围理论，丰富了组织氛围理论和授权管理理论，有助于服务性企业管理人员理解支持型领导与组织氛围对服务质量的影响，以便他们采取恰当的管理措施，激励员工提高服务质量。

6.2 本研究的局限性和今后的研究方向

本研究存在以下局限性：（1）采用横断调研法进行本次研究，也就无法确证各个概念之间的因果关系。（2）尽管同时向员工和主管人员收集数据，尽力减少相同调研方法引起的误差，但企业的支持型领导氛围、授权氛围、员工服务行为评估氛围、部门的支持型领导氛围和心理受权氛围、员工的角色负担、角色冲突、角色模糊、心理受权、工作满意感、情感性归属感都是员工提供的,仍然存在相同调研方法引起的误差。(3)采用方便样本,收集数据,样本可能缺乏代表性。今后,研究人员应尝试采用纵断调研法和随机抽样法收集数据,以便对本研究结果的普遍适用性进行重复性检验。

参考文献

[1] Seibert S. E., Silver S. R., Randolph W. A. Taking empowerment to the next level: A multiple - level model of empowerment, performance, and satisfaction [J]. *Academy of Management Journal*, 2004, 47(3): 332 - 349.

[2] Chen G., Kirkman B. L., Kanfer R., et al. A multilevel study of leadership, empowerment, and performance [J]. *Journal of Applied Psychology*. 2007, 92(2): 331 - 346.

[3] Schneider B. The climate for service: An application of the climate construct [A]. In: Schneider B. *Organizational Climate and Culture* [C]. San Francisco, CA: Jossey - Bass, 1990: 383 - 412.

[4] Chen G., Bliese P. D. The role of different levels of leadership in predicting self and collective efficacy: Evidence for discontinuity [J]. *Journal of Applied Psychology*, 2002, 87(3): 549 - 556.

[5] Newton C. J., Maierhofer J. I. Supportive leadership and wellbeing: The role of team value congruence [A]. In: Katsikitis M. Proceedings 40th Australian Psychological Society Annual Conference [C]. Melbaurne, 2005: 208 - 212.

[6] Rafferty A. E., Griffin M A. Refining individualized consideration: Distinguishing developmental leadership and supportive leadership [J]. *Journal of Occupational and Organizational Psychology*, 2006, 79(1): 37 - 61.

[7] Hui C. H., Chiu W. C. K., Yu P. H., et al. The effects of service climate and the effective leadership behaviour of supervisors on frontline employee service quality: A multilevel analysis [J]. *Journal of Occupational and Organizational Psychology*, 2007, 80(1): 151 - 172.

[8] Spreitzer G. M. Social structural characteristics of psychological empowerment [J]. *Academy of Management Journal*, 1996, 39(2): 483 - 504.

[9] Kirkman B. L., Rosen B. Beyond self - management: Antecedents and consequences of team empowerment [J]. *Academy of Management Journal*, 1999, 42(1): 58 - 74.

[10] Schmit M. J., Allscheid S. P. Employee attitudes and customer satisfaction: Making theoretical and empirical connections [J]. *Personnel Psychology*, 1995, 48(3): 521 - 536.

[11] Susskind A. M., Kacmar K. M., Borchgrevink C. P. Customer service providers' attitudes relating to customer service and customer satisfaction in the customer - server exchange [J]. *Journal of Applied Psychology*, 2003, 88(1): 179 - 187.

[12] Conger J. A., Kanungo R. N. The empowerment process: Integrating theory and practice [J]. *Academy of Management Review*, 1988, 13(3): 471 - 482.

[13] Gist M. E., Mitchell T. R. Self - efficacy: A theoretical analysis of its determinants and malleability [J]. *Academy of Management Review*, 1992, 17(2): 183 - 211.

[14] Scott S. G., Bruce R. A. Determinants of innovative behavior: A path model of individual innovation in the workplace [J]. *Academy of Management Journal*, 1994, 37(3): 580 - 607.

[15] Reardon K. K., Enis B. Establishing a companywide customer orientation through persuasive internal marketing [J]. *Management Communication Quarterly*, 1990, 3(3): 376 - 387.

[16] Hartline M. D., Ferrell O. C. The management of customer contact service employees: An empirical investigation [J]. *Journal of Marketing*, 1996, 60(4): 52 - 70.

[17] George W. R. Internal marketing and organizational behavior: A partnership in developing customer - conscious employees at every level [J]. *Journal of Business Research*, 1990, 20(1): 63 - 70.

[18] Zeithaml V. A., Berry L. L, Parasuraman A. Communication and dontrol processes in delivery of service Quality[J]. *Journal of Marketing*, 1988, 52(2): 35 – 48.

[19] Peccei R., Rosenthal P. Delivering customer – oriented behavior through empowerment: An empirical test of HRM assumptions [J]. *Journal of Management Studies*, 2001, 38(6): 831 – 857.

[20] Kirkman B. L., Rosen B. Powering up teams[J]. *Organizational Dynamics*, 2000, 28(3): 48 – 66.

[21] Thomas K. W., Velthouse B. A. Cognitive elements of empowerment: An "interpretive" model of intrinsic task motivation[J]. *Academy of Management Review*, 1990, 15(4): 666 – 681.

[22] Bowen D. E., Lawler III E. E. The empowerment of service workers: what, why, how, and when[J]. *Sloan Management Review*, 1992, 33(3): 31 – 39.

[23] Wright P. M., Gardner T. M., Moynihan L. M., et al. The relationship between HR practices and firm performance: Examining causal order[J]. *Personnel Psychology*, 2005, 58(2): 409 – 446.

[24] Meyer J. P., Stanley D. J., Herscovitch L., et al. Affective, continuance, and normative commitment to the organization: A meta – analysis of antecedents, correlates, and consequences[J]. *Journal of Vocational Behavior*, 2002, 61(1): 20 – 52.

[25] 伍晓奕, 汪纯孝, 谢礼珊, 等. 饭店薪酬管理公平性对员工工作绩效的影响[M]. 广州: 中山大学出版社, 2006: 131.

[26] Judge T. A., Thoresen C. J., Bono J. E., et al. The job satisfaction – job performance relationship: A qualitative and quantitative review[J]. *Psychological Bulletin*, 2001, 127(3): 376 – 407.

[27] Arnold T., Flaherty K. E., Voss K. E., et al. Role stressors and retail performance: The Role of perceived competitive climate [J]. *Journal of Retailing*, 2009, 85(2): 194 – 205.

[28] 林美珍, 汪纯孝, 张秀娟, 等. 支持型领导与授权氛围对旅游企业员工角色压力与工作绩效的影响[M]. 广州: 中山大学出版社, 2010: 167 – 170, 191 – 193, 273 – 275.

[29] Dixon M. A., Cunningham G. B. Data aggregation in multilevel analysis: A review of conceptual and statistical issues [J]. *Measurement in Physical Education and Exercise Science*, 2006, 10(2): 85 – 107.

[30] James L. R., Demaree R. G., Wolf G. Estimating within – group interrater reliability with and without response bias[J]. *Journal of Applied Psychology*, 1984, 69(1): 85 – 98.

[31] James L. R. Aggregation bias in estimates of perceptual agreement [J]. *Journal of Applied Psychology*, 1982, 67(2): 219 – 229.

[32] Klein K. J., Bliese P. D., Kozlowski S. W. J., et al. Multilevel analytical techniques: Commonalities, differences and continuing questions [A]. In: Klein K. J., Kozlowski S. W. J. Multilevel Theory, Research, and Methods in Organizations: Foundations, Extensions, and New Directions [C]. San Francisco, CA: Jossey – Bass, 2000: 512 – 553.

[33] 凌茜, 汪纯孝, 张秀娟, 等. 公仆型领导风格对员工服务质量的影响[J]. 旅游学刊, 2010, 25(4): 68 – 75.

[34] De Jonge J., van Breukelen G. J. P., Landeweerd J. A., et al. Comparing group and individual level assessments of job characteristics in testing the job demand – control model: A multilevel approach[J]. *Human Relations*, 1999, 52(1): 95 – 122.

[35] Joshi A., Liao H., Jackson S. E. Cross – level effects of workplace diversity on sales performance and pay [J]. *Academy of Management Journal*, 2006, 49(3): 459 – 481.

The Impact of Supportive Leadership and Empowerment Climate on Employees' Service Quality in Business Firms of Hospitality Industry

LIN Mei-zhen

(Tourism College, Huaqiao University, Quanzhou 362021, China)

Abstract: Having conducted an empirical study of 52 business firms in the hospitality Industry, the author explores the crosslevel effects of organizational and department supportive leadership climates, organizational climates for empowerment and behavior-based performance evaluation, department psychological empowerment climate on employees' supervisor-rated service quality. The results of HLM analysis indicate that organizational and department supportive leadership climates, department psychological empowerment climate, and employees' psychological empowerment are all positively related to service quality. The results of HLM also indicate that organizational supportive leadership climate has interactive effects with department supportive leadership climate, department psychological climate, and employees' job satisfaction on service quality, department supportive leadership climate has interactive effects with employees' perceptions of role ambiguity, psychological empowerment, and job satisfaction on service quality, department psychological empowerment climate has interactive effects with employees' overloaded role on service quality.

Key words: supportive leadership; empowerment climate service quality; hierarchical linear modeling

(原载《旅游学刊》2011年第1期)

四、旅游目的地研究

基于社会网络视角的可持续乡村旅游决策探究*

——以山东省潍坊市杨家埠村为例

王素洁[1]　李　想[2]

(1. 华中农业大学经济管理学院,武汉 430070;2. 湖北农村发展研究中心,武汉 430070)

内容提要:本文运用社会网络分析法,通过案例研究,分析了案例地可持续乡村旅游决策利益相关者之间的关系结构。研究发现,当地旅游管理机构内向中心性最高,在决策网络中影响力最大,而当地乡村企业和旅游行业协会内向中心性最低,对决策影响微乎其微;就网络密度而言,利益相关者之间并没有形成全网联系,而且当地旅游管理机构与地方政府等高中心性的利益相关者自我中心网络密度较低,与其他利益相关者之间联系稀少。此外,可持续乡村旅游决策利益相关者之间存在大量结构洞,这将极大地限制信息传播、沟通和资源共享,从而影响决策的有效性和公平性。因此,可持续乡村旅游决策中亟须加强有关边缘利益相关者的中心性,提高利益相关者之间的密度,建立利益相关者之间的桥连接。

关键词:社会网络分析法;可持续乡村旅游;决策;利益相关者;关系

一、引言

体现可持续旅游精神的乡村旅游决策,应是各利益相关者群体就乡村旅游发展问题共同协商、达成共识的产物。在该过程中,各利益相关者群体之间是否建立了联系,形成了什么样的关系结构,联系的紧密程度如何,密切左右着决策结果。换言之,利益相关者之间的关系结构对旅游决策起着举足轻重的作用。因此,探究当前决策中利益相关者关系结构存在的问题,改善利益相关者之间的关系结构,构建更完善的决策网络,就成为乡村旅游决策理论和实践所面临的一个重要课题。

社会网络分析(social network analysis,SNA)是一种研究个人之间、非正式群体之间以及正式群体之间关系的分析方法(Burt,1980)。本研究将尝试运用此方法,以山东省潍坊市杨家埠村为例,剖析该村可持续乡村旅游决策中利益相关者之间的关系结构,以期提升杨家埠村乡村旅游决策的科学化和民主化水平,并为其他乡村旅游目的地有关决策者和从业人员

---

* 本文是山东大学自主创新基金项目"乡村旅游可持续发展决策中的利益相关者关系研究"(编号:IFW09121)的部分研究成果。

制定旅游政策提供借鉴。

二、文献评述

"社会网络"通常有两种含义。一是指一种分析工具和分析方法,它通过关系内涵、社会网结构解释社会现象;二是指由行动者之间的关系所构成的社会结构,其本身成为研究的对象(朱国宏,1999)。社会网络分析法作为一种社会科学研究范式,发轫于20世纪30年代的西方社会学研究,它强调关系内涵、社会网结构对社会现象的解释,20世纪60~70年代开始被广泛应用于社会学、心理学、经济学、管理学等众多相关社会科学中(Scott et al.,2008)。20世纪90年代,随着一体化社会理论的出现和对"关系"的重视,网络分析作为一种分析框架在各个学科中的运用愈益普及,甚至在美国社会学和管理学界俱成为显学(Pforr,2002)。

社会网络分析法在旅游研究中的应用起步较晚,20世纪80年代才有西方学者运用此研究范式对旅游资源管理进行了研究(Allen,1980)。20世纪90年代,随着旅游研究的深入,社会网络分析作为一种研究范式在旅游研究中开始受到关注,时至今日,社会网络分析已成为国外旅游研究中的一个热点方法。就旅游政策网络的研究内容来看,主要集中于旅游政策网络的结构特点及其对决策结果的影响、旅游政策网络作为一种治理方式的优缺点等方面。Pforr(2002)考查了澳大利亚北部地区旅游规划的交流网络,研究发现,利益相关者在旅游政策网络中所处的位置不同,对决策结果的影响力也有所差异。网络密度和网络结构图显示,政府机构和代表旅游业利益的地方旅游协会是旅游规划的核心行动者,它们可以左右决策的最终结果。Scott et al. (2008)将网络化旅游决策与传统旅游决策方式进行了对比,认为新的网络化旅游决策比传统旅游决策更民主、更透明、更具参与性。然而,就决策有效性来看,网络合作如果没有正式政策跟进,其有效性将大为减弱,政策网络目标的实现离不开政府的参与(Palmer,1996)。此外,社会网络本身不管是关系联结还是网络结构都已有许多方法加以测量,但国外现有研究似乎尚未充分利用网络研究的定量分析方法。这使定性研究成为主流,定量研究相对较少(Pforr,2004),在某种程度上降低了研究结果的客观性和说服力。

社会网络研究范式引入中国大陆旅游研究,约始于2006年。迄今为止,相关研究屈指可数[1]。而且国内基于社会网络理论的旅游研究主要聚焦于旅游目的地或旅游流的空间网络结构特征分析(例如,陈秀琼、黄福才,2006;周蓓,2008;张环宙等,2008),从社会网络视角分析旅游决策尚未得到足够的关注。

因此,本文尝试运用社会网络分析的理论与方法,对乡村旅游决策网络的网络结构进行系统分析,以了解利益相关者在旅游决策网络中的具体分布及他们对决策结果的影响,并据此提出优化网络结构的措施,以提高乡村旅游决策的科学化和民主化水平。

三、相关概念界定

(一)乡村旅游决策

在发展中国家,旅游政策与旅游规划常常交织在一起,且通常都以为来访游客提供高质

---

[1] 在CNKI所有期刊中,以"旅游"和"网络"为篇名,检索1999~2009年期间发表在全部期刊上的文章,共检索到240条记录。笔者逐篇略读发现,与"社会网络"理论和方法有关的仅有9篇。

量的旅游经历,并确保旅游目的地环境、社会、文化的完整性不被破坏为目标(Mill & Morrison,1992;Goeldner & Ritchie,2006)。因此,在旅游研究中,人们常常将旅游规划作为旅游决策的重要组成内容。本文中可持续乡村旅游决策主要指决策者制定以可持续发展为目标的乡村旅游规划的行为。

(二)可持续乡村旅游决策利益相关者网络

1. 社会网络的内涵与构成。"网络"一词,发端于20世纪20~30年代的人类学、心理学研究,是对人们之间复杂互动情况的一种隐喻。社会人类学家Barnes(1954)较早将"社会网络"作为一个分析性概念,用于研究社会结构。此后,Mitchell(1969)提出,"社会网络是联结一系列人、事物或事件的特定类型的关系",这一系列人、事物或事件称为"行动者(actors)"或"节点(nodes)",行动者之间的各种关系称为"联结"。后来,学者们对"社会网络"做出了多种界定,然而,正如Gamm(1981)所言,这些概念不过是将Mitchell对社会网络的基础界定运用到了不同的学科领域。研究对象只要具备了网络的基本构成要素,即节点和联结,也就构成了社会网络。

2. 可持续乡村旅游决策网络。体现可持续旅游精神的乡村旅游决策过程,本质上是各利益相关者通过互动,形成解决乡村旅游发展问题共识的动态过程。在该过程中,以各利益相关者群体为节点,以因交换信息、解决矛盾、协调目标和共享资源等而建立的各种正式或非正式关系为联结,共同交织成了一个多重、复杂的社会网络——乡村旅游可持续发展决策网络。该网络是乡村旅游可持续发展决策中的利益相关者,就乡村旅游可持续发展(主要指旅游规划决策)议题,通过各种形式的正式或非正式社会关系所建立的系统。本文研究主要关注正式的工作联系。

(三)可持续乡村旅游决策利益相关者

虽然人们对"利益相关者"的解读不尽相同,但无外乎广义和狭义之别。广义的"利益相关者"定义一般秉承了Freeman(1984)的经典定义的基本思想,将"任何能影响组织目标实现或被该目标影响的群体或个人"都纳入利益相关者的范畴。狭义的定义则沿袭了斯坦福研究所对利益相关者界定的基本精神,认为只有在企业中投入了专业性资产的人或团体才是利益相关者(Stanford Research Institute,1963)。在旅游研究中,学者们将"旅游利益相关者"作为"利益相关者"理论的分支,带有显著的应用性质,因此,他们并没有过多纠缠于"旅游利益相关者"这一概念在理论层面上的探讨,而是大多套用了Freeman的经典广义定义(郭华,2007)。本研究亦遵循旅游研究中的通常做法,将可持续乡村旅游决策中的利益相关者界定为"任何能影响乡村目的地旅游可持续发展目标实现或被此目标所影响的群体或个人"。

可持续乡村旅游决策利益相关者是具备参与决策可能性的乡村旅游利益相关者,是必须具有能动性且当前可能参与决策的个人、组织或群体,不具有能动性的自然或人文吸引物不包括在内。

四、研究方法与数据整理

(一)研究方法

1. 社会网络分析法。社会网络分析法是对社会网络的关系结构加以分析的一套规范和方法,又称为结构分析法。它不是根据行动者的内在属性对其进行归类研究,而是对不同行动者之间的关系结构和关系属性进行分析。它以数学中的图形理论为基础,分析的最基本元素是点与线,其中,点代表行动者(可以是社会分析的任何单位,例如个人、群体、组织和社区等),线代表行动者之间的某种关系(王霄宁、王轶,2005)。本文关注的是可持续乡村旅游决策利益相关者网络,其中,各利益相关者是点,他们之间就决策所建立的正式工作关系为线。

根据分析范围着眼点的不同,社会网络分析可以分为微观层次的自我中心社会网络分析和宏观层次的整体社会网络分析(孙立新,2007)。自我中心社会网络是以个体行动者为中心,旨在探讨某行动者对外的关系联结所建立起来的社会网络。整体社会网络则关注所有行动者之间的关系,可以了解整个网络的关系结构。本文尝试揭示利益相关者之间的关系结构,以对旅游决策的过程和结果进行解释,因此,主要分析可持续乡村旅游决策利益相关者整体网络。

2. 社会网络分析的主要指标。整体社会网络以结构上的相似为基点,以关系的相似为基本特征,以位置取向为核心概念。其中,结构洞、网络中心性、网络密度等是最为重要的和具体的测量指标(Scott,1992)。

"结构洞(structural holes)"是由社会学家 Burt(1992)提出的概念,他指出,网络是由联系构成的,网络中某个行动者与有些个体发生直接联系,但与其他个体不发生直接联系或关系间断的现象,从网络整体看就好像网络结构出现了洞穴。Burt 将这种现象称为"结构洞"。

网络中心性,指的是某个个体行动者相对于其他行动者而言在网络中所处的位置,是行动者通过网络结构所获得的权力。网络中心性常被用来考察行动者取得资源、控制资源可能性的结构属性。网络成员在网络中所处的位置,将决定他们所拥有的机会和所受到的约束,并影响他们的行为。因此,中心性越高的利益相关者,在网络中与其他利益相关者建立的关系越多,所拥有的非正式权力与影响力也较大。高中心性的利益相关者在网络中关键的联系地带占有一种策略性的地位,换言之,中心性越高的利益相关者所能掌握的资产、信息越多,地位优势越大。此外,网络中心性也代表群体集权的程度,居于网络中心的行动者数量越少,中心性越高,则该网络越集权。

网络中心性包括程度中心性、中介中心性和接近中心性三种形式。程度中心性表明了行为者与其所在网络的联络程度(Scott,2000)。一些学者对中心性的概念基础和不同研究背景下的实证应用进行了研究,Costenbader and Valente(2003)研究发现,抽样对某些形式的中心性有较大影响,而内向程度中心性即使在抽样水平较低的情况下,仍相对比较稳定。因为,当某些目标总体未被纳入样本时,只是不能显示它们对外建立的联结,却仍可以接收到其他样本发出的联结。由于本文研究整体网络的某些数据来自于抽样调查,为了减少抽样误差导致的中心性的波动,本研究采用了"内向程度中心性"测量利益相关者在网络中所处的结构位置。内向程度中心性是其他节点承认对某一节点有关系的数量总和,其公式如下:

$$C_{DI}(n_i) = \sum X_{ij} \tag{1}$$

(1)式中,C_{DI} 是内向程度中心性,n_i 为节点,X_{ij} 表示行动者 j 是否承认与行动者 i 有关系,其取值为 0 或 1,承认有关系时为"1",不承认有关系时为"0"。内向程度中心性高的行动者因许多行动者与其建立了直接联系,因此对其他行动者而言地位非常重要,可影响、控制其他行动者。

网络密度是指行动者之间实际联结的数目与他们之间可能存在的最大联结数目的比值。网络密度是一个从 0 到 1 之间的数值,用来说明网络成员的关系密切程度。一个网络内所有点之间都相互联结的网络称为"完备"网络(约翰·斯科特,2007),其网络密度为"1";反之,如果一个社会网络中的所有成员彼此之间关系都没有联系,那么,这个网络的密度则是 0。实际的关系数量越接近于网络中的所有可能关系的总量,网络的整体密度就越大,网络中所有成员的关系越密切,社会交往也越多,网络成员间的交流越畅通,资源共享性越强,思想和行为具有一致性的可能也越大。反之,网络密度越小,网络成员间的关系越疏离,达成共识的难度越大。因此,一个密度为"1"的网络是一个理想的网络。网络密度的计算公式如下:

$$D = \frac{2L}{g(g-1)} \tag{2}$$

(2)式中,D 为密度,L 表示网络中线的数目,g 为网络中节点的数量。

3. 社会网络分析的基本步骤。使用社会网络分析软件进行网络分析时,主要包括准备数据、处理数据和分析数据几个步骤。首先,使用问卷或其他调查方法,收集和处理数据,按照规定格式建立二进制关系矩阵,这是社会网络分析的重要基础工作。关系矩阵是正方阵,其行和列代表完全相同的行动者。如果一个网络有 N 个行动者,则需建立一个"N×N"的矩阵。在矩阵中,一般约定行用 i 表示,列用 j 表示,第 i 行、第 j 列相交的单元格的取值表达为 C(i,j)。C(i,j)可以是二值数据,也可为多值数据。二值,即"1"和"0",说明了关系的有无,当 i 行与 j 列之间有某种直接联系时,则赋值为"1",如果没有某种直接联系,则赋值为"0"。社会网络中的行动者一般为同质体,而本文所分析社会网络中的行动者却是不同类型的利益相关者,此外,每类利益相关者又有数量不等的成员。于是就产生了以下问题:当 A 类利益相关者中有 m 个成员与 B 类利益相关者有联系,而剩余的 n 个成员与 B 类利益相关者没有联系时,则这两类利益相关者之间的关系难以断定。有研究者指出,解决此类问题,主要有以下方法:①用平均密度法计算出其他群体之间的平均网络密度,当该类利益相关者之间的密度大于平均密度时,该值为"1",否则为"0"。然而,这种方法可能会使一些数据丢失。②将联系强度视为连续变量 Cell(A,B) = m/(m+n),即为小数数据。此方法不会导致数据丢失,但是,本研究需要二值数据。这种情况下就需要用切分值进行数据转换①,将高于切分值的格值用"1"表示,低于切分值的格值用"0"表示,这样,小数数据就转化成了新的二值数据。虽然切分值一般由研究人员根据研究确定,具有一定的主观性,然而,通过试探性标准(heuristic criteria),也可以确定最适合的切分值。该切分值要能体现网络的结构特点,不能太高或太低,太高则可能使整个网络几乎没有联结,反之则可能使所有网络成员之间都构成联结(Chang & Shi,2005)。遵循此原则,本研究将网络密度的中值作为切分值,将所收集数据转化为二值数据。理想密度为1,因此,凡是 A 类利益相关者与 B 类利益相关者之间形

---

① 就此问题,笔者多次通过电子邮件向美国加州大学(University of California)社会学系教授 Hanneman 请教。Hanneman 教授是 *Introduction to Social Network Methods*(《社会网络分析法导论》)一书的作者。同时,笔者也与其他几位外国专家进行了探讨。

成的网络密度大于0.5时,可视A类与B类利益相关者之间存在联系,赋值为"1",否则为"0"。

其次,在已建立的关系矩阵的基础上,运用相关软件进行网络结构分析,绘制网络结构图,计算社会网络的各项网络指标或参数值,例如网络中心性、密度、结构洞等。最后,根据可视化图或数据表对结果进行分析。

(二)案例地概况

杨家埠村,位于山东省潍坊市寒亭区寒亭镇,是一个至少有600余年历史的古老村落。以木版年画和风筝为代表的民间工艺和民俗构成了杨家埠村独特的旅游吸引力。杨家埠村开发乡村旅游始于20世纪80年代,目前,该村已成为山东省民俗旅游的一个亮点产品和国家农业旅游示范点。

杨家埠旅游业在20余年的发展历程中,不仅一直较为关注各级政府制定的有关旅游政策,而且也非常重视旅游发展规划或方针、政策对本村旅游业发展的指导作用。早在20世纪80~90年代,杨家埠村就多次请各方面专家到村中考察,制定经营策略。进入21世纪后,该村又做了两次大规模的旅游规划:2002年,聘请山东大学旅游管理系专家为其制定了《杨家埠民俗村旅游开发总体规划》;2008年,聘请北京大地风景旅游景观规划院为其做了《杨家埠民间艺术大观园景区提升与修建性详细规划》。在这些旅游政策制定的过程中,各利益相关者群体不同程度地参与了进来。杨家埠村中现有杨家埠民间艺术大观园、风筝厂、滑轮制造厂、建筑公司、印刷厂、年画店等企业。

一直以来,杨家埠村的乡村旅游主要由杨家埠民间艺术大观园经营,2008年4月,杨家埠民间艺术大观园接受外来投资商——潍坊市画院总公司投资,成立了潍坊杨家埠民俗艺术有限公司,共同经营杨家埠旅游业。此外,杨家埠村内还有20余户民俗旅游接待户(家庭旅馆),约四五十个床位接待游客。2008年,该村接待游客60万人次,旅游收入达1200万元①。

(三)数据收集

1. 目标总体。整体社会网络资料收集的第一个前提条件,就是要明确拟调查的社会网络的边界,即确定研究的目标总体。封闭的小规模网络,因其行动者相对固定,且数量明确,确定其网络边界相对容易。然而,对于复杂的大规模网络,因涉及行动者众多,且行动者总处于变动之中,划定其网络边界则比较棘手。目前尚没有普遍通行的网络边界界定方法。多数情况下,研究者采用职位法(positional approach)、参与法(participation approach)和声誉法(reputational approach)界定网络边界(Scott,2000)。

根据研究目的及案例地的实际情况,经过文献研究和德尔菲法调查②,本研究发现,可持续乡村旅游决策利益相关者主要包括:东道地社区、政府及旅游管理机构、旅游企业、旅游者、压力群体、自然或人文吸引物、专家与旅游研究机构、非政府组织或志愿机构、外来投资者。因外来投资者在中国通常也是旅游经营商或开发商,因此,可将其归入"旅游企业"类利益相关者。也就是说,可持续乡村旅游决策利益相关者共分为8类。

---

① 笔者2008年10月实地调查资料。
② 因篇幅所限,此处对文献研究和德尔菲法调查过程不做详述。

四、旅游目的地研究

根据前文对可持续乡村旅游决策利益相关者的界定,自然或人文吸引物因不具备能动性,可排除在外。乡村旅游者既会影响到乡村旅游决策,也受到乡村旅游决策的影响,因而在理论上可以称其为"可持续乡村旅游决策利益相关者"。然而,一般而言,在中国的实践中,几乎没有旅游者参与旅游决策的情况,所以,本研究也将他们排除在外。需要指出的是,虽然旅游者不能参与旅游决策,但在决策中,他们的利益并没有被忽略,出于招徕和吸引旅游者的目的,乡村旅游经营商和代理商通常会作为其利益代言人表达和关注其利益。此外,鉴于不同文献、不同专家在相关表述上存在的差异,且不同旅游目的地实际情况的不同,压力集团[①]、专家及旅游研究机构、非政府组织或志愿机构之间可能存在相互重叠的情况,本研究将其归为一类,即"压力集团"。因此,本文研究关注的主要利益相关者包括东道地社区、政府及旅游管理机构、旅游企业和压力集团四大类。

在确定了可持续乡村旅游决策利益相关者的类型后,本文运用参与法和"滚雪球法"共同确定了案例地的目标总体。首先,笔者查阅了杨家埠村的旅游规划文本、当地旅游局网上资料、潍坊市和寒亭区政府等机构的有关工作报告、当地报纸及与案例地有关的旅游政策文献,运用参与法[②]确定了乡村旅游可持续发展决策的部分核心行动者。之后,笔者运用"滚雪球法"邀请核心行动者推荐与他们有日常工作关系的或他们认为对旅游规划、决策非常重要且有影响力的其他利益相关者。接着,继续对被推荐者进行访谈,并邀请他们进一步推荐。不断重复这个过程,直到没有新的被推荐者出现为止。最终的利益相关者群体,即决策网络的行动者,既包含了核心乡村旅游决策利益相关者,也包括了他们推荐的人选。

最终调查结果表明,杨家埠可持续乡村旅游决策网络的目标总体共包括四大类 15 个子类的利益相关者。四大类利益相关者为旅游企业、东道地社区、政府与旅游管理机构和压力群体。其中,旅游企业类利益相关者主要包括旅游经营业户、旅游投资商、旅游商店、酒店或餐馆、旅游交通企业、旅行社、旅游景区 7 个子类;政府与旅游管理机构包括地方旅游管理机构、地方各级政府机构 2 个子类;压力群体包括民间组织群体、专家及旅游研究机构、旅游行业协会 3 个子类;东道地社区包括东道地居民、非旅游类乡村企业、乡村资源保护者 3 个子类。

2. 样本选择。最理想的整体社会网络的资料收集是进行总体调查,然而,通过总体调查收集资料非常困难,除对少数小规模网络具有可行性,多数情况下只能从一个待研究的总体中抽取出有代表性的个案样本,研究它们之间的关系,构造一个样本网络(Scott,2000)。因此,在选取样本时,当某类利益相关者总体规模较小(小于 60)时,本研究对其进行了总体调查;当总体规模较大(超过 60)时,则进行了便利抽样。调查共发放问卷 205 份。样本具体分布情况如表 1 所示。

---

① 压力集团(pressure group)是指那些可能影响政策方向的,但是其本身并不谋求取得权力的组织或个人。
② 参与法是指将独立参与某一活动或某一事件的任何组织或位居任何职位的行动者都纳入网络范围的网络边界界定方法。

表1 案例地样本概况

类别	子类	发放样本数量	有效样本数量
旅游业类	1 旅游经营业户	20	16
	2 旅游投资商	1	1
	3 旅游商店	52	26
	4 酒店或餐馆	5	3
	5 旅游景区	1	1
	6 旅游交通企业	6	5
	7 旅行社	9	3
	合计	94	55
东道地社区	8 东道地居民[a]	81	44
	9 非旅游类乡村企业	4	4
	10 乡村资源保护者	2	1
	合计	87	49
政府与旅游管理机构	11 地方旅游管理机构	3	3
	12 地方各级政府机构	10	3
	合计	13	6
压力集团	13 旅游行业协会	3	1
	14 民间组织群体	4	1
	15 专家及旅游研究机构	4	2
	合计	11	4
	合计	205	114

注：[a]在网络行动者抽样中，对抽样比例并没有明确的规定。鉴于此类行动者数量较多，如果抽取比例太大，可能影响整体结构的构建，此外，也受资金、时间所限，本文抽取了30%的样本。

3. 调查工具。本文以调查问卷作为调查工具，收集数据。问卷设计方式参考了 Cobb (1988)、Timur(2005)研究中所使用的问卷设计方法。调查问卷主要用于收集利益相关者之间关系的数据和利益相关者属性的数据，包括三类结构性问题。第一类问题是为了解案例地利益相关者之间的关系结构，构建利益相关者之间的网络结构图，计算有关网络指标。Tichy et al.(1979)、Knoke and Wood(1981)、Ibarra(1993)、John(1998)、Timur(2005)等在考察利益相关者之间的联系网络时，都是基于利益相关者之间是否有合作活动或共同项目。合作活动可能通过正式或非正式联系而建立，本研究主要关注前者。正式联系包括签署合作协议、有共同成员等，而非正式联系则指个人间的对话和会晤等。因此，本文的第一类问题设计亦以此为基础,询问被访者"在过去的 12 个月中,您所在单位与下表中哪个组织有合作行为(例如联合进行乡村旅游产品开发、联合营销、合作培训等)或有共同成员?请在相应的名单后画'√'"。第二类问题和第三类问题着眼于确认并考察旅游目的地利益相关者的影响力和正当性两大主要特点,询问被访者他们认可的可持续乡村旅游决策利益相关者类型,以了解当前决策网络中各利益相关者的影响力[①]。

为了考察整体联系网络中利益相关者之间的关系,笔者在问卷中列出了一张利益相关者名单,即网络成员名单,供被访者回答问题时使用。当然,利益相关者名单也可以由每个被访者自行列出,但是,这样产生的名单可能比较混乱,难以分析。此外,就本文研究目的而言,更重要的是对有关利益主体分类,而不是确定每个或每类利益相关者的准确名称。

4. 数据收集。数据主要通过直接拜访被访者,发放纸质问卷并现场回收的方式收集。此外,笔者还通过发送电子邮件、邮局寄送问卷、电话访问等方式进行了部分调查,收集了部分数据。

问卷调查从 2009 年 7 月开始至 8 月结束,历时 2 个月。由于一个组织中,通常只有"那些处于领导职位的人最有可能具备提供该组织相关信息的能力"(Melbeck,1998),而且,处于领导位置的人更有可能影响决策,因此,本研究对相关组织的调查亦在该组织的核心领导层或居于领导职位的成员中展开。在向组织领导分发问卷时,笔者提示他们填答问卷要基于组织视角而非个人视角。

五、研究结果

(一)利益相关者关系矩阵及关系结构

本研究共发放问卷 205 份,回收问卷 148 份,回收率为 72.2%,剔除填答不完整或答案前后矛盾的无效问卷 34 份,有效问卷共 114 份,有效率为 77.0%。有效样本在杨家埠村每类利益相关者子类中的具体分布如表 1 所示。将收集到的关系数据整理成关系矩阵,如表 2 所示。

表 2　杨家埠可持续乡村旅游决策利益相关者关系矩阵

	A	B	C	D	E	F	G	H	I	J	K	L	M	N	P
A	—	1	0	1	1	0	0	1	0	1	1	1	0	0	1
B	1	—	0	0	1	0	0	0	0	0	1	1	0	0	0
C	1	0	—	0	1	0	1	0	0	0	0	0	0	0	0
D	1	0	0	—	0	0	0	0	0	0	0	0	0	0	0
E	1	1	1	1	—	0	1	0	0	1	1	1	0	0	1
F	1	0	0	0	1	—	0	0	0	0	1	0	1	0	0
G	1	0	1	1	1	0	—	0	0	0	1	0	0	0	0

---

① 因篇幅所限,有关问题的统计结果在本文中不做详述。

续表

	A	B	C	D	E	F	G	H	I	J	K	L	M	N	P
H	1	0	0	0	1	0	0	—	0	0	0	1	0	0	0
I	0	0	0	0	0	0	0	0	—	0	0	1	0	0	0
J	1	1	0	0	1	0	0	1	0	—	1	1	0	1	0
K	1	1	1	0	1	0	1	0	0	0	—	1	0	0	1
L	0	1	0	0	1	1	0	1	1	0	1	—	0	1	0
M	0	0	0	0	0	1	0	0	0	0	1	0	—	0	1
N	0	0	0	0	0	0	0	1	0	0	1	1	0	—	0
P	0	1	0	0	1	0	0	0	0	1	0	1	0	1	—

注：A、B、C、D……P 与表1中"子类"的1、2、3、4……15 相对应，分别表示杨家埠可持续乡村旅游决策中的各类利益相关者。

目前，分析关系数据的软件较为常用的主要有 UCINET、STRUCTURE 等，其中又以前者最为常用。因此，将收集到的关系数据整理成关系邻接矩阵后，本文运用 UCINET6.0 对案例地的利益相关者网络结构进行了分析。本文将可持续乡村旅游决策中的四类利益相关者细化为了多个子类，因此，网络拓扑图直观体现的是各子类利益相关者而非四大类利益相关者之间的关系，为了使四大类利益相关者之间的关系也能一目了然，笔者对同一大类的利益相关者用同一类型的符号进行了标示。从图1中，可以形象、直观地看出杨家埠可持续乡村旅游决策利益相关者联系网络的联结状况和利益相关者之间的关系模式。

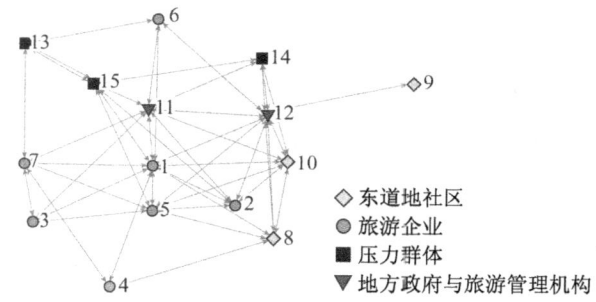

图例：1 旅游经营业户；2 旅游投资商；3 旅游商店；4 酒店或餐馆；5 旅游景区；
6 旅游交通企业；7 旅行社；8 东道地居民；9 非旅游类乡村企业；
10 乡村资源保护者；11 地方旅游管理机构；12 地方各级政府机构；
13 旅游行业协会；14 民间组织群体；15 专家及旅游研究机构

图1 杨家埠可持续乡村旅游决策利益相关者之间的关系结构

（二）网络中心性

由图1和表3可以看出，杨家埠可持续旅游决策利益相关者之间关系模式的特点为：地方旅游管理机构、旅游经营业户、旅游景区位于网络中心，中心性最高；乡村企业位于最外层,且只与有关地方政府机构有联系,中心性最小;其他利益相关者例如旅游投资商、旅游交通企业、地方各级政府机构、民间组织群体、乡村资源保护者、东道地居民、旅游商店、酒店或餐馆、旅行社、旅游行业协会、专家及旅游研究机构位于网络的中间层,中心性居中。地方旅游管理机构、旅游经营业户、旅游景区作为高中心性的行动者在决策网络中居于一种战略性优势地位,在决策中拥有丰富的资源,掌握大量信息;而乡村企业在决策时则被边缘化了,对决策结果的影响微乎其微。

表3 杨家埠可持续乡村旅游决策利益相关者网络的内向程度中心性与密度

利益相关者	内向程度中心性	密度	利益相关者	内向程度中心性	密度
11 地方旅游管理机构	10	0.3030	10 乡村资源保护者	3	0.2143
5 旅游景区	9	0.4000	14 民间组织群体	3	0.4000
1 旅游经营业户	9	0.2727	3 旅游商店	3	0.6000
12 地方各级政府机构	8	0.3556	4 酒店或餐馆	2	0.6667
2 旅游投资商	6	0.5714	13 旅游行业协会	2	0.4000
8 东道地居民	5	0.4762	6 旅游交通企业	1	0.2000
7 旅行社	4	0.3810	9 非旅游类乡村企业	1	0.0000
15 专家及旅游研究机构	4	0.3810			

(三)网络结构洞

图1显示,在杨家埠可持续乡村旅游决策利益相关者的联系网络中,四类利益相关者建立了良好的联系和沟通,没有出现明显的结构空洞。然而,同类利益相关者的子类之间却存在较多结构洞,例如乡村企业和东道地居民之间、乡村企业和乡村资源保护者之间、旅游交通企业与旅行社之间、旅游行业协会与地方民间艺术家协会等民间组织群体之间等。此外,东道地居民、乡村企业、酒店或餐馆等与网络的最核心利益相关者地方旅游管理机构之间出现了关系间断。上述结构洞的存在,尤其是某些行动者与网络核心行动者——地方旅游管理机构结构洞的存在,一方面可能导致某些利益相关者有意控制、过滤信息和资源;另一方面则可能极大地限制整个决策网络的信息传播、信息沟通和资源共享,甚而影响决策的有效性和公平性。

(四)网络密度

从图1和表3可知,杨家埠可持续乡村旅游决策利益相关者网络,不仅整体网络密度不大,而且利益相关者自我中心网络的密度也较低,地方旅游管理机构的密度只有0.3030。换言之,杨家埠可持续乡村旅游决策利益相关者之间合作行为较少,在旅游决策、旅游开发过程中资源共享程度低,利益相关者整体凝聚力小。此外,因利益相关者之间关系疏远,网络内有关可持续乡村旅游的信息、认识、价值观可能不易普及和传播,网络成员较难就旅游开发中的某些问题达成共识。由此可见,杨家埠可持续乡村旅游决策利益相关者网络的低密度状况不仅已成为制约其高效、科学决策的障碍,而且也将增加决策执行的难度。提高利益相关者联系网络的整体密度,促使利益相关者之间建立长期的密切关系,是杨家埠可持续乡村旅游政策制定所面临的问题。

研究结果表明,杨家埠可持续乡村旅游决策网络虽然有值得肯定的地方,然而存在的问题也是显而易见的。下文将基于社会网络理论,根据杨家埠可持续乡村旅游决策网络结构存在的问题,提出网络结构优化措施,以提升旅游决策的科学化和民主化水平。

六、结论与探讨

(一)结论

从上述研究结果不难看出,一个较好的可持续乡村旅游决策利益相关者网络,应具备以下特点:第一,所有利益相关者彼此之间就可持续乡村旅游决策问题建立各种形式的正式与非正式交流。不同利益相关者群体之间有适当的桥作为中介,以利于不同利益相关者群体之间的沟通和合作,保持网络整体的联通性。第二,网络中的利益相关者群体之间联系紧密,网络成员具有较强的内聚力。

完善和优化利益相关者网络,首先,要对边缘利益相关者赋权,提高其中心性。利益相关者中心性的高低是其在网络中被赋予权力大小的表征。杨家埠村的旅游交通企业、乡村企业类利益相关者在网络中均处于边缘位置,换言之,它们几乎被剥夺了乡村旅游的决策权力,甚至可能被忽略。为保证乡村旅游政策的公平性,需要通过有关措施改善它们在网络中的中心性。提高有关利益相关者中心性的核心在于制定各种措施对其在政治、经济上赋权。其次,要加强利益相关者之间的联系,增加网络中的桥联结。杨家埠村在进行旅游决策时,可持续旅游决策利益相关者网络中存在较多的结构洞,这些结构洞或存在于不同利益相关者群体之间,或存在于同一利益相关者群体之内。为存在结构洞的利益相关者"搭桥"或增加"桥"的数量,将有助于促进杨家埠村旅游决策利益相关者关系的强化和网络密度的增加。总之,决策网络结构的优化是在清晰掌握当前决策网络状况的前提下,逐步调整网络结构,使之向理想网络结构靠近的过程。有较为广泛的民主基础的旅游决策,才能体现最大多数利益相关者的利益,并最终促进乡村旅游可持续发展。

(二)理论贡献与研究局限

本文或可为中国乡村旅游政策和乡村旅游利益相关者研究提供新的方法和思路。首先,虽然乡村旅游可持续发展已经引起了学者们越来越多的关注,研究内容和研究范畴也日益宽泛,然而,从决策角度关注乡村旅游可持续发展尚未引起足够的重视,本文基于社会网络分析法研究了可持续乡村旅游问题,拓展了可持续乡村旅游的研究视角。其次,现有关于乡村旅游利益相关者研究主要聚焦于利益相关者的内在属性,而忽略利益相关者之间的多元关联及由此形成的关系结构和网络系统。本研究尝试运用社会网络分析法,对旅游利益相关者的关系属性进行了分析,是对乡村旅游利益相关者关系研究的补充和完善。

理想的整体网络研究需以整体网络调查为基础,但因时间、人力和经费的限制,多数研究往往只做便利抽样。本研究亦遵循整体网络研究通常的做法,对调查总体进行了抽样。如果条件许可,通过全网调查可进一步加强研究结论的说服力。

参考文献

[1] 朱国宏. 经济社会学[M]. 上海：复旦大学出版社，1999.
[2] 陈秀琼，黄福才. 基于社会网络理论的旅游系统空间结构优化研究[J]. 地理与地理信息科学，2006(5).
[3] 周蓓. 四川省航空旅游网络空间特征及其结构优化研究[J]. 地理与地理信息科学，2008(1).
[4] 张环宙，周永广，魏蕙雅，黄超超. 基于行动者网络理论的乡村旅游内生式发展的实证研究[J]. 旅游学刊，2008(2).
[5] 郭华. 制度变迁视角下的乡村旅游利益相关者管理研究[D]. 暨南大学博士学位论文，2007.
[6] 王霄宁，王轶. 新经济社会学视角下基于社会网络分析的产业集群定量化研究探索[J]. 探索，2005(3).
[7] 孙立新. 社会网络分析探微[J]. 中小企业管理与科技，2007(10).
[8] 约翰·斯科特. 社会网络分析. 刘军，译. 重庆：重庆大学出版社，2007.
[9] 陈栩. 英国压力集团初探[J]. 新疆大学学报，2008(4).
[10] Burt, R. S. Models of network structure[J]. *Annual Review of Sociology*, 1980, 8(6).
[11] Scott, N., Baggio, R., Cooper, C. Network analysis and tourism: From theory to practice[M]. Channel View Publications, 2008.
[12] Pforr, C. The makers and the shakers of tourism policy in the Northern Territory of Australia: A policy network analysis of actors and their relational constellations[J]. *Journal of Hospitality and Tourism Management*, 2002. 9(2).
[13] Allen, R. H. Network analysis: A new Tool for resource managers, paper presented at national outdoor recreation trends symposium, Northeastern forest experiment station, forest service, department of agriculture, 1980.
[14] Palmer, A. Linking external and internal relationship building in networks of public and private sector organizations: A case study[J]. *International Journal of Public Sector Management*, 1996, 9(3).
[15] Mill, R. C., Morrison, A. M. The tourism system[M]. Prentice-Hall Inc, 1992.
[16] Goeldner, C. R., Ritchie, J. R. Tourism: Principle practice, philosophies[M]. John Wiley & Sons, 2006.
[17] Barnes, J. Class and committees in a Norwegian Island parish[J], *Human Relations*, 1954(7).
[18] Mitchell, J. C. The concept and use of social networks, in Mitchell, J. C. (ed.): Social networks in urban situations[M]. Manchester University, 1969.
[19] Gamm, L. An introduction to research in interorganizational relations[J]. *Journal of Voluntary Action Research*, 1981, 10(1).
[20] Freeman, E. R. Strategic management: A stakeholder approach[M]. Pitman, 1984.
[21] Stanford Research Institute. Internal memorandum, 1963, http://www.ruf.rice.edu/-odw/.
[22] Scott, J. Social network analysis[M]. Sage, 1992.
[23] Scott, J. Social network analysis: A Handbook[M]. Sage Publications, 2000.
[24] Chang, P. L., Shih, H. Y. Comparing patterns of intersectoral innovation diffusion in China: A network analysis [J]. *Technovation*, 2005, 25(2).
[25] Cobb, M. Influence and exchange networks among tourism oriented business in four michigan communities [M]. East Lansing, 1988.
[26] Timur, S. A network perspective of stakeholder relationships in the context of sustainable urban tourism[M]. Dissertation, University of Calgary, 2005.
[27] Tichy, N. M., Tushman, M. L., Fombrun, C. Social network analysis for organizations[J]. *Academy of Management Review*, 1979, 4(4).
[28] Knoke, D., Wood, J. R. Organize for action: commitment in voluntary associations[M]. Rutgers University

Press,1981.

[29] Ibarra,H. Network centrality,power and innovation involvement:determinants of technical and administrative roles[J]. *Academy of Management Journal*,1993,36(3).

[30] John,P. C. Sociometric mapping techniques and the comparison of policy networks:Economic decision making in leeds and lille,in marsh,D. (ed.):Comparing policy networks[M]. Open University Press,1998.

[31] Melbeck,C. Comparing local policy networks[J]. *Journal of Theoretical Politics*,1998,10(4).

[32] Burt,R. Structural holes:the social structure of competition[M]. Harvard University Press,1992.

[33] Costenbader,E. , Valente,T. W. :The stability of centrality measures when networks are sampled[J]. *Social Networks*,2003,25(4).

（原载《中国农村经济》2011年第3期）

旅游目的地感知形象非结构化测量应用研究

——以访澳商务游客形象感知特征为例

李 玺[1]，叶 升[2]，王 东[3]

(1.澳门城市大学国际旅游与管理学院，澳门 999078；
2.澳门科技大学国际旅游学院，澳门氹仔 999078；
3.吉林大学行政管理学院，吉林长春 130012)

摘 要：旅游感知形象的测量方法可大体分为两类，一类为结构化的测量方法，另一类为非结构化的测量方法。非结构化形象测量虽然能够更为全面地了解游客的感知要素和属性，但分析方法目前还停留在一般频数统计和比例分析及排序等层面，对游客在形象感知方面的特征分析及旅游目的地形象优化等方面意义不大。文章尝试将内容分析法引入旅游形象感知的非结构化测量中，用以协助挖掘非结构化形象感知的数据，从而实现提取旅游者的感知形象、解析旅游者形象感知规律，以及探讨影响旅游者对外推广旅游形象意愿的目的地形象要素等目的。具体研究上，文章以艾特纳与瑞奇提出的旅游目的地形象测量问卷为基础，并对其进行调整形成最终的调研工具，然后以商务游客为研究对象进行非结构化形象感知数据的获取，并借助内容分析法来处理非结构化形象测量的信息。最终发现，访澳商务人士对澳门旅游形象的总体感知为：集聚博彩娱乐、各类节庆活动和特色美食的休闲小城，拥有欧式文化和美丽古朴的城市景观。居民态度、交通设施以及经济发展态势等形象要素的正面感知会令旅游者更愿意推广澳门旅游。餐饮产品、社会文化氛围以及政治历史等形象要素的正面感知会对旅游者推广澳门旅游的意愿有帮助。而社会文化与氛围、自然资源与环境以及服务质量的负面感知会增强旅游者不推荐他人来澳门旅游的意愿。

关键词：内容分析法；感知形象；非结构化测量
中图分类号：F59
文献标识码：A
文章编号：1002-5006(2011)12-0057-07

基金项目：本研究受澳门基金会研究项目(0120)资助。
作者简介：李玺(1978—)，男，湖北荆州人，客座教授，博士，硕士生导师，研究方向为旅游目的地管理及会展经济管理，E-mail：liximust@gmail.com；叶升(1986—)，女，浙江杭州人，讲师，E-mail：chariceye@gmail.com；王东(1971—)，男，博士研究生。

1 引言

会展及商务活动是澳门适度多元化发展的重要突破口。了解访澳商务人士对澳门旅游形象的感知特点,有助于更好地塑造会展商务旅游城市的形象。为此,笔者采用非结构化测量的方法搜集访澳商务人士的形象感知信息,并借助内容分析法对相关资讯进行分析,希望为澳门提升会展商务形象提供建议。

2 相关研究综述

2.1 旅游感知形象

学术界对旅游感知形象的界定可大体分为三类。第一类认为旅游感知形象是基于旅游体验的抽象感知,以克朗普顿(Crompton)[1]、费尔普斯(Phelps)[2]、加特纳和亨特(Gartner & Hunt)[3]等学者的早期研究为代表。第二类则认为旅游感知形象是旅游目的地各类要素的集合,以理查德森和克朗普顿(Richardson & Crompton)[4]、皮尔斯(Pearce)[5]以及加特纳(Gartner)[6]等学者为代表。第三类则在上述研究成果的基础上进一步强调感知形象中的情感特征,认为感知形象是游客对旅游目的地情感与理性认知的表达。持有这种观点的学者以保罗格鲁和迈克莱利(Baloglu & McCleary)[7]为代表。为此,可将旅游感知形象理解为游客对旅游地各类要素的体验感知以及情感评价的综合。由于感知形象容易受到外部资讯以及个人经历的影响,不同类型游客对同一目的地的形象感知会有差异。

2.2 旅游感知形象的测量方法

目前常用的旅游感知形象测量方法可分为两种:结构化测量和非结构化测量。结构化测量属于量化研究,即研究人员先确定目的地形象要素及属性等内容,并据此制定感知形象评估量表。通过量表采集游客对旅游形象要素或属性的评价,并对所获数据进行量化分析。非结构化测量则属于定性研究,主要透过开放式问题让游客描述对旅游目的地的感受,然后对所获信息进行归纳和整理,从而得到游客眼中目的地形象的属性与特征。两种测量方法在应用中各有优劣,如结构化测量运用统计学方法进行研究,具有可控性强、易于统计与比较等优点[8],但量表中形象属性或要素的限制性,使得该方法难以全面反映旅游者对目的地的特征感知[9]。非结构化测量能更全面了解形象感知要素和属性,但仅依靠频数统计难以深入研究游客在形象感知方面的行为特征。

2.3 内容分析法及其在旅游研究中的应用

内容分析法是一种将不系统的、定性的符号性内容如文字、图像等转化成系统的、定量的数据资料的研究方法[10],是对信息交流中的内容进行客观、系统以及定量描述的研究技术。该方法最初运用于传媒领域,目前其应用领域正不断扩大,除了书面文字、网络资讯外,连受访者的口头语言等都可以透过内容分析法进行研究[11]。近年来,国内学者也逐步开始使用内容分析法开展旅游相关研究。在旅游研究中,内容分析法目前主要用于对业界热点概念或问题的研究成果进行辨析。如卢小丽、武春友以及多诺浩(Donohoe)对生态旅游概念的分析[12];曾武灵、汪克夷以及王春辉借助内容分析法来界定海滨生态旅游的概念[13];林刚、石培基对乡村旅游概念的解析[14];张安民、梁留科对主题公园概念的界定等[15]。此外,范向丽和郑向敏将内容分析法引入游客行为研究领域,对女性游客的旅游安全问题进行了创新探讨[16]。戴光全、陈欣还借助旅游照片的内容分析,探讨了旅游者的摄影心理[17]。

在旅游形象研究领域内,内容分析法目前主要被用于分析网络有关的旅游形象问题。如张文、顿雪霏根据网上游记的内容分析,研究了大陆游客对台湾的感知形象[18];肖亮、赵黎明对台湾及中国内地旅游相关网站进行内容分析,探讨台湾形象的主题要素及不同类型网站在形象传播方面的侧重[19]。但是,基于网络信息的形象研究易受研究对象人口及行为特征等资讯欠缺的限制,在深入研究游客形象感知差异方面有一定的难度。

为此,笔者尝试将内容分析法引入旅游感知形象的非结构化测量中,对实地调查中游客表达出的形象感知要素进行量化分析,并结合游客个人特征进行形象感知的差异化研究,从而在了解旅游者感知要素的同时,达到分析游客形象感知差异的目的。

3 研究方法及过程设计

3.1 调研工具设计

调查工具的设计大体分为两部分。第一部分包括5个题目,主要用于分析受访者对旅游目的地形象感知的要素。前3个题目是对艾特纳与瑞奇(Echtner & Ritchie)[20]提出的用于确定旅游目的地形象整体性和唯一性的问题进行简化,去掉带有提示性的语句,将其变为"请受访者用3个词来描述旅游目的地",以便受访者能够更为自由地提出形象要素和属性。同时,还增加了对旅游目的地最佳和最差印象点的问题,以进一步了解澳门在商务旅客心目中的最佳之处和值得改进的地方。第二部分主要了解受访者的人口、行为特征及推荐他人来澳门旅游的意愿,共12个问题。

3.2 调查访问过程

笔者于2009年5月到8月间在澳门口岸区域对出境商务游客进行调查。选择调查对象时采用拦截抽样的方式,预先确认其是否属于商务游客的范畴,然后再由调查人员根据受访者对相关问题的回答代为填写。

调查共成功访问294名访澳商务人士,收回有效问卷270份,回收有效率达到91.8%。有效问卷的判断标准为:(1)用3个词描述澳门留下的印象时,至少提及1个词;(2)在最好及最差印象方面,至少填写其中1项。回收的问卷能够保证在95%的信度下,调查误差不超过±6.01%。在回收的问卷中,有270人回答了提及澳门想到的第一个词,221人回答了第二个词,170人回答了第三个词。242人提及了对澳门的正面印象,199人提及了对澳门的负面印象。

从受访对象的构成来看,男性受访者占87.5%,女性占12.5%。在年龄构成上,所占比例较大的年龄段为31~35岁以及36~40岁,上述年龄段的受访者各占19.4%。其次为51~55岁的受访者,占16%,以及46~50岁的受访者,占14.9%。从受访商务游客的访澳次数来看,第一次来澳门的游客相对较少,仅占17.4%,而来澳门6次及以上的商务人士则占43.4%。在受访者的访澳目的方面,商务洽谈及业务往来所占比例相对较高,分别占27%及24.9%;其次为参加展览和参加会议,分别占17.6%和15.6%。参与奖励旅游的占4.2%,市场考察商务人士占5.5%,其他目的受访者占5.2%。受访者中,只有10.4%表示不在澳门过夜,其余的受访者均在澳门停留时间超过1天。有38.1%的受访者表示在澳门停留3~4天,还有31.1%的受访者在澳门停留时间为1~2天。从受访商务游客的来源地看,中国内地、中国香港、中国台湾以及东南亚国家和地区的受访者比例相对较多,其所占比例分别为30.1%、26.3%、17%以及12.8%。可见,受访者符合调查研究的对象要求,即在澳门停留一段时间的商务游客。受访者的客源地分布结构与访澳旅客的比例大体相当,也从一定程度上表明了此次调查结果具有一定的代表性。

3.3 内容信息编码处理

内容分析法在具体操作上可分为6个步骤,即确定问题、确定分析单元、抽取样本、制定分析体系、编码和计算、分析解释[21],[22]。在研究问题和分析单元方面,笔者以受访者对澳门形象的语言表达为分析单元,以访澳商务人士的总体形象感知以及感知行为规律为研究问题。为了能进行后续的编码计算及量化分析等工作,需要选择适当的理论框架以制定分析体系。一般情况下,分析体系的制定需要考虑研究对象的具体特征并保证有效性。为此,笔者以国内外旅游感知形象研究成果为基础,建立形象感知要素的分析体系。

在形象感知的要素构成方面,斯拉特(Staler)认为,旅游感知形象与目的地的气候条件、自然资源状况、基础设施、旅游接待服务、文化和经济、政治、社会等因素有关[23]。加拉尔萨、吉尔和卡尔德隆(Gallarza, Gill & Calderon)在总结相关研究的基础上,认为感知形象主要与各种活动、景观环境、自然状况、文化吸引、夜间娱乐、住宿条件、社会交流、服务质量安全状况、饮食、价格价值以及可进入性等有关[24]。贝尔利和马丁(Beerli & Martin)也在文献整理的基础上提出自然与人文景点、旅游设施及服务、社会环境与气氛以及情感等是旅游感知形象的主要因素[25]。笔者通过综合上述研究成果,认为旅游感知形象的要素架构包括12个方面的内容,即:餐饮产品、住宿接待、交通设施、旅游吸引物、购物体验、服务质量、自然资源与环境、市容市貌、居民友善程度、社会文化与气氛、经济发展态势、历史和政治等。其中前6个要素属于游客的细节旅游体验,后6个要素属于对城市的整体感知。在构建分析体系的基础上,笔者邀请了两名工作人员对实地调查过程中搜集到的270位访澳商务游客的反馈信息进行归类编码。通过对比,两名工作人员的编码结果具有较高的一致性,笔者对于编码的结果也较为认同。可以判断,此处构建的分析体系具有较好的可信度。反馈信息的编码结果详见表1。

表1 受访者反馈信息在形象要素间的分布比例(%)
Tab.1 Image attributes perception responses distribution percentage(%)

形象要素	第一提及词汇	第二提及词汇	第三提及词汇	正面印象点	负面印象点
餐饮产品	5	8	12	17	2
住宿接待	2	4	4	8	0
交通设施	3	6	10	6	46
旅游吸引物	49	35	22	17	5
购物体验	0	2	4	4	1
服务质量	1	1	0	7	12
自然资源与环境	9	8	10	1	6

续表

形象要素	第一提及词汇	第二提及词汇	第三提及词汇	正面印象点	负面印象点
市容市貌	8	9	11	18	6
居民友善程度	2	2	2	9	15
社会文化与气氛	11	15	17	9	4
经济发展态势	8	6	4	4	2
历史和政治	2	3	4	1	2

4 研究发现

4.1 受访者的总体形象感知

形象感知要素在第一、第二及第三提及词汇中出现频率最高的 5 位分别为：旅游吸引物、社会文化与气氛、市容市貌、自然资源与环境、餐饮产品。由此可见，受访者对这 5 类形象要素的感知相对较为强烈。

具体到词汇的内容来看，在描述澳门吸引物的 229 个词汇中，博彩相关的词汇占 78.6%，如"博彩"及部分博彩酒店的名称等。大三巴牌坊约占旅游吸引物词汇的 10.48%。其次为与节庆活动相关的词汇，约占 3.93%，如"焰火"、"节事"、"活动"等。"旅游塔"、"旅游景点"、"历史景点"等词汇出现的频率较低，均占吸引物词汇的 1.75%。而"妈祖庙"和"教堂"仅出现过 2 次。可见，受访商务旅客对澳门旅游吸引物感知较为单一，博彩之外的吸引物感知不多，特别是世界文化遗产类吸引物感知还相对较弱。

在描述社会文化与气氛的 90 个词汇中，有 32.2% 提及欧式文化，代表词汇有"欧洲文化""文化""葡国文化"等。有 22.2% 提及悠闲和自由，代表词汇包括"休闲""放松""自由"等。有 14.4% 对安全的感受较为明显；认为节奏慢的约占 6.7%；"安静"占社会文化及气氛相关词汇的 5.6%。可见，自由与休闲的欧式文化是访澳商务人士印象较深的部分。

在有关市容市貌的 57 个词汇中，21.1% 的认为景观较美；各有 15.8% 的认为城市古朴及较为拥挤；其余的词汇相对较为分散，且出现频率在 2 次以下。可见，澳门市容市貌给商务人士的印象是美丽、古朴但是较为拥挤。

受访者共提及 56 次自然资源与环境有关的内容。其中，对于"小城市"特征感受最为明显，约占自然资源与环境感知的 71%；其次是对气候的感知，占该类感知要素的 16%。

在受访者提及的 47 个餐饮产品相关词汇方面，64% 较为笼统地提及美食，有 23% 的受访者提及澳门的小吃，其中蛋挞和猪扒包是唯一提及的具体食品。此外，有 6% 的受访者提及葡式美食。

通过上述频数分析，笔者可以将商务游客对澳门形象的感知归纳为：集聚博彩娱乐、各类节庆活动和特色美食的休闲小城，拥有欧式文化和美丽古朴的城市景观。

4.2 受访者对形象感知要素的情感评价

从表 1 可见，商务游客对澳门旅游形象的正面感知主要集中于市容市貌、餐饮产品和旅游吸引物等三个方面;而负面感知则主要集中于交通设施、居民态度以及服务质量等三个方面。

在具体内容上,游客提及的 42 个市容市貌正面感知词汇中,43% 的受访者对城市干净有序印象较深;20% 的受访者对建筑景观有正面感知;15% 对城市景观有正面评价。在 42 个餐饮产品的正面感知上,90% 的受访者仅提及有较多美食,但是没有给出具体的描述;有 5% 的受访者提及葡国餐。在 38 个旅游吸引物的正面感知方面,82% 的受访者对博彩娱乐场所印象深刻;各有 8% 的受访者对历史城区和名胜景点有正面评价,还有 3% 的受访者对高尔夫运动有深刻印象。

在交通设施的 91 个负面感知方面,65% 的受访者感觉城市内部交通不便;各有 12% 的受访者认为出入境不便和交通过于拥挤。在居民态度的 29 个负面感知方面,52% 的受访者感觉语言交流不方便;21% 的受访者认为居民不够友善。在 24 个服务质量负面感知上,63% 的受访者认为司机的服务态度有待改善;33% 的受访者认为总体旅游服务质量不高;4% 的受访者认为服务效率较低。这些负面形象感知要素也向相关管理部门指明了旅游形象完善和提升的方向。

4.3 商务游客形象感知行为特征差异

为了进一步探讨受访者在形象感知方面的行为特征,笔者在上述编码的基础上,借助 SPSS 中的均值比较,对不同群体的形象感知特征进行了分析。

分析结果显示:访澳目的、停留时间,以及所属行业不同的商务人士在形象感知的侧重点上存在显著差异。不同性别和客源地的受访者在负面形象感知方面,以及不同消费水平的商务人士在正面形象感知方面有显著差异。

具体而言,在不同访澳目的人士中,对细节旅游体验最为注重的是参与奖励旅游的游客,其次为商务洽谈的人士。对城市整体感知最为注重的是市场考察的游客,其次是参加会议的人士。参与展览的人士对于上述两个方面的关注程度大体相当。

从停留时间的长短来看,随着停留时间的增加,游客会更多地关注城市整体感知。相对其他游客,在澳门停留 3～4 天的游客在形象感知方面更多地提及城市整体感知方面的要素。

从商务人士所属行业来看,进出口贸易、会展业、制造业、零售业以及金融业等商贸类人士较为关注城市的整体感知。建筑业、教育与科研、物流业、IT 以及旅游相关行业的人士则更为侧重于对细节旅游体验的感知。

在形象的负面感知方面,女性更为关注城市的整体形象感知,男性则对细节旅游体验中的负面感知印象较深。从受访者的客源地来看,来自欧洲、中国内地的商务人士对城市整体感知的满意度不高;来自葡语系国家、中国香港以及中国台湾的受访者对细节旅游体验的负面感知较多。

在形象的正面感知方面,数据显示,人均消费水平越高,则正面感知更多地来自城市的整体感知要素。其中,人均天消费在 501～800 元人民币之间的游客,对澳门的正面评价更多表现在城市的整体感知方面。

4.4 影响商务游客口碑宣传意愿的形象要素

口碑宣传是旅游形象推广的重要途径之一。为了探讨商务游客在目的地宣传方面的行为特征,笔者借助对应分析的方法,对正面及负面形象感知与推荐他人来澳门旅游的意愿间的关系进行了研究。

透过对应分析的数据可知，游客的正面形象感知与宣传意愿间关系的前2个维度包含了74.5%的原始信息。负面形象感知与宣传意愿间关系的前2个维度则包含了82.2%的原始信息。详见表2。

表2　正面及负面感知与宣传意愿对应分析结果
Tab.2　Positive perception and negative perception correspondence analysis results weighted by recommending willingness

维度	正面感知				负面感知			
	奇异值	惯量	惯量比例		奇异值	惯量	惯量比例	
			维度贡献率	累积贡献率			维度贡献率	累积贡献率
1	0.337	0.114	0.491	0.491	0.427	0.183	0.554	0.554
2	0.243	0.059	0.254	0.745	0.297	0.088	0.268	0.822
3	0.213	0.045	0.195	0.940	0.179	0.032	0.097	0.919
4	0.118	0.014	0.060	1.000	0.163	0.027	0.081	1.000
合计		0.232	1.000	1.000		0.330	1.000	1.000

从2个维度对推荐澳门旅游意愿的解释程度来看，负面形象感知中的"一定不会推荐"和"一定会推荐"的感知要素未被很好地解释，2个维度的贡献率仅分别为4.6%和4.9%。笔者认为，可能只有在某些极端情况下，游客才会拒绝推荐他人前往某旅游地。为此，负面形象感知对于"一定不会推荐"选项解释度不高应属于正常的结果。2个维度对推荐意愿其余部分的解释程度则较为理想，详见表3。

表3　维度对游客推荐澳门旅游意愿的贡献度
Tab.3　The contribution degree by dimensions on willingness for recommending travel to Macao

推荐澳门旅游的意愿	正面感知			负面感知		
	维度对行变量的贡献度			维度对行变量的贡献度		
	维度1	维度2	合计	维度1	维度2	合计
一定会推荐	0.878	0.082	0.960	0.030	0.018	0.049
可能会推荐	0.213	0.509	0.722	0.488	0.245	0.733
不确定	0.650	0.013	0.663	0.023	0.962	0.985
可能不会推荐	0.211	0.212	0.424	0.973	0.024	0.997
一定不会推荐	0.284	0.605	0.889	0.002	0.044	0.046

笔者借助向量分析法就对应分析散点图进行研究，以找到对推荐他人来澳门旅游的意愿影响较大的因素。具体而言，先将散点图的坐标原点与某一推荐意愿选项连线，则得到某

一推荐意愿的向量,再由各感知属性向该向量做垂线,该垂线越短则表明该属性对于该推荐意愿的影响越明显。详见图1。

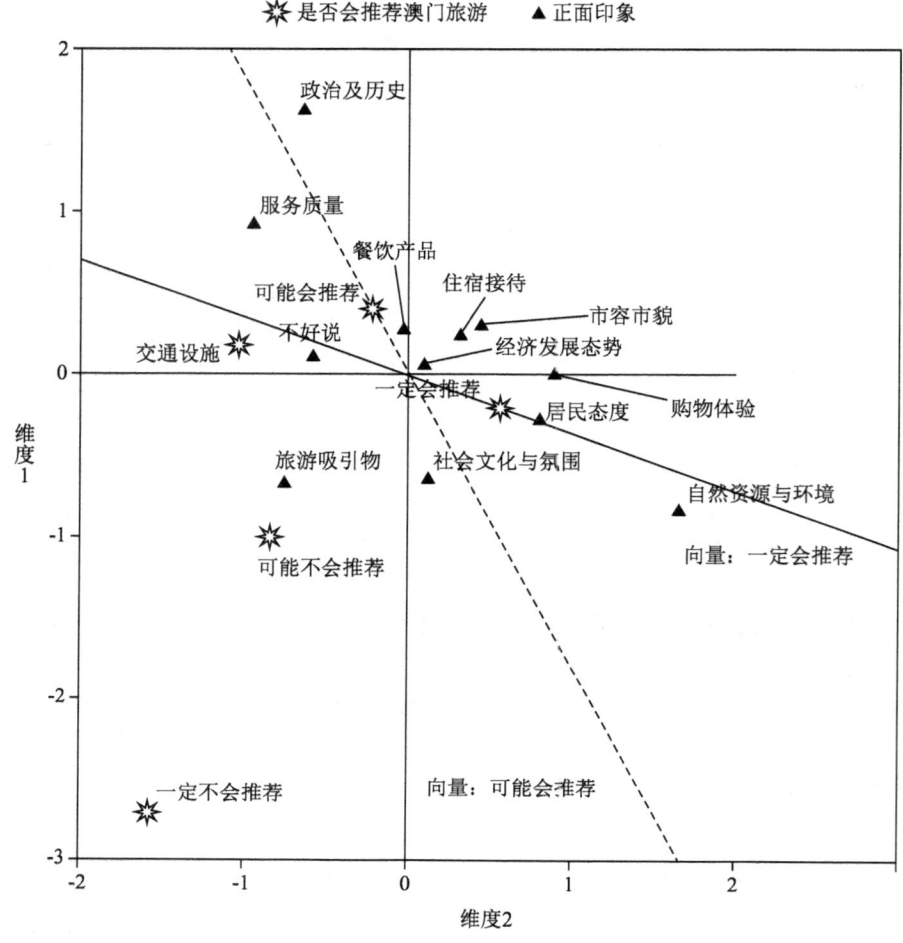

图1 影响游客推荐意愿的正面感知要素分析图
Fig. 1 The willingness of recommendation influenced by positive perception attributes

由该方法分析可知,居民态度、交通设施以及经济发展态势等形象要素的正面感知会令旅游者更偏向于一定推荐他人来澳门旅游。餐饮产品、社会文化氛围以及政治历史等形象要素的正面感知会有助于旅游者推荐他人来澳门旅游。同理可得,社会文化与氛围、自然资源与环境以及服务质量的负面感知会增强旅游者不推荐他人来澳门旅游的意愿。

值得注意的是,分析结果显示,旅游吸引物的正面感知对商务游客推荐澳门旅游的正面作用并不明显。笔者认为,这可能与商务人士对旅游观光的需求相对不高有关,也可能与受访者对澳门旅游吸引物的感知以博彩娱乐为主有关。

通过上述分析可知,要提升商务游客推荐他人来澳门旅游的意愿,则需要注重增强商务人士在居民态度、交通设施、经济发展态势,以及社会文化氛围等方面的正面感知,并尽量减少商务人士对自然资源与环境以及服务质量的负面感知。

5 结论与建议

访澳商务人士对澳门旅游形象的总体感知为:集聚博彩娱乐、各类节庆活动和特色美食的休闲小城,拥有欧式文化和美丽古朴的城市景观。该感知形象与澳门的旅游特色较为一致。然而,较为遗憾的是,商务游客对澳门世界文化遗产吸引物的感知较弱。在美食感知方面,虽然商务人士对美食的感知较强,但缺乏对具体食品的直接联想。可见,澳门需加大对世界文化遗产旅游产品的开发和推介力度,打造美食产品的标志品牌。同时,优化旅游目的地形象,也应结合不同群体在形象感知方面的行为规律,实现针对性的优化和提升。

此外,为增强商务游客对澳门旅游宣传的口碑效应,澳门应提供更为便捷的市内交通和出入境服务,居民也应进一步增强语言及交流能力。作为国际旅游城市,澳门特区政府则应注重协调居民与旅游者的利益,以保证居民能与旅游者友善共处。

旅游形象按照其形成过程,可分为原生形象、次生形象以及复合形象。本研究仅针对复合形象进行了探讨,今后如能结合原生形象和次生形象进行对比分析,则可更加有助于了解旅游者的形象感知行为的演变特征。此外,此次构建的感知形象内容分析法的分析和编码体系为初步尝试,未来还有待进一步研究和完善。

参考文献

[1] Crompton J. L. An assessment of the image of Mexico as a vacation destination and the influence of geographical location upon that image [J]. *Journal of Travel Research*,1979,17(4):18-23.

[2] Phelps A. Holiday destination image:The problem of assessment [J]. *Tourism Management*,1986,7(3):168-180.

[3] Gartner W. C., Hunt J. D. An analysis of state image change over a twelve year period(1971~1983)[J]. *Journal of Travel Research*,1987,16(2):15-19.

[4] Richardson S. L., Crompton J. L. Cultural variations in perceptions of vacation attributes [J]. *Tourism Management*,1988,9(6):128-136.

[5] Pearce P. L. Perceived changes in holiday destinations [J]. *Annals of Tourism Research*,1982,9(2):145-164.

[6] Gartner W. C. Tourism image:Attribute measurement of state tourism products using multi-dimensional scaling techniques [J]. *Journal of Travel Research*,1989,28(2):16-20.

[7] Baloglu S., McCleary K. A model of destination image formation [J]. *Annals of Tourism Reasearch*,1999,26(4):868-897.

[8] 黄震方,李想. 旅游目的地形象的认知与推广模式[J]. 旅游学刊,2002,17(3):65-70.

[9] 杨永德,白丽明,苏振. 旅游目的地形象的结构化与非结构化比较研究——以阳朔旅游形象测量为例[J]. 旅游学刊,2007,22(4):53-57.

[10] Thomas J. S. Methods of Social Research [M]. Orlando:Harcourt College Publishers,2001:296-297.

[11] 邱均平,余以胜,邹菲. 内容分析法的应用研究[J]. 情报杂志,2005,24(8):11-13.

[12] 卢小丽,武春友,Holly Donohoe,等. 生态旅游概念识别及其比较研究——对中外40个生态旅游概念的定量分析[J]. 旅游学刊,2006,21(2):56-61.

[13] 曾武灵,汪克夷,王春辉. 基于内容分析法的滨海生态旅游概念识别研究[J]. 科技与管理学报,2010,12(6):6-11.

[14] 林刚,石培基. 关于乡村旅游概念的认识——基于对20个乡村旅游概念的定量分析[J]. 开发研究,

2006,(6):72-74.

[15] 张安民,梁留科.基于内容分析法的主题公园概念识别标准研究[J].桂林旅游高等专科学校学报,2008,19(1):39-54.

[16] 范向丽,郑向敏.内容分析法在旅游安全研究中的应用——以我国女性游客安全事故报道研究为例[J].北京第二外国语学院学报,2010,32(3):37-44.

[17] 戴光全,陈欣.旅游者摄影心理初探——基于旅游照片的内容分析[J],旅游学刊,2009,24(7):71-77.

[18] 张文,顿雪霏.探讨大陆游客对台湾旅游目的地形象的感知——基于网上游记的内容分析[J].北京第二外国语学院学报,2010,32(11):75-83.

[19] 肖亮,赵黎明.互联网传播的台湾旅游目的地形象——基于两岸相关网站的内容分析[J].旅游学刊,2009,24(3):75-81.

[20] Echtner C. M., Brent Ritchie J. R. The measurement of destination image: An empirical assessment [J]. *Journal of Travel Research*,1993,31(4):3-13.

[21] 李本乾.描述传播内容特征,检验传播研究假设——内容分析法简介(下)[J].当代传播,2000,(1):47-51.

[22] 余娟.论心理学研究中的内容分析法[J].河西学院学报,2006,22(1):74-77.

[23] Stabler M. J. The image of destination regions: Theoretical and empirical aspects[A].//: Goodall B., Ashworth G. Marketing in the Tourism Industry—the Promotion of Destination Regions[C]. London: Routledge,1988:133-159.

[24] Beerli A., Martin J. Factors influencing destination image[J]. *Annals of Tourism Research*,2004,31(3):657-681.

[25] Gallarza M. G., Gill I. S., Calderón H. G. Destination image: Towards a conceptual framework [J]. *Annals of Tourism Research*,2002,29(1):56-78.

Non-structured Measurement of Perceived Image in Tourism Destinations
——Taking Perceived Features of Macau Business Tourists as A Case

LI Xi[1], YE Sheng[2], WANG Dong[3]

(1. *Faculty of International Tourism and Management, City University of Macao, Macao SAR* 999078, *China*;

2. *Faculty of International Tourism, Macao University of Science and Technology, Taipa* 999078, *China*;

3. *Faculty of Business Administration, Jilin University, Changchun* 130012, *China*)

Abstract: The measuring methods of tourists' perceived image can be divided into two categories: structured measuring approach and non-structured measuring approach. Though non-structured measurement can understand tourists' perceived factors and attributes more comprehensively, the analysis methods still remain on the preliminary levels of frequency statistics, ratio analysis and arrangement in a sequence, which are meaningless in terms of the analysis of tourists' perception features and the optimization of destination image. The paper attempts to introduce the content analysis approach into the non-structured measurement of tourists' image perception and help excavate non-structured perception data, so as to extract tourists' perceived image, analyze tourists' image perceived regulation and discuss the destination image factors that affect tourists' willingness to promote destination image. The paper, based on the questionnaire regarding the measurement of tourism destination image proposed by Echtner and Ritchie, makes an adjustment to form final means for investigation and testing. Then the paper, with business tourists as object of study, obtains the non-structured image perceived data and handles the measurement information with content analysis method. It is revealed that those business tourists visiting Macau have overall perception of tourism image as follows: a leisure small city filled up with lottery and entertainment facilities, various kinds of festival activities and featured cuisine; possessing European culture and beautiful, simple urban landscape. Such positive perceptions as residents' attitude, transportation facilities and economic development trend will influence the tourists' willingness to recommend travel to Macau. Such image factors and positive perception as cuisine products, sociocultural atmosphere and political history will help tourists promote travel to Macau, but such negative perceptions as sociocultural atmosphere, natural resources and environment as well as service quality will reduce tourists' willingness to recommend Macau.

Key words: content analysis method; perceived image; non-structured measurement

（原载《旅游学刊》2011 年第 12 期）

网络口碑对游客旅游目的地选择的影响研究

赖胜强[1] 唐雪梅[2] 朱敏[3]

(1. 重庆理工大学工商管理学院,重庆 400054;
2. 西南政法大学管理学院,重庆 401120;
3. 西南财经大学工商管理学院,成都 610074)

摘　要:本文从网络口碑的视角研究社区留言对游客旅游目的地选择的影响,以浙江省2007年各大旅游景区全年接待人数数据和国内两个旅游网站上的网络口碑信息为样本,运用多元回归法研究了网络口碑数量、口碑态度和口碑质量与旅游景区接待数量之间的关系。研究结果表明,网络评论、旅游博客的数量以及图片数量等与景区接待量具有显著的正相关关系,而评论评分和评论的质量等与景区接待量的正向关系不显著。

关键词:旅游目的地;网络口碑;旅游行为;口碑

引言

随着旅游市场的繁荣,可供游客选择的旅游目的地日益增多。在游客出游时,哪些因素会影响游客旅游目的地的选择成为游客行为研究的重点。纵观现有的研究,主要从两个方面展开:一方面主要探讨旅游者自身内在因素的影响,如徐菊凤[1]主要从出游频率、出游方式、旅游偏好、旅游消费价值观的角度探讨了游客目的地选择的行为模式;另一方面是研究旅游者所处的外部环境影响,如吴必虎[2]分析了距离、目的地属性、游客所处情境等客观要素的影响,张朝枝等[3]研究了旅行社对游客旅游决策的影响。在外部影响因素的研究中,目前还比较缺乏探讨外部信息的影响。事实上,由于旅游决策风险性较高,游客需要搜集外部信息来降低感知风险,因此外部信息对旅游目的地选择有较大影响。游客获取外部信息的渠道包括了企业的宣传广告信息和他人的口碑信息等,在获取渠道中互联网是主要方式之一。游客可以阅读网上其他游客的留言来了解旅游景区的情况,而游客在网络上张贴文章的行为等同于人与人之间的口碑沟通行为,只是信息呈现的形式由声音转换成书写的形式[4]。因此,网络口碑(Electronic Word of Mouth,EWOM)成为影响游客旅游决策的又一关键因素。余晓娟[5]分析了旅游者留言的网络社区所存在的三大功能,即旅游信息资源积累

基金项目:国家自然科学基金项目(70771092)。
作者简介:赖胜强,重庆理工大学工商管理学院讲师,博士;唐雪梅,西南政法大学管理学院副教授,博士;朱敏,西南财经大学工商管理学院教授,博士生导师,博士。

和查询功能、旅游咨询功能、旅游组织功能,但她仅仅定性地研究了旅游社区对旅游决策的影响。本文将从网络口碑的视角定量研究社区留言对游客旅游目的地选择的影响,采用多元回归的方法分析旅游社区的网络评论信息与各旅游景区实际接待人数之间的关系,研究成果将为旅游目的地营销和旅游网站信息管理提供理论指导。

文献回顾与理论假设

1. 网络口碑文献回顾

口碑作为一项人类的基本行为一直起着信息传播的作用,在网络信息高度发达的今天,口碑突破了传统面对面的传播方式,网络口碑已成为非常普遍的现象。Newman[6]将网络口碑定义为两个或者多个消费者之间以电脑为中介进行的文本交换。Hennig[7]将其定义为潜在、实际或者先前的顾客对产品或者公司的任何正面或者负面的评论,该评论能通过网络传递给大众群体或者组织。从上述定义可看出,网络口碑区别于传统口碑的关键是信息沟通的渠道不同。网络口碑是以互联网为平台,通过电子布告栏、在线论坛、电子邮件、聊天室、博客等多种形式进行传播,与传统口碑相比具有传播范围更广、速度更快、匿名传播、异步传播等特点[8],同时还具备便于搜寻的优点。正是由于上述原因,口碑这个人类最古老的信息传播方式在网络时代才又焕发出勃勃生机。

网络口碑是消费者网上发表的有关商品和服务的体验评论,Hennig[7]认为消费者发帖动机包括了信息共享、关心他人、社会利益、释放情绪等。尽管发帖动机不同,但顾客满意度是影响口碑传播意愿的一个重要因素,Anderson[9]研究指出,满意度与口碑传播呈现 U 形关系,即在高度满意和高度不满意时,口碑传播的意愿最高。满意度高的顾客传播正面口碑,满意度低的顾客传播负面口碑。由于口碑发送者在论坛中发表的信息主要是表达其消费态度,没有任何商业动机,人们感觉这些由大量消费者提供的消费感受和经验是值得信任的[10]。因而,网络口碑信息比厂商主导的网络广告信息具有更强的可信度,这也是网络口碑具有强大影响力的主要原因。对于网络口碑传播效果产生的机制,郭国庆等[11]认为,口碑是通过影响消费者的态度来影响其消费行为的,而影响网络口碑传播效果的因素,目前学者认为网络口碑数量和网络口碑的态度是重要的影响因素。从网络口碑数量看,当两个或两个以上的人在网上都表达出相同的意见时,口碑的效果比只有一个人陈述的意见更明显,在论坛上有不同的人回应相同的意见时,将提高信息的可信度[12];网络评论的正负态度会实际影响产品销售,正向口碑有助于提升产品的知名度和美誉度,负向口碑则相反。Chevalier等[13]以 Amazon 和 Barnes & Noble 两个电子商务网站的消费者书评为对象,研究发现书籍的评分均值越高则书籍销量越大。

而对于旅游这种不可事前体验的服务而言,游客在做出旅游目的地决策之前往往会通过各种外部渠道搜寻信息来减少决策风险,徐菊凤[1]通过问卷调研发现亲友推荐是影响旅游决策的重要因素;Shanka 等[14]在研究旅游目的地的选择方法中发现许多澳大利亚人的旅游决策是基于口碑沟通;Gretzel 等[15]的实证研究发现四分之三的游客在旅游之前都会查询网上的消费者留言来搜集信息。一般来说,游客通过网络进行信息搜寻是基于个人需求而采取的主动行为,搜寻的信息更加符合搜寻目的,对于接收到的信息会产生较低的排斥感,因此游客搜集的网络口碑信息更容易影响其旅游决策。对此,本文从网络口碑情况与旅游景区接待情况之间的关系入手,研究网络口碑数量、网络口碑态度和网络口碑内容质量三个维度对旅游目的地选择的影响。

2. 网络口碑数量与旅游接待人数的关系

目前我国旅游网站上,旅游景区的网络口碑主要表现为网络评论、博客和旅游问答等形式。网络评论主要是游客在旅游论坛中描述自己正面或负面的旅游感受,介绍一些旅游的信息或进行旅游推荐等。对景区的评论数量越多,说明越多的人对这个景区感兴趣,促使景区成为网上热议的"焦点",潜在游客也能从众多的评论中更为深入和全面地了解该景区情况。同时,当有更多的人对景区表达相似的意见时,也提高了读者对评论的信任度,促进其对该景区的选择。因此本文提出假设:

H1-1:旅游网络评论的数量与景区旅游接待人数呈正相关。

博客(Blog)是一种十分简易的个人信息发布方式,旅游博客与评论不同的是其篇幅更长,信息量更大,它是旅游爱好者在游览后对旅游的经历和感受较为详细的描绘。对旅游景区介绍的博客越多,越可以使阅读者深入了解在该景区旅游的精彩经历,激发其前往旅游的动机。Doris[16]对网站上的旅游博客进行了研究,结论认为旅游博客数量越多越会促进旅游网站的信息搜寻、促销等基本功能。因此本文提出假设:

H1-2:旅游博客的数量与景区旅游接待人数呈正相关。

旅游问答是潜在的游客对于旅游目的地的住宿、游览的路线、门票价格等情况进行咨询,而由其他的游客来做出回答。这些问答可以增加信息的透明度,帮助游客减少对出行的担忧。某个景区的旅游问答数量越多,进行信息搜寻的游客越可以从中获得更多的景区信息,减少感知的旅游风险。因此本文提出假设:

H1-3:旅游问答的数量与景区旅游接待人数呈正相关。

3. 网络口碑态度与旅游接待人数的关系

游客在旅游之后获得了满意或不满意的旅游感受,在对旅游景区的评论中会描述出这些感受,表达对景区正面或负面的态度。这是消费者口碑不同于企业宣传广告的特征之一,企业广告往往只有正面的介绍,而口碑态度是双面的。口碑信息的双面性一方面进一步增强了消费者对口碑信息的信任度,另一方面消费者也能从这些双面性的口碑信息中,较为全面地了解产品的情况。从口碑态度的作用来看,正面口碑会帮助旅游景区宣传建立良好的形象,而负面口碑往往会破坏景区的旅游地形象[17],减少游客对景区的选择。当旅游评论中的负面口碑所占的比例较高时,表明有很多游客对景区不满,这会造成读者对景区的负面认知,增强了选择此景区的感知风险,减少潜在游客对景区的选择。因此本文提出假设:

H2-1:旅游评论中负面口碑所占的比例与景区旅游接待人数呈负相关。

旅游评论的评分是游客对景区的总体感受,表达了游客对景区的口碑态度。当游客获得了满意的旅游经历后,往往会在评论中给予景区较高的评分(最高分为5分);相反当旅游景区的服务差或景点风光与预期有较大的差距时,游客就会产生不满意,在网络评论中给予景区较低的评分(最低分为1分),对景区所有的评分进行汇总可以得到评分均值。目前,网站往往将这个评分均值直接在评论的页面中显示出来,反映众多游客对景区旅游的态度倾向。读者可以通过这个评分均值来了解景区的质量,景点的评分均值越高说明有越多的游客对该景区表示认同,这有助于提高潜在游客对景区质量的正面认知。因此本文提出

假设:

    H2-2:景区网络评论的评分均值与景区旅游接待人数呈正相关。

    4. 网络口碑内容的质量与旅游接待人数关系

网络口碑不同于传统口碑面对面的语言信息传递,它主要依靠文字和图片等来传递信息。过去口碑发生在消费者之间,企业对于口碑的内容难于监控和了解,而网络口碑的书写形式,为我们对口碑内容进行分析提供了方便。网络口碑信息质量有高低之分,质量高的评论是内容书写较为翔实和具有较高吸引力的。低质量的网络口碑往往书写较为简单或属于陈述不清的信息,如"是个不错的景区",这样的评论尽管表达了态度,但没有更多地提供信息,这样的评论对于旅游决策的价值不大。而高质量的网络评论较为详细,不仅表达出作者的态度而且还比较详细地描述其原因,往往能给读者传递更多、更全面的信息。Lee[18]通过实验法研究证实高质量的网络口碑信息比低质量的信息对消费者决策的影响更大。若旅游评论中高质量评论所占的比例高,就能给游客更多有价值的信息,促进读者选择该旅游景点。因此本文提出假设:

    H3-1:高质量的旅游评论所占的比例与景区旅游接待人数呈正相关。

从旅游博客的内容上来看,旅游博客带有游记性质,博主在旅游中拍摄的照片是吸引读者阅读博客的重要因素,博客图文并茂的形式可以使读者感到如身临其境。博客中图片的数量越多,越容易吸引读者的点击阅读,而且众多的图片也能使博客读者较全面体验该景区旅游风景,对旅游景区留下深刻的印象,激发其前往旅游的动机。因此提出假设:

    H3-2:博客中的图片数量与旅游景点接待人数呈正相关。

研究设计

    1. 变量的设计

(1)被解释变量。为了反映游客的旅游目的地选择情况,以旅游景区的全年接待人数(REC)作为被解释变量。

(2)解释变量。解释变量主要反映网络口碑的状况,本文选择了网络口碑的数量、口碑态度、口碑质量三个维度来反映口碑状况。在具体的变量选择上,网络口碑数量维度的变量选择了网站上的关于旅游景区的博客数量(BLOG)、评论数量(REV)和旅游问答数量(ASK)。网络口碑态度维度的变量使用游客对景区评论的评分均值(SCO)和旅游评论的负面口碑比例(NWOM)。景区评论的评分均值是对该景区所有评论分值的统计平均值,而本文旅游负面口碑评论的操作性定义为游客在对旅游景区进行评论时持不满、批评、否定态度。某个景区负面口碑与所有评论的比值即为负面口碑比例。网络口碑内容质量维度的变量选择了高质量评论比例(HQR)和博客的图片数(PIC)来表示,高质量评论的操作性定义为字数在 50 字以上的评论,高质量评论比例是某个景区高质量评论数量与所有评论数量的比值。

(3)控制变量。在旅游目的地的选择过程中,景区的质量、目的地属性是重要的影响因素[2],因此本文选择了景区的类型(TYP)、质量等级(STA)和位置(PLA)作为控制变量。我国目前把旅游区(点)质量从高到低划分为不同的等级,不同质量等级会影响游客对各景区形象的评估,本文选择了虚拟变量来表示不同质量等级的风景区:{STA = 1(3A 景区以上),

STA = 0(3A 景区)}；游客出游动机不同会选择不同类型的旅游景区，本文将旅游目的地类型划分为四种类型：自然景观区 = TYP_1、历史古迹区 = TYP_2、公园园林区 = TYP_3、其他 = TYP_4。景区类型的取值采用虚拟变量，如对 TYP_1 而言，如果旅游景区属于自然景观区则取值为 1，否则取值为 0，其他类型的变量取值亦是如此。景区的位置是景区所在的地理区域，由于旅游者的出行距离一般较近，因此景区所在地的城市人口数量会影响景区的接待人数，本文将其地理位置划分为三个等级，PLA1 = 省会城市（杭州市），PLA2 = 地级市，PLA3 = 县，同样用虚拟变量来表示景区所在的城市类型。

2. 研究方法

为了分析网络口碑对游客旅游目的地选择的影响，本文采用了以下普通最小二乘法（OLS）的多元回归方程：

$$LG(REC) = \beta_0 + \beta_1(REV) + \beta_2(BLOG) + \beta_3(ASK) + \beta_4(SCO) + \beta_5(NWOM) + \beta_6(HQR) + \beta_7(PIC) + \sum_{t=1}^{3}\beta_{7+t}TYP_t + \beta_{10}STA + \sum_{i=1}^{2}\beta_{10+i}PLA_i + \varepsilon$$

其中，LG 代表自然对数，β_i 为待估参数，ε 为随机误差项。

样本选取和样本描述

1. 样本选取

本文以浙江省 2007 年所有的 3A、4A、5A 景区接待情况和两家旅游网站上的游客网络口碑作为研究对象。选择浙江旅游景区的原因是浙江旅游资源丰富，游客出行时选择性较强。浙江省各大景区的 2007 年全年接待人数是从浙江旅游网上的旅游统计资料中获取的，共收集到 122 家数据。网络口碑信息是从国内知名旅游网站同程旅游网（www.17u.com）和携程旅行网（www.ctrip.com）上获取的。考虑到游客往往是在旅游之前上网搜寻景区信息，而网络口碑信息可以在网上保留，2007 年及以前的网络口碑信息都可以对阅读者产生影响，所以我们统计了 2007 年以前两个网站上所有的样本景区的旅游评论、游客博客、旅游问答等信息。剔除缺乏相关数据的景区，最后实际获得景区研究样本共 108 家，其中 5A 景区 3 家、4A 景区 64 家、3A 景区 41 家。

对于旅游评论中负面口碑数量和高质量评论数量的统计，我们采用了内容分析的方法（Content Analysis），由两名旅游专业的大学生对评论的负面性和质量进行编码统计，统计某一景点负面性和高质量旅游评论的比例，对于部分景点的评论数量在 40 条以上（4 页）的，我们则采用了系统随机抽样的方式来统计分析负面性口碑和高质量口碑的数量。在对旅游评论的内容分析过程中，先对编码人员进行培训，使其了解相关定义及操作方式，再以共同的范例让编码人员阅读以提高编码的一致性。培训之后，选择了三个景区的 50 个网络口碑信息进行前测，对内容分析的信度采用了 Smith 等[19]所提出的信度分析方式，信度 = $N \times A / 1 + [(N-1) \times A]$，其中 N 为编码人数，A 为平均相互一致度。两名编码人员对负面口碑和高质量口碑编码的信度分别为 0.93 和 0.96，均高于 0.9 的信度要求。

2. 样本描述

本文使用 Eviews3.1 和 SPSS13.0 作为统计工具对样本数据进行分析。对各大景区的口碑数量、正负口碑态度、口碑质量状况以及全年接待人数等进行了描述统计，结果见表 1。统计结果显示，2007 年浙江 5A 景区全年平均接待人数是 1076 万，4A 景区是 710 万，3A 景区是28.7万。可以看出,旅游景区的质量等级越高,则平均接待人数越多。网络口碑数量中的评论、旅游博客、旅游问答的平均数,5A景区分别是111条、193条、58条。4A景区分别是22条、23条、3条,3A景区分别是5.1条、3.9条、1条;网络口碑态度维度中三种类型景区的评论均分值分别为3.3、3.3、3.1,负面口碑的比例平均分别为0.11、0.15、0.31。网络口碑的质量维度中,三种类型景区的博客图片数平均分别为1758、319、65,高质量评论的比例平均分别为0.39、0.38、0.31。从以上数据可以看出,网络口碑的数量、正向口碑态度比例、高质量口碑比例均呈现出从3A景区到5A景区的递增趋势。

表1 浙江省各大景区EWOM数据描述性统计结果

景区	5A景区(N=3)				4A景区(N=64)				3A景区(N=41)			
	Max	Min	Mean	Std	Max	Min	Mean	Std	Max	Min	Mean	Std
REC(万)	2745	165	1076	1446	710	5.6	117.4	136.7	211.6	0.4	28.7	34.2
REV	199	60	111	76.05	125	2	22	25.8	71	2	5.1	2.5
BLOG	354	114	193	139.4	252	7	23	46.1	39	0	3.9	7.1
SCO	4.2	2.6	3.3	0.81	4.9	1	3.3	0.88	5	1	3.1	0.69
ASK	72	49	58	11.9	109	0	3	9.9	17	0	3	2.9
NWOM	0.16	0.05	0.106	0.055	0.24	0.07	0.15	0.097	0.5	0	0.3	0.2
HQR	0.6	0.33	0.39	0.14	0.73	0.12	0.38	0.14	0.67	0	0.31	0.28
PIC	2658	1152	1758	850	1950	1	319	606	784	0	65	173

结果分析

1. 模型检验

本文使用统计软件Eviews3.1对本文建立的多元回归模型进行分析,以验证各项假设。模型1将网络口碑数量维度的三个变量和控制变量与接待人数进行回归分析;模型2带入网络口碑态度的两个变量和控制变量与接待人数进行回归分析;模型3用网络口碑质量的两个变量和控制变量与景区接待情况进行回归;模型4是带入所有的变量与接待情况进行回归分析。从结果(见表2)可以看出,模型1的拟合优度R^2为0.34,F统计值为10.49,相伴概率是0.00,故其在1%的显著性水平下显著,D-W值为2.34排除了自相关的存在,且White检验值为2.117,相伴概率是0.906,表明不存在异方差,而且各变量对应的方差膨胀因子VIF值均小于10(由于篇幅原因不一一列出),能够排除自变量之间的高度多重共线性对模型的影响,故模型1总体上是有效的。模型2、模型3、模型4的回归结果也都有类似的结果,能排除自相关、异方差和多重共线性的可能,各模型总体上是可靠的。

2. 假设检验

对网络口碑数量的影响分析来看,网络评论的数量与景区全年接待人数呈显著的正相关关系($\beta_1 = 0.018, p = 0.013$),本文的假设 H1-1 获得支持;博客的数量与景区全年接待人数呈显著的正相关关系($\beta_2 = 0.0116, p = 0.039$),本文的假设 H1-2 获得支持;而旅游问答的数量和景区接待人数的关系不显著($\beta_3 = 0.007, p > 0.1$),本文数据不支持原假设 H1-3。网络口碑的评论和博客数量与景区接待人数相关性较强,这与多数学者研究得出的网络口碑数量对书籍销量、电影票房收入有正向影响的结论相类似。网络评论的数量越多,游客从这些口碑信息中得到的信息也就越多,多数旅游评论是游客在获得了满意的旅游后发表的感受,这些感受也能强化阅览者对景区的正面印象。而旅游博客内容多以详细介绍旅游经历以及游记攻略为主,这些信息是站在旅游者的角度介绍实际旅游的线路、食住情况,这是游客通过普通的景区介绍、旅游广告所不能获得的信息。较多旅游博客可以提高阅读者(口碑接受者)对这个旅游景区的认识,减少旅游的风险,增强出游动机。网站的旅游问答数与景区接待人数正相关关系不显著,出现这种情况的原因,可能在于目前网站上的一些提问必须由曾经去过的游客来答复,而网站对答复者缺乏必要激励使得实际的答复率并不高,某种程度上降低了潜在游客提问的积极性。

网络口碑态度维度中负面口碑的比例与景区接待情况呈显著的负相关关系($\beta_5 = -2.73, p = 0.062$),本文的假设 H2-1 获得支持。这说明网络评论中的负面口碑所占的比例越高,旅游景点的接待人数越少,这再次证明了负向口碑的巨大的破坏效应。Arndt[20]指出,利用正面口碑信息可以增加销售量,但负面口碑信息的力量是正面口碑的两倍以上,负面信息较容易吸引更多的注意,消费者出于规避风险的考虑,更愿意相信负面口碑信息。评论均值变量与景区的全年接待人数的正向关系成立($\beta_4 = 0.028, p > 0.1$),但不显著,本文的数据不支持假设 H2-1。这与其他学者研究认为网络评论的分值与书籍的销量相关的结论并不相同。但 Liu 在对雅虎网站上的电影评论分值和电影票房收入的研究中也认为两者关系不显著。我们认为这可能与产品的特点有关,旅游和电影都属于高体验产品,而顾客体验带有很强的个性化,游客对景区的这种体验差异性使评分缺乏标准,导致评分有较强的随意性。

表2 网络口碑数量、态度、质量对旅游目的地选择的影响

模型变量	模型 1	模型 2	模型 3	模型 4	本文假设
常数项	3.88*** (0.19)	4.13*** (13.42)	3.72*** (10.14)	4.03*** (0.58)	
REV	0.018** (0.0067)			0.02** (0.006)	支持 H1-1
BLOG	0.0116* (0.0038)			0.014* (0.022)	支持 H1-2
ASK	0.007 (0.003)			0.006 (0.002)	不支持 H1-3
SCORE		0.028 (0.013)		0.024 (0.014)	不支持 H2-2

续表

模型变量	模型1	模型2	模型3	模型4	本文假设
NWOM		-2.73* (1.69)		-1.12* (1.48)	支持 H2-1
HQR			1.37 (0.82)	1.49 (0.81)	不支持 H3-1
PIC			0.007** (0.002)	0.0048** (0.0019)	支持 H3-2
Control viable	-	-	-	-	
R^2	0.34	0.14	0.22	0.41	
F	10.49***	7.88*	4.59**	4.63***	
D-W	2.34	1.97	1.88	2.54	
WHITE 值	2.117 (p=0.906)	4.62 (p=0.32)	2.81 (p=0.58)	11.1 (p=0.67)	

注:括号中为估计标准误差误;*、**和 *** 分别代表0.1、0.05和0.01显著水平。

从网络口碑内容质量维度的影响来看,高质量网络口碑所占比例与旅游景区接待人数的相关关系不显著($\beta_6=1.37, p>0.1$),本文的数据不支持假设 H3-1。高质量口碑是写作较为详细、字数较多的评论,这些旅游评论往往是游客在旅游之后在网上发表的。从实际的统计结果来看,高质量口碑的写作与旅游体验的满意度之间没有相关性,旅游评论的质量状况更像是随机的分布。从博客的图片数与旅游景区的接待人数的关系来看,两者之间呈显著的正相关关系($\beta_7=0.007, p=0.02$),本文的假设 H3-2 得到了支持,旅游博客中图片数越多,景区的接待人数也越多。游客在旅游景区旅游时往往会拍摄照片来留作纪念,当景区有较多美丽的风景时,游客所拍摄的照片也越多,也就有更多的照片与他人分享。读者从这些博客的图片中能较为直观地了解景区的美丽风光和博主的旅游感受,激发其旅游动机,博客中图片的数量越多越能达到上述效果。

结论及政策建议

1. 研究结论

从本文对网络口碑与旅游景区的全年接待人数的关系研究中,可以看出网络口碑的评论数量、博客数量、负向口碑比例及其博客图片数量都与景区的接待数呈显著的相关关系,表明网络口碑对游客的旅游决策能够产生影响。在如今的 Web2.0 时代,具有高可信度的网络口碑信息正成为左右游客对旅游目的地认知的重要力量。除此而外,本文的研究发现,由于缺乏激励机制,旅游问答数量和旅游接待量的关系并不明显;而高质量网络评论的比例与景区接待量也不相关,尽管 Lee[18]通过实验法证实高质量口碑对消费者的影响更大,但本文研究发现景区高质量口碑的数量带有随机性,并非高满意度游客就会写高质量的评论,这导致高质量网络评论的比例对旅游决策的影响并不显著;同时,研究还发现对产品的网评打分带有很强的主观性,高体验产品评论分值具有很强的个性化,对产品销售影响的作用效果并不明显。对于如何提高高质量网络口碑的数量,以及评论分值与产品类型的关系,这些都值得后续展开研究。

2. 政策建议

网络口碑对游客选择旅游目的地不但具有较强的影响力,而且口碑信息传播还具有几乎零成本的优势。因此,各旅游企业在实施旅游目的地营销时,应重视网络口碑对游客行为的强大影响力,积极发挥网络口碑对旅游景区的宣传、推荐作用。对于具体如何实施,本文提出如下建议:

(1) 加强旅游网站的社区建设。旅游网站的社区是游客进行网上交流的主要场所,游客可以在社区里畅谈自己的旅游感受,对景区的风光和食、宿服务等发表评论。这些信息与企业宣传的单向性、片面性不同,它具有正、负评论和双向交流的特点,并且信息发布者没有商业动机,它比旅游企业的宣传更能影响消费者的旅游决策。旅游企业的网站应该建立讨论社区来方便消费者交流,用游客良好的口碑来促进旅游目的地的品牌宣传。

(2) 利用网络口碑监测旅游景区的接待情况。网络口碑的评论数量和博客数量等都与景区的接待数量呈正相关关系,因此旅游企业可以通过监测网络口碑数量的变化情况,对未来的接待情况做出预测。旅游企业也可以通过对游客在网上的旅游评论内容来评估旅游目的地形象、消费者的认知状况等,这样旅游企业就可以有针对性地进行旅游目的地的形象塑造和服务改进。

(3) 激励游客参与社区讨论。旅游社区上的对旅游目的地的评论、博客的数量越多越有利于提高景区的销售。但目前游客在旅游网站发表博客、评论热情还不是很高,一些旅游问答常常无人回应。因此,各旅游企业应采取各种手段激励游客在社区上发表评论和书写博客,如给予社区成员发帖相应的积分。对于写作较为详细的评论和内容丰富的博客,可以让读者推荐评为精华帖,给予较高的积分或社区地位,游客发帖所获的积分可以在以后的旅游中享受服务价格的折扣。

参考文献

[1] 徐菊凤. 北京市居民旅游行为特征分析[J]. 旅游学刊,2006,21(8):34-39.

[2] 吴必虎. 中国城市居民旅游目的地选择行为研究[J]. 地理学报,1997,52(2):97-103.

[3] 张朝枝,向风行. 旅行社对旅游者行为影响的初步研究[J]. 旅游学刊,2002,17(3):35-39.

[4] Gelb, Betsy, Madeline Johnson. Word of mouth communication case and consequences[J]. *Journal of Health Care Marketing*,1995,15(3):54-58.

[5] 余晓娟. 旅游者网络社区的功能与市场意义研究[J]. 旅游学刊,2007,22(6):80-85.

[6] Newman, M. E. J. The structure and function of complex networks[J]. *SIAM Review*,2003,2:167-256.

[7] Hennig-Thurau. Electronic word-of-mouth via consumer-opinion platforms: What motivates consumers to articulate them-selves on the internet[J]. *Journal of Interactive Marketing*,2004,18(1):38-52.

[8] 赖胜强,朱敏. 网络口碑研究述评[J]. 财贸经济,2009,6:127-131.

[9] Anderson, Erin W. Customer satisfaction and word of mouth[J]. *Journal of Service*,1998,1(1):5-17.

[10] Bickhart, Barbara, Robert M. Schindler. Internet forums as influential sources of consumer information[J].

Journal of Interactive Marketing, 2001, 15(3): 31-40.

[11] 郭国庆, 杨学成. 口碑传播对消费态度的影响: 一个理论模型[J]. 管理评论, 2007, 19(3): 20-26.

[12] Bone Paula FitzGerald. Word-of-mouth effects on short-term and long-term product judgments[J]. Journal of Business Research, 1995, 32(3): 213-223.

[13] Chevalier, J., Mayzlin, Dina. The effect of word of mouth on sales: online book reviews[J]. Journal of Marketing Research, 2006, 43(3): 345-354.

[14] Shanka, T., Ali-Knight, J., Pope, J. Intrastate travel experiences of international students and their perceptions of western Australia as a tourist destination[J]. Tourism and Hospitality Research, 2002, 3(3): 245-256.

[15] Yoo Hyan, Kyung, Gretzel, Ulrike. The influence of perceived credibility on preferences for recommender systems as sources of Advice[J]. Information Technology & Tourism, 2008, 10(2): 133-146.

[16] Doris Schmallegger. Blogs in tourism: Changing approaches to information exchange[J]. Journal of Vacation Marketing, 2008, 14(2): 99-110.

[17] Richins, M. L. Negative word-of-mouth by dissatisfied consumers: A pilot study[J]. Journal of Marketing, 1983, 47(3): 68-78.

[18] Lee J. The effect of negative online consumer reviews on product attitude: An information processing view[J]. Electronic Commerce Research and Applications, 2007, 23(4): 74-89.

[19] Smith, Ruth Ann, Houston, Michael J. A psychometric assessment of measures of scripts in consumer memory [J]. Journal of Consumer Research, 1985, 12(2): 214-224.

[20] Arndt, J. Word of mouth advertising: A review of the literature[M]. New York: Advertising Research Foundation Inc, 1967.

A Study of the EWOM Influence on Tourist Destination Choice

Lai Shengqiang[1], Tang Xuemei[2], Zhu min[3]

(1. School of Economics and Management, Chongqing University of Technology, Chongqing 400054;
2. School of Management, Southwest University of Political Science and Law, Chongqing 401120;
3. School of Economics and Management, South-west University of Finance and Economics, Chengdu 610074)

Abstract: From the EWOM perspective, this paper empirically studies how the community message influences tourists' choice of destination. We collect the whole 2007 received population data of each major scenic spots in Zhejiang Province and EWOM information in two domestic websites, and use the multiple regressions to study the relationship between three dimensions: volume, quality, attitude of EWOM and the received population. The research concludes that the volume of the online reviews, the traveling Blog and pictures on the Blog are positively related to the actually received population, but comments grades and the volume of travels consultation are not significantly related to the received population.

Key words: tourist destination, EWOM, tourist behavior, word of mouth

五、旅游产业研究

基于中外五区比较的旅游劳工行业流动规律分析

杨钊[1,2],张捷[1*],蔡永寿[3],上官筱燕[3],韩国圣[1]

(1. 南京大学地理与海洋科学学院,南京 210093;
2. 安徽师范大学国土资源与旅游学院,芜湖 241003;
3. 九寨沟风景名胜区管理局,四川九寨沟县 523402)

摘 要:本文以九寨沟为实证案例地,通过与我国九华山和国外匈牙利、英国萨默塞特和考文垂、加拿大温哥华岛的比较,探讨了不同背景下旅游劳工的行业流动模式、从业评价和驱动规律。研究发现:(1)旅游劳工转移产业分布十分宽广。国外商业、服务业占据了主导行业,衰落产业劳工占据1/10比例。我国农业、制造业占据主导行业,首次就业人群比例高,年轻女性就业需求高。(2)中外旅游劳工的从业感知评价都十分积极。我国两地从业总体满意度主要受职业前景、生活水平、工作时间长度和工作环境指标的支持。(3)因子分析证实旅游劳工行业流动来自五种驱动力。"积极特性因子"主导,职业避风港作用较小。"企业家愿望"因子与个体业主密切相关。"获利手段"和"积极特性"得到各人口特征人群的认可,"职业避风港"在各人口特征人群的认可度都较低。

关键词:旅游劳工;流动规律;驱动机制;比较研究
文章编号:1000-0585(2011)03-0447-16

1 引言

旅游行业人力资源配置有其自身特点:第一,多样化岗位。旅游业是一个由多要素构成的复合型产业,不同类型子行业可以提供多种形式和多样技能需求的岗位,满足多样化人力资本需求[1];第二,弹性化工作。消费需求的不断变化使旅游职业更具弹性化[2]。一方面使劳动力市场变得不稳定,流动性增强,另一方面提供了大量"便利性"职位,给某些特定需求尤其是经济困难时期的劳工带来就业机会。表现在职业特性上,主要优势有三点:一是低门槛、多样化和高流动率带来的高可进入性[2],[3];二是工作和休闲界限模糊、与人交流机会多、职业适应面广、自控性强等"非工厂"职业特性[4],[5];三是可以帮助旅游从业者了解市

基金项目:国家自然科学基金项目(40771059、40371030);安徽省教育厅重点研究基地项目(2008sk082zd);教育部人文社会科学项目(07JC630026)。
作者简介:杨钊(1974—),男,副教授,博士生,硕士生导师,主要从事旅游地理与人口地理研究。E-mail:yangzhao@mail.ahnu.edu.cn;张捷(1960—),男,江苏无锡人,教授,博士生导师,主要从事旅游地理和文化地理研究。E-mail:jiezhang@nju.edu.cn。

场、掌握初步技能、积累少量资金,为最终成为自主经营者打下基础。从消极方面来看,职位的低技能、低门槛意味着相应的低收入、长工作时间、学历过剩以及低社会地位,旅游职业往往是劳动力市场上不被看好的职业之一,会抑制高技能劳工的进入[6]。西方学者认为,在稳定的经济系统中,劳工流动主要受收入和技能要素拉动[7]。当经济系统发生突变时,人力资本价值贬值,而旅游职业可发挥职业避风港作用[8]。

我国学术界在旅游人口研究中主要关注的是旅游者的空间流动及其影响[9]-[11],近年来开始关注旅游地居民的态度[12],[13]和参与[14],以及旅游从业者的认知[15],但总体上对非旅游者人口研究较少。当前国际学术界对旅游劳工流动的研究主要在两个方面:第一,旅游劳工的空间迁移。成果相对较多,主要内容包括迁移驱动力[16],[17]、移民类型层次划分[18]、移民行为及经营特征[19],[20]、区域社会[21]、经济[22]和环境[23]影响等;第二,旅游劳工的跨行业流动。作为本文关注的论题,该领域在旅游小企业主研究中有所涉及[20],[24],但专门研究较少。代表性成果来自 Szivas 等利用类似问卷对匈牙利[25]、英国萨默塞特和考文垂[26]、加拿大温哥华岛[27]旅游劳工跨行业流动模式、从业评价及转移动机的研究。笔者曾把我国九华山劳工流动调研数据与匈牙利和英国进行了比较分析[28]。本文对九寨沟再次进行复制化调查和比较分析的目的在于:第一,揭示我国自然观光地旅游劳工行业流动特征。相比九华山,九寨沟在资源品位、旅游经济水平、劳工数量及辐射范围等指标上更具有代表性,并且在区位和核心资源上与九华山形成互补,能够较充分反映出我国自然观光地的特征。先前研究由于国外数据来自文献(二手数据),比较项目受到限制。把九寨沟一手调研数据与九华山进行对比可以增加从业满意度支持水平、因子作用强度、因子相关人口特征等分析内容,充分揭示我国自然观光地旅游劳工流动规律。第二,揭示中外五区旅游劳工流动的共性规律及差异。国外三个研究区域处于经济动荡和传统产业衰落环境下,劳工溢出的推力因素较为明显。而我国两地位于山区,原生居民少且以务农为主,旅游业作为区域新主导产业对劳工流动产生了强烈拉动,外地劳工占据主导。中外不同背景和不同类型旅游地的比较能充分反映旅游劳工行业流动的共性规律和差异特征。

2 研究方法

2.1 问卷调查法

九寨沟一手数据通过问卷调查来获取,实地调查时间在 2008 年的 4 月下旬到 5 月上旬,调查对象是九寨沟各旅游行业的从业人员,调查单位包括部分三星至五星级宾馆、九寨沟管委会下属企业(诺日朗餐厅、贵宾楼、购物中心)、景区大巴司机和讲解员、"边边街"个体业主和出租车司机。问卷发放采取两种方式:个体业主和出租车司机当面发放,现场回收;较大旅游企业采取先与该企业"守门人"(管理人员)沟通,经允许后留置问卷隔天回收的方法。问卷内容包括三个方面,即行业流动模式、从业感知评价和转移动机。

2.2 比较研究法

2.2.1 研究背景

国外三个案例区中,匈牙利调研时间在 1996 年,国家处于社会主义转向资本主义的经济巨变过程中,整体经济萎缩并且各行业职位都呈现不同程度减缩,1989~1993 年 GDP 下降 20%,1993 年国家失业率达到 12%。问卷调查在首都布达佩斯等四个地区开展,研究目的是通过对经济动荡环境下全国旅游劳工的跨行业流动行为分析来探讨旅游职业的"避风港"作用[25]。英国萨默塞特和考文垂的调研时间在2000年,前者是传统农业衰落的乡村旅游地,后者是传统工业岗位持续衰减(16.2%)的城市旅游地。研究目的是对两种旅游地劳工的行业流动模式和动机进行比较,结果发现差异较小[26]。加拿大温哥华岛调研时间为2002年,案例地位于太平洋滨海省乡村地区,以沙滩、森林、山岳和乡村风情为核心旅游资源,区域传统资源采掘业(采伐、捕鱼和采矿)从20世纪80年代持续衰落,就业岗位在1989~1999年间下降了10.1%,发展旅游成为20世纪80年代后乡村地区经济振兴的核心战略,2001年旅游业占该省GDP的4.8%并提供7%直接就业岗位。研究复制了匈牙利和英国的研究内容并与先前结果进行了比较[27]。国外学者使用相同问卷对不同时期、不同区域和不同类型旅游地进行持续研究,目的在于揭示经济动荡背景下劳工流动规律,探讨旅游职业在劳动力市场中的"避风港"作用。我国两地属于开发较早、知名度较大的自然观光型旅游地,虽然调研时间与国外相差较大,但调研时这些取样地都处于较为稳定和成熟时期,且研究目的之一就是揭示差异背景下的共性规律和特征,因此数据间具有可比较性。

2.2.2 样本特征

抽样比较显示,五区域问卷有效样本量不大(表1),与旅游者调查海量问卷有一定差别,样本覆盖了所有旅游直接从业部门,具有较强的代表性。

表1 五区域旅游劳工取样比较

Tab.1 Comparison of sampling about tourism labor among five areas

	匈牙利	英国		加拿大温哥华岛	中国九华山	中国九寨沟
		萨默塞特	考文垂			
发放量/有效问卷数	600/351	1000/151	1000/158	1248/341	600/238	1000/302
有效回收率(%)	58.5	15.1	15.8	27.3	39.67	30.2
问卷发放单位	饭店、餐馆、旅行社、旅游商店、景区公司和出租车司机等所有旅游子行业					
调研时间	1996年	2000年	2002年	2004年	2008年	

资料来源:匈牙利、英国萨默塞特和考文垂、加拿大温哥华岛资料见参考文献[39],[40],[42](下同)。

从各区域样本的社会经济特征来看(表2),我国两地男性样本比例较高,而英国和匈牙利女性比例较大;我国旅游劳工的年龄段明显低于国外。流动性较强的35岁以下样本我国两地比例明显高于国外,50岁以上的高龄劳工国外比例高;中国两地初中以下低学历劳工比例高,九华山、英国和匈牙利样本高学历比例较大,专科以上学历都在20%以上。各旅游地受过专业学校教育的比例都较小;所有案例地样本大多数为全职工作,个体业主比例较大。从劳工进入时间来看,绝大多数都是近十年进入的,其中,九寨沟样本近十年和近两年进入比例分别达到了92%和40.1%,劳工的流动率明显高于其他旅游地。

3 结果分析

3.1 流动模式比较

3.1.1 研究结果

行业来源调查中,除温哥华岛外四个区域都选择了十年作为时间段收集职业经历信息。九华山行业类别按照国家调整之前的 16 种行业类别划分,把"餐饮业"从"批发和零售贸易、餐饮业"中剔除,单独列出"批发和零售贸易"。九寨沟则按照国家最新公布的 20 种行业类别,把"住宿和餐饮业"剔除。研究结果如表 3 所示。共同点是旅游劳工的行业来源十分广泛。不同点是我国两地"没有就业"比例高,传统产业农业、制造业占据了转移行业前两位,而在国外三个区域,商业(批发和零售业)和公共服务行业占据了很大比例。

3.1.2 主要结论及原因分析

第一,旅游业具有高可进入特性。除温哥华岛没有给出具体数据外,其他四区研究发现,旅游劳工的行业来源十分广泛,匈牙利包括采矿业以外,九寨沟包括金融业、国际组织以外,九华山包括科学研究和综合技术服务业以外,英国萨默塞特和考文垂包括汽车修理和日用品店以外所有国民经济部门。考虑到较小的样本数量,可以得出,旅游职业的高可进入特性在中外旅游地具有一致性。

表 2 五区域旅游劳工的样本特征比较(单位:%)
Tab. 2 Comparison of the sample's characteristics about tourism labor among five areas

社会经济特征	九寨沟	九华山	英国 萨默塞特	英国 考文垂	匈牙利	加拿大 温哥华岛
性别:男性	56	53.4	42.4	34	42	—
女性	44	45.4	52.6	66	58	
年龄:16~25 岁	39.5	24.4	15.2	15.9	平均年龄 37.05 岁,52.6%年龄在 35 岁以上	≤30 占 12.4%
26~35 岁	40.1	38.7	16.6	22.3		30~39 占 15.4%
36~45 岁	17.4	31.1	9.3	20.4		40~49 占 24.5%
46~55 岁	2.3	5.5	35.1	21		≥50 占 47.7%
≥56 岁	0.7	0.4	21.9	20.4		
教育:小学及以下	4.2	1.3	大学专科以上学历占 25.2%	大学专科以上学历占 20.9%	0.85	—
初中	38.8	28.6			9.69	
高中及中专	40.6	41.2			62.96	
大学专科	12.9	21.8			高等教育占 26.21	
大学本科及以上	3.5	7.1				
当前工作:全职工作	66.3	64.3	78.1	82.3	—	—
主要工作	2.3	29.4	10.6	10.1		
第二职业	8.7	4.6	7.9	5.1		
未填	2	1.7	3.4	2.5		

续表

社会经济特征	九寨沟	九华山	英国		匈牙利	加拿大温哥华岛
			萨默塞特	考文垂		
旅游专业学习/培训经历:						
没有经过正规培训	28.3	33.2	86.1%没有受过旅游专业教育	74.4%没有受过旅游专业教育	—	—
企业组织的职业培训	41.9	31.5				
受过旅游职业教育	14	23.9				
大学专科旅游专业学习	5.6	8.0				
本科以上旅游专业学习	1.6	2.5				
未填	8.7	0.8				
职务:服务员	27.6	10.1	个体业主占36.4%;企业中高层管理者占22.5%	个体业主占22.2%;企业一般员工占42.4%	—	—
一般员工	35.4	22.7				
导游	0.3	14.7				
企业中层管理者	15.5	22.7				
企业高层管理者	1.0	5.9				
个体业主	20.2	24				
旅游地从事旅游业时间:						
10年前	8	27.7	71.5%在10年内进入	75.3%在10年内进入	80.63%在10年内进入	—
6年前	14.9	17.6				
2年前	37	33.2				
近2年	40.1	21.4				

第二,具体来源行业差异是区域人力资源特征的反映。匈牙利、英国(加拿大没有列出)第三产业发达,这可能是导致商业、批发和零售业占据两地区首位来源行业的原因。由于支柱产业衰退造成区域经济衰败,公共部门(即公共服务、教育和医疗服务业)在英国萨默塞特(18.1%)和考文垂(23.4%)、加拿大温哥华岛(20.2%)、匈牙利进行了高比例的人力资源重组而流入旅游业。我国两地位于发展中国家乡村地区,农业、制造业等传统行业占据了旅游劳工的主导来源行业。这与 Garcia Herrera 在加那利群岛[29], Cukier Snow 等在印度尼西亚[30]的调查结果相类似。另外,在九华山,国家机关、政党团体和社会团体(8.1%)占据了较大比例,这主要是多数企业为国有企业,政企不分造成的结果。而在九寨沟,交通运输、仓储及邮政业(6%)比例较大是因为旅游劳工中出租车司机占据了较大比重。

第三,"拉"力是我国自然观光地劳工流动的主要驱动力。拉力主要为三种:首先,旅游业快速发展的宏观拉力。自改革开放以来,九寨沟和九华山旅游经济的快速发展对其他行业和外围地区劳工具有强烈的"拉"动作用。第五次人口普查显示,九华山唯一集散地——九华街总人口的44.86%来自外地[31]。问卷数据显示,九寨沟94.8%、九华山79.8%旅游劳工来自旅游地以外,而匈牙利和加拿大温哥华岛仅为11.7%和33%。其次,职业收益和地位提升的微观拉力。旅游职业在西方通常被认为是低收入、低技能和低附加值产业,但在发展中国家,由于不体面的服务工作能比农业获得更高的收入而更受重视[30]。旅游职业平均收入在匈牙利是所有产业中最低的[25],在英国萨默塞特和考文垂也低于农业和制造业[26]。我国尚没有旅游职业收入的权威统计数据,笔者从经验观察认为,除饭店基层服务员外,其他职位的收入要高于农民和制造业工人,总体社会地位也高于农业。从九寨沟和九华山旅游劳工对职业地位变化的感知来看,表示职业地位"得到了提高"的分别为50.9%和55.9%(匈牙利为16.67%),我国两地旅游劳工对职业地位提升感知更强烈。再者,年轻女性从业需求的拉力。对比例较大的"没有就业"样本分析发现,我国两地该群体特征具有很强的相似性。九寨沟主要是35岁以下(92.6%)、女性(61.8%)、高学历比例较高(大专以上26.9%)、第一次进入旅游行业(90.9%)、较多从事服务员(33.3%)和企业中层管理者(20.4%)的人员。九华山主要是35岁以下(91.5%)、女性(63.8%)、高中或中专学历(61.7%)、第一次进入旅游行业(90.9%)、主要从事企业中层管理者(27.7%)和服务员(25.5%)的人员。旅游职业成为年轻女性首次从业的重要选择方向。

第四,旅游业对经济动荡环境下的西方旅游地发挥出部分职业避风港作用。行业来源显示(表3):萨默塞特来自衰落产业即农业和渔业占9.6%;考文垂来自制造业相关的三个衰落行业即采矿、制造和能源供应占9.4%;温哥华岛来自资源依托行业占13.8%。旅游业在这些经济转型地区发挥了一定的职业避风港作用。

3.2 行业转换满意度比较

3.2.1 均值比较

从业感知调查能反映出旅游职业的比较特性、行业转换的满意度和劳工市场的稳定性。问卷采用李克特量表要求应答者用1(很大提高)~5(很差)等级对职业改变后的十一项指标进行感知选择。计算出的均值如果低于"3"("没什么变化")则表示总体评价是积极的,反之则表示消极。九寨沟、九华山与匈牙利和英国萨默塞特和考文垂的转移评价结果总体类似(表4),调查项目的均值都在2和3之间,全部呈现出积极的评价,其中评价较高为"职业满意度"和"工作环境",评价较低的则是"工作时间长度""职业与学历匹配""社会地位"和"收入",经济、社会背景的差异没有使转移劳工的感知评价表现较多不同,反映出在岗旅游劳工从业感知的共性特征。

表3 五区域旅游劳工转移行业比较
Tab.3 Comparison of industry prior to tourism among five areas

比例排序	匈牙利 (n=351)	英国		加拿大 温哥华岛 (n=341)	中国九华山 (n=235)	中国九寨沟 (n=302)
		萨默塞特 (n=94)	考文垂 (n=107)			
第一位	商业	其他 (25.5)	其他 (35.5)	公共服务、教育和医疗服务 (20.2);没有就业(18.8)	没有就业 (20)	其他行业 (20.4)
第二位	其他	批发和零售业 (19.1)	批发和零售业 (15.9)		农、林、牧、渔业 (14.5)	没有就业 (19.4)
第三位	制造业	农业和渔业 (9.6)	教育 (10.3)		制造业 (12.8)	农、林、牧、渔业 (13.4)
第四位	教育	金融中介 (7.4)	卫生和社会工作 (8.4)		其他行业 (12.8)	制造业 (8.1)

续表

比例排序	匈牙利(n=351)	英国 萨默塞特(n=94)	英国 考文垂(n=107)	加拿大温哥华岛(n=341)	中国九华山(n=235)	中国九寨沟(n=302)
第五位	修理业	卫生和社会工作(7.4)	制造业(5.6)	资源依托产业占3.8	社会服务业(11.1)	居民服务和其他服务业(6.7)
第六位	没有职业	公共管理、防卫、社会安全(6.4)	公共管理、防卫、社会安全(4.7)		国家机关、政党团体和社会团体(8.1)	交通运输、仓储及邮政业(6)
第七位	农业	公共饮食业(5.3)	没有职业(4.7)	—	批发和零售贸易(6.8)	文化、体育和娱乐业(4.6)
第八位	建筑业	教育(4.3)	公共饮食业(3.7)		交通运输、仓储及通信业(4.6)	批发和零售业(3.9)
第九位	卫生	建筑(4.3)	交通、仓储、物流业(2.8)		教育、文化艺术和广播电视电影业(2.5)	租赁和商业服务业(3.5)
第十位	交通业	制造业(3.2)	农业和渔业(1.9)		建筑业(1.7)	电力、燃气及水的生产和供应业(3.5)
第十一位	公共管理	没有就业经历(3.2)	采矿业(1.9)		电力、煤气及水的生产和供应业(1.3)	教育(2.5)
第十二位	金融业	房地产业(2.1)	水电气供应行业(1.9)		房地产业(1.3)	信息传输、计算机服务和软件业(2.1)
第十三位		水电气供应行业(1.1)	金融中介(1.9)		采掘业;卫生、体育和社会福利业(0.8)	建筑业(1.8)
第十四位		交通、仓储、物流业(1.1)	房地产业(0.9)		地质勘查业;水利管理业;金融、保险业(0.4)	采矿业,房地产业,科学研究,技术服务和地质勘查业,水利、环境和公共设施管理业,卫生、社会保障和社会福利业,公共管理与社会组织(0.7)
第十五位		采矿业(0)	建筑(0)			
第十六位		汽车修理和日用品店(0)	汽车修理和日用品店(0)			

*注:括号内数据为转移行业劳工占总劳工的百分比;匈牙利转移行业分布用图显示,未列出数据;加拿大温哥华岛只列出了第一位(几个行业的组合);九寨沟旅游劳工来自采矿业、房地产业、科学研究、技术服务和地质勘查业、水利、环境和公共设施管理业、卫生、社会保障和社会福利业、公共管理与社会组织比例相同,并列为十四位。

表4 四个区域旅游劳工从业评价比较

Tab. 4 Change self-evaluation of tourism labor among four areas

评价项目	匈牙利(均值)	英国		中国九华山(均值)	中国九寨沟(均值)	总体评价
		萨默塞特	考文垂			
职业满意度	2.239	2.0079	1.8467	2.3048	2.2149	积极
工作自由性	2.366	2.0968	2.2230	2.6250	2.4706	积极
工作环境	2.306	2.3525	2.2432	2.4486	2.3139	积极
生活水平	2.431	2.5246	2.4694	2.4054	2.4803	积极
工作安全性*	2.567	2.5440	2.4832	2.4545	2.6903	积极
职业前景	2.624	2.5620	2.6376	2.5138	2.5426	积极
社会地位	2.687	2.5968	2.6486	2.6738	2.7445	积极
收入	2.347	2.6220	2.7133	2.5027	2.6622	积极
职业与学历匹配	2.726	2.8500	2.7379	2.8021	2.8018	积极
工作时间长度	2.842	2.8952	2.9195	2.7312	2.6912	积极
总体满意度	2.510	—	—	2.5053	2.4714	积极

* 注:加拿大温哥华岛从业感知评价指标有重大差别并缺少均值数据,因此没有列出;"工作安全性"在九寨沟问卷中改为"工作稳定性"。

3.2.2 我国两地支持总体改变满意度的变量判别比较

由于国外原始数据无法获得,笔者对我国两地使用下列多元回归方程分析从业感知变量对"总体满意度"支持水平的判别指标:

$$Y = b_1 Z_1 + b_2 Z_2 + \cdots + b_{10} Z_{10} + e \tag{1}$$

式中,Y代表行业改变后的"总体满意度",Z_1到Z_{10}代表了十个从业感知变量。

两个案例地10个自变量分别都有5个自变量显著判别了对总体改变满意度的支持水平,对因变量的解释率分别达到了62.8%和68.4%。其中,两地5个自变量中有4个是相同的,分别是"职业前景""生活水平""工作时间长度"和"工作环境",显示出较强的共性特征(表5)。不同点在于,九寨沟加入了变量"收入",而九华山加入了变量"职业满意度"。容忍度和方差膨胀因子分析显示两地多元回归方程都不存在多重共线性问题。

3.2.3 心理调适现象"T"检验比较

较高满意度往往是一种心理惯性调整功能的结果,即习惯了在旅游行业的工作[26]。为了检验心理调适现象是否存在,把九寨沟和九华山样本以是否近两年进入为界限拆分成两组,独立样本 t 检验发现九寨沟在"收入"选项上、九华山在"工作自由性""生活水平"和"工作安全性"三个选项上两组样本表现出较大差异(双尾显著值 $P<0.05$);此外,除"工作时间长度"外,其他十个项目的从业评价近两年进入旅游业的样本普遍比早先进入的要低,心理调适现象得到了部分证实。而同样假设在英国萨默塞特和考文垂被拒绝。

3.2.4 我国两地不同人口特征人群从业感知方差分析

以十一项从业感知变量为因变量,性别、年龄、学历、职位为分组变量进行单因素方差分析发现:年龄上,九华山和九寨沟不同年龄人群从业评价没有明显差异($P<0.05$);性别上,九华山男性相比女性对"社会地位"评价明显更低,而九寨沟男性对"生活水平""职业发展前景"和"总体满意度"评价更低;学历上,九华山十一项指标上都有显著差异,本科以上学历人群所有指标评价最低,初、高中人群评价其次,专科学历人样除"工作环境""工作安全性"外其余指标都评价最高。在九寨沟,样本学历越高对"职业本身""工作环境""生活水平""工作稳定性"评价越低;职位上,九华山导游和个体业主"工作自由性"评价最高,而宾馆工作人员评价较低。导游对"职业与学历匹配"和"工作时间长度"评价最高,中高层管理人员次之,个体业主、服务员和一般工作人员评价最低。九寨沟有九项指标具有显著差异,其中个体业主评价都显著最低。此外,中高层管理人员对"职业本身""工作稳定性""职业发展前景""职业与学历匹配""收入""社会地位""总体满意度"评价最高,服务员和一般员工次之。中高层管理人员"工作时间长度"评价较低,服务员和一般工作人员最高。较大宾馆和景区工作人员对"工作环境"评价较高。

表5 九寨沟和九华山支持改变总体满意度水平的多元回归比较分析

Tab.5 Comparison of multi-regression analysis of overall change between Jiuzhaigou and Jiuhua Mountain

案例地	自变量	标准化回归系数	t	p	累计 R^2	容忍度	方差膨胀因子
九寨沟	职业前景	0.338	6.342	0.000	0.420	0.682	1.466
	生活水平	0.129	2.016	0.045	0.529	0.475	2.104
	工作时间长度	0.212	4.418	0.000	0.578	0.842	1.187
	收入	0.232	4.046	0.000	0.611	0.591	1.692
	工作环境	0.174	3.006	0.003	0.628	0.580	1.725
九华山	职业满意度	0.239	3.786	0.000	0.460	0.479	2.086
	工作环境	0.286	5.248	0.000	0.575	0.641	1.561
	工作时间长度	0.182	3.728	0.000	0.637	0.803	1.246
	职业前景	0.227	3.705	0.000	0.667	0.506	1.975
	生活水平	0.169	3.031	0.003	0.684	0.609	1.642

两地共性特征:不同年龄人群从业感知没有明显差异,男性比女性在某些显著差异指标上评价低,本科以上学历在显著指标上评价最低,中高层管理人员在显著指标上评价较高。不同点:九华山专科学历人员显著指标评价最高,导游对显著指标评价较为积极,而九寨沟个体业主显著指标评价最低。差异原因:一是人力资源构成差异。九华山14.7%样本为地

接导游,他们收入较高[32]、工作相对自由,而九寨沟缺少导游(被景区讲解员替代)且个体业主中45%为从业评价最低的出租车司机;二是专科学历样本承担职位不同。九华山该群体主要承担中高层管理岗位(69.2%)和导游(13.5%),仅1人从事服务员,而九寨沟专科学历样本有46.8%为服务员和一般工作人员,职位差异影响从业评价。

3.3 驱动力比较

3.3.1 动机排序比较

转移动机调查要求被调查者根据李克特量表1(非常同意)~5(非常不同意)等级对三十种动机变量进行选择。均值排序显示(表6):国外四地前4位动机变量基本相同(匈牙利第四位有差异),分别是"对旅游职业非常有兴趣""人际交往面宽阔""舒适的工作环境"和"旅游行业可充分发挥自己的经商才能",反映出旅游职业的积极特性对劳工行业转换的吸引力;九寨沟和九华山前10位动机变量有8个相同,其中前4位即"提高自己的生活水平""想获得与自己能力相符的收入""对旅游职业非常有兴趣"和"人际交往面宽阔"一致,表明除积极特性外,提高收入也是非常重要的动因。从最低均值来看,九寨沟和九华山均值排在后10位的变量有8个相同,其中均值大于"3"的相同变量有5个,分别是"我在别的地方找不到工作""以前工作的行业衰退了""以前的工作让我看不到希望""做旅游是最有利可图的生意"和"以前工作的收入太少"。职业避风港作用认可度较低,反映出我国自然观光地旅游劳工行业转换更多是拉力作用的结果。

表6 五区域三十种转移动机变量均值排序比较

Tab. 6　Comparison of means' order of the 30 motivational variables among five areas

动机变量	匈牙利	英国		加拿大温哥华岛	中国九华山	中国九寨沟
		萨默塞特	考文垂			
6.提高自己的生活水平	4	5	7	13	4	1
8.想获得与自己能力相符的收入	6	7	11	15	2	2
3.对旅游职业非常有兴趣	1	3	1	2	3	3
1.人际交往面宽阔	3	1	2	3	1	4
2.舒适的工作环境	2	2	3	1	11	5
7.旅游业中有更多的商机*	16	6	10	5	6	6
18.改善自己的工作条件	5	17	9	11	7	7
4.旅游行业可充分发挥自己的经商才能	20	4	4	4	5	8
26.想充分发挥我的语言技能	13	26	24	23	12	9
10.旅游职业给人的印象很好	8	9	7	8	8	10

续表

动机变量	匈牙利	英国		加拿大温哥华岛	中国九华山	中国九寨沟
		萨默塞特	考文垂			
16. 想尝试不同的职业	7	15	15	6	14	11
28. 想赚点钱自己做生意	26	27	27	28	19	12
12. 想在旅游业中建立自己的生意	25	11	20	9	15	13
14. 想从事与自己所受教育相符的职业	11	13	6	10	10	14
13. 旅游业能提供增加收入的机会*	10	12	13	18	9	15
15. 旅游业是利润丰厚的产业	9	14	14	8	13	16
17. 获得额外收入以提高生活水平	18	16	16	19	17	17
23. 想获得更多的游玩机会	17	22	22	17	18	18
27. 第一份工作恰巧是旅游职业	22	25	26	22	29	19
24. 想很快就赚一大笔钱	23	23	25	25	27	20
19. 从旅游开始起步自己的生意比较容易	24	18	18	21	20	21
29. 旅游行业从业比较容易	28	28	28	29	23	22
25. 没有工作，需要一份职业	30	24	23	12	26	23
9. 不想从事以前的工作	12	8	5	14	16	24
22. 以前工作的收入太少	15	21	21	26	25	25
20. 做旅游是最有利可图的生意	19	19	14	20	22	26
5. 家庭成员中有人在做游客生意	29	30	29	24	21	27
11. 以前的工作让我看不到希望	14	10	12	16	24	28
21. 以前工作的行业衰退了	21	20	19	27	28	29
30. 我在别的地方找不到工作	27	29	30	30	30	30

注：加拿大温哥华岛动机排序按赞成率，并且根据地方特点对问题13和问题7进行了修改。萨默塞特、考文垂和温哥华岛没有列出均值。

3.3.2 动力结构比较

KMO检测值为0.821，巴特利特球形检验的显著值水平为0.000，表明变量适合做因子分析。因子分析采用主成分分析法，并通过方差极大法对因子负荷矩阵进行正交旋转。由于缺项较多，并且因子负荷值较低，剔除了变量"家庭成员中有人在做游客生意"，提取出特征根在1以上、负荷值范围在0.4520~0.8449之间的8个公因子（表7）。

表7 九寨沟方差最大化正交旋转后的公因子负荷矩阵
Tab.7 Factor loadings matrix following varimax rotation in Jiuzhaigou

动机变量	因子1	因子2	因子3	因子4	因子5	因子6	因子7	因子8
变量2	0.7610	0.0039	-0.0047	0.0352	-0.0267	0.0427	0.0752	0.0951
变量6	0.6417	0.0975	0.3262	0.0644	0.0040	-0.1314	-0.1205	0.0085
变量18	0.6192	0.1015	0.1564	-0.0133	0.1779	0.3845	-0.0686	-0.1983
变量10	0.6017	0.0303	-0.0025	0.1462	0.2235	0.0672	0.2025	0.0936
变量3	0.5944	0.0320	-0.2078	0.2364	0.0084	-0.0876	0.3300	0.0817
变量8	0.5139	0.0849	0.2069	0.2794	0.0892	0.1484	0.0574	-0.1318
变量1	0.5101	-0.2177	0.1420	0.0570	-0.0857	-0.0979	0.0791	0.4068
变量11	0.0074	0.8449	0.0922	0.0153	0.0674	0.0312	0.0983	0.0458
变量22	0.1505	0.7720	0.1808	-0.0571	-0.0760	0.0523	-0.0078	0.1615
变量9	-0.0198	0.7666	0.0377	0.1847	0.0492	0.0972	-0.0862	-0.1206
变量21	0.0011	0.7646	0.1122	0.0050	0.0939	0.0113	0.0022	0.2117
变量28	0.0574	0.1092	0.7766	0.1338	0.0566	0.0678	0.1219	0.0769
变量24	-0.0385	0.1403	0.7682	0.0800	0.2377	0.0467	0.1238	0.0468
变量13	0.2002	0.1403	0.6116	0.3414	0.1325	-0.0644	-0.0222	0.0471
变量17	0.3036	0.1363	0.6114	0.1193	0.1619	0.2528	0.0282	-0.1323
变量7	0.1684	-0.0897	0.1677	0.7374	0.1332	0.0409	-0.0444	-0.0135
变量4	0.1805	0.0682	0.0404	0.7293	0.0351	0.0004	0.2041	0.1733
变量12	0.0898	0.1822	0.2538	0.6070	0.1405	0.2104	-0.0124	0.0393
变量29	0.0717	0.0333	0.0727	-0.0652	0.7595	0.0005	-0.0356	0.1204
变量20	0.0145	0.0723	0.3278	0.1385	0.6955	-0.1098	0.0853	0.0060
变量19	0.0465	0.0624	0.0833	0.3225	0.6529	0.1485	0.1369	0.1690
变量15	0.2700	-0.0340	0.2100	0.1631	0.4520	0.1433	0.1779	-0.2485
变量16	0.0044	0.1143	0.0043	0.1598	0.0233	0.7558	-0.1651	-0.1115
变量14	0.0725	0.0277	0.0502	0.1224	-0.0583	0.5436	0.2659	0.1634
变量23	0.0132	0.0315	0.4351	-0.2096	01.502	0.5154	0.0042	0.1576
变量27	0.0460	0.0308	0.0261	0.0114	0.1893	-0.0950	0.7752	0.0161
变量26	0.2284	-0.0319	0.2350	0.0845	-0.0260	0.1552	0.6725	-0.0308

续表

动机变量	因子1	因子2	因子3	因子4	因子5	因子6	因子7	因子8
变量30	0.0040	0.1984	-0.0485	0.1893	0.2497	-0.0247	-0.0680	0.7201
变量25	0.1474	0.3309	0.2165	0.0031	0.0257	0.2736	0.1103	0.5704
特征根	5.99	2.77	2.00	1.67	1.37	1.24	1.19	1.12
变异解释率（%）	20.66	9.56	6.88	5.77	4.74	4.27	4.10	3.87
因子均值	2.1722	3.1882	2.6034	2.3369	2.8737	2.5277	2.5742	3.4788

从五个研究区域公因子提取的总体情况来看（表3），在满足特征根大于1的条件下，公因子对总变异的解释率都在60%左右，解释率较低，并且国外要略高于国内。可能原因是：第一，旅游职业子类型多样，转移动机的复杂性和差异性较大，难以用统一量表概括；第二，我国调查对象低学历比例高，对量表问题的理解能力可能较低（表2）；第三，我国两地旅游劳工主要来自外地，动机量表的项目设定较少考虑地域因素，影响了量表的适用性。从提取公因子数目来看，匈牙利最多，九华山最少，但他们共同的一点是都证实了五个因子方向，即获利手段（获得经济收益的一种途径）、积极特性（产业自身的特性吸引）、职业避难所（为衰落产业、职业不满意和失业人员提供避难途径）、企业家愿望（适合从事旅游生意）和尝试者（偶然因素和积极尝试），显示出研究的相似性。从因子解释率最高的公因子1来看，在匈牙利、英国两地、温哥华岛、九华山和九寨沟的解释率分别为18.4%、22.03%、11.4%、27.18%和20.66%，"获利手段"成为除温哥华岛以外四地解释率最高的动力因子。不同点在于，虽然动机方向近似，但各地组成动机方向的因子有显著差异。此外，国外因子的单一方向性更强，而我国两地首位因子都是两个方向的组合。

表8 五区域旅游劳工转移动机的公因子比较
Tab.8 Comparison of the resultant factors for mobility motivation among five areas

公因子	匈牙利	英国萨默塞特和考文垂	加拿大温哥华岛	中国九华山	中国九寨沟
1	获利手段1	获利手段1	职业避风港1	企业家愿望+获利手段	获利手段+积极特性
2	积极特性1	职业避风港1	积极特性1	获利手段+积极特性	职业避风港1
3	企业家愿望1	企业家愿望+获利手段	职业避风港2	积极特性1	获利手段
4	职业避风港1	获利手段2	积极特性2	职业避风港1	企业家愿望
5	企业家愿望2	积极特性	企业家愿望1	职业避风港2	积极特性

续表

公因子	匈牙利	英国萨默塞特和考文垂	加拿大温哥华岛	中国九华山	中国九寨沟
6	职业避风港2	职业避风港2	获利手段	尝试者	尝试者1
7	积极特性2	企业家愿望	企业家愿望2	积极特性2	尝试者2
8	获利手段2	尝试者	尝试者		职业避风港2
9	尝试者	—	—	—	—
总变异解释率(%)	63.9	63.58	61.1	60.50	59.85

注：动机变量的方向归属上，匈牙利和英国两地一致，其他三地有差异，主要根据因子组合后的意义来归属。

3.3.3 因子强度比较

因子解释率只是表示对数据变化的解释程度，需要通过均值来反映因子强度（表9）。分析得出：第一，不论区域的经济背景差异如何，积极特性都是吸引劳工进入的首要动力；第二，旅游业的职业避风港作用认可度低。中国两地职业避风港均值都排在最后并且均值都大于"3"，在经济转型的温哥华岛也作用有限；第三，我国两地对劳工行业流动的拉力作用明显，提高收入和旅游职业积极特性是吸引劳工进入的最强动机。这些结论与动机排序相吻合。

3.3.4 我国两地因子相关人口特征分析

因子相关的人口统计特征人群可以通过独立样本T检验和单因素方差分析得出，由于国外学者没有进行该项分析，此分析仅针对我国两个自然观光地。九华山研究发现，"生意赚钱"认可较高人群主要是初中以下学历、6年前入山、来自农业和批发零售业的个体业主；"增收特性"得到所有人口特征人群的认可，尤为突出的是来自农业、制造业、批发零售业和社会服务业的男性人群；"职业优势"高认可人群是受过专科以上旅游专业学习的导游、个体业主和企业中层管理者；"前职不满"高认可人群为大学专科和初中学历，来自批发和零售业、农业及制造业的企业中层管理者和个体业主；"被迫进入"在各人口特征人群的认可度都较低，相对认可较高的群体主要是小学以下的服务员和之前没有职业人群；"积极尝试"高认可人群是大学专科以上学历、受过旅游高等教育的企业中层管理者、导游和服务员；"恰巧匹配"高认可人群是以旅游为主要工作、初中以下学历的服务员和个体业主。

表9 三区域动力因子均值排序比较
Tab. 9 Comparison of factor mean's ranking among three areas

排序	加拿大温哥华岛		中国九华山		中国九寨沟	
	因子方向（因子名称）	均值	因子方向（因子名称）	均值	因子方向（因子名称）	均值
1	积极特性2（生活方式）	0.91	获利手段+积极特性（增收特性）	2.3261	获利手段+积极特性（印象提升）	2.1722
2	企业家愿望1（企业家）	1.36	积极特性1（职业优势）	2.3881	企业家愿望（经商愿望）	2.3369

续表

排序	加拿大温哥华岛		中国九华山		中国九寨沟	
	因子方向(因子名称)	均值	因子方向(因子名称)	均值	因子方向(因子名称)	均值
3	尝试者(多样)	1.54	尝试者(积极尝试)	2.4189	尝试者1(积极尝试)	2.5277
4	积极特性1(映象)	1.64	积极特性2(恰巧匹配)	2.5378	尝试者2(技能恰巧)	2.5742
5	职业避风港2(提升)	1.87	企业家愿望+获利手段(生意赚钱)	2.9259	获利手段(增加收入)	2.6034
6	企业家愿望2(适应)	2.22	职业避风港1(前职不满)	3.0338	积极特性(积极特性)	2.8737
7	获利手段(获利)	2.27	职业避风港2(被迫进入)	3.4144	职业避风港1(前职不满)	3.1882
8	职业避风港1(环境)	2.50	—	—	职业避风港2(需要新职)	3.4788

注：匈牙利、英国萨默塞特和考文垂缺少动机均值资料。

对九寨沟数据分析发现，"印象提升"因子得到各人口统计特征人群的认可，较为突出的是高中/中专学历以下、受过旅游职业教育和企业培训的人群；"前职不满"高认可人群是月收入在1000元以下和5000元以上，来自漳扎镇、九寨沟县和省外的人群；"增加收入"高认可人群是初高中学历的个体业主和服务员；"经商愿望"高认可人群是年龄在46岁以上，来自能源、居民服务和农业的个体业主；"积极特性"高认可人群是年龄46岁以上和25岁以下，来自居民服务业、批发零售业或首次就业的宾馆工作人员；"积极尝试"在各人口特征人群表现不突出；"技能恰巧"高认可人群是25岁以下、经过专科以上和旅游职业教育学习、首次就业选择在宾馆的服务员和企业中高层管理人员；"需要新职"在各人口特征人群的认可度较低，认可较高是月收入在1000元以下和5000元以上、没有经过专业学习的个体业主和司机。

两地的共同点："企业家愿望"与个体业主密切相关，多数来自农业和服务行业；"获利手段"和"积极特性"得到各人口特征人群的认可，学历较低者和个体业主对"获利手段"感知更强烈；"职业避风港"在各人口特征人群的认可度都较低。

4 流动规律及驱动机制

4.1 共性规律

通过对中外五区六地的数据比较，可以得出旅游劳工行业流动的一些遍在规律：

规律一：旅游劳工的行业来源广泛，对各行业劳工吸纳力强。

规律二：现有旅游劳工的从业满意度普遍呈现积极评价。对职业本身和工作环境的满意克服了工作时间长度、学历匹配、收入等负面评价。

规律三：旅游劳工行业流动主要来自五种驱动力，即积极特性、获利手段、企业家愿望、职业避风港和尝试者。旅游劳工行业流动主要受旅游职业积极特性吸引，职业避风港动力作用较小。

4.2 中外流动模式比较

本文进一步对中外五区案例地进行分析(表10),以揭示我国自然观光地和国外经济动荡环境下劳工行业流动模式及规律差异。

表10 中外旅游劳工流动规律
Tab. 10 Mobility rules at home and abroad

	国外经济动荡背景下流动模式	中国自然观光地流动模式
区域背景	处于经济动荡或产业转型环境,衰落产业劳工溢出的推力因素较为显著。	乡村地区,原生居民少,旅游业快速发展替代农业成为区域主导产业,劳工流动受拉力因素影响显著。
人口统计特征	(1)女性多; (2)46岁以上人群比例高; (3)学历层次较高; (4)主要来自本地。	(1)男性多; (2)35岁以下年轻劳工占主导; (3)初中以下低学历劳工比例高; (4)绝大多数来自旅游地以外,需要进行居住地迁移。
流动模式	(1)商业(批发零售业)占据首位; (2)公共服务部门比例高; (3)衰落产业劳工占据1/10左右比例。	(1)农业、制造业占据主导行业,服务业其次; (2)首次就业人群比例高; (3)年轻女性的就业需求高。
从业评价	(1)全部为评价积极; (2)"职业满意度"和"工作环境"评价最高,"工作时间长度"和"职业与学历匹配"评价最低; (3)心理调试现象不显著。	(1)总体评价积极。对职业本身和工作环境的满意克服了时间长度、学历匹配和收入的不满; (2)总体满意度主要受职业前景、生活水平、工作时间长度和工作环境指标的支持; (3)心理调适现象得到部分印证。除"工作时间长度"外,其他指标近两年进入的评价较低; (4)在显著差异指标上,男性比女性评价低,本科以上学历评价最低,较大企业管理人员评价较高。
动力结构及强度	(1)证实了五个因子方向; (2)因子的单一指向性强; (3)积极特性是最强驱动力,职业避风港作用有限。	(1)证实了五个因子方向; (2)解释率最高和强度最大的因子为复合方向因子; (3)首要驱动力除旅游职业的积极特性吸引外,经济收入提高(获利手段)也同样重要; (4)职业避风港因子得分最低,普遍认可度低。
动力因子的作用人群	——	(1)"企业家愿望"与个体业主密切相关,较多来自农业和服务行业; (2)"获利手段"得到各人口特征人群的认可,尤其是学历较低者和个体业主; (3)"积极特性"普遍认可度高,而"职业避风港"在各人口特征人群的认可度都较低。

4.3 驱动机制

（1）旅游职业积极特性是本质驱动力，揭示出旅游劳工行业流动的遍在规律。行业来源广泛是高可进入特性的反映。在职旅游劳工从业满意度评价普遍正面积极，对职业本身和工作环境的积极评价弥补了其他负面感知。旅游职业积极特性得到各人口特征人群的认可，是首要驱动力。

（2）区域经济社会因素是宏观驱动力，揭示出中外流动模式的规律差异。我国两地以农业、制造业为主导转移行业并且首次就业比例大，而国外以商业（批发零售业）为主导且公共服务部门比例较大，这些特征差异正是区域人力资源结构和推、拉两种作用力在不同社会经济背景中强度差异的体现。我国两地处于发展中国家的乡村地区，旅游职业地位和收益要高于农业等传统行业，区域受到区位、交通和资源限制，缺少效能更高产业，因此旅游业吸引了大量周围地区劳工进入并成为很多年轻人和女性首次从业的选择，这些劳工的文化层次偏低，他们除了受旅游职业积极特性吸引外，对经济收入的需求更强烈，这在从业满意度支持项目和动力因子作用强度上得到体现。

（3）旅游地劳工结构及利益诉求差异是微观驱动力，反映出单个旅游地的个性特征。在我国，由于经营模式和劳工人群结构差异，九华山来自国家机关的人员比例较高，而九寨沟交通部门排位靠前；由于九寨沟景区内配备讲解员，地接导游少且多兼职从事出租车驾驶，同时接受调查的中高层管理人员少（3人），这可能是造成九寨沟"积极特性"和"积极尝试"因子相关群体差异不显著的原因。在国外，由于区域经济发展和职业收入差异，匈牙利旅游劳工相比英国和加拿大案例地在从业满意度评价上对收入项目感知更强，在行业来源、动机作用强度、因子构成等方面国外三地之间也有诸多差异，这些都体现出案例地的独特性。

5 讨论

（1）案例地拓展。本文选择的我国案例地是位于乡村、季节差异显著的自然观光旅游地，与城市和滨海旅游地在区域背景、经营方式、职业收益等方面有较大差异，在这些案例地进行拓展研究可能会有新的发现。我国的一些资源型城市也在通过发展旅游业进行经济转型，与国外案例地区域背景类似，对这些案例地的调研可以深化经济转型背景下旅游劳工行业流动规律的认识。

（2）视角转向。本文出于比较研究需要，采用的是西方学者问卷，问题设计立足于职业特性差异。我国两地的调查发现绝大多数旅游劳工来自外地，居住场所发生改变，他们进入旅游地从业往往与旅游地地域特征（如气候、风景、文化氛围）、亲友网络等相关，其从业满意度可能受到居住生活感知的影响。因此，从人地关系视角来探讨我国旅游劳工流动将是进一步研究的方向。

（3）类型细化。现有研究从旅游产业整体角度来探讨行业流动，但旅游产业包括多种类型和不同等级的从业岗位，个体业主、出租车司机、饭店管理人员、一线服务人员、景区员工、导游等对旅游职业特性的感知和认同具有差异，表现出不同的行业流动特征，需要进一步细化类型并进行专门研究。

致谢：感谢九寨沟风景名胜区管理局朱忠福工程师，南京大学乌铁红、程绍文博士，曹靖、张宏磊、刘传华、田谆君、王岚、祁秋寅硕士在实地调查中的帮助。

参考文献

[1] Burns P. Sustaining tourism employment[J]. *Journal of Sustainable Tourism*,1993,1(2):81-96.

[2] Ball R. Some aspects of tourism,seasonality and local labour markets[J]. *Area*,1989,21(1):35-45.

[3] Greve H. R. Industry diversity effects on job mobility[J]. *Acta Sociologica*,1994,37(2):119-139.

[4] Riley M.,Lockwood A.,Powell-Perry J.,etel. Job satisfaction,organisation commitment and occupational culture:A case from the UK pub industry[J]. *Progress in Tourism and Hospitality Research*,1998,(4):1-10.

[5] Goffee R.,Scase R. Class,entrepreneurship and the service sector:Towards a conceptual clarification[J]. *Services Industries Journal*,1983,(3):146~160.

[6] Saunders K. C. Social Stigma of Occupations[M]. Farnborough:Gower,1981.

[7] Groshen E. Why wages vary among employees[J]. *Industrial Relations*,1991,30:358~381.

[8] Riley M. Human Resource Management[M]. Oxford:Butterworth-Heinemann,1991.

[9] 吴必虎. 上海市游憩者流动行为研究[J]. 地理学报,1994,49(2):117-126.

[10] 张捷,都金康,周寅康,等. 自然观光旅游地客源市场的空间结构研究——以九寨沟及比较风景区为例[J]. 地理学报,1999,54(4):357-364.

[11] 林岚,康志林,甘萌雨,等. 基于航空口岸的台胞大陆旅游流空间场效应分析[J]. 地理研究,2007,26(2):403-413.

[12] 苏勤,林炳耀. 基于态度与行为的我国旅游地居民的类型划分——以西递、周庄、九华山为例[J]. 地理研究,2004,23(1):104-114.

[13] 卢松,张捷,李东和,等. 旅游地居民对旅游影响感知和态度的比较——以西递景区与九寨沟景区为例[J]. 地理学报,2008,63(6):646-656.

[14] 保继刚,孙九霞. 社区参与旅游发展的中西差异[J]. 地理学报,2006,61(4):401-413.

[15] 程占红,牛莉芹,吴必虎. 基于DCCA方法的旅游从业者对旅游影响认知水平的排序[J]. 地理研究,2008,27(3):715-720.

[16] Kuentzel W. F.,Ramaswamy V. M. Tourism and amenity migration a longitudinal Analysis[J]. *Annals of Tourism Research*,2005,32(2):419-438.

[17] Yong Chen,Stuart S. Rosenthal. Local amenities and life-cycle migration:Do people move for jobs or fun[J]. *Journal of Urban Economics*,2008,64:519-537.

[18] Snepenger D.,Johnson J. D.,Rasker R. Travel-stimulated entrepreneurial migration[J]. *Journal of Travel Research*,1995,34(1):40-44.

[19] Paniagua. Urban-rural migration,tourism entrepreneurs and rural restructuring in Spain[J]. *Tourism Geographies*,2002,4(4):349-371.

[20] Stone I.,Stubbs C. Enterprising expatriates:Lifestyle migration and entrepreneurship in rural southern Europe[J]. *Entrepreurship & Regional Development*,2007,19(9),433-450.

[21] Gossling,S. Human-environmental relations with tourism[J]. *Annals of Tourism Research*,2002,29(4):539-556.

[22] Gossling S.,Schulz U. Tourism-related Migration in Zanzibar,Tanzania[J]. *Tourism Geographies*,2005,7(1):43-62.

[23] Taylor J. E.,Dyer G. A.,Yunez-Naude A.,et al. The economics of"eco-tourism":A Galapagos Island economywide perspective[J]. *Economic Development and Cultural Change*,2003,51(4):977-997.

[24] Ateljevic J. Small tourism firms and management practices in New Zealand:The centre stage macro region[J]. *Tourism Management*,2007,28(1):307-316.

[25] Szivas E., Riley M. Tourism employment during economic transition[J]. Annals of Tourism Research,1999,26(4):747-771.

[26] Szivas E., Riley M., Airey D. Labor mobity into tourism: Attraction and satisfaction[J]. Annals of Tourism Research,2003,30(1):64-76.

[27] Vaugeois N., Rollins R. Mobility into tourism refuge employer[J]. Annals of Tourism Research,2007,34(3):630-648.

[28] 杨钊,陆林.基于职业特性驱动的旅游劳工转移比较研究.地理研究,2006,25(6):1125-1134.

[29] Bryden F. M. Tourism and development:A case study of the common wealth Caribbean. London:Cambridge University Press,1973.

[30] Cukier-Snow J., Wall G. Tourism employment in Bali, Indonesia[J]. Tourism Recreation Research,1994,19(1):32-40.

[31] 九华山风景区人口普查办公室.九华山风景区2000年人口普查资料.池州市统计文印中心,2001:12-53.

[32] Yang Zhao, Lu lin. Analysis of social integration models of tourism labor migrants:A case study of Jiuhua Mountain of Anhui province,China[J]. Chinese Geographical Science,2008,18(2):127-136.

Analysis of tourism labor's inter-industry mobilty rules based on comparison among five areas at home and abroad

YANG Zhao[1,2], ZHANG Jie[1], CAI Yong-shou[3], SHANGGUAN Xiao-yan[3], HAN Guo-sheng[1]

(1. *School of Geographic and Oceanographic Sciences, Nanjing University, Nanjing 210093, China;*

2. *College of Territorial Resource and Tourism, Anhui Normal University, Wuhu 241000, Anhui, China;*

3. *The Management Office of Jiuzhaigou Landscape Showplace, Jiuzhaigou 623402, Sichuan, China*)

Abstract: Tourism employment has many positive and negative characteristics, which play a particular role in tourism labor's inter-industry mobility under different social back-grounds. Taking Jiuzhaigou as a case study, the article, through a comparative study in the existing work on mobility in Hungary, Somerset and Coventry in the United Kingdom, Jiuhua Mountain in China and Vancouver Island in Canada, analyzes tourism labor's mobility pattern, self-evaluation of mobility impacts, and mobility motivations under different backgrounds. The findings of the study are as follows. First, labor comes from an unusually wide range of industries. In foreign countries, the highest percentage engaged in trade(Wholesale and Retails Trade), and public sector such as public administration, and education and health contributed a high proportion, and mobility from declining industries was not insignificant, approximately accounting for 10%. In China tourism draws labor mainly from the traditional sectors such as agriculture and manufacturing, and high proportion of unemployed and female young labors are inclined to work in tourism. Second, the most positive impact of mobility was reported on the job satisfaction variables. The dominance of job satisfaction and physical environment may have been traded off for poor income, long working hours and job/education match. As is indicated by the multi-regression analysis, the satisfaction is mainly supported by career prospects, living standards, working hours and physical environment in China. Third, factor analysis of 30 motivation variables confirms five-dimensional structure. The means' ranking of motivation and factor display that labor mainly arrives by "positive" attributes associated with this industry and few are absorbed for "refuge". In China "instrumental utility" together with "positive" is the strongest motivational forces. "Entrepreneurial" is correlated with businessman moving from agriculture and service industry. "Instrumental utility" and "positive" are most approved by all kinds of samples, but "refuge" approved least. These rules result from the combined effort exerted by the three powers of tourism employment's characteristics, regional socio-economic backgrounds and case's features.

Key words: tourism labor; mobility rule; dynamics mechanism; comparative study

(原载《地理研究》2011年第3期)

专用性人力资本投资与饭店业基层
员工低薪酬现象成因解释

饶 勇[1]，黄福才[2]

(1. 中山大学旅游学院，广东广州510275；2. 厦门大学管理学院，福建厦门361005)

摘 要：我国饭店业正逐步演变为典型的低薪酬行业，主要表现为固定工资合约逐渐成为主导性薪酬契约，且固定工资基数水平不断下降。文章运用专用性人力资本理论，解释了在隐性知识管理机制缺失的条件下，饭店业主为什么会放弃对专用性人力资本投资收益的追求而选择固定工资合约，并进一步分析了固定工资合约的实际支付水平为什么会逐步下降，直至最终形成接近法定最低工资标准的全行业统一价格。

关键词：专用性人力资本；饭店业；基层员工；薪酬体系
中图分类号：F59
文献标识码：A
文章编号：1002-5006(2011)03-0078-08

一、引言

本文主要研究饭店业基层员工的低薪酬现象。在新制度经济学的薪酬理论框架下，这一问题可以被进一步细化为对薪酬契约类型选择和薪酬水平基准值设定等行业惯例的成因分析。

实践中，饭店业基层员工的低薪酬现象普遍存在且愈演愈烈。一方面，我国饭店业已从改革开放初期的高薪酬行业演变为典型的低薪酬行业。据国家统计局《城镇就业人员年平均工资情况统计公报(2009)》，2009年我国住宿和餐饮业员工平均年收入为21 193元(非私营)和15 623元(私营)，在19个分行业中居倒数第二。具体到基层员工，初级劳动的比重越来越大，占主导地位的工资合约类型逐渐由随企业财务业绩弹性浮动的灵活工资合约转变为以等级工资制为主要形式的固定工资合约。另一方面，随着高素质员工的频繁流失和进城农民工的持续补入，各饭店的固定工资基准水平在长期的行业竞争中趋于统一，并逐渐形成以劳动力市场的供求出清价格为工资基准而与企业自身业绩不相关的行业惯例。

基金项目：本研究受国家旅游局科研项目(2010TACG020)和中央高校基本科研业务费专项资金资助(316106)。
作者简介：饶勇(1971—)，男，湖南人，博士，讲师，研究方向为旅游业知识管理、旅游经济学，E-mail: raoyong@mail.sysu.edu.cn；黄福才(1947—)，男，福建人，教授，博士生导师，研究方向为旅游学理论、旅游规划。

对于饭店业低薪酬现象的成因,目前较流行的理论解释主要有宏观视角的工资决定论和微观视角的基层员工创新缺失论。前者认为,饭店业作为市场集中度很低的近似完全竞争产业,业主在进行员工工资决策时只能是随行就市的价格接受者(pricetaker),而不会也不必有意识地主动构建政策;后者则主张,饭店业创新发展的技术原动力主要来自上下游产业(而非其自身)知识供给,基层员工事实上并没有承担多少创新职能,员工服务的低技术含量和强可替代性使得他们只能接受最基本的固定薪酬。

以上解释能否成立,主要取决于对饭店业基层员工的人力资本属性判断是否准确。隐含的逻辑假设是,如果基层员工的确只是完全竞争市场中无差别、同质化的初级劳动提供者,且低技术含量和强可替代性完全反映了基层员工的知识结构特征,那么依照人力资本对收入分配影响推论[1],低薪酬自然会成为饭店业发展过程中的规律性现象。事实果真如此吗?劳动者到底是同质化还是异质化?低技术含量和强可替代性到底是低薪酬现象的原因还是结果呢?

本文分两步来研究饭店业"低薪酬"现象的成因。首先,运用专用性人力资本理论,从业主视角分析隐性知识管理机制差异对饭店业专用性人力资本投资模式和薪酬契约类型决策的影响,结合实践解释饭店业主可能采用的薪酬契约类型及其适用范围;然后,从业主和员工有关人力资本投资决策的博弈分析出发,解释为什么在隐性知识管理机制缺失、劳资双方信息不对称的情形下,大多数饭店会倾向于选择固定工资合约这一人力资本投资的次优策略,并结合劳动力供需市场特征等现实因素分析固定工资基数水平为什么会持续下降,直至形成"低薪酬、高流失"的行业共性现象。

二、理论分析:专用性人力资本、隐性知识和薪酬契约

(一)专用性人力资本投资和薪酬契约设计

企业在本质上是人力资本与非人力资本的一个合约,或者更准确地说是专用性人力资本与专用性物质资本联合生产的契约安排[2],而薪酬契约则体现了参与联合生产的各方(雇佣者、经营者、劳动者)对企业剩余的具体分配方案。基层员工的薪酬契约是业主和员工双方间就专用性人力资本的事前投资和联合生产成果的事后分配所达成的不完全契约,是"员工凭借其人力资本的专用性优势和资本家反复谈判"的结果[3],因此,实践中薪酬契约的具体形式(固定或灵活工资合约)将主要取决于员工和业主在人力资本专用性投资策略上的真实态度和决策。

尽管除薪酬激励外,专用性人力资本投资还有专用性培训、长期雇佣保障和晋升激励等其他途径,但研究者发现,从劳动者的效用最大化原则出发,几乎所有的专用性人力资本投资激励最终都与薪酬支付水平有关。如贝克尔(Becker)发现,劳动者接受专用性技能培训的动力主要来自培训带来的薪酬提升机会,而晋升激励则更直接地表现为与新职级相应的更高薪酬待遇[4]。因此,本文将遵循人力资本理论研究传统,将薪酬激励视为专用性人力资本投资的最主要途径。

员工的专用性人力资本是在企业特定生产环境和工作联系中形成的,具有显著的路径依赖性和环境依存性,这使得员工跳槽时将面临巨大的转换成本和机会成本。同样的问题也发生在业主身上,因为培养该员工需要企业进行大量的专用性人力资本投资,员工跳槽后这部分投资就成了沉没成本。这样一来,是否进行专用性人力资本投资对于业主和员工双方来说都是一个"两难选择",而由于人力资本水平是一种对方难以评测的"私人信息",因此双方都面临着被对方要挟的"机会主义风险"[5]。

实践中,饭店业主们大都采用了一种较极端的方式——"员工薪酬与企业业绩不挂钩"的"固定工资合约"来应对潜在的"机会主义风险"[6]。同时,为克服因基层员工激励不足带来的竞争优势弱化,业主还会采用一种补救措施——"经营者薪酬与企业业绩挂钩"的"灵活工资合约",将企业人力资本投资重心转向人数相对较少的经营团队。这种"轻员工、重经理"的人力资本投资模式,使有关企业剩余分配的谈判变得简单易行,从而降低了企业联合生产契约的订立和实施成本,这一模式成功的关键在于经营者的人力资本能否完全替代基层员工的人力资本。

(二)专用性人力资本投资和隐性知识管理

所谓经营者人力资本,特指"经营者掌握的关于市场获利机会和如何组织企业团队生产的专有知识",而生产者人力资本则主要是"基层员工适应企业特定工作要求而获取的专业知识、特有技能、独特经验、人际关系和组织价值观"[7]。从定义中不难看出,不同形式人力资本的现实基础都是对企业运营有较大价值的隐性知识,因此经营者人力资本能否真正替代生产者人力资本,主要取决于经营者的隐性知识能否完全取代生产者的隐性知识,尤其是在对生产者隐性知识管理失灵时,仅凭经营者的隐性知识能否完全满足市场竞争需求。

与其他行业不同的是,饭店业是以面对面劳务服务为主要产品、高度依赖于顾客主观感知价值的服务性产业,基层员工在长期大量的"一对一"服务中所累积的服务经验、操作技能和客户意识等隐性知识,对饭店服务质量和客户忠诚度培育有着直接、深远的影响。如享有世界最佳酒店美誉的曼谷东方酒店,始终坚信员工近乎艺术的服务技能和服务意识才是其核心竞争优势,因为只有这些具有丰富隐性技能的基层员工才能做到微笑时恰好露出8颗牙齿,才能提供3∶1的贵族式服务,而这些都是经营者的隐性知识无法实现和替代的。

既然饭店业基层员工的隐性知识如此重要且难以替代,经营者人力资本难以完全取代生产者人力资本,那么"轻员工、重经理"的人力资本投资模式自然也不是最优策略。但在饭店管理实践中,由于隐性知识具有难以计量、难以编码和难以模仿等属性特征[8],对隐性知识的主动监测和正式化管理始终是一个非常复杂的管理难题,而在缺乏有效的隐性知识管理手段时,挤占基层员工人力资本、获取保留效用也就成了一种不得已而为之的次优策略。当然,从隐性知识生产的一般规律来看,这种竭泽而渔的次优策略只能获取基于员工隐性知识存量的短期收益,而无法像曼谷东方酒店一样获得专用性人力资本投资带来的隐性知识增量长期收益。

三、模型:专用性人力资本投资和薪酬契约类型选择

通过对专用性人力资本投资、薪酬契约设计和隐性知识管理三者关系的理论分析,可以发现,基层员工的隐性知识和技能是饭店组织租金不可替代的重要来源,而隐性知识管理机制的健全与否将对饭店的专用性人力资本投资决策和薪酬契约类型选择产生深远影响。

(一)理论准备:隐性知识收益权交易假设

大多数情形下,高水平员工是缺乏主动无偿共享其隐性知识的动机的,尤其是当隐性知

识能够给个人或组织带来重要的竞争优势时,主动分享往往就意味着自己剥夺其在市场中生存的理由[9]。但饭店业产品特征决定了员工只要运用隐性知识来从事服务或其他业务活动,就不可避免地存在被其他人低成本模仿、学习和"搭便车"的可能,进而使其丧失对隐性知识的剩余索取权和控制权。

由于面临着被"外部性现象"侵蚀其隐性知识收益权的机会主义风险,高水平员工在使用和创新隐性知识时势必会要求业主对其知识收益权漏损进行合理补偿。这种补偿的本质是业主对基层员工的专用性人力资本投资,在形式上主要表现为薪酬支付,而补偿的及时与否、合理与否自然也就成了饭店薪酬管理的焦点和难点问题。

从知识生产的一般规律出发,当隐性知识的收益权漏损能得到连续性的补偿支付时,追求效用最大化的基层员工就会有持续创新和主动分享的足够激励。但由于隐性知识本身的隐晦性特征,业主在界定隐性知识的收益权及其漏损时通常会面临信息不对称难题,这使得实践中业主们不得不放弃对隐性知识创新收益的追求,转而采取无风险的固定工资合约策略来获取基于员工初级劳动的保底收益。本文接下来将通过对匹配于隐性知识不同维度的薪酬契约形式的推导和比较,进一步说明为什么实践中饭店普遍会采取导致低薪酬的固定工资合约,而不是用灵活工资合约对员工进行有效的连续性补偿。

威廉姆森(Williamson)的交易费用维度理论提供了一种界定隐性知识收益权的类型化特征的有效方法,即将影响隐性知识收益权交易的主要因素划分为交易发生频率和隐性知识资产专用性程度两大特征维度。这两种维度的不同水平值相互搭配,形成了多种典型组合。这样,相对复杂的隐性知识收益权定价问题就被转换为简单易行的隐性知识收益权交易属性分析。受此启发,本文构建了一个简单的饭店隐性知识收益权交易属性模型,如图1。

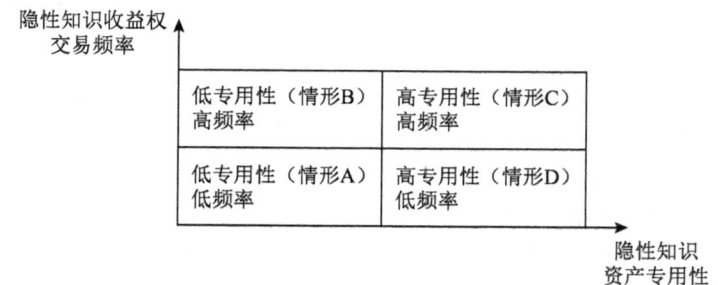

图1 饭店隐性知识收益权交易模型
Fig. 1 Revenue trading model of tacit knowledge in hotel

(二)基于隐性知识收益权交易假设的专用性人力资本投资模型

1. 情形A:隐性知识资产专用性低,隐性知识收益权交易频率低

隐性知识资产专用性很低,说明业主可以有较广阔的选择范围,同时交易频率也很低,更说明业主对此类隐性知识需求量很少。此时,业主并无专用性人力资本投资的足够激励,实践中也大多会采取外包或钟点工等方式。如很多中小饭店为顾客推出了客衣干洗服务,但单个饭店每天承揽到的客衣干洗业务量很小,而且干洗流程是高度自动化的,对洗衣工本身的知识技能要求非常低,因此,饭店大部分都选择了将该业务整体外包给专业洗衣公司,

而不再针对洗衣工岗位进行专用性人力资本投资。

2. 情形 B：隐性知识资产专用性低，但隐性知识收益权交易频率很高

这是当前饭店业最普遍的一种情形，涵盖了大部分饭店基层岗位（如客房卫生工、餐厅服务员等），也是导致低薪酬、高流失现象的主要原因。

由于隐性知识的专用性程度低，而且对隐性知识的间接使用（收益权交易）又十分频繁，业主有足够的能力和时间来观测隐性知识的收益能力（但不能完全证实），此时人力资本投资的最优契约有可能在不完全契约中出现。

命题1：当隐性知识的资产专用性程度很低且交易频率很高时，交易双方能够事前确定全部的剩余，此时买方占有全部剩余是双方事后博弈的稳定占优均衡，买方人力资本投资的最优决策是向卖方支付固定合约工资[①]。

证明1：

当隐性知识的资产专用性程度很低且交易频繁时，假设旅游企业的交易双方签订一个不完全契约，然后分别进行专用性投资 i_B, i_S。此时，初始契约 $(\bar{q}, \bar{p})$ 的订立使交易双方能够事前就确定全部的剩余。交易双方决定事后的生产数量 $q = (q_B, q_S)$ 来最大化各自的效用水平，分别为 $u_B = v(q, \theta_B) - p$ 和 $u_S = p - c(q, \theta_S)$。交易真正发生是在事中阶段，即双方都获得了信息流 $\theta = (\theta_b, \theta_s) = [\phi(i_b, w), \phi(i_s, w)]$ 之后。

假定在双方进行了专用性投资之后，交易的效率水平会高于初始契约水平，即 $q^* > \bar{q}$。重新谈判开始后，卖方的保留效用水平为初始契约的保证水平 $u_S(i_S, \bar{q}, \bar{p}, w)$，$q = \bar{q}$ 是其最低交易条件。为避免卖方拒绝重新谈判，摩尔（Moore）主张引入对延迟交易执行的惩罚 π^*，$u_S(i_S, \bar{q}, \bar{p}, w, \pi^*) < u_S(i_S, q^*, \bar{p}, w)$。

为此，使双方都达到有效率的数量水平的重新谈判产生的准租金（即最优数量与次优数量的残值差）：$\varepsilon = [v(i_B, q^*, \bar{p}, w) - c(i_S, q^*, \bar{p}, w)] - [v(i_B, \bar{q}, \bar{p}, w) - c(i_S, \bar{q}, \bar{p}, w)]$

其中，$[v(i_B, q^*, \bar{p}, w) - c(i_S, q^*, \bar{p}, w)]$ 则为重新谈判所产生的剩余，计为 $\bar{s}(i)$。

这样一来，交易双方的事后效用水平就取决于他们的砍价力量了，假设 $\alpha(0 \leq \alpha \leq 1)$ 是卖方的砍价力量，则双方的实际效用水平为：

$$u'_S = \alpha\varepsilon + (p - c) = \alpha[\bar{s}(i) + \bar{p} - \iota] + (1 - \alpha)[\bar{p} - c]$$
$$u'_B = \alpha[v - p] + (1 - \alpha)[\bar{s}(i) - p + c]$$

对于 α 的取值，梯若尔（Tirole）曾经证明非一体化和卖方控制都无法达到专用性投资最优值，而只要改进的收益 V 足够大的话，买方控制相对于非一体化和卖方控制来说是最优的，或者说是买方控制最能达到鼓励专用性投资的目的。

接下来验证一下梯若尔的观点，假设买方控制时 $\alpha = 0$，此时买方事前效用水平为：
$$U'_B = E[u_B] = i_B = E[\bar{s}(i)] + E[c(i_S, \bar{q}, w')] - p - i_B \rightarrow \partial E[\bar{\varepsilon}(i)]/\partial i_B = 1 \longleftrightarrow i_B = i_B^*$$

讨价还价力量全部赋予买方控制后，其可以占有全部的准租金，因此有着强大的专用性投资激励。而对于卖方来说，其事前效用水平为：
$$U'_S = E[u_S] = i_S = -E[c(i_S, \bar{q}, \bar{p}, w) + \bar{p} - i_S \partial U'_S/\partial i_S = 0$$

[①] Grossman S., Hart D. The cost and benefits of ownership: A theory of vertical and lateral integration [J]. *The Journal of Political Economy*, 1986, 94(2): 691-719.

卖方的效用水平可以被理解为对交易的默认水平 i_B^* 的最优回应,中间值 $(\bar{q},\bar{p})$ 的存在能够诱导卖方在最优水平 i_S^* 上进行投资,而当改进的收益 V 足够大时买方能够且愿意支付一笔固定费用给卖方以获取决策权,此时卖方所获得的固定费用就是饭店基层员工的固定工资。

3. 情形C:隐性知识资产专用性高,且隐性知识收益权交易频率也很高

这种情形适用于饭店部分技术性的基层岗位(如餐厅厨师、酒水师等)。表面上看,这类岗位的协议薪酬相对要略高于其他岗位,但实践中真实所得却不尽如人意。比如,很多饭店在餐厅中设置了"燕翅鲍"房,并聘请几名具备独特技能(隐性知识)的厨师。这些厨师凭借人力资本专用性投资可以要求较高水平薪酬,但在高频率的交易下他们的生产结果是可以被观测到的,因此,饭店业主会根据实际观测结果要求厨师团队接受一个特许契约权协议(承包协议),并通过设定高承包基数来挤占厨师团队的剩余索取权。

命题2:当隐性知识的专用性程度较高而交易频率也较高时,饭店业主可以从结果推断出员工的人力资本专用性投资水平,此时特许权契约是稳定占优均衡,买方的人力资本专用性投资最优决策是向员工支付承包合约工资。

证明2:

假设 Q 为饭店业主追求的效用或利润,它取决于员工所付出的努力 e,在结果确定的情况下,$Q(e)$ 的关系可以被认为是给定的。为便于计算,假设 $Q=e$(这是一种简化处理)。

假设员工进行专用性投资的成本为 c,且

$c = \dfrac{k}{2} \cdot e^2 (k>0, c' = ke)$。业主支付给员工的激励安排为:$w = r + \alpha Q$($r$ 为固定费用,$0 \leq \alpha \leq 1, \alpha$ 为利润份额)

员工的效用函数 $A = w - c(e) = w - \dfrac{k}{2}e^2$,业主的效用函数 $Q^n = Q - w = (1-\alpha)e - r$

员工的最大化决策问题 $\max\limits_{e} A = r + \alpha Q - \dfrac{k}{2}e^2$,s.t ($Q = e$ 一阶条件是:$e = \dfrac{\alpha}{k}$)

假设员工接受业主激励安排的保留效应为 $\bar{A}$,即:$r + \alpha Q - \dfrac{k}{2}e^2 \geq \bar{A}$,为便于分析,假定该保留效用为0,则:$r = \dfrac{k}{2}e^2 - \alpha e$,业主的决策问题:

$$\max\limits_{r,\alpha} Q^n = (1-\alpha)e - r$$

这里,$e = \dfrac{\alpha}{k}, r = \dfrac{k}{2}e^2 - \alpha e$ 一阶条件是:$\dfrac{1}{k} - \dfrac{\alpha}{k} = 0$,即 $\alpha^* = 1$。

这表明员工将获得组织100%的利润,成为剩余索取者,但这是有前提条件的。此时 r 即业主支付给员工的固定费用为:

$$r^* = \dfrac{k}{2}e^2 - \alpha^* e = \dfrac{k}{2}\left(\dfrac{\alpha^*}{k}\right)^2 - \alpha^*\left(\dfrac{\alpha^*}{k}\right) = -\dfrac{1}{2k}$$

在员工成为剩余索取者时,他从业主获得的固定费用是个负数,这意味着他应该向业主支付一笔大小为 $-r^*$ 的费用,即特许费用,因此,他与业主之间实际上是在共同分享剩余。

因为 $e^* = \dfrac{\alpha^*}{k} = \dfrac{1}{k}, Q^* = e^* = \dfrac{1}{k}$,所以员工的最优工资为:$w^* = r^* + \alpha^* Q^* = \dfrac{1}{2k}$

业主实际将获得的最大效用(净利润)为:

$$Q^{n*} = (1-\alpha^*)e^* - r^* = \frac{1}{2k}$$

这表明在结果确定的情况下,饭店业主可以允许员工成为剩余索取者,特许权契约将使业主实现自身利益的最大化,此时业主会有足够激励向员工支付承包工资(事实上是根据承包基数向员工收取固定收益,而承包基数值的设定则体现双方的砍价实力)。

4. 情形 D:隐性知识资产专用性高,但隐性知识收益权交易频率较低

这种情形适用于部分风险较大而又非常重要的饭店基层岗位。以饭店营销代表为例,其工作包含很多较复杂的内容,如客户关系管理和产品策划等,因此其人力资本(隐性知识)的资产专用性程度较高。同时,大部分营销代表的工作相对比较独立,相互间业务协作频率较低。对于饭店业主来说,由于存在市场因素的冲击,营销代表的工作"信息不对称、结果不确定",对此类员工饭店普遍采取"低保底、高提成"的分成工资契约。由于缺乏连续性的人力资本投资积累,大部分员工事实上只能享受到较低的总分成工资。

命题3:当隐性知识专用性程度较高且交易频率较低时,业主和员工将共同承担风险,并通过分成契约来实现效用的次优结果,分成比例取决于员工的风险厌恶程度,此时业主的人力资本专用性投资次优策略是向员工支付分成契约工资。

证明3:

在隐性知识专用性程度较高且交易频率较低时,交易双方都不能控制外部(市场)冲击$\tilde{\theta}$,此时总利润函数被假定为$\tilde{Q} = e + \tilde{\theta}$,业主提供的激励安排依然是$w = r + \alpha Q$

此时因为利润$\tilde{Q}$是不确定的,交易双方的效用水平也随之不确定,所以需考虑双方的风险态度。本文为了更接近现实,假定业主是风险中立而员工是风险厌恶型的。

假定风险厌恶型的员工效用函数(确定性等价)为:$u(\tilde{A}) = -\exp(-\alpha\tilde{A}), \alpha > 0$

其确定性等价为$C(\tilde{A}) = E(\tilde{A}) - R, R > 0, R = \frac{\alpha}{2}\alpha^2\sigma^2$ (R为风险贴水)

根据激励函数和利润函数,代入得到:

$$\tilde{A} = r + \alpha e + \alpha\tilde{\theta} - \frac{k}{2}e^2,$$

业主的决策问题为$\max_{e} C(\tilde{A}) = r + \alpha e - \frac{k}{2}e^2 - \frac{\alpha}{2}\alpha^2\sigma^2$,由一阶条件得:$e = \frac{\alpha}{k}$,

激励约束条件时,设$\overline{C} = 0$,则$r = -\alpha e + \frac{k}{2}e^2 + \frac{\alpha}{2}\alpha^2\sigma^2$

业主决策问题为$\max_{r,\alpha} E(\tilde{Q}^n) = (1-\alpha)e - r$

将e、r代入后得到:$\max_{r,\alpha} E(\tilde{Q}^n) = (1-\alpha)e - r = \frac{\alpha}{k} - \frac{\alpha^2}{2k} - \alpha^2\frac{\alpha}{2}\sigma^2$

由一阶条件得:$\alpha^* = \frac{1}{1+k\alpha\sigma^2} < 1$,最优努力水平为:$e^* = \frac{1}{k(1+k\alpha\sigma^2)} < \frac{1}{k}$

业主的最大期望利润为：

$$E(\hat{Q}^n)^* = \frac{1}{2k}\left(\frac{1}{1+\alpha k\sigma^2}\right)$$

相比结果确定时的情形，$\alpha^* < 1$ 意味着风险规避的员工没有承担全部风险，因而不能索取全部剩余，交易双方间不再是"特许契约"承包经营，而是共同分担风险的"分成契约"。

四、固定工资合约实际支付水平的演化博弈分析

从不同基层岗位的隐性知识特征和人力资本属性差异来说，饭店业主可以分别采取外包计时工资、固定工资合约、承包工资合约和分成工资合约等多种途径进行专用性人力资本投资。但从对饭店业主的实际策略观测来看，固定工资合约在实践中占有压倒性优势，业主们不但倾向于将所有的基层岗位都纳入固定工资合约范畴，而且始终在尝试尽量压低固定工资基数水平。

非常典型的案例来自麦当劳和肯德基等连锁快餐企业。一方面，这些快餐企业凭借其自动化设计实力和品牌优势，极大地降低了对基层员工在食品制作、对客服务和市场推广等方面的专用性隐性知识的需求，从而使固定工资合约成为几乎唯一的人力资本投资途径；另一方面，麦当劳、肯德基的小时工工资持续下降，甚至已低于当地最低工资标准，如在山西太原麦当劳开出的非全日制小时工工资为每小时 6 元，肯德基则无论是否全日制均为 4.5 元，均低于当地劳动部门规定的 6.5 元最低小时工资标准。

（一）固定工资合约：信息不对称条件下的稳定占优均衡

假定饭店业主和员工都可以选择人力资本投资（隐性知识专用性）的两种策略，即高投资（H）和低投资（L）策略，且业主投资的主要形式是对隐性知识收益权的让渡（剩余收入分配），员工投资的主要形式是服务经验、操作技能和其他关系性投资。因此，业主投资形式是可以观测的，而员工是否投资则难以观测。

先列出在一次博弈中各自的赢得向量，见以下的标准型博弈矩阵（数字本身只是对实际得益的数量化模拟）：

这是一个很典型的"囚徒困境"。当双方都采用低投资策略时，饭店将成为毫无服务特色的企业，但依然可以凭借经营者努力或地段优势获得基本收益（1,1）。

而当某一方采用高投资策略而另一方采用低投资策略时，机会主义行为出现，因而高投资策略一方被敲竹杠，从而获取收益 0，而低投资策略一方则因为敲竹杠成功，收益为 10（搭便车的收益应大于双方合作收益 8）。

	饭店基层员工	
	L	H
饭店业主 L	(1, 1)NE	(10, 0)
H	(0, 10)	(8, 8)

图 2 饭店人力资本投资决策博弈矩阵

Fig. 2 Game matrix of specific human capital decisions in hotel

但如果双方都采取高投资策略的话,饭店将成为人力资本非常丰富、个性化服务水平很高的优势企业,业主和员工双双获益(8,8)。

分析可以得知,以上矩阵中的纳什均衡 NE 为(1,1),即大家都选用低投资策略(劣策略),之所以出现劣劣均衡,主要原因在于隐性知识的增量及其收益权是难以观测的,或者说饭店业主相对员工来说,被敲竹杠的可能性更大。

上述标准型博弈矩阵中双方选择优、劣策略的概率比为 0.5:0.5,这是建立在业主和员工之间互不了解(员工高流失率)的事实基础上,因而双方尽管都很不甘心于(1,1)的低收益结果,或者说都尽量想追求"自己不投入,敲对方竹杠"的结果,但事实上都会选择风险更小的低投资策略。尤其是当业主的决策既定且可观测时(通常为低投资策略),员工选择低投资策略的信念将被极大强化(不再是50%),最终导致劣劣均衡。

实践中,面对上述"双边机会主义威胁",越来越多的业主和员工都倾向于采取最小风险而又最消极的对策——减少甚至中止专用性人力资本投资(如麦当劳),这是一个双方在专用性人力资本投资博弈过程中的互为最优反应,自然地,与此相对应的薪酬契约也就变成了基本上不反映人力资本投资收益(买方占有全部剩余)的固定工资合约。需要说明的是,由于业主能直接观测到自己和员工双方同时中止专用性人力资本投资的决策,所以他会主观地认为此时人力资本投资收益很小,企业收益主要来自物质资本投资。只有在双方相互都非常了解,且对彼此的"触发策略"惩罚非常有威慑力的情形下,上述劣劣均衡才有可能被改变,灵活工资合约才有可能被采用。

值得思考的是,为什么这种劣劣均衡会在饭店业中特别突出,而在其他行业中没有如此典型呢?这与饭店产品质量对基层员工隐性知识和技能的高度依赖有很大关系。一方面,由于顾客对饭店服务质量的最低保障水平非常敏感,而不同员工的隐性知识水平差异又非常显著,因此,业主在无法准确评价员工隐性知识水平的情形下不得不退而求其次,以标准化方式来确保与可观测隐性知识水平相对应的基本服务质量;另一方面,在无法有效测评员工隐性知识水平的情形下,承包工资合约和分成工资合约的实施对于业主来说始终是有一定风险的,且这种风险最终会由业主来承担。从生产函数的一般形式来看,业主作为物质资本投入者,在总产出一定的情形下,加大无风险的物质资本投入、降低有风险的人力资本投入是最合理的技术选择。总的来说,如果隐性知识管理机制缺失问题不能得到有效解决,那么固定工资合约就必然会成为行业主导性薪酬契约类型,这也是饭店业显著区别于其他行业的现实特征。

欧美发达国家饭店业的解决思路是:其一,通过大量使用来自发展中国家的廉价劳务移民、吸纳在校学生从事短期兼职工作和增加顾客自助服务比重等方法以缓解低薪酬决策带来的用工荒现实问题;其二,通过引入平衡计分卡、知识管理导航等新技术,更准确地辨识和管理员工的隐性知识,并根据对员工人力资本贡献的精细化测评来逐步扩大灵活工资合约的使用范围,试图借此解决因信息不对称导致的专用性人力资本投资不足问题。

(二)固定工资基数水平的持续下降

实践中,我国饭店业基层员工薪酬的确已经基本转为固定工资合约形式,而造成固定工资基数水平持续下降的现实原因主要有以下几点:

1. 企业平均盈利能力的下降

饭店业已成为近年来的投资热点,星级饭店规模年均增幅高于8%①。产业规模的持续扩容一定程度上影响了饭店企业的实际盈利能力,加之新增饭店资金成本普遍偏高,使得饭店业主的经营压力陡增,而这种压力最终将被转移给广大基层员工。在大多数业主心目中,饭店业属于典型的劳动密集型行业,员工薪酬是其运营成本的主要组成部分,因此,降薪就成了很多饭店业主应对市场形势恶化的自然选择。

2. 行业工会组织的缺失

在欧美国家,对普通劳动者权益的维护往往是通过行业工会组织来进行的,最典型的案例就是2005年6月美国职业篮球联盟(NBA)球员工会以球员停摆为要挟,经过几个月谈判迫使联盟在有关球员年薪递增比例和最大合同期限等方面作出重大让步。而在我国,目前仅有部分酒店成立了企业工会,饭店行业工会组织建设尚未起步,基层员工跨企业联合起来与业主群体进行薪资谈判的个案也非常少见,基层员工在遭遇不合理薪酬待遇时往往只能采取无组织的极端行为来集体讨薪。

3. 城市化带来的劳动力供需失衡

随着我国城市化进程的加快,劳动力市场严重供过于求。"十一五"期间,我国城镇每年新增待就业人口约2400万人,而可安置岗位仅有1200万左右,而且农村目前还存留了1.2亿富余劳动力,劳动力供过于求的局面还将维持相当长时间②。

由于新增待业人口普遍学历偏低(农民工)或经验不足(大学生),所以有相当数量的初级劳动力进入了饭店业。自1996年以来,饭店业屡次降低工资基准,却始终没有出现大规模的用工荒,所以在不考虑员工人力资本投资收益的情形下,业主的确有足够的降薪激励,如果不是国家有关最低工资保障线的强制性措施约束,降薪势头可能还会一直持续下去,直到达到全行业统一的劳动力出清价格。换言之,在源源不断的新增劳动力支持下,饭店业主宁愿选择低风险、易操作的降薪策略,也不会主动去做高风险、机会主义风险大的人力资本投资。

近年来,随着饭店业工资水平降至法定最低工资标准,劳动力供给曲线出现了明显的拐点后,业主们依然坚持采用固定工资合约策略,而只是将工资基数适当提高至劳动力供需价格曲线的新均衡点,以缓解迫在眉睫的用工荒。从长远来看,新一轮的基层员工集体加薪只是针对劳动力供需价格曲线波动的一次适应性调整,但由于劳动力供过于求的总体形势并未扭转,这种小幅度加薪的适应性调整足以使饭店业在较低的薪酬水平上获得足够数量的初级劳动力补给。

4. 专业教育资源的浪费和劳动力市场的"逆向选择"

由于劳动力市场的长期供需失衡和饭店业主主动放弃人力资本投资的降薪策略,使得饭店业对高素质员工的吸引力越来越小。深圳某高校酒店管理专业学生毕业后从事酒店业的比例连续4年低于33%,在校生明确表示毕业后愿意继续从事酒店业的比

---

① 数据来源:国家旅游局2000~2007年星级饭店统计公报。
② 数据来源:劳动和社会保障事业发展"十一五"规划纲要。

例仅为10.5%①。而在全国其他高校,酒店管理专业毕业生改行的现象也十分严重,长此以往,不但是对专业教育资源的极大浪费,而且也将使整个饭店业的人力资本水平大大下降。

导致大学生毕业后纷纷逃离酒店业的主要原因除了薪酬低、劳动强度大和晋升缓慢以外,另一个非常重要的原因就是饭店业就业市场上已经出现了逆向淘汰效应。由于饭店业对员工的隐性知识水平有较高要求,而隐性知识的持有和使用又难以观测,因此,越来越多的饭店放弃了对员工隐性知识的系统培育,而采用了更为简便的直接收购(如挖墙脚),但员工的隐性知识水平并不必然地由其工作年限决定,这样的策略就导致了饭店业就业市场中良莠不齐,进而形成了"低水平员工驱逐高水平员工"的逆向淘汰。久而久之,饭店业主也不得不接受"市场上招不到好员工"的被动局面,进而必然导致业主在人力资本投资上的激励不足。

五、结语

本文旨在通过对饭店业"低薪酬、高流失"现象的分析,探讨在对隐性知识生产有较高要求的服务性产业发展过程中可能会出现的专用性人力资本投资失灵现象以及由此引致的薪酬体系演化趋势。事实上,不只是饭店业,还有很多具备相近特征的产业,如商贸零售业、社区服务业等,都可能会在局部范围或特定阶段出现类似现象,对其过程及规律的研究既有助于更科学地制定产业政策,也能为实践界提供一些有益的参考。

参考文献

[1] Mincer J. Investment in human capital and personal income distribution [J]. *The Journal of Political Economy*, 1958,66(4):281-302.

[2] 周其仁.市场里的企业:一个人力资本与非人力资本的特别合约[J].经济研究,1996,6(12):71-80.

[3] Aoki M. Cooperative game theory of the firm [M]. London: Oxford University Press, 1984:65.

[4] Becker G. Investment in human capital: A theoretical analysis [J]. *The Journal of Political Economy*, 1962, 70(1):9-49.

[5] Williamson O. The new institutional economics: Taking stock, looking ahead [J]. *Economic Literature*, 2000, 38(5):595-561.

[6] 饶勇.旅游企业隐性知识创新与共享的激励机制研究[D].厦门:厦门大学,2008.

[7] 杨瑞龙,杨其静.专用性、专有性与企业制度[J].经济研究,2001,3(6):3-11.

[8] Polanyi M. The tacit dimension [M]. London: Routledge and Kegan Paul Press, 1966:39.

[9] Leonard D., Sensiper S. The role of tacit knowledge in group innovation [J]. *California Management Riview*, 1998,40(3):112-132.

---

① 胡卫华.深圳职业技术学院酒店管理专业学生问卷调查表[J].中国大学生就业,2007,(1):58-59.

Specific human capital investment and theoretical explanation for "low-wage" phenomenon of employees at the grass-roots level in hospitality industry

RAO Yong[1], HUANG Fu-cai[2]

(1. School of Tourism Management, Sun Yat-sen University, Guangzhou 510275, China;
2. School of Management, Xiamen University, Xiamen 361005, China)

Abstract: China's hospitality industry is being gradually evolved into a typical low-wage industry, which is mainly embodied in the fact that the fixed-wage contract is gradually becoming the dominant one and the base of fixed wages keeps declining. The paper, by applying the theory of specific human capital, tries to explain why the hotel owners would rather choose fixed-wage contracts than give up the pursuit of income from human capital investment under the condition of the lack of recessive knowledge management mechanism. The paper further analyzes why the actual payment on a fixed-wage contract has gradually declined and eventually formed fixed price of the entire industry close to the statutory minimum wage standard.

Key words: specific human capital; hospitality industry; employee at grass-roots level; wage system

(原载《旅游学刊》2011年第3期)

中国旅游经济区域差异的空间分析

汪德根[1,2,3]，陈　田[1]

(1.中国科学院地理科学与资源研究所，北京 100101；
2.中国科学院研究生院，北京 100049；
3.苏州大学旅游系，江苏苏州 215021)

摘　要：利用二阶段嵌套泰尔系数分解方法，揭示 2000～2008 年中国入境旅游经济和国内旅游经济区域发展的省内地(市)间差异、省间差异、地带差异变化特征及其对全国总体差异的贡献率，并以省内地(市)间差异为视角，分析中国旅游经济区域差异的空间格局。研究结果表明：①中国入境旅游和国内旅游的总体差异呈缩小趋势，且国内旅游的区域差异明显小于入境旅游的区域差异。②省内差异对全国旅游经济总体差异变化的影响比地带间差异和省间差异对其影响更为显著，已成为全国旅游经济总体差异的重要构成部分；东部地带省间差异明显，对总体差异影响显著，而中西部各省份间旅游业发展相对均衡。③东部地带部分旅游业发达省份的省内差异明显，对总体差异的贡献率较高；中西部地带省内差异明显的省份较多，旅游发展空间格局表现为"双核"模式或"单核"模式，但因中西部省份的旅游经济占全国的比重普遍较低，因此中西部省内差异对全国整体差异的贡献率并不高。④ 相关分析得出，旅游资源禀赋、交通可达性、经济发展水平是影响中国旅游经济区域差异空间格局的主要因素。

关键词：二阶段嵌套泰尔系数；旅游经济；区域差异；空间格局
中图分类号：F590
文献标识码：A
文章编号：1000－0690(2011)05－0528－09

区域旅游经济发展差异是当前旅游研究的热点。发展旅游业可以促进一个国家偏远农村等贫困地区经济发展，对缩小区域经济差异起到积极作用[1],[2]，但也会导致区域差异加剧，主要由区位条件的差异和旅游供需分布不均造成[3],[4]。旅游业因具有显著关联带动作用，成为发展中国家或地区经济发展的重要推动力[5]-[8]。如斐济旅游经济增加 10% 将引致国家的GDP 增长 0.5%[9]；旅游经济对撒哈拉地区各国家经济增长都有显著促进作用[10]。

基金项目：教育部人文社会科学项目(10YJC790245)，国家自然科学基金项目(40901069)资助。
作者简介：汪德根(1973—)，男，安徽黄山人，副教授，硕士生导师，博士研究生，主要从事旅游经济研究。E-mail：wdg713@163.com；陈田，研究员。E-mail：chent@igsnrr.ac.cn。

国内众多学者借鉴国外和区域经济差异研究成果,对旅游经济区域差异进行了深入分析,研究内容不断丰富与完善[11]~[22]。但存在一些不足:①研究对象主要集中在入境旅游经济的差异,而对国内旅游经济差异研究非常少,研究全国国内旅游经济差异更是空白。②从研究区域范围看,一类是以省域为对象,分析省内地(市)间旅游差异,该类研究空间尺度不广,不能把握全国总体差异情况;另一类是以全国为对象,研究省间和地带间的旅游差异,较好地展示了区域旅游经济大格局的变化,却忽略了省内旅游经济的非均质性,尤其各省份的省内旅游差异特征及其对全国总体差异的影响程度,很难展现出来。③从研究方法看,主要运用了变差系数、基尼系数研究整体差异变动趋势,而难以分解总体差异,部分研究开始运用了泰尔系数方法,但只停留在一阶段泰尔系数分解方法,止步于地带间和省间差异特征,难以深入到省内差异分析。基于此,本文利用二阶段嵌套泰尔系数分解方法,揭示2000~2008年中国入境旅游经济和国内旅游经济区域发展的省内地(市)间差异、省际差异、地带差异变化特征及其对全国总体差异的贡献率,并以省内地(市)间差异为视角,从新的角度对中国旅游经济区域差异空间格局作深入分析,最后探讨了区域差异空间格局的机理。

1 研究方法和数据来源

1.1 研究的空间单元和数据来源

区域发展差异研究存在着一个空间尺度问题,包括东中西地带间的大尺度区域差异和省级之间的中尺度和省内小尺度的区域差异。为揭示中国旅游经济区域发展的省内地(市)间差异、省际差异、地带差异变化特征,本文将空间单元采用三级划分:地(市)级行政区域为基本空间单元,省级行政区域为中等尺度的空间单元,东、中、西三大地带作为宏观的空间单元。其中,东部地带包括京、津、冀、辽、鲁、苏、沪、浙、闽、粤和琼;中部地带包括吉、黑、晋、豫、皖、赣、鄂和湘;西部地带包括桂、渝、川、贵、云、藏、蒙、陕、甘、青、宁和新。在泰尔系数二阶段分解时,需要分析省内地(市)间旅游经济差异,但4个直辖市因没有地级行政单元而无法分解,海南省只有海口和三亚两个地级市,其余为省辖县,也无法进行分解,因此,在二阶段分解时暂不分析这5个地区。

数据样本以各省份及其下辖各地(州、市)的入境旅游收入和国内旅游收入、人口数等作为分析计算的基础数据,横截面分析数据包括2000年和2008年。基础数据主要来源于《中国区域经济统计年鉴(2001~2009年)》和《新中国六十年统计资料汇编(2010年)》[23],[24]。

1.2 泰尔系数及其嵌套分解方法

泰尔系数(Theil)是衡量区域差异的一个重要指标,泰尔系数越大,表示区域经济差异越大,反之则越小。泰尔系数的计算公式为:

$$T = \sum_{i=1}^{N} y_i ln \frac{y_i}{p_i} \quad (1)$$

式中,y_i为i区域旅游收入占全国旅游总收入的比重,p_i为i区域的人口数占全国人口总数的比重,N为区域个数。

以地级市为基本区域单元,则可以对泰尔系数作二阶段嵌套分解,从而将全国旅游经济总体差异(T_d)分解为省内差异(T_{WP})、省间差异(T_{BP})和地带间差异(T_{BR})。具体分解公式如下:

$$T_d = \sum_i \sum_j \sum_k \left(\frac{y_{ijk}}{Y}\right) \ln\left(\frac{y_{ijk}/Y}{p_{ijk}/P}\right) \tag{2}$$

i 地带的省间差异为:

$$T_{pi} = \sum_j \frac{Y_{ij}}{Y_i} \ln \frac{Y_{ij}/Y_i}{P_{ij}/P_i} \tag{3}$$

i 地带第 j 省的省内差异为:

$$T_{ij} = \sum_k \frac{y_{ijk}}{Y_{ij}} \ln \frac{y_{ijk}/Y_{ij}}{p_{ijk}/P_{ij}} \tag{4}$$

T_d 可进一步分解为:

$$\begin{aligned} T_d &= \sum_i \left(\frac{Y_i}{Y}\right)\left[\sum_j \left(\frac{Y_{ij}}{Y_i}\right) T_{ij} + T_{pi}\right] + \sum_i \left(\frac{Y_i}{Y}\right) \ln\left(\frac{Y_i/Y}{P_i/P}\right) \\ &= \sum_i \sum_j \left(\frac{Y_{ij}}{Y}\right) T_{ij} + \sum_i \left(\frac{Y_i}{Y}\right) T_{pi} + \sum_i \left(\frac{Y_i}{Y}\right) \ln\left(\frac{Y_i/Y}{P_i/P}\right) \\ &= T_{WP} + T_{BP} + T_{BR} \end{aligned} \tag{5}$$

式中,y_{ijk} 代表第 i 地带第 j 省第 k 地级行政单元的旅游收入,p_{ijk} 代表第 i 地带第 j 省第 k 地级行政单元的人口数;Y_{ij} 和 P_{ij} 分别为 i 地带 j 省份旅游收入和人口数;Y_i 和 P_i 分别为 i 地带旅游收入和人口数;Y 和 P 分别为全国的旅游收入和人口数。

2 研究结果

2.1 中国旅游经济区域差异总体特征

2000~2008 年,中国入境旅游和国内旅游的泰尔系数均下降(图1),分别由 2000 年的 1.922 和 0.747 下降到 2008 年的 1.433 和 0.490,表明全国旅游经济的总体差异呈现缩小趋势,与中国区域经济差异逐渐加大[25],[26]的发展方向刚好相反,说明发展旅游业在一定程度上起到调整区域经济差异、缩小区域经济发展差距的作用。国内旅游的泰尔系数比入境旅游的泰尔系数小一半,表明国内旅游的区域差异明显小于入境旅游的区域差异,对缩小区域经济差异的作用要强于入境旅游。另外,入境旅游差异曲线变动幅度要大于国内旅游的变动幅度,2000~2008 年,入境旅游的泰尔系数下降了 0.489,而国内旅游则下降了 0.257,且入境旅游总体差异在 2003 年出现明显反弹,主要原因是 2003 年"非典"对各省影响程度不同,入境旅游由此受到的影响程度也不同,导致总体差异出现反弹;与入境旅游相比,"非典"对国内旅游影响不明显,因为"非典"结束后,尤其在当年的"十一"黄金周出现了国内旅游"井喷"现象,国内旅游保持较好的发展态势,总体差异没有出现反弹。

2.2 二阶段嵌套泰尔系数分解

通过二阶段嵌套泰尔系数分解方法,将全国旅游经济总体差异分解为三大地带间差异、三大地带内的省间差异和各省份的省内差异。

2.2.1 地带间、省间和省内差异及其贡献率

全国入境旅游和国内旅游均表现为省内差异最大,省间差异次之,地带间差异最小(图1、图2)。从省内、省间和地带间 2000~2008 年年均泰尔系数看,入境旅游分别为 0.782、0.506 和 0.415,国内旅游分别为 0.314、0.205 和 0.136;从省内、省间和地带间差异

对总体差异贡献率看,入境旅游年均贡献率分别为46.08%、29.48%和24.44%,国内旅游的年均贡献率分别为48.53%、30.91%和20.56%。可见,省内差异对总体差异影响最明显,其次是省间差异,地带间差异的影响最小。入境旅游和国内旅游的省内差异对总体差异贡献率表现出不同的特征,入境旅游的省内差异贡献率表现为"V"形,2003年为最低谷(42.74%),2007年为高峰(49.36%),2008年出现下降趋势;而国内旅游呈现波动上升趋势,2008年为最高(54.49%)(图2)。表明国内旅游的省内差异对总体差异贡献率要高于入境旅游,且有进一步扩大趋势。

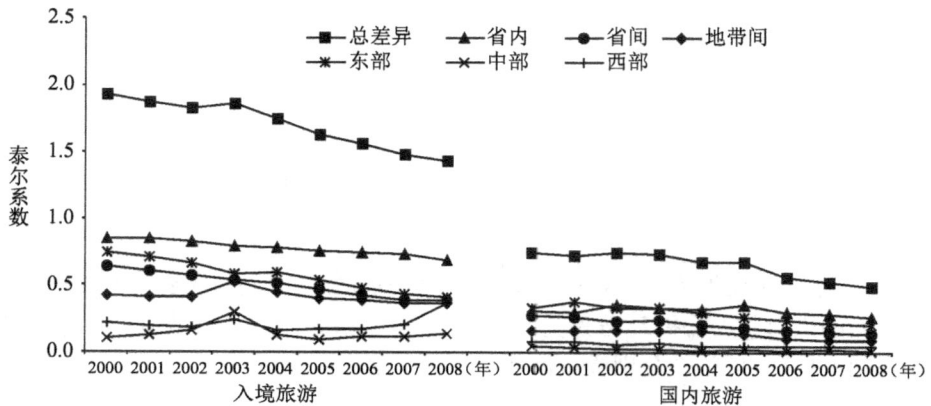

图1 2000~2008年中国旅游经济区域差异二阶段嵌套泰尔系数分解
Fig.1 Two-stage nested Theil coefficient decomposition of regional difference of tourism economy in China in 2000~2008

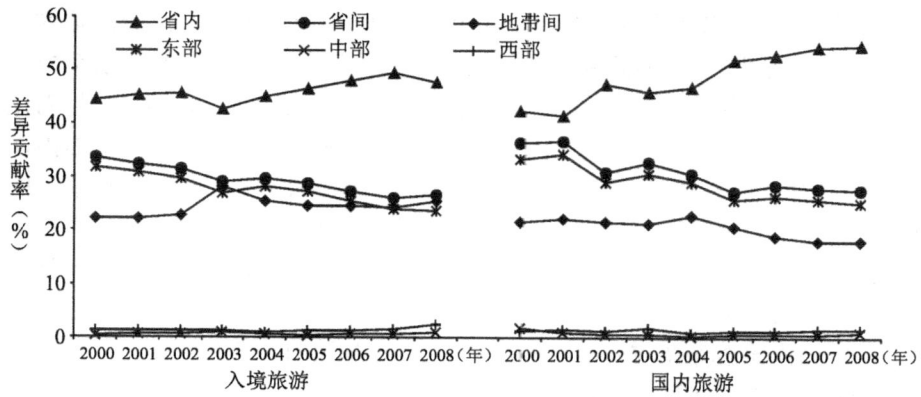

图2 2000~2008年中国旅游经济区域差异分解贡献率
Fig.2 Contribution rate of the decomposition for overall regional difference in 2000~2008

2.2.2 东中西地带内的省间差异及其贡献率

从三大地带内的省间差异看,入境旅游和国内旅游均表现为东部地带内的省间差异最大,西部省间差异次之,中部省间差异最小(图1、图2)。2000~2008年期间,东部、西部和中部的入境旅游和国内旅游的年均泰尔系数分别为 0.574、0.215、0.142 和 0.288、0.057、0.023,对总体差异的年均贡献率分别为 27.6%、1.29%、0.59% 和 28.8%、1.36%、0.76%。

中西部地带的入境旅游省间差异在 2003 年出现反弹,而东部地带的省间差异出现小幅度的缩小趋势。主要原因是,在 2003 年,北京是受"非典"影响最明显的省份,作为中国入境旅游经济发达地区,受"非典"影响,北京入境旅游收入占东部的比重由 2002 年的 20.51%下降到 2003 年的 15.26%,而东部大部分省份入境旅游仍有 1%左右的增长,因此,东部地带内的省间差异出现缩小趋势。受"非典"影响程度不同,中西部地带各省入境旅游出现增减变化明显特征,以变化最明显的省份为例,中部地带的黑龙江和安徽是入境旅游收入负增长最明显的省份,分别为 -10.94% 和 -5.90%,而正增长率明显的是湖南和湖北,分别为 16.14% 和 2.09%;西部地带,云南和四川的增长率分别为 -6.96% 和 -2.29%,而广西和重庆的增长率分别为 5.32% 和 1.71%。可见,"非典"导致中西部地带内省间差异较大幅度增大,同时东部地带省间差异因"非典"而小幅度缩小,从而导致地带间差异出现较大幅度反弹,进而影响到总体差异也表现出反弹的特征。另外,西部入境旅游的省间差异在 2008 年又出现反弹,主要原因是四川、陕西和甘肃等省份受汶川地震影响较大,入境旅游出现较大幅度减少,使得西部地带省间差异变大,但因影响范围不大,时间也较短,所以对全国总体差异没有产生明显影响。

综上,从泰尔系数的二阶段嵌套分解结果来看,省内差异是构成全国入境旅游和国内旅游总体差异的重要组成部分。另外,东部地带入境旅游和国内旅游的省间差异明显,对总体差异影响也很显著,而中部和西部地带各省份之间旅游业发展相对均衡一些。

2.3 中国旅游经济区域差异空间格局分析

为了从省内地(市)间差异角度揭示中国旅游经济区域差异的空间格局特征,按照 26 个省的省内差异均值和对总体差异贡献率均值的 0.5、1.0 和 1.5 倍,将 26 个省份的省内差异分为 4 个区,即省内差异强显著区、较强显著区、一般显著区和弱显著区,并根据省内差异对总体贡献率的程度分为 4 类,即强高贡献率、弱高贡献率、弱低贡献率和强低贡献率(图 3、表 1)。这里各省的贡献率指标的计算是以各省的旅游经济占全国旅游经济的比重加权的,东中西各地带的贡献率也是按照同样方法计算。因此,各省份或各地带的旅游业发展水平的高低在一定程度上可以由贡献率体现出来。

2.3.1 中国旅游经济省内差异空间格局整体特征

从整体上看(表 1),东部各省的省内差异加上东部地带的省间差异,对于全国总体区域差异影响最为明显,贡献率已超过了一半,2000 年和 2008 年,入境旅游的贡献率分别为 65.07% 和 57.18%,国内旅游的贡献率分别为 57.82% 和 53.83%;而中部则相对低得多,入境旅游的贡献率分别为 5.22% 和 8.95%,国内旅游贡献率分别为 12.28% 和 18.27%,西部地区的入境和国内旅游的贡献率均在 10% 以下,入境旅游的贡献率仅为 7.52% 和 8.52%,国内旅游的贡献率为 8.35% 和 9.94%。从省内差异上看,东中西三大地带内都分布有 4 种省内差异程度类型,侧重不同,东部省内差异为弱显著和一般显著的省份占多数,西部以强显著和较强显著类型的占多数,而中部 4 类分布较均衡(图 3)。以省内差异强显著和较强显著来看,2000 年,东部地带入境旅游省内差异强显著和较强显著的省份占差异强显著和较强显著省份总数的比重为 18.18%,国内旅游的比重为 20%,中部相应的比重分别为 27.27% 和 26.67%,西部分别为 54.55% 和 53.33%;2008 年,东部地带入境旅游省内差异强显著和较强显著的省份占差异强显著和较强显著省份总数的比重为 9.09%,国内旅游的比重为 23.08%,中部相应的比重分别为 36.36% 和 30.77%,西部分别为 54.55% 和 46.15%。由此可见,中西部地带的省内差异显著的省份较多,但由于中西部省份的旅游经济占全国的比重普遍较低,2000 年,中西部入境旅游和国内旅游的省内差异对总体差异贡献率为强高和弱高的累计数量占总数的比重分别为 0 和 42.86%,2008 年分别为 33.33% 和 42.86%,因此,即使中西部省内差异较大,但从整体上说,它对全国整体差异的贡献率并不高。相比较而言,虽然东部地带省内差异显著的省份不多,但这些省份尤其是广东和江苏等旅游业发达,占全国旅游经济的比重较大,2000 年,东部入境旅游和国内旅游的省内差异对总体差异贡献率为强高和弱高的累计数量占总数的比重分别为 100% 和 57.14%,2008 年则分别为 66.67% 和 57.14%,可见,东部省内差异对于全国总体差异的影响程度大大高于中西部。

2.3.2 三大地带省内差异空间格局分解

在东部地带,广东入境旅游的省内差异的泰尔系数为最高,2000 年和 2008 年分别为 1.641 和 1.317,说明广东省内差异最明显,且对全国总体差异贡献率高,均超过了 20%。从国内旅游看,广东、福建和江苏的省内差异很明显,前两者为强显著,后者为较强显著,对全国差异贡献率也较高,尤其是广东和江苏两省,贡献率接近 10%。说明广东和江苏都属于"富省有穷地"的发展状况,省内各地市旅游业发展不均衡,两省旅游业发达的城市分别集中于珠三角和苏南地区,2000 年和 2008 年,珠三角的广州、深圳、珠海、佛山、东莞和中山 6 个城市的入境旅游收入总数占全省比重分别为 89.96% 和 87.73%,国内旅游比重分别为 68.82% 和 67.15%;苏南地区的苏州、南京、无锡、常州和镇江 5 城市的入境旅游收入总数占全省比重分别为 82.1% 和 74.71%,国内的旅游比重分别为 73.79% 和 72.84%。相比较,浙江和辽宁是东部地带省内差异最小的省份,入境旅游和国内旅游的泰尔系数均最低,说明这两省各地市旅游业发展较均衡。从时间变化看,东部入境旅游省内差异逐步下降。2000~2008 年,广东省内差异由强显著转变较强显著,河北由较强显著下降为一般显著,浙江和辽宁则由一般显著下降为弱显著。而东部国内旅游省内差异变化趋势不明显,各省的省内差异类型没有发生变化,贡献率类型也只有山东、辽宁和河北发生变化,山东由 2000 年的弱低贡献率升级为 2008 年的弱高贡献率,辽宁则由强低贡献率上升为弱低贡献率,河北变化与辽宁相反。

表1 2000 年和 2008 年中国旅游经济省内差异的泰尔系数及其贡献率
Table1 Contribution rate and Theil coefficient within – province inequalities in China in 2000 and 2008

区域	2000 年入境旅游		2008 年入境旅游		2000 年国内旅游		2008 年国内旅游	
	泰尔系数	贡献率(%)	泰尔系数	贡献率(%)	泰尔系数	贡献率(%)	泰尔系数	贡献率(%)
东部地区	0.744	31.84	0.415	23.59	0.332	33.33	0.203	25.10
河北	1.331	0.68	0.926	0.45	0.281	1.11	0.206	0.83
辽宁	0.930	1.28	0.456	1.22	0.163	0.71	0.116	1.43
山东	1.078	1.23	0.698	1.71	0.297	2.25	0.266	3.83
江苏	0.730	1.92	0.557	3.79	0.448	5.16	0.407	9.00

续表

区域	2000年入境旅游		2008年入境旅游		2000年国内旅游		2008年国内旅游	
	泰尔系数	贡献率(%)	泰尔系数	贡献率(%)	泰尔系数	贡献率(%)	泰尔系数	贡献率(%)
浙江	0.617	1.15	0.408	2.16	0.138	1.16	0.106	1.63
福建	0.768	2.49	0.725	3.05	0.625	2.83	0.542	3.48
广东	1.641	24.48	1.317	21.21	0.710	11.27	0.557	8.53
中部地区	0.101	1.27	0.135	2.42	0.043	1.74	0.017	1.63
吉林	0.790	0.16	0.648	0.24	0.286	0.29	0.243	0.80
黑龙江	1.057	0.73	1.019	1.56	0.420	1.00	0.378	1.43
山西	0.695	0.13	0.357	0.19	0.143	0.22	0.106	0.58
安徽	1.204	0.49	1.703	1.62	0.528	1.56	0.569	3.00
江西	0.523	0.12	0.267	0.12	0.146	0.37	0.105	0.46
河南	1.348	0.61	1.072	0.70	0.554	3.77	0.504	5.95
湖北	1.054	0.56	0.920	0.71	0.473	2.58	0.522	2.81
湖南	1.445	1.15	1.282	1.39	0.294	0.75	0.264	1.61
西部地区	0.221	0.36	0.368	0.84	0.084	1.21	0.047	0.82
内蒙古	2.547	1.17	1.852	1.87	0.462	0.29	0.404	1.31
广西	1.529	1.69	1.052	1.11	0.465	1.34	0.228	0.85
四川	1.684	0.74	1.376	0.36	0.341	1.66	0.237	1.62
贵州	0.995	0.22	0.921	0.19	0.423	0.48	0.215	1.05
云南	1.035	1.27	1.558	2.75	0.409	1.47	0.378	1.69
西藏	0.734	0.13	0.767	0.04	0.463	0.03	0.566	0.09
陕西	1.201	1.22	0.926	1.07	0.339	0.84	0.258	1.09
甘肃	1.545	0.31	1.812	0.05	0.317	0.12	0.379	0.39
青海	0.414	0.01	0.397	0.01	0.484	0.08	0.486	0.16
宁夏	0.943	0.004	0.602	0.004	0.664	0.12	0.220	0.07
新疆	1.160	0.40	0.997	0.23	0.574	0.71	0.534	0.80
省内差异	0.685	44.34	0.852	47.80	0.315	42.17	0.267	54.49
省间差异	0.643	33.47	0.385	26.85	0.271	36.28	0.135	27.55
地带间差异	0.426	22.19	0.363	25.35	0.161	21.55	0.088	17.96
总差异	1.922	100	1.433	100	0.747	100	0.490	100

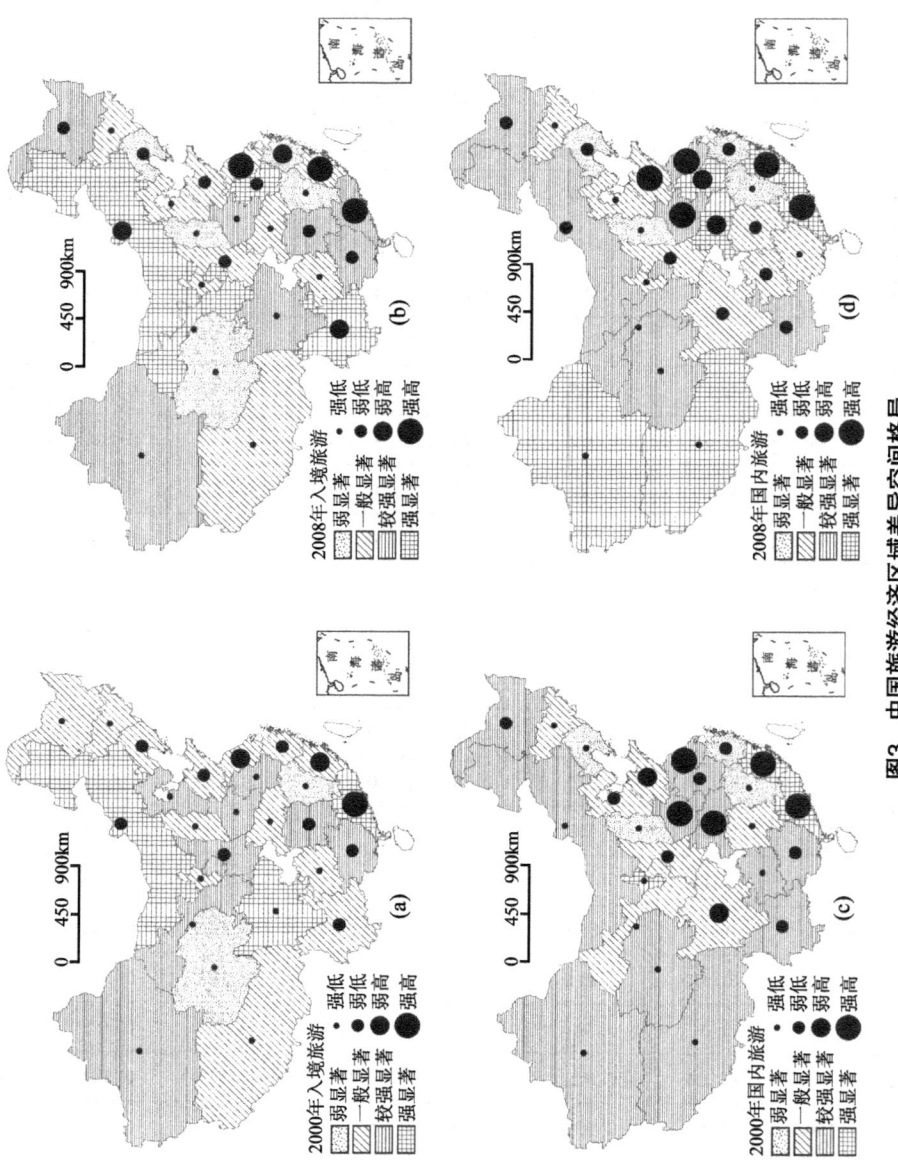

图3 中国旅游经济区域差异空间格局

Fig. 3 Spatial pattern for regional difference of tourism economy in China

在中部地带,河南与安徽入境旅游和国内旅游的省内差异都比较明显,湖北和黑龙江两省的国内旅游省内差异较明显,湖南入境旅游省内差异明显,而吉林、山西和江西旅游业省内差异相对较小。河南、安徽、湖北和湖南是中部地带旅游业较好的省份,旅游发展呈现出"双核"特征,即这4省的旅游业主要集中在两个城市,即省会城市和旅游城市,河南以郑州和洛阳为主,安徽以合肥和黄山为主,湖北以武汉和宜昌为主,湖南以长沙和张家界为主。2000年和2008年,郑州和洛阳入境旅游收入和国内旅游收入的累计值占全省的比重分别为77.26%、64.23%和59.27%、47.98%;合肥与黄山累计值占全省的比重分别为53.95%、66.45%和36.14%、36.15%;武汉和宜昌累计值占全省的比重分别为87.0%、79.74%和62.66%、61.52%;长沙和张家界的累计值占全省的比重分别为73.34%、78.48%和38.11%、36.91%。由此可见,这4省的省内差异比较明显,但这些省的旅游经济占全国的比重不高,因此中部地带省内差异对全国整体差异贡献率不高。

在西部地带,内蒙古和新疆的入境旅游和国内旅游的省内差异在2000年和2008年均较明显,其他省份要么是入境旅游的省内差异明显,要么是国内旅游的省内差异明显。内蒙古、广西、甘肃、云南的旅游业都集中在2个城市,在2000年和2008年,内蒙古的呼伦贝尔和锡林郭勒的入境旅游收入累计占全省比重在80%左右,呼和浩特和呼伦贝尔的国内旅游收入累计占全省比重约为40%;广西以南宁和桂林为主,入境旅游累计比重约为70%,国内旅游累计比重超过40%;甘肃以兰州和酒泉为主,相应比重分别超过70%和40%;云南以昆明和丽江为主,相应比重均超过40%。而陕西、四川、贵州、西藏、青海、宁夏和新疆的旅游业主要集中在省会城市。虽然西部省份的省内差异明显,但各省旅游经济占全国的比重不高,因此,西部地带省内差异对全国整体差异贡献率不高。

3 中国旅游经济区域差异空间格局机理分析

一般地,旅游发展水平区域差异的主要影响因素包括资源禀赋、交通条件和经济发展水平等[27],[28]。因此,本文通过对各省入境旅游收入和国内旅游收入与旅游资源禀赋、交通可达性以及经济发展水平等进行相关分析,探讨中国旅游经济区域差异空间格局的机理(表2)。

表2 中国旅游经济空间差异形成的影响因素相关分析
Table2 Pearson Correlation analysis of spatial structure of tourism economy in China

影响因素			入境旅游收入	国内旅游收入
旅游资源禀赋	品位度	Pearson Correlation	0.524**	0.354*
		Sig. (2-tailed)	0.003	0.049
	垄断度	Pearson Correlation	0.474*	0.365*
		Sig. (2-tailed)	0.011	0.044
	集聚度	Pearson Correlation	0.433*	0.463**
		Sig. (2-tailed)	0.015	0.009

续表

影响因素			入境旅游收入	国内旅游收入
交通可达性	高速公路里程	Pearson Correlation	0.358	0.698**
		Sig. (2-tailed)	0.048	0.000
	一级公路里程	Pearson Correlation	0.735**	0.638**
		Sig. (2-tailed)	0.000	0.000
	二级公路里程	Pearson Correlation	0.276	0.561**
		Sig. (2-tailed)	0.133	0.001
	航线	Pearson Correlation	0.794**	0.650**
		Sig. (2-tailed)	0.000	0.000
经济发展水平	GDP	Pearson Correlation	0.720**	0.872**
		Sig. (2-tailed)	0.000	0.000
	第三产业	Pearson Correlation	0.854**	0.892**
		Sig. (2-tailed)	0.000	0.000

注：** Correlation is significant at the 0.01 level(2-tailed); * Correlation is significant at the 0.05 level(2-tailed).

3.1 旅游资源禀赋

旅游资源禀赋决定了一个特定地理区位上发展旅游产业的潜力[29]。旅游地的旅游资源的品位度、垄断度和集聚度等禀赋是刺激旅游者产生旅游动机的根本原因[30]，旅游者倾向于选择有高级别旅游点的地方作旅游目的地，到达目的地后，往往只游玩目的地附近级别较高的旅游点[31]。本文选取了世界遗产、国家历史文化名城、国家级重点风景名胜区、国家自然保护区、国家森林公园和国家重点文物保护单位等高级别的旅游资源作为分析资源禀赋和旅游发展水平相关性的标准。相关分析结果显示，中国旅游经济发展水平的空间差异与旅游资源禀赋指标存在较强正相关（$P<0.05$）（表2），说明国内外旅游者对旅游资源的品质都比较敏感，旅游资源禀赋在旅游业的发展中起着重要作用。从全国角度来看，东部的旅游资源禀赋优于中西部地区，东部省份在旅游发展水平全国前10位的占多数，同时在旅游资源禀赋全国前10位的也占多数。中西部具备优良旅游资源禀赋的主要集中在晋、豫、陕、湘、川和云等省份，这些省份也是中西部旅游业相对发达的省份。省内差异也符合类似规律，以省内差异明显的江苏为例，江苏13个地市旅游资源总体质量是苏南优于苏北，旅游资源竞争力最强的是苏州，南京、镇江和无锡为旅游资源竞争力较强地区，扬州、连云港、常州、南通、徐州、淮安为旅游资源竞争力一般区，泰州、盐城和宿迁属于旅游资源竞争力较弱区[32]，从旅游发展水平看，苏州和南京的实力最强，而苏北地区发展较低。由此可见，旅游资源禀赋差异影响着旅游经济发展水平区域差异。

3.2 交通可达性

现代旅游业的产生和发展与现代交通业的发展是紧密相连的，旅游交通便利程度，不仅是开发旅游资源和建设旅游地的必要条件,而且是衡量旅游业发达程度的重要标志[33]。旅游发展水平与航线、高速公路以及等级公路等交通可达性指标表现出非常显著的相关性(表2)。旅游发展水平在全国前10位的省份,交通通达性也基本在全国位居前10位,且东部省份占主体,云南、河南和四川是中西部旅游业发展水平相对较高的省份,同时也是交通通达性较理想的区域;而中西部省份绝大多数旅游发展水平不高,而交通通达性水平也很一般。省内差异也是如此,以江苏省为例,苏南地区高速公路网较发达,且与上海联系密切,旅游业发达,而苏北地区高速公路网发展相对滞后,旅游业水平相对较低。因此,旅游业的发展强烈依赖于交通可达性,具备航空交通方式和高速便捷的道路已成为开发旅游资源、发展旅游业的前提。

3.3 经济发展水平

经济基础对于旅游目的地旅游业发展的作用表现为供给能力,地区经济发展水平越高,为旅游业发展所需的基础设施建设、配套旅游服务设施完善的能力就越强。表2显示,经济发展水平与旅游发展水平表现出非常显著的正相关性($P<0.01$)。东部省份占旅游业发展水平和经济发展水平在全国前10位排名中占70%以上,中西部经济发展和旅游发展水平处在前10位的仅为河南和四川。旅游发展省内差异也受经济发展水平影响,在江苏省,苏南地区经济发展水平促进了旅游业的发展,而相对落后的苏中、苏北地区则因缺乏强大的经济支撑使得旅游发展也相对滞后。2008年,苏南的GDP总额是苏中和苏北GDP总数的1.62倍,苏南地区的旅游发展的环境基础设施投资额是苏中和苏北地区总量的2.3倍;苏南地区的入境旅游收入和国内旅游收入分别是苏中和苏北总数的2.95倍和2.68倍,区域差距非常明显。可见,旅游业发展与经济基础密切相关,区域经济发展水平的提高必然会带动其旅游业的发展。

4 结论

(1)中国入境旅游和国内旅游的总体差异呈现缩小趋势,在一定程度上起到调整区域经济差异、缩小区域经济发展差距的作用。国内旅游的区域差异明显小于入境旅游的区域差异,对缩小区域经济差异的作用要强于入境旅游。

(2)省内差异的变化对于全国旅游经济总体差异变化的影响较地带间差异和省间差异显著得多,成为全国旅游经济总体差异的重要构成部分。东部地带入境旅游和国内旅游的省间差异明显,对总体差异影响也很显著,说明东部各省份之间旅游发展不平衡,省间差异较大,而中部和西部地带各省份之间旅游业发展相对均衡一些。

(3)从省内差异看,东部地带的部分旅游业发达省份的省内差异明显,呈现"富省有穷地"特点,且在全国旅游经济中所占比重较大,导致东部省内差异对于全国旅游经济总体差异的贡献率也大大高于中西部各省。中西部地带的省内差异明显的省份较多,旅游业主要集中于省会城市或旅游城市,旅游发展空间格局表现为"双核"模式(省会城市+旅游城市)或"单核"模式(省会城市),但由于中西部省份的旅游经济占全国的比重普遍较低,从整体上看,中西部省内差异对全国整体差异的贡献率并不高。

(4)旅游资源禀赋、交通可达性、经济发展水平是影响中国旅游经济区域差异空间格局的主要因素,旅游资源品位度、垄断度和集聚度、交通可达性、经济发展水平等优势明显区域的旅游发展水平高。

参考文献

[1] Wanhill S. Peripheral area tourism: A European perspective [J]. *Progress in Tourism Hospitality Research*, 1997, 1: 47 – 70.

[2] Archer B. Importance of tourism for the economy of Bermuda [J]. *Annals of Tourism Research*, 1995, 22(4): 918 – 930.

[3] Archer B., Fletcher J. The economic impact of tourism in the Seychelles [J]. *Annals of Tourism Research*, 1996, 23(1): 32 – 47.

[4] Huse M., Gustavsen T., Almedal S. Tourism impact comparisons among Norwegian towns [J]. *Annals of Tourism Research*, 1998, 25(3): 721 – 738.

[5] Durbarry R. Tourism and economic growth: The case of Mauritius [J]. *Tourism Economics*, 2004, 10(4): 389 – 401.

[6] Wagner J. Estimating the economic impacts of tourism [J]. *Annals of Tourism Research*, 1997, 24(3): 592 – 608.

[7] Dwyer L., Forsyth P. Contribution of tourism by origin market to a state economy: A multi – regional general equilibrium analysis [J]. *Tourism Economics*, 2003, 9(2): 117 – 132.

[8] Christer T. Domestic tourism expenditures: The non – linear effects of length of stay and travel party size [J]. *Tourism Management*, 2009, 30: 85 – 92.

[9] Narayan P. K. Economic impact of tourism on Fiji's economy: Empirical evidence from the computable general equilibrium model [J]. *Tourism Economics*, 2004, 10(4): 419 – 433.

[10] Bichaka Fayissa. The impact of tourism on economic growth and development in Africa [J]. *Department of Economics and Finance Wording Paper Series*, 2007, 8: 1 – 21.

[11] 陆林,余凤龙. 中国旅游经济差异的空间特征分析[J]. 经济地理,2005,25(3):406 – 410.

[12] 赵东喜. 中国省际入境旅游发展影响因素研究[J]. 旅游学刊,2008,23(1):41 – 45.

[13] 吴三忙. 1987 年以来我国入境旅游区域差异特征与演变趋势分析[J]. 旅游科学,2008,22(2):38 – 43.

[14] 周玉翠,陆玉麒,谢江红. 我国国际旅游的区域差异[J]. 经济问题探索,2005,(9):39 – 45

[15] 陈秀琼,黄福才. 中国入境旅游的区域差异特征分析[J]. 地理学报,2006,61(12):1271 – 1280.

[16] 敖荣军,韦燕生. 中国区域旅游发展差异影响因素研究[J]. 财经研究,2006,32(3):32 – 43.

[17] 曾军,崔郁. 中国入境旅游经济的区域差异分析[J]. 经济问题探索,2006,(12):94 – 97.

[18] 郭金海,韩雪,罗浩,等. 省域入境旅游经济的区域差异及发展模式[J]. 中国人口·资源与环境,2009, 19(5):131 – 135.

[19] 靳诚. 基于 Theil 系数的浙江省入境旅游区域差异研究[J]. 南京师范大学学报(自然版),2009,32(2): 123 – 128.

[20] 邹家红,王慧琴. 旅游经济发展空间差异分析——以湖南省为例[J]. 社会科学家,2009,(6):93 – 96.

[21] 陈晓,王丹,张耀光,等. 辽宁省旅游经济的时空差异演变分析[J]. 经济地理,2009,29(1):147 – 151.

[22] 姜海宁,陆玉麒,吕国庆. 江苏省入境旅游经济的区域差异研究[J]. 旅游学刊,2009,24(1):23 – 28.

[23] 国家统计局国民经济综合统计司. 中国区域经济统计年鉴[M]. 北京:中国统计出版社,2002 – 2010.

[24] 国家统计局国民经济综合统计司. 新中国六十年统计资料汇编[M]. 北京:中国统计出版社,2010.

[25] 贺灿飞,梁进社. 中国区域经济差异的时空变化:市场化、全球化与城市化[J]. 管理世界,2004,(8): 8 – 17.

[26] 徐建华,鲁凤,苏方林,等. 中国区域经济差异的时空尺度分析[J]. 地理研究,2005,24(1):57 – 68.

[27] 史春云,张捷,尤海梅. 四川省旅游区域核心——边缘空间格局演变[J]. 地理学报,2007,62(6):631 – 639.

[28] 王丽华,俞金国. 20 世纪 90 年代以来我国主要旅游城市格局演化特征及机制研究[J]. 地域研究与开

发,2008,27(5):54-58.
[29] Melián – González A., Arcía – Falcón J. M. Competitive potential of tourism in destination[J]. Annals of Tourism Research,2003,30(3):720-740.
[30] Ritchie J. R. B., Geoffrey I. C. 旅游目的地竞争力管理[M]. 李天元,译. 天津:南开大学出版社,2005:191.
[31] 陈健昌,保继刚. 旅游者的行为研究及其实践意义[J]. 地理研究,1988,7(3):44-50.
[32] 李蕾,汪德根. 江苏省旅游资源竞争力区际比较研究[J]. 资源开发与市场,2006,22(6):506-509.
[33] 保继刚,楚义芳. 旅游地理学[M]. 修订版. 北京:高等教育出版社,2003:167.

Spatial analysis for regional difference of tourism economy in China

WANG De-Gen[1,2,3], CHEN Tian[1]

(1. Institute of Geographic Sciences and Natural Research, Chinese Academy of Sciences, Beijing 100101, China;
2. The Graduate School of Chinese Academy of Science, Beijing 100049, China;
3. Tourism Department of Suzhou University, Suzhou, Jiangsu 215021, China)

Abstract: Using the method of two-stage nested Theil coefficient decomposition, this paper reveals the change features and contribution rate of overall regional inequality of the between-region, between-province and within province inequality based on both inbound tourism economy and domestic tourism economy, and analyzes the spatial pattern for regional difference of tourism economic according to the within-province inequality from 2000 to 2008. The results are as following: ①The overall regional difference between inbound tourism economy and domestic tourism economy in China tends to be narrow, and the regional difference of domestic tourism is less than that of inbound tourism. ②Within-province inequality is more obvious than that of between-region and between province inequality, and it plays an important role in the overall regional difference of tourism economy in China. The between-province inequality in the eastern region is obvious; however the tourism is relatively balanced in central and western provinces. ③The within-province inequality in the eastern region is more obvious and has a high contribution rate to overall regional inequality; however, in the central and western regions, the situation is relatively different. The within-province inequality is obvious in some provinces, and the spatial patterns of tourism development are "double-center" model or "single-center" model, but the contribution rate of overall regional inequality of the within-province inequality is low, because of its smaller proportion of the tourism economics in the whole country. ④Resources endowment, transportation and economic development are the important factors related to regional difference of tourism economic in China by correlation analysis.

Key words: two-stage nested Theil coefficient; tourism economy; regional difference; spatial pattern

六、旅游热点与新业态研究

文化旅游的空间形态研究

——基于文化空间的综述与启示

侯 兵[1,2]，黄震方[2]，徐海军[2,3]

(1. 扬州大学旅游管理系，江苏 扬州 225127；
2. 南京师范大学旅游系，江苏 南京 210046；
3. 国家旅游局旅游促进与国际联络司，北京 100740)

摘 要：文化空间是一个多尺度的概念，现有研究分析了文化空间的哲学意义，并将其界定为非物质文化遗产的专有属性，而地理学视角的文化区探讨为文化空间的研究提供了重要补充。基于文化空间的研究体系，文章综述了文化旅游的研究概况，从物质维度、时间维度和区域维度的三重视角，分资源利用、整合路径和评价指标三个方面，构建了文化旅游空间形态的分析框架，并据此提出了文化旅游研究存在的不足和研究趋向。

关键词：文化空间；文化旅游；空间形态；启示
中图分类号：F59
文献标识码：A
文章编号：1002-5006(2011)03-0070-08

1 引言

文化旅游在近一个时期的方兴未艾，源于制度层面和学术层面的双重影响。2009年7月，我国第一部文化产业专项规划——《文化产业振兴规划》由国务院常务会议讨论并原则通过，这标志着发展文化产业已经上升到国家战略层面，并进入实施阶段；2009年9月，文化部和国家旅游局联合出台了《关于促进文化与旅游结合发展的指导意见》，把分属不同领域的两个产业相提并论；2009年11月，国务院通过《关于加快发展旅游业的意见》，提出"把旅游业培育成国民经济的战略性支柱产业和人民群众更加满意的现代服务业"。一系列的政策措施为文化旅游创设了浓厚的发展氛围。另一方面，关于旅游学的研究体系和学科建设

基金项目：本研究受国家自然科学基金项目(40971087)、教育部人文社会科学青年基金项目(10YJCZH246)资助。
作者简介：侯兵(1978—)，男，江苏盱眙人，讲师，博士生，研究方向为旅游地理与旅游规划，E-mail: yzuhoub@163.com；黄震方(1963—)，男，江苏扬中人，教授，博士生导师，研究方向为旅游地理与旅游规划；徐海军(1977—)，男，江苏阜宁人，博士生，研究方向为旅游规划与管理。

一直是近些年旅游理论研究的热点之一,在经过多个视角的解构和重构之后,旅游学的研究体系渐趋复杂,但其主流仍然是"应用导向"和"热点导向"[1],旅游经济学一直处在核心的位置[2]。旅游的社会影响尚未得到足够的重视,旅游文化和文化旅游研究处于一种游散状态,旅游文化本体论一直没有得到确立[3],其影响是文化旅游研究未能与外部的发展氛围保持协同。

空间研究一直是探讨目的地社会关系和人文活动的重要领域,空间形态可以较好地反映文化旅游的要素构成和结构关系。由于"空间"常被视作单一的地理学概念,很容易对文化旅游空间的属性和内涵形成误导,而文化空间的研究已经形成相对成熟的研究视角和理论体系。借助于文化空间的研究视角,在对文化旅游研究概况进行系统评述的基础上,建构文化旅游空间形态的分析体系,将有助于厘清文化旅游的研究思路和研究框架,本文就此作管窥性探索。

2 文化空间的研究概述

2.1 文化空间的非物质形态

"文化空间"本义是指一个具有文化意义或性质的物理空间、场所、地点[4]。文化空间的形成与特定的历史场景和文化传统密切相关,在发展的过程中又受到了政府、社会团体、民族精英、普通社区居民和外来旅游者等多元主体的主导[5],表现出明显的非物质特性。文化空间的非物质特性源于"空间"内涵的复杂性。法国都市理论研究人员列斐伏尔等(Lefebvre, et al.)在"空间理论"阐述中,认为空间是通过人类主体的有意识活动而产生[6],赋予了"空间"以丰富的哲学意义。显然,空间观念源自人的实践,是事物的关联性、结构性、有序性在人头脑中的反映,是一种物质的存在方式。文化空间表现的是人类世界的空间维度,本身与时间相对称,即文化空间必须通过时间得以纵向延续和发展[7]。这一时空结构对于"文化"的表现,既是聚集、积淀、传承以前各个阶段城市精神与文化发展的成果,又是在当代特有的"物质条件"与"精神基础"上创造出的文化模式[8]。因此,文化空间是人和文化存在的重要场所,一定文化空间的形成既依赖于当下的文化创造,更需要从时间的演进中获得支持和培育[9]。文化空间与时间的耦合性在非物质文化遗产保护和利用上得到了很好的体现,甚至已发展成描述非物质文化遗产空间形态的专属概念。1998 年 10 月,在联合国教科文组织第 155 次大会上,"文化空间"被界定为"具有特殊价值的非物质文化遗产的集中表现"。"一个集中举行流行和传统文化活动的场所,也可定义为一段通常定期举行特定活动的时间。这一时间和自然空间是因空间中传统文化表现形式的存在而存在的。"[10]这些视角多从人类学或社会学的角度,诠释了文化空间是对传统的或民间的文化进行有规律性表达的地方或一系列地方。非物质文化遗产的文化空间具备十分鲜明的"生活文化"性质[11],表现的是特定活动方式和共同文化的形式及氛围,兼具空间性、时间性和文化性的特点[12]。

2.2 文化空间的地理学研究

地理学视角的文化空间是人文地理学和文化地理学关注的交叉领域,文化区是其主要表现形态。文化区的概念是 20 世纪初欧美人类学者在地理学者有关文化地理区(cultural geography)概念基础上发展起来的,并在 20 世纪 20~30 年代达到巅峰。美国人类学者博厄斯(Boas)提出了文化区的内涵,认为过去遗存下来的文化特质会展示在当代的空间分布中,透过当代空间所见到的文化特质可以重建一个族群文化的过去历史[13]。吴文藻认为,巴斯堂(Bastian)提出的"地理省区"开了近代"文化区"概念的先河,区别是"地理省区"可由直觉悟到,而"文化区"主要凭着器物标准的分类切身体验得来[14]。其后,学术界将文化研究与地理研究相结合,从地理学角度来分析文化现象,这已经有别于传统的文化研究。人文地理学侧重于从地域的观点去研究人文现象的空间分布规律,着重说明在什么地方有什么样的人文活动和人文特征,探讨其形成过程,揭示与地理环境的相互关系,并预测其发展变化趋势[15]。人文地理学视角的文化区,指的是某种文化特征的人的群体在空间上的分布[16],表现的是人文的空间现象。

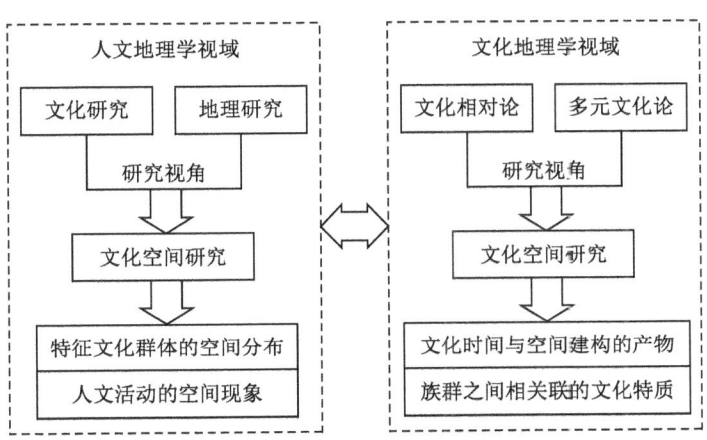

图 1 文化空间研究的不同视域
Fig. 1 The different perspective study on cultural space

文化区同时也是文化地理学者关注的重要领域,是最能集中体现文化研究的地理特征的内容。20 世纪初,美国地理学家索尔(Sauer)创立了现代文化地理学,主张地理学应致力于探讨人类文化与景观之间的相互关系[17]。李凡和司徒尚纪认为,城市文化景观是传统历史、文化地理学的研究重点,也是文化地理学解读的对象[18];文化地理学在做出文化空间格局判断时,理论基础多来源于德国哲学家赫德尔(Herder)提倡的文化相对论,进而发展为多元文化论,而多元文化论现已成为文化研究中的一个成熟的理论[19]。文化地理学视域的文化区,也可界定为文化圈或文化地域,是以居住在同一地理区域中不同人群之间相关联的文化特质为基础和前提,是文化时间与空间所共同建构的产物,通过空间分布的文化特质重建文化历史的顺序以及不同人群之间的关系(图1)。

2.3 文化空间的形成与影响研究

关于文化空间特征,周尚意等在研究北京城区文化产业空间分布时,发现了文化产业空间集聚明显、文化产业内各行业的集聚中心各不相同、文化企业更多地分布在城区北部等空间分布特征并进行了解释[20]。从空间形态的角度看,文化空间是城市空间架构的高级表现形式,是城市空间架构的文化维度的体现。陈宇光提出,城市文化空间由传统文化的历史空间、现实文化的多元化实时空间和未来文化的伸展空间等三维向度构成[21]。张敏等通过对南京文化战略及空间效应的系统研究,指出南京文化战略的实施加剧了城市空间重构,不仅加快城市空间外向拓展,而且通过功能空间置换、特色空间营造和文化产业空间集聚促使城市内部空间结构转化[22]。王承旭从文化需求的角度,将城市文化空间统一划分为基础型、提升型和标志型三类文化空间,并针对人的年龄、职业、受教育程度及社会文化背景等进行深入分析,有针对性地进行活动的策划及场所感的强化,从文化空间的营造角度揭示文化空间的形成机制(图2)[23]。

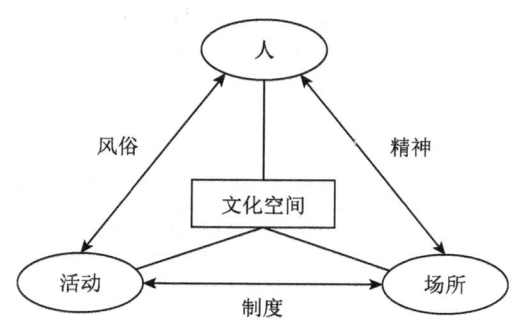

图2 文化空间的形成机制
Fig. 2 The formation mechanism of cultural space

3 文化旅游空间研究进展

3.1 文化旅游空间的形成基础

文化是旅游发展中的关键要素,对文化旅游的价值认知是建构空间关系的前提。贾祥春认为,文化是旅游活动的主要内容,只有文化介入和沟通的旅游,才能摆脱单纯的旅行活动而成为真正意义上的旅游[24]。当地居民对文化的态度将直接影响到旅游地的可持续发展,他们以合作的态度参与文化旅游发展能够有效地保护当地特色文化,促进当地旅游经济的发展[25],[26]。但"文化"概念比较宽泛,所指各不相同,专家眼中的"文化"往往指旅游资源中的文化内涵,而大众游客偏好的"文化"是指他们能直接感知与观看的文化[27]。将大众旅游中的文化感知与旅游资源的文化价值糅合在一起,将历史文化价值等同于旅游吸引价值,显然偏离文化旅游的主旨。

从旅游消费需求变化的动向上看,自20世纪90年代以来,人们的旅游兴趣已转向于"发现过去"[28]。文化旅游的核心,不仅是独特文化的展示与体验,而且是将某种独特的文化内涵及其品牌符号附着于已经存在的自然景观、人文景观和其他旅游产品上,提高其附加值[29]。虽然目前国内外学者对文化旅游还没有统一的定义,尤其是文化旅游与旅游文化存在本质的区分[30],但基本认为文化旅游是立足于文化资源、满足游客文化需求[31]。文化旅游有两个重要的构成要件,一是强调产品属性,认为文化旅游是以旅游文化资源为支撑,旅游者以获取文化体验、增智为目的的旅游产品;二是强调旅游者的旅游体验,认为文化旅游是指旅游者为实现特殊的文化感受,对旅游资源内涵进行深入体验,从而得到全方位的精神和文化享受的一种旅游类型。

表1 文化旅游的基本属性与特征表现

Tab.1 The basic properties and characteristic of cultural tourism

基本属性	特征表现
时间维度	历史积淀的文化旅游、现代生活的文化旅游、展望未来的文化旅游
潜在资源	A级文化型景区、各级文保单位、非物质文化遗产、民俗文化、产业文化、传统节事及现代节庆等
产品形态	古迹游览旅游、民俗体验旅游、宗教文化旅游、建筑文化旅游、饮食文化旅游、艺术欣赏旅游、休闲娱乐旅游等
旅游动机	求知、求奇目的而进行的旅游活动,旅游者渴望在旅游过程中得到真实性文化体验
需求市场	旅游需求是与收入的增长和受教育程度的提高有关的 客源以中产阶级为主,主要包括有一定消费能力、受过良好教育的人群

注:该表借鉴了参考文献[32],[33]的研究范式,并对相关属性和特征进行了删改。

因此,对文化旅游的基本属性可以从时间维度、形式表现、旅游动机和需求市场四个方面来认识[32],[33](表1)。文化旅游与区域文化的交流、碰撞、融合和传播过程密切联系,具有民族性、多样性、互动性等基本特征。文化旅游以旅游文化的互异性为诱因,以文化的碰撞与互动为过程,以文化的相互融洽为结果[34]。旅游者在不同的文化区内进行各种不同的经历,在感受多元化与异域文化的过程中,所接受的多元刺激与图景将成为个人或其他人旅游动机以及旅游文化传播的动因,这是文化旅游空间得以形成和发展的重要基础。

3.2 文化旅游的空间关系研究

目前学术界针对文化旅游空间研究的文献甚少,国外学者多侧重于目的地意境空间与游客总体感知之间的关系研究[35]-[38],且多数都与宾馆食宿、风景和景观特色有关[39]。国内少数学者对此方面有所涉猎。李蕾蕾在比较了旅游地理学和文化研究两个不同视角所建构的两种不同的海滨旅游空间模式后,指出从文化研究角度探讨海滨旅游空间是传统旅游地理学研究视角的重要补充[40]。曹丹和李小波将斯图尔特和沃格特(Stewart & Vogt)的经典旅游空间模式应用到四川省历史文化城镇的旅游开发中,总结出双核市场模式和依托型模式两种新的模式,以及四川旅游在空间结构形成过程中所出现的新问题和解决途径[41]。滕春惠等从文化构成视角将旅游资源解构为物质的文化景观、制度与行为的文化风情和意识的文化艺术三个层面,进而由时空组合而成旅游文化区、旅游文化系、旅游文化丛、旅游文化因子等四个层次[42]。黄泰等研究认为,文化是旅游发展的精神内核,空间是旅游存在的载体形式,文化、空间与旅游的互动关联系统则是旅游开发与组织调控的基本对象(图3)。翟文燕等采用地域"景观基因"的理念,以古城西安作为研究对象,对西安古城格局、标志性建筑物、传统民居进行分析,揭示了西安文化空间认知结构的特点,即城市建筑文化空间布局深受"风水"文化因子的影响、城市布局中轴对称的特点明显、古城建筑风格的地域文化构成受皇家文化和黄土文化两种景观基因影响等三个方面[43]。

文化遗产和民俗旅游空间是相对集中的研究领域,帕克(Baker)运用"刺激—组织—回应"(SOR)量表建立了一个概念模型,以此来描述诸多元素如何在一个空间环境中相互作用和相互影响[44]。马克等(Mark,et al.)在研究文化遗产旅游吸引物时提出了意境空间的概念,其可以影响游客评价或重游的感受和意象,管理者可以将其作为一种实际方法来传递意象、表达态度或帮助唤回现存的积极态度,使其成为营销和促销的工具[45]。王德刚和田芸有针对性地对非物质文化遗产的"旅游化"传承模式进行了探讨,提出了"舞台化生存——景区旅游模式"和"生活化生存——社区旅游模式"两种空间模式[46]。谢明礼分析了民间信仰文化旅游资源的空间差异及开发问题,指出"大分散,小集中","中心扩散式分布"是典型的空间分布特征[47]。库瑞和陈锋仪研究指出,民俗文化旅游空间构成的"三要素"是指民俗魅力、民俗环境和民俗气氛,只有在特定的生活场景中,人、物、景三者紧密相连,方可使民俗气氛达到最佳程度[48]。

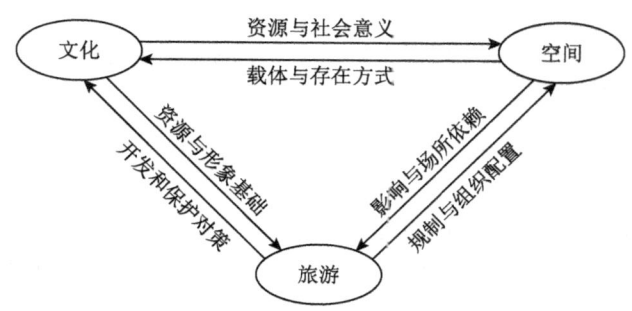

图3 文化、空间与旅游的动力关系系统
Fig. 3 The dynamic relationship system among culture, space and tourism

4 相关研究述评

4.1 文化旅游研究的不足制约了空间关系的探讨

文化是旅游的灵魂,是提升旅游竞争力的核心要素,也是区域旅游可持续发展的动力源泉。旅游文化与文化旅游研究对丰富旅游地理与文化地理的理论内涵,提升区域旅游竞争力,促进区域旅游可持续发展具有重要的理论意义和应用价值,因而是旅游地理研究的热点课题和重要方向。但目前国内对文化旅游的研究相对不足,基本上还停留在浅层次的文化资源旅游资源属性和类别探讨上,系统的、理论性的研究非常缺乏,经常将文化旅游混同于"旅游文化"。无论是把文化旅游当成一种设计产品的思路的观点,还是将其主张类似于"民俗旅游"的观点都缺乏理论性的定义[29],这在一定程度上影响和制约了文化旅游的空间关系研究。

4.2 文化空间的研究范式拓展了文化旅游空间的研究视野

文化空间是旅游空间的重要载体和基础,已有研究集中于文化空间的"非物质形态"和"地理空间状态"两个层面。"非物质形态"的文化空间已经得到联合国教科文组织的表述和界定,而人文地理学和文化地理学视角的文化空间则更多关注空间结构要素,将族群和社区的文化特质和空间关系作为研究主线。这一研究范式拓展了文化旅游空间的研究视野,但由于两者尚缺乏有机衔接的渠道和机制,旅游事项所体现出的文化空间现象尚未得到科学的诠释。旅游地一般都具有非常丰富的多元化文化体系,能够承载地域文化特色,如民俗文化、休闲文化、商业文化与艺术文化等,这是文化旅游空间的物质载体,融"非物质"与"物质"文化于一体。在根植于地域文化的基础上,依据旅游地的资源特色与地域背景进行审慎的选择,应探讨如何通过"深化""扩展""移植"等多样化手法形成渐趋完整的文化旅游空间结构。

4.3 研究文化旅游空间的现实意义和学术价值尚未得到重视

针对文化旅游空间的专门性研究很少,将旅游空间结构与地方文化元素进行嫁接,或者将旅游资源及空间分布进行文化解构是两类常见的研究手法。研究视角和内涵的缺乏一方面表现为少量模式化、同质化的研究成果,另一方面也反映出文化旅游空间的研究意义和价值尚未得到足够的重视,这与文化要素作为地区竞争的软实力、大力发展文化旅游的现实背景存在很大偏差。文化旅游研究的重心是旅游活动的对象物——旅游产品的开发和经营管理问题,以及文化旅游活动的特点、管理体制、文化旅游市场的需求特征等问题[49]。产品开发和市场形象更能凸显空间的概念,以旅游文化圈为载体的资源体系是文化旅游空间架构和关系优化的基础。旅游地富有特色的地域文化本身就是一种潜在的旅游资源,资源价值的开发既需要科学的转化机制来挖掘和表现文化的精华,以经营旅游业的手段来经营文化,并能全方位地展示和弘扬文化精品,同时,更需要将文化的空间概念和潜在价值转化为现实的旅游竞争力。具备丰富文化内涵的地方旅游产业和空间关系,容易使旅游目的地形象更加丰满,这也是旅游地理学亟待加强的研究领域。

5 文化旅游空间形态的分析框架及研究启示

从表现形式上看,空间本身是多样的、多元的,可以笼统地概括为物理空间和心理空间两种,物理空间指实体所限定的空间存在,具有明确的空间表象或空间载体;而心理空间指人与物之间的心理联系和感性参与。按照此种分类方法,文化旅游表现出三个层面的空间形态:

其一,文化旅游空间的物质维度。物质层是构成文化旅游空间"点"和"线"的单元,既包括业已形成的、客观存在的、依靠历史积淀和人文传承的有待于组合旅游空间的"材料",并赋予目的地文化旅游提供方以情感和体验的组合,这是创设文化旅游空间的基础素材,是文化旅游空间形态的主要节点,同时还包括公共文化事业的旅游资源群,以及立足于物质形态的区域文化景观。侧重于传播地域文化的文化景观无论是延续传统还是人为造设,其特点都是已经固化的、可以明确感知的、具有很强旅游功能的文化资源,将节点资源有机串联,以"点"成"线",联动发展。物质维度是文化旅游空间的初级表现形式,是最容易被识别和感知的文化旅游形态,其中尤以物质形态的文化旅游资源为代表,资源的价值等级、开发条件和营销能力等往往关系到旅游目的地旅游业的发展成效。

其二,文化旅游空间的时间维度。时间维度主要从纵向剖面的角度密切文化资源的原始组合与欣赏者的联系,尽管在形态表现上与物质维度有一定的交叉,但时间维度本身是动态的发展阶段。从欣赏的角度考量目的地文化旅游遗产赋存及开发状况,需要从尊重历史、观照现实、惠泽未来的角度,审视文化遗存的生存与发展问题,目前学界和社会关注较多的是文物保护和非物质文化遗产的生存状态。近年来,国家和地方加大了历史文化资源的保护力度,国务院自1961年起公布了六批全国重点文物保护单位,第七批正在筛选中。自2006年起,文化部公布了三批国家级非物质文化遗产。与得到公认的文化旅游资源相比,表现时间断面的文化旅游空间,需要给市场一个认知和熟稔的过程,除了兼具较高的历史文化价值和旅游价值的少数资源,众多历史文化资源需要在效益诉求与文化保护两者间处理好关系。当然,资源综合效益的放大需要科学的渠道和机制,将现代展示手段和表现方式进行有机结合,例如运用现代科技手段,积极发展文化创意产业,围绕富有地域特色的优势文化元,建设符合现代社会旅游需求的主题性文化产业园和主题公园等,借以呈现或维护时间维度的文化旅游空间。文化旅游的欣赏者对目的地文化遗存的体验与感受往往超越知名景点景区的范围,需要从时间剖面的角度全景展现目的地的文化沿革和独特的文化生态。

其三,文化旅游空间的区域维度。其主要体现在基于地脉、文脉形成的目的地文化意象方面。对意象空间的感知,尤其是应和了心理空间和经验空间的独特文化意象,往往是旅游者出行的重要驱动力。无论是区域性的江南意象、三峡意象等概念,还是古都意象、皇城意象、古村落意象等城市或地区的形象概念,尽管促成意象概念的动因和因素复杂,但文化传承与演化无疑在其中发挥了重要作用。基于旅游地意象的文化区划与文脉整合,旨在博取和强化区域的竞争优势,关键是要处理好各类特色文化元的相互关系,确立特色文化元的最佳组合体系[50]。因而,目的地的文化意象多带有很强的指向性和排他性,超越了传统的旅游资源的概念范畴,一些无景点式的旅游方式体现的是旅游者个体情感的倾情融入,这种情感交融的旅游体验既促进了主客体文化的交流,也进一步丰富和扩展了旅游地的文化空间。此种对文化旅游体验的深层次挖掘,在一种渐变的状态中形成了文化旅游空间形态的立体架构。

围绕文化旅游的三层空间要素,笔者建构了从文化旅游要素系统到文化旅游空间形态的演化路径及结构关系,从物质维度、时间维度到区域维度是一个逐步递进的从属关系,而在资源开发利用、整合路径以及评价指标上同样也表现出了递进结构,最终的效用体现在文化旅游空间是一类特殊的空间形态,经历了从感知性和可达性到功能性和创造性,进而发展至指向性和排他性的演化和提升的过程(图4)。

结合上述框架,当前有下述问题值得深入探究:如何将文化旅游作为一种旅游形态来开展专门研究?文化旅游是旅游市场结构优化的产物,还是一直伴随着旅游市场发展与繁荣的重要构成部分?如何对文化旅游的价值进行测度?地区文化旅游资源的类型与等级如何划分和评价?在各地日益重视文化产业、加快推进文化产业发展的背景下,文化旅游如何进一步优化发展空间,整合各类资源,去更好地体现文化旅游对旅游业和地方文化的双重反哺作用?如何实施文化旅游的可持续发展?文化旅游空间是否也存在"同构"问题,相同或相似文化资源如何进行区域旅游的协同开发?此类问题具体到研究内容,主要包括文化旅游的地域特征及旅游文化的价值测度研究、区域旅游发展的文化驱动机制研究、文化旅游空间的管治与协同发展研究等。

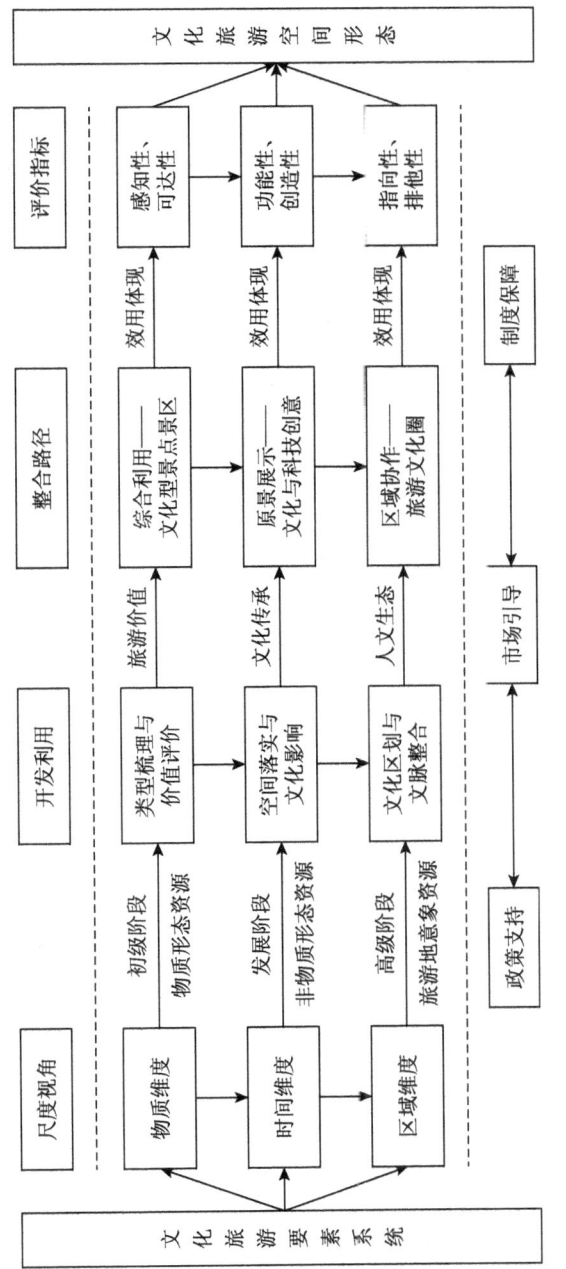

图4 文化旅游空间形态的结构关系

Fig. 4 The structure of the space form of cultural tourism

— 243 —

6 结语

文化旅游空间的营造是引导旅游市场发展、优化旅游产业结构、提升旅游竞争力的重要举措,而对空间形态的研究是其中的基础性工作。关于文化旅游的研究在系统性和深度、广度上都存在进一步提升的空间,由于这一领域是典型的跨学科研究,尚没有形成多元化、跨学科的研究群体,需要学界的持续关注和重视。本文结合文化空间的研究视角,以文化空间的非物质形态和地理学形态的双重视域为铺垫,提出了文化旅游空间形态的结构关系,兼及物质文化资源形态的传承与非物质文化资源形态的嬗变相互交织,构成了特定地域的文化旅游空间意象。其中体现出的复合效应是分析文化旅游空间结构的基础,以文化旅游空间涉及的物质、时间和区域的三个维度建构了文化旅游空间形态的研究框架,希冀能为学界的相关研究提供借鉴和参考。

致谢:特别感谢审稿专家对本文提出的宝贵意见和具体建议!

参考文献

[1] 谢彦君. 基础旅游学[M]. 北京:中国旅游出版社,2005:23.

[2] 王晓华,马耀峰,李天顺. 基于经济社会环境和谐发展的旅游学科核心体系的思考[J]. 旅游学刊,2009,24(8):17-23.

[3] 桓占伟. 旅游文化及其主流研究反思——基于旅游文化概念的分析[J]. 人文地理,2007,24(4):72-76.

[4] 向云驹. 论"文化空间"[J]. 中央民族大学学报(哲学社会科学版),2008,35(3):81-88.

[5] 李玉臻. 非物质文化遗产视角下的文化空间研究[J]. 学术论坛,2008,(9):178-181.

[6] 亨利·列斐伏尔. 空间:社会产物与使用价值[A]. 包亚民. 现代性与空间的生产[C]. 上海:上海教育出版社,2003:51-57.

[7] 邹广文. 当代文化哲学[M]. 北京:人民出版社,2007:240.

[8] 刘士林. 都市与都市文化的界定及其人文研究路向[J]. 江海学刊,2007,(1):16-24.

[9] 苗伟. 文化时间与文化空间:文化环境的本体论维度[J]. 思想战线,2010,36(1):101-106.

[10] 乌丙安. 非物质文化遗产保护中文化圈理论的应用[J]. 江西社会科学,2005,(1):102-106.

[11] 张博. 非物质文化遗产的文化空间保护[J]. 青海社会科学. 2007,(1):33-37.

[12] 陈虹. 试谈文化空间的概念与内涵[J]. 文物世界. 2006,(1):44-47.

[13] 弗兰兹·博厄斯. 人类学与现代生活[M]. 北京:华夏出版社,1999:104-107.

[14] 吴文藻. 人类学社会学研究文集[M]. 北京:民族出版社,1990:39-40.

[15] 吴传钧. 人文地理研究[M]. 南京:江苏教育出版社,1989:15.

[16] 王恩涌,赵荣等. 人文地理学[M]. 北京:高等教育出版社,2000:32.

[17] 姜斌,李雪铭. 快速城市化下城市文化空间分异研究[J]. 地理科学进展,2007,26(5):111-117.

[18] 李凡,司徒尚纪. 民间信仰文化景观的时空演变及对社会文化空间的整合——以明至民国初期佛山神庙为视角[J]. 地理研究,2009,28(6):1550-1561.

[19] 周尚意. 英美文化研究与新文化地理学[J]. 地理学报,2004,(S1):162-166.

[20] 周尚意,姜苗苗,吴莉萍. 北京城区文化产业空间分布特征分析[J]. 北京师范大学学报(社会科学版),2006,(6):127-133.

[21] 陈宇光. 城市文化空间的三维向度[J]. 华东理工大学学报(社会科学版),2008,(2):91-94.

[22] 张敏,刘学,汪飞.南京城市文化战略及其空间效应[J].城市发展研究,2007,14(5):13-18.
[23] 王承旭.城市文化的空间解读[J].规划师,2006,22(4):69-72.
[24] 贾祥春.旅游文化的特点及其在旅游业中的地位和作用[J].复旦学报(社会科学版),1997,(3):83-87.
[25] MacDonald R., Lee J. Cultural rural tourism: Evidence from Canada[J]. *Annals of Tourism Research*, 2003, 30(2):307-322.
[26] 朱桃杏,陆林.近10年文化旅游研究进展——《Tourism Management》《Annals of Tourism Research》和《旅游学刊》研究评述[J].旅游学刊,2005,20(6):82-88.
[27] Hughes H. L. Redefining cultural tourism[J]. *Annals of Tourism Research*, 1996, 23(3):707-709.
[28] Boyd S. Cultural and heritage tourism in Canada: Opportunities, principles and challenges[J]. *Tourism and Hospitality Research*, 2002, (3):211-233.
[29] 熊宗仁.关于建立泛珠三角夜郎文化旅游圈的构想[J].贵州社会科学,2005,(6):84-87.
[30] 徐菊凤.旅游文化与文化旅游:理论与实践的若干问题[J].旅游学刊,2005,20(4):67-72.
[31] 喻学才.旅游文化研究二十年[J].东南大学学报(哲学社会科学版),2004,6(1):63-70.
[32] 郑海燕,徐红罡,戴光全.构建旅游目的地的文化旅游产品结构体系——以苏州为例[J].人文地理,2003,18(2):55-59.
[33] 徐菊凤.北京文化旅游:现状·难点·战略[J].人文地理,2003,18(5):84-88.
[34] 吴芙蓉,丁敏.文化旅游——体现旅游业双重属性的一种旅游形态[J].现代经济探讨,2003,(7):67-69.
[35] Echtner M., Ritchie J. The meaning and measurement of destination image[J]. *The Journal of Tourism Studies*, 1991, 2(2):2-12.
[36] Gartner W. Tourism image: Attribute measurement of state tourism products using multidimensional scaling techniques[J]. *Journal of Travel Research*, 1989, 28(2):16-20.
[37] Gartner W. Image formation process[J]. *Journal of Travel and Tourism Marketing*, 1993, (2):191-215.
[38] Mazanec J. A. Image measurement with self-organizing maps: A tentative application to Austrian tour operators[J]. *Tourism Review*, 1994, 49(3):9-18.
[39] Mansfeld Y. From motivation to actual travel[J]. *Annals of Tourism Research*. 1992, 19(3):399-419.
[40] 李蕾蕾.海滨旅游空间的符号学与文化研究[J].城市规划汇刊,2004,(2):58-62.
[41] 曹丹,李小波.旅游空间模式理论在四川历史文化城镇旅游开发中的运用与提升[J].四川师范大学学报(社会科学版),2006,33(4):117-122.
[42] 滕春惠,马晓冬,沈正平.江苏省旅游资源的文化构成及其开发[J].人文地理,2006,21(6):71-76.
[43] 翟文燕,张侃侃,常芳.基于地域"景观基因"理念下的古城文化空间认知结构——以西安城市建筑风格为例[J].人文地理,2010,25(2):78-81.
[44] Baker J., Grewal D., Parasuraman A. The influence of store environment on quality inferences and store image[J]. *Journal of the Academy of Marketing Science*, 1994, 22(4):328-340.
[45] Bonn M. A., Joseph-Matthews M. S., Dai M., Hayes S. and Cave J. Culture and heritage attraction atmospherics: Creating the right environment for visitors[J]. *Journal of Travel Research*, 2007, 45(4):345-354.
[46] 王德刚,田芸.旅游化生存:非物质文化遗产的现代生存模式[J].北京第二外国语学院学报,2010,(1):16-21.
[47] 谢明礼.闽台民间信仰文化旅游资源的空间差异及开发[J].亚太经济,2003,(4):86-87.
[48] 库瑞,陈锋仪.旅游民俗文化空间的筛选与旅游价值分析——以陕西为例[J].人文地理,2009,24(5):122-125.

[49] 黄泰,保继刚,Geoffrey Wall.基于文化空间解读的城市水上旅游组织策划模式研究——苏州环城河水上旅游案例分析[J].规划师,2008,24(8):37-40.

[50] 徐小波.纵横聚焦:旅游城市连绵区文化资源整合的必然趋势——以宁镇扬旅游文化圈为例[J].旅游学刊,2007,22(11):21-27.

On spatial form of cultural tourism
——Based on the summary of cultural space and enlightenment
HOU Bing[1,2], HUANG Zhenfang[2], XU Haijun[2,3]

(1. *Department of Tourism Management, Yangzhou University, Yangzhou* 225127, *China*;

2. *Department of Tourism Management, Nanjing Normal University, Nanjing* 210046, *China*;

3. *Department of Tourism Promotion and International Liaison, National Tourism Administration of the People's Republic of China, Beijing* 100740, *China*)

Abstract: Cultural space is a multi-scale concept. The existing research analyzes the philosophical significance of cultural space and it is defined as the proprietary property of intangible cultural heritage. The discussion about cultural district from the perspective of geography provides an important supplement for the study of cultural space. Based on the study system of cultural space, the paper sums up the study of cultural tourism from three dimensions of materials, time and regions and constructs analytic framework of the spatial form of cultural tourism from three aspects of resource utilization, path of integration and evaluation index. Based on this, the defects existing in the study of cultural tourism and study trends are put forward.

Key words: cultural space; cultural tourism; spatial form; enlightenment

(原载《旅游学刊》2011年第3期)

旅游发展与非物质文化遗产的保护和传承

——以莲花山"花儿"为例

欧阳正宇

(兰州大学资源环境学院,甘肃兰州 730000)

摘 要:"花儿"艺术源远流长,是劳动人民的智慧与情感的结晶。"花儿会"反映了所传唱地区的文化、历史,也是当地的特色民俗之一,不仅具有很高文学、音乐、历史、文化价值,也有很高的社会价值以及作为地方特色的旅游资源的开发价值。但是随着社会经济的发展和乡村城镇化进程的加快,这种古老的艺术正面临着严重的危机,其内涵和外延都在严重萎缩。本文通过对"花儿"在当地居民中传承现状、保护措施、发展趋势等方面的实践调研,结合旅游业可持续发展相关理论,对旅游业发展与音乐类非物质文化遗产保护传承之关系作出了分析和探讨,并提出以实景舞台剧、艺术博物馆等旅游开发模式来加强对这一非物质文化遗产的保护与传承。

关键词:非物质文化遗产;"花儿";保护;传承

"花儿"作为多民族共享的非物质文化遗产,是西部民歌乃至中国民歌中的标志性的口承文艺形式,是最富有艺术欣赏价值、学术研究价值的民歌之一。2009 年 9 月 30 日,在阿联酋首都阿布扎比举行的联合国教科文组织保护非物质文化遗产政府间委员会第四次会议审议并批准其列入了《人类非物质文化遗产代表作名录》。

"花儿"流传于甘肃、青海、宁夏和新疆 4 省区的汉、回、藏、东乡、保安、撒拉、土、裕固、蒙等 9 个民族之中,地域之广,民族之多,在中外民歌中是极为罕见的。尤其是,这 9 个民族,既有信仰儒、释、道的汉族,又有信仰藏传佛教的藏族、裕固族、蒙古族、土族,还有信仰伊斯兰教的回族、东乡族、保安族、撒拉族。这些民族中,大部分民族有他们本民族的语言,藏族、蒙古族还有自己的文字,但这些民族语言不同、宗教信仰不同、风俗习惯不同的民族都无一例外地用汉语来演唱"花儿",体现了一种民族亲和、兼容共存的内在精神。

由于音乐特点、歌词格律和流传地区的不同,花儿被分为"河湟花儿"、"洮岷花儿"和

基金项目:甘肃省 2010 年度省社科规划项目《甘肃省非物质文化遗产旅游开发与管理》(立项日期:2010 年 11 月 8 日),教育部高等学校博士点基金(20090211110025)。

作者简介:欧阳正宇(1968—),女,兰州大学资源环境学院博士研究生,西北师范大学旅游学院副教授,研究方向为旅游文化与资源开发。

"六盘山花儿"三大类①。其中"洮岷花儿"以甘肃南部为主,分布在岷县、宕昌、临潭、康乐、渭源、漳县、卓尼等7个县。"洮岷花儿"又有两大分支:一是北路派,以莲花山为中心;一是南路派,以二郎山为中心。本文即以莲花山"花儿"的主要传唱地区之一的甘肃省临潭县为调研对象,分析当地"花儿"文化的传承现状以及旅游业的发展与非物质文化遗产"花儿"的保护之间的互动关系。

1 莲花山"花儿"的价值

莲花山"花儿"(即洮州花儿)是以莲花山地区的汉族为主,在藏族(吐蕃)参与下,糅合了吐蕃的"踏歌"及汉族碾场、进山的劳动号子"牛拉拉"、"烟雾拉"等多种民间文艺样式,在长期渐进演化过程中逐步成熟、定型,并传唱在洮河中上游地区汉、藏、回、土等各族群众中的一种山歌(汪鸿明,丁作枢,2002)。

1.1 历史文化价值

莲花山位于甘肃西南部,洮河中游,西倾山与岷山山系衔接处,距省城兰州165公里,四境与康乐、临潭、临洮、卓尼、渭源等5县相邻,主峰海拔3578米。夏、商、周时,这里曾是古羌族活动的中心地带;后来,随着政权的更替,汉族、鲜卑、羯、氐、匈奴、羌等族分别在这一带活动过,有的还建立过政权。莲花山是一座名山,据1997年的《临潭县志》称:"莲花山山势险峻,风景优美,自南北朝以来先后建有富丽堂皇、雄伟壮丽的寺庙,如大佛殿、玉皇阁等大小建筑20多处(临潭县志编委会,1997)。"8世纪,印度高僧、藏传佛教宁玛派大师莲花生曾来莲花山举行"加持""镇地仪轨"。从此,"朝山的汉族和藏族的人们难以数计,山峰被称为自然形成的汉式塑造的文殊菩萨的宝剑(智观巴·贡却乎丹巴饶吉,1989)"。莲花山成为享誉雪域高原的宝刹灵山。到清嘉庆年间,全山已有大小庵观寺院51处(汪鸿明,丁作枢,2002)。

莲花山是莲花山"花儿"的滥觞地,莲花山"花儿"是甘肃境内最古老的民歌之一。据考查,它起源于唐末宋初的吐蕃"踏歌",现在莲花山地区的汉族人民中有一部分是历史上汉化了的吐蕃人。吐蕃"踏歌"在章法句式和直叙其事的表达手法上,基本上与现在的莲花山"花儿"相一致。清乾隆年间陇上诗人吴镇在其诗作《我忆临洮好十首》之九中有"石船藏古寺,玉井泻峰头"、"花儿饶比兴,番女亦风流"之句,都是描述莲花山地区的情景。吐蕃族是藏族的先民,他们长于比、兴手法在民歌中的运用,这也正是莲花山"花儿"所体现的艺术特色。后来,莲花山"花儿"汲取汉族农歌碾场号子"牛拉拉"、进山号子"烟雾拉"等的音乐调式,明初江南移民的迁来洮州,带来了吴地民歌民谣以及吴地的民俗风情,大大扩大了莲花山"花儿"的演唱内容,丰富了演唱词语,使莲花山"花儿"逐步走向成熟。

从古至今,生活在这里的各族人民用"花儿"这种民歌表达他们对自然、对生产、对生活、对自己的种种认识和情感,"花儿"也在漫长的历史演变过程中将每个特定历史阶段的文化、经济、地理、宗教、心理以其特有的方式沉淀下来,通过人们世世代代传唱,为我们留下了了解和研究古代历史的百科全书。"花儿"之名就是在莲花山特殊环境、宏大的歌会活动、浓厚的"花儿"人文思想加上种种美丽传说的参与作用下,经过人们长期的口头提炼和筛选而得

---

① 联合国教科文组织2009年公布的"人类非物质文化遗产代表作名录"中国项目简介,http://www.ihchina.cn。

名的。如此历史悠久、内涵丰富的"花儿"文化,为民俗学、语言学、社会学、历史学等众多社会科学的研究提供了丰富的素材。

1.2 社会价值

莲花山"花儿"传唱在北达康乐、临洮,东达渭源、岷县,南达卓尼,西达夏河的广大地区,与当地群众水乳交融,唱"花儿""朝莲花山"是全民的活动。当地群众自从能记忆、会说话起,进山打柴、下地撒籽、上山放羊都耳濡目染,"花儿"成了生活的一部分,等长大成人,个个都自然而然地成了唱把式。遍布莲花山附近各地县的大小"花儿"会场多达119个,朝山人数多达100多万人次。莲花山"花儿"的核心地区临潭县19个乡(镇)有"花儿"会场52个,康乐县4个乡有12个"花儿"会,临洮7个乡有24个"花儿"会(汪鸿明,丁作枢,2002)。像这样盛大的"花儿"会场面,堪称世界之最。从另一个角度讲,莲花山"花儿"歌词语言质朴、泼辣、细腻、诙谐、生动,题材包罗万象,有爱情、自然景色、天文气候、神话传说、历史故事,也有鞭挞丑陋现象等,由于内容丰富,包含社会哲理深刻,吸引了无数文学、艺术的采风者;改革开放以来,这里又吸引了省内外、国内外的大量游客。优美动听的莲花山"花儿"和震撼人心的"花儿"会场面已成为甘肃省的一个驰名品牌。

1.3 艺术价值

莲花山"花儿"不但从歌词结构韵律等方面表现出极强的口头程式,而且形成了在中外民歌中罕见的独特的表现形式,它既具有《诗经》赋、比、兴的创作方法与现实主义的表现风格,又具有《楚辞》所开创的浪漫主义精神,并运用了夸张、联想、顶针、回环、对仗等多种修辞手法。莲花山"花儿"的衬词、衬句和尾声不但是独具一格的,而且都有一定的讲究。由于莲花山是一座石头山,山势高峻,道路陡峭,所以大部分古建筑都建在悬崖峭壁之上或依石崖而建。因基石狭窄,紫霄宫、转阁楼等观、寺、院均为"一转三"建筑①,因此莲花山"花儿"常以"一转三(山)的莲花山"作为每段的起韵定调之句;尾声——"花呀,两莲叶儿",符合格律要求,使每首"花儿"的演唱自成一体,充满了美的形象和想象。莲花山"花儿"因地理人文、民俗风情等诸多因素的影响,其唱腔唱法又有许多差别,按地域又可分作北路"花儿"、东路"花儿"、南路"花儿"、西路"花儿",以及吐蕃"花儿"。各路"花儿"都有自己独特的曲调,如"扎刀令""三闪令""羊沙令"等,这些曲调以高亢悠扬为主,也不乏轻松愉快、委婉细腻的曲令,这些曲调有些是受明初江淮移民的影响,更多则是在洮岷地区多民族的音乐土壤中生长起来的,都有着自己的旋律特点和音乐特点。莲花山"花儿"的作者都是地道的农民,但他们在自编自唱中却有不同寻常的创造和发明,体现了特有的民间艺术价值。

2 莲花山"花儿"目前的存活状况

"花儿"是"张口就来,闭口即无"的民间口头文艺,"花儿"会是民间自发的以演唱"花儿"为主的歌节。在现代文化的冲击下,莲花山"花儿"和"花儿"会也遭遇了无法回避的困境:部分古老的"花儿"因来不及抢救已消失;有影响的歌手大都年事已高;年轻人忙于外出打工挣钱不再热心于"花儿"的系统传承,传承链条已残缺不全;"花儿"会的空间日趋狭小,规模也日趋式微;与此同时,一些走了样的洋"花儿"正以其强势的传媒手段由城镇向乡村浸染,

---

① 莲花山山势陡峭,山上所修庙宇大都后面靠山,左、右、前三面出檐,当地人称为"一转三"。

长此以往,我们将再也听不到原汁原味的传统"花儿",看不到民俗意义上的"花儿"会了。

非物质文化遗产保护的第一步是摸清家底,旅游开发的首要前提也是搞清资源的赋存状况。为了准确把握"花儿"的民间存活现状,笔者于 2010 年 7 月中旬在莲花山"花儿"的传唱核心地区之一甘肃省甘南藏族自治州临潭县冶力关镇进行了为期 10 天的调研,针对当地居民对"花儿"的认知程度、喜好程度、传承现状、保护措施、发展趋势等五个方面问题,采用抽样问卷调查和深度访谈相结合的方法展开。一方面,向当地居民及各类从业人员发放调查问卷 300 份(问卷回收率 100%,其中有效问卷 284 份,有效率为 94.66%);另一方面,为弥补问卷信息深度的不足,开展访谈 20 余例,以了解被访者的心理动态,提高问卷的信度。

表 1 被调查者样本特征分布($n=284$)

属性	特征	频率	比例%	属性	特征	频率	比例%
性别	男	164	57.7		教师	20	7.0
	女	120	42.3		农民	25	8.8
年龄	18 岁以下	46	16.2		学生	39	13.7
	18~35 岁	128	45.1		公务员	4	1.4
	36~55 岁	76	26.8		企业员工	16	5.6
	56 岁以上	34	11.9		个体户	43	15.1
文化程度	初中以下	112	39.4	职业	退休员工	7	2.5
	高中或中专	91	32.1		农家乐业主	48	17.0
	本科或大专	81	28.5		厨师	3	1.1
	研究生及以上	0	0		医生	4	1.4
民族	回族	18	6.3		演员	8	2.8
	藏族	50	17.6		工人	12	4.2
	汉族	216	76.1		其他	55	19.4

资料来源:据作者社会实践问卷调查统计。

被调研的当地居民主要集中在中、青年人群;文化程度多为高中及中专以下。高学历人群主要由青年群体构成,而中老年人文化水平普遍较低,这也与改革开放以来我国的教育现状相一致。民族构成方面,以汉族居多。从职业构成来看,各行各业均有。当地居民中大部分仍在家务农,还有一部分从事农家乐经营,并参与当地旅游产品的加工与外销(见表1)。

本次调研,主要目的是了解非物质文化遗产"花儿"在当地居民中目前的存活状况及今后的发展趋势。问卷的设计总体上参照了遗产研究领域相关研究者的研究方法,并结合临潭县实际情况。考虑到问卷的发放对象——当地居民整体文化水平相对偏低,且调查时间是当地的旅游旺季,居民答卷时间有限,所以问卷以直接的、简朴的语言作表述,内容主要涉及本研究一些基本问题,如莲花山"花儿"在当地居民中的传承状况、当地居民对"花儿"的认知程度、喜好程度、普及程度以及对非物质文化遗产进行旅游开发的态度等(见表2、表3)。

表2 调查问卷结果统计

问题	完全同意/ 非常喜欢/ 非常了解/ 很擅长	同意/ 喜欢/ 了解/ 擅长	中立	不同意/ 不喜欢/ 不了解/ 不擅长	完全不同意/ 根本不喜欢/ 根本不了解/ 根本不擅长
1. 您对"花儿"文化了解吗	18	101	57	91	17
2. 您喜欢"花儿"吗	39	95	88	53	9
3. 您唱过或会唱"花儿"吗	3	27	36	188	30
4. 您对政府举办"花儿"艺术节或艺术会赞同吗	84	78	103	19	0
5. 您是否了解到"花儿"的生存空间正在逐渐缩小	12	64	84	114	10
6. 非物质文化遗产"花儿"是本地区的文化名片	94	55	105	30	0
7. "花儿"这项非物质文化遗产丰富了当地的旅游产品	103	48	92	25	16
8. 旅游增加了非物质文化遗产保护和传承的机会	82	63	95	28	16
9. 目前展示的非物质文化遗产表演与我生活中的相同	25	70	92	54	43
10. 如果有机会我愿意参与到非物质文化遗产的保护活动中	104	56	90	21	13
11. 我愿意学习和传承本地的非物质文化遗产	95	56	92	28	13
12. 政府重视非物质文化遗产的保护并制定了相关措施	62	53	132	20	17
13. 政府应加强"花儿"传承者的保护与培养	125	51	88	12	8
14. 我支持非物质文化遗产的开发,因为我可从中获利	43	55	80	79	27
15. 如果有可能我愿意把本地的非物质文化遗产介绍给朋友或游客	142	30	86	18	8
16. 我赞同在校园、社区推广化为艺术	34	73	88	73	16

资料来源:根据笔者社会实践问卷调查统计。

调查问卷主体部分采用李克特(Liket)五点量表法。在可供选择的答案中,笔者采用了五种等级排列方法,目的是了解答卷人对各问题的赞同程度。统计时,一方面,把"完全同意/非常喜欢/非常了解/很擅长""同意/喜欢/了解/擅长"归入"肯定"类;把"不同意/不喜欢/不了解/不擅长""完全不同意/根本不喜欢/根本不了解/根本不擅长"归入"否定"类,以便于分析汇总。另一方面,"完全同意/非常喜欢/非常了解/很擅长"计5分,依次排序,"完全不同意/根本不喜欢/根本不了解/根本不擅长"计1分,从而计算出每一道题的加总平均值,此为答卷人对该问题的评分值。3分以上为肯定,3分以下为否定,得分越高,表明答卷人对该问题的肯定越强。评分数并不是与肯定、否定的比率相对应,而是与答卷人对该问题的肯(否)定程度相对应。因此,可以更直接地反映当地居民对该问题的态度。

表3 答卷人对问题肯(否)定态度取向

问题	肯定		中立		否定		均值
	人数	比率%	人数	比率%	人数	比率%	
1. 您对"花儿"文化了解吗	119	41.9	57	20.1	108	38.0	3.04
2. 您喜欢"花儿"吗	134	47.2	88	31.0	62	21.8	3.36
3. 您唱过或会唱"花儿"吗	30	10.6	36	12.7	218	76.7	2.24
4. 您对政府举办"花儿"艺术节或艺术会赞同吗	162	57.0	103	36.3	19	6.7	3.80
5. 您是否了解到"花儿"的生存空间正在逐渐缩小	76	26.7	84	29.6	124	43.7	2.83
6. 非物质文化遗产"花儿"是本地区的文化名片	149	52.5	105	37.0	30	10.5	3.75
7. "花儿"这项非物质文化遗产丰富了当地的旅游产品	151	53.2	92	32.4	41	14.4	3.69
8. 旅游增加了非物质文化遗产保护和传承的机会	145	51.1	95	33.4	44	15.5	3.59
9. 目前展示的非物质文化遗产表演与我生活中的相同	95	33.5	92	32.3	97	34.2	2.93
10. 如果有机会我愿意参与到非物质文化遗产的保护活动中	160	56.3	90	31.7	34	12.0	3.76
11. 我愿意学习和传承本地的非物质文化遗产	151	53.2	92	32.4	41	14.4	3.68
12. 政府重视非物质文化遗产的保护并制定了相关措施	115	40.5	132	46.5	37	13.0	3.43
13. 政府应加强"花儿"传承者的保护与培养	176	62.0	88	31.0	20	7.0	3.96
14. 我支持非物质文化遗产的开发,因为我可从中获利	98	34.5	80	28.2	106	37.3	3.03
15. 如果有可能我愿意把本地非物质文化遗产介绍给朋友或游客	172	60.6	86	30.3	26	9.1	3.98
16. 我赞同在校园、社区推广化为艺术	107	37.7	38	31.0	89	31.3	3.13

资料来源:据笔者问卷调查统计。

2.1 关于当地居民对莲花山"花儿"的认知状况分析

莲花山"花儿"作为西北"花儿"的重要一脉,有着深远的文化历史。笔者在访谈中了解到,当地五成以上的居民都认为,"花儿"这项当地最具特色的文化艺术,传承的时间至少有八百至一千年左右。花儿的曲调,多以"令"称之。在令字前又冠以地名(如《河州令》《门源令》)、族名(如《土族令》《撒拉令》)、花名(如《白牡丹令》《金盏"花儿令"》)及其他名(如《大眼睛令》《朵马儿令》)。每一令有一个大体相同的旋律轮廓。在实际演唱时,歌者可即兴发挥。就音乐个性而言,莲花山"花儿"的曲令一般有浓厚的叙述性,从唱词的体裁来看,分为"本子花儿"(亦称"整花儿")和"草花儿"(亦称"散花儿")。前者指反映历史传说故事内容的长篇,后者指专唱爱情等内容的短歌。

由表2、表3可知,莲花山"花儿"的传承状况不容乐观。从统计结果来看,对"花儿"文化了解的人数仅有41.9%,其余受访者不了解与莲花山"花儿"有关的历史沿革及故事传说和曲调等。对"花儿"艺术不了解和根本不了解的占到受访者总数的38%,已超过受访人群的三分之一。对于西北民间艺术"花儿"被正式列入人类非物质文化遗产名录这一事实,58%的当地居民一无所知。未来五年内若不采取相关的保护措施,预计当地居民对"花儿"的认知度还会持续降低。

2.2 关于当地居民对莲花山"花儿"喜好程度分析

如果说,歌手是舞台的主角,那么听众就是这个舞台的主体。听众是舞台存在的意义之所在。令笔者感到欣喜的是,近半数的当地群众依然对"花儿"情有独钟,还有许多当地群众追捧"花儿","花儿"仍然是当地群众最喜欢的娱乐方式之一。这说明"花儿"有很深的群众基础,其存续的精神力量依然强大。

从调查中反映出:近半数的当地居民接受和认可这项民间演唱艺术,与之前的文化水平、年龄数据对比,这一群体趋于中老年人群;仍有20%的受访者不喜欢"花儿",实际访谈中,基本可以总结出这个群体的两种倾向:一是对民族原生态音乐不敏感;二是对现今大众耳熟能详的通俗音乐极度崇尚。另外还有少数人对"花儿"这种民间音乐甚至从未听过,这主要集中于当地的青少年。

2.3 关于当地居民对莲花山"花儿"普及程度分析

莲花山"花儿"会是每年一度的地方重要节会之一,每年农历六月初一至初六均举行盛大庙会。初一、初二为朝山进香、祈福禳灾之日;初三、初四则在山下大唱"花儿";初五,"花儿"会移到景古乡的王家沟门;初六移至临洮县境内的紫松山。每年都有当地的优秀独唱歌手演唱最新创作的"花儿"曲目,他们被统称为"花儿"把式。在当地,"花儿"把式被公认为"花儿"艺术的真正传承者。在此次社会实践中,笔者深入农舍田间,与12位"花儿"把式及其传人进行了交流,通过访谈、调研、提问、录音等多种形式详细了解了洮州"花儿"在当地民间传承的真实情况。

莲花山"花儿"以创作的即兴性、韵律的固定性、语言的乡土性为其最大特点,俗称"野花";因具有独特性、民俗性、依存性、程序性、群体性、娱乐性和通俗性等特征,又被国内外学者誉为"西北之魂""西北的百科全书"。"花儿"是一种生活化的艺术。大部分"花儿"把式都是在劳作、放牧期间跟随大人学唱,从而熟悉并掌握曲调和唱法,而后即兴编词进行传唱。目前洮岷地区"花儿"传承的中坚力量,年龄大多在41岁到75岁之间(见图1),而他们当中大部分不识字,文化程度偏低(见图2)。他们成长在20世纪30年代末到70年代初,家庭生活困难,没有机会读书,在长期的生产劳动中锻炼成长为"花儿"歌手。相对而言,20世纪80年代到90年代出生的当地青年大都进入学校接受正规教育,而校园文艺和流行歌曲等新兴文化在一定程度上弱化着"花儿"对年青一代的熏陶。访谈中了解和调查的统计数据表明,现在演唱"花儿"者越来越少,尤其是青少年甚至中年人也已很少有人唱"花儿",当地居民中不会唱"花儿"的人所占比例竟达76.7%。绝大部分受访者不懂洮岷"花儿"曲调,擅长演唱"花儿"的"花儿"把式只占当地居民的1.11%。原来是"会说话就会唱'花儿'",现在"花儿"把式已经难觅。

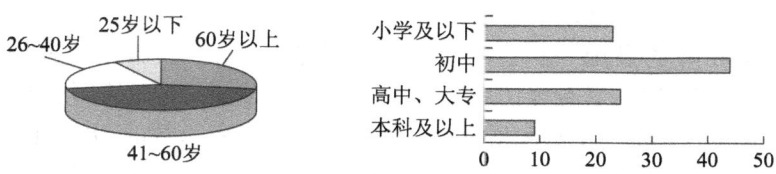

图1 受访的"花儿"演唱者年龄分布　　图2 受访的"花儿"演唱者文化程度分布

2.4 关于莲花山"花儿"传承状况分析

2.4.1 莲花山"花儿"的主要传承方式

第一是口头传承。口头传承是人类表达文化的根本形式。莲花山"花儿"从其产生以来,一直是以口传方式绵延,从这一代传到下一代。直到现在,口头传承也是莲花山"花儿"的主要传承方式。"程式化的创编和表达方式,是我国民歌乃至世界民歌的一大传统"(赵宗福,2006),比如相近甚至相同的句子、相同结构的句式、比兴稳定的意象,在同一种民歌的不同诗篇中反复出现,这是因为民间歌手们在口头文化的传统熏染下,对这些祖辈相传的句子、句式和特指的比兴意象不但非常熟悉,而且运用自如。在现实的创作演唱中,根据需要即兴记忆和拼装,生成新的作品,编唱成功的新作品,似新似旧,自然地继承了自己的文化传统,传递了固有的思想观念和审美取向,同时又有使人耳目一新的表达意境。

第二是文本传承。20世纪以来,不断有陇上学者收集记录着莲花山"花儿",民国时期就有张亚雄先生编的《花儿集》(1940)、唐剑虹的《甘肃民歌选》(1953),都以文本的形式收录了大量的洮州"花儿"。自1982年在兰州召开首届"花儿"学术讨论会到今天,"花儿"研究取得了令人瞩目的成果,代表性的学术专著有宁文焕的《洮州花儿散论》(1992),雪犁的《莲花山情歌》(1984),康乐县文化馆《莲花山(1~5)》(1981~1985),雪犁、柯杨《西北花儿精选》(1987),张国元《山乡情歌》(1994),临潭县莲花诗社《莲花山花儿》(1997),汪鸿明、丁作枢的《莲花山与莲花山花儿》(2002),临潭县文化体育旅游局《洮州花儿集锦》(2005)等。这些著作,或以视野开阔、方法新颖而见长;或以微观探讨、深挖本源而称著;或以扎实的田野调查凸显特色;或以搜罗翔实的史料而展现风采。其中,部分著作运用国际上流行的音乐人类学、帕里-洛德诗学理论和表演理论等,对"花儿"这种民间文化现象进行了探讨,说明已有了与国际对话的良好开端。

第三是民俗传承。"花儿"会是从民间传统庙会民俗中分离出来的,又逐步取代了庙会,成为当地民间"花儿"演唱的必须形式。在洮州地区,每年农历六月初一至初六,是一年一度的莲花山"花儿"会。届时,临潭、卓尼、康乐、临夏、临洮、和政、渭源、岷县、兰州等地的数万游客到此游山赏景,此间歌手云集,歌声如潮,此起彼伏,昼夜不休。从四面八方汇集来的歌手们打着凉伞,摇着彩扇,由善于编词的"串班长"牵头,组成三人以上的演唱班子,用领唱、独唱、齐唱等形式相互赛唱,形式别致,场面宏大,令人叹为观止。

2.4.2 莲花山"花儿"传承面临的问题

"花儿"作为一种山歌,回荡在高山峡谷之间,经久不衰,有对苍茫、险恶自然环境的描述,也有彪悍、孤独人格精神的再现。我们能感受到整个空间系统所展示的文化律动感和沧桑感。但"花儿"传承到今天却遇到一些值得深思的问题。

第一,生存环境加速恶化。整个社会向现代化迈进的时候,农村不可避免地向城市化靠近,人们的生活方式和价值取向均发生变化,从而对民族民间文化带来强烈冲击。近年来,莲花山"花儿"会传统内容失落,商业性的"花儿"大赛及其市面上大量的音像制品,使得作为民间口传文化的"花儿"丧失了原本的意义,失去了它的活态特色。同时,"花儿"能有广泛的群众基础,主要原因之一是"花儿"是民众表达情感、表达知识、表达能力的重要方式;而今天人们可以用来表达的方式和途径多样化,电视以及网络的普及、流行歌曲的盛行,这些都对"花儿"的传承产生了巨大的冲击。

第二,演唱主体瓦解分化。在市场经济大潮中,"花儿"歌手,尤其年轻歌手寥寥无几,令人担忧。笔者进行调研时了解到,当地很多年轻人认为,"花儿"不好听、太土、太俗,登不了大雅之堂,甚至认为,唱"花儿"会被看做没有文化。有部分年轻人表示,自己爱听"花儿",但是不会去唱,他们更倾心于新潮文化。而年纪稍长的部分歌手将主要精力全部放到了发展生产、增加收入上,对"花儿"的演唱只作为一种闲暇之余的业余爱好,没有投入过多的精力去发扬。为数不多的一些有影响的"花儿"把式大多年事已高。可以说,"花儿"已陷入后继乏人的窘境。

第三,传统的曲调无法使莲花山"花儿"得到普及。莲花山"花儿"演唱多使用当地方言,外地人很难听得懂原汁原味的"花儿",这给"花儿"在不同的地域、语言、内容等方面的交流带来障碍。现在传唱的曲目,曲调单一,旋律上也较平直少变,加上演唱时多用假唱,很难适应正式的演出。再加上莲花山"花儿"叙事性强,故有些唱词(尤其是衬词)似说非说、似念非念,多为歌者触景生情的即兴演唱,现编现唱,唱完就忘,不易记忆,故而使得莲花山"花儿"得不到广泛关注。另一方面,调研发现,由于当地人多年来生活环境的封闭,"花儿"歌手的文化程度相当低,大部分是文盲或半文盲,而有初中或高中文化程度会唱"花儿"的歌手寥寥无几。由于受教育程度有限,歌手演唱"花儿"时只能沿袭上一代老艺人的技法,墨守成规,难以对"花儿"演唱技巧、音乐曲调进行有效的改进和完善,更难以将"花儿"提升到一个全新的水平。

第四,政府部门对莲花山"花儿"重视程度不高。一方面,"花儿"歌手管理工作亟待规范,目前,全县尚无完善的管理机构,大部分歌手的演唱活动基本上处于自发状态;另外,现阶段举办的各种"花儿"会,管理工作薄弱,赛事活动缺乏统一协调性,当地政府的资金投入相对较少。文化产业是从事精神生产的产业,是以人为本的产业,但"花儿"传唱者却没有获得相应的地位和经济报酬。另一方面,截至目前,全县尚无完备的"花儿"资料库,大部分资料仍然流传于民间,如洮岷"花儿"有文字记载的产生年代是明代,而对于600多年来"花儿"流传中所涌现的典型人物、优秀典故和"花儿"演变历程等资料,则缺乏翔实的收录。

2.5 关于当地居民对"花儿"进行旅游开发之态度分析

莲花山地区目前对"花儿"的旅游开发方式主要是举办各种节会或"花儿"演唱比赛。根据调研数据和访谈了解分析,当地居民对以旅游开发的方式保护和传承非物质文化遗产普遍持赞同和支持态度,赞成旅游开发并愿意参加非物质文化遗产保护活动的人数都超过了半数。而且在调查中,人们普遍认为,政府在"花儿"保护实践中应有更多的作为,传承方式应多样化才有利于"花儿"文化的传承。(见表4)

表4 冶力关镇居民认为"花儿"文化传承的最好方式统计表

传承方式	民间传承	艺术演出	歌唱比赛	电视传媒	不清楚
人数(人)	146	38	55	33	12

资料来源:据作者社会实践问卷调查统计。

3 旅游业与莲花山"花儿"的保护与传承

3.1 保护与传承的概念

联合国《保护非物质文化遗产公约》指出,对非物质文化遗产的"保护"是指"采取措施,确保非物质文化遗产的生命力,包括这种遗产各个方面的确认、立档、研究、保存、保护、宣传、弘扬、传承(主要通过正规和非正规教育)和振兴"等[①]。显然,对无形的非物质文化遗产的"保护",关键在于保证其活力的存续。对于具有"活态性"的非物质文化遗产,就需要更加重视文化的传承性特点和更深刻地认识文化的传承机制问题。

人类所有的知识和文化均是逐渐积累起来的,这意味着文化可在前人的基础上不断取得进展和深化,也就是说,文化既有进化、变革或不断创新的属性,也有基本要素的超越个体和跨越世代的积累、延续、继承,亦即传承属性。所谓"传承",意味着民俗、知识和经验甚至包括历史记忆的跨世代的延展(钟敬文,1998),民俗或文化作为整体是代际传承的,但传承过程中又总会有变异因素发生;文化的某些方面如衣食住行的样式等似乎较易发生变化,但其他一些部分如人际关系的原理等往往又有很强的连续性。作为生活方式的非物质文化遗产,往往不会因为某个个体的脱离、反叛而无效,通常会表现出超越世代传承的趋向。

3.2 旅游与莲花山"花儿"的保护与传承

在经济利益最大化的驱使下,一些地方在旅游开发时,出现了将非物质文化遗产庸俗化、低级趣味化和过度商业化的现象,因而不少人认为非物质文化遗产保护和旅游开发是一对难以调和的矛盾。旅游从本质上讲是一种文化活动,本身具有继承、发展和保护文化遗产的功能,旅游业的发展也有助于文化遗产的保护和文化事业的发展。如能找到一个平衡点和合理的模式,正确处理好旅游开发和文化保护的关系,而不是杀鸡取卵式、掠夺式或者篡改式地开发,文化遗产的保护与旅游业的发展可以实现良性互动。

目前关于非物质文化遗产保护的方法主要有两种:一是采用"记忆工程",即采用录音、录像、文字记录等方式将非物质文化遗产转化为有形存在加以保护;二是培养"接班人",即

[①] 保护非物质文化遗产公约,2003年10月17日,http://www.ihchina.cn.

加强非物质文化遗产传承人的培养,通过接力来实现非物质文化遗产的"活保护"。

文化遗产"记忆工程"保护办法只能治标,不能救本。要实现非物质文化遗产的传承保护,延续非物质文化遗产的生命力和创造力,应该从根本上解决问题。可持续发展的哲学理解是既满足当代人的需要,又不对后代需要的满足构成威胁和危害的发展。它包含两种关系的优化:人与自然的关系和人与人的关系。人与自然关系的优化,指人在认识自然、改造自然的过程中,既满足自己的需求,又不破坏生态环境,做到人与自然的和谐相处;人与人的关系优化,指人与人之间相互尊重、相互理解,不侵害他人的基本权利,相互之间诚信友爱、安定有序地生活在一起。通过两种关系的优化,实现经济效益、社会效益、生态效益的有机协调,使社会发展获得可持续性。要使"花儿"生命力得到延续,必须实现上面两种关系的优化,符合可持续发展原则,才能得到社会的认可和接纳。要做到这一点,非物质文化遗产的传承必须能够被共同体内的成员接受,能够引起情感上的共鸣。如果不能引起情感上的共鸣,得不到共同体、群体和个人的认可,非物质文化遗产传承出现断层,就会面临生存危机。这就是要强调"活态保护"。

较之"物质性"的遗产即自然、文化遗产,"非物质文化遗产"更注重知识、情感和技能、手艺及其"活体"传承,意在引导国际社会和人类自身注重自己的生产和生活方式、情感和智慧表达,讲究"活态",以"人"为本,凸显"人"在文化活动和文化形态构成上的核心职能与重要作用。

对于莲花山"花儿"这种非物质文化遗产来说,传唱者——当地居民不仅是其价值的体现者和实现者,还是其文化本身的创造者和拥有者,也是最基本的载体和传承者。正是由于人是非物质文化遗产的核心载体,所以,任何关于非物质文化遗产的保护理念和实施手段,如果离开了对人的关注与重视,就是舍本逐末。以旅游促进莲花山"花儿"的保护与传承,就是要将"花儿"融入旅游业,走文化产业化道路,在旅游业的发展中,增强"花儿"传承主体——当地居民的文化认同感和文化自信心。

非物质文化就其实质来说是一种表达。在传统社会,"花儿"是民众重要的表达方式,用唱"花儿"来表达自己的愿望,表达情感,表达观念,表达关系。而今表达的方式、途径和媒介都越来越多样化,"花儿"正在失去其基本的一些功能,这就需要对传承者施以激励。行为科学将激励分为内激励和外激励。由美国学者波特(Porter L. W.)和劳勒(Lawler E.)提出"综合激励"理论(陈光潮,邵红梅,2004),"旅游能为传承主体提供积极的正面激励环境,从内在激励效果来看,有助于增强其钟情度、责任感、价值认同感以及激发自我挑战的动力;从外在激励效果来看,有利于获得一定的经济收益,满足其社会尊重、进行文化交流和传授技艺的需要"(李晟,2008)。旅游能促使外在激励转化为内在激励,有利于提高传承人自我价值认知度。在有效的激励作用下,传承人会自发地进行创新,精进其自身掌握的技艺。旅游可以为"花儿"传承人提供宽广的与社会加强交流的平台,各类媒体的宣传报道、游客的亲身体验与口碑效应,都使得传承人承载的"花儿"文化能为更多的人所知晓。"花儿"受众的数量增加,意味着其传承人的正面知名度提升,对传承人来说是一种声誉上的激励,也是社会地位得到提升的表现。

游客在旅游区对传承人的态度就是社会上对传承人评价的体现与缩影。在调查中,当笔者请当地的"花儿"把式演唱"花儿"时,在场的众多游客毕恭毕敬地拿出专业摄影机进行录像录影,不少被访传承人不禁流露出自豪与骄傲的神情,可见游客对于传承人的态度能激发他们的文化自信心。随着"花儿"受众群的辐射范围扩大,当越来越多的人对"花儿"感兴趣并感知到传承人的社会价值时,有意向传承人拜师学艺的人也将越来越多。"花儿"传承人的社会地位提高,从"民间艺人"成为"艺术大师",成为社会中受尊重的群体,成为享有"国家级非物质文化遗产项目代表性传承人"殊荣的人时,必将有越来越多的人会以成为其门徒而自豪,因此,旅游有助于扩大"花儿"的代际传承,实现"花儿"文化的可持续发展。

3.3 莲花山"花儿"与旅游业发展

莲花山"花儿"的主要传唱地区冶力关风景区位于青藏高原的东北边缘,甘南藏族自治州卓尼、临潭两县境内,森林覆盖率为63%,植被覆盖率92.0%。属湿润的高原气候,高寒湿润,气温年差较小,月差较大,雨热同季,垂直差异显著。冶木河贯穿全区,自西向东流入洮河。这里地质构造复杂,地貌奇特。冶木河上游地势平缓,有牧草丰茂的天然牧场,也有地势陡峭、沟深谷窄的练珠峡。下游以林海苍茫、清溪潺洄、曲径通幽的沟壑为主。这里有闻名遐迩的莲花山国家级自然保护区,绿涛茫茫的国家森林公园,以及景色秀美的冶木峡、波光潋滟的天池冶海、神态逼真的十里睡佛、峰峦叠嶂的石林佳境、怪异幽静的赤壁幽谷等省级地质公园,这一切汇聚成了兼华岳之险、藏峨眉之秀、具西湖之柔的秀丽景色,被美国最具权威的旅游杂志《视野》《探险》评选为"一生要去的世界五十个地方"之一。同时,由于多民族文化的长期融合与发展,得以在节日、婚嫁、服饰、饮食、习俗等方面兼容八方精华,是中国大西北一处民族风情独特、自然风光优美的旅游度假胜地。

一直以来,冶力关风景区以"山水冶力关、生态大观园"为主题形象宣传自己的旅游品牌,在激烈的市场竞争中已显乏力,文化内涵单薄,底蕴不足,单一的旅游产品已难以满足旅游者日益多样化的需求。洮州博物馆馆长认为,"现在的冶力关旅游,只有躯壳,没有灵魂"。作为旅游业而论,旅游的核心吸引物是其赖以存在的基础。"花儿"的独特魅力正可以成为冶力关旅游业发展的核心吸引物。深入挖掘莲花山"花儿"的文化内涵,打造以"花儿"文化为主题的旅游产品,是充实冶力关景区旅游内容,提升其旅游产品内涵的有效手段,更是传承和发扬"花儿"文化的最佳途径。

4 打造莲花山"花儿"旅游品牌的思考

基于文化旅游主题开发的RMTP(资源、市场、主题、产品)理论基本框架(吴必虎,2001),从旅游产品开发的原理考察,本文认为,非物质文化遗产资源转型为旅游产品的路径主要有非物质文化遗产博物馆建设和依托旅游景区景点的实景舞台剧演出等。

4.1 "花儿"实景舞台剧

实景舞台剧,以天然的真实景观作为舞台或者背景,以民族民俗文化、历史、传说等为主题,是音乐、舞蹈、服装、演出和景观通常融为一体的文艺演出剧目,效果宏大,震撼人心。近几年广西桂林、杭州西湖等著名旅游景区的实景舞台剧的发展表明,随着民族歌舞艺术介入市场,并搭上旅游业这列快行车后,旅游目的地舞台逐渐由剧场转入旅游景区、景点,转型为一种新型的旅游产品,这是非物质文化遗产旅游产品化的一条重要路径,也是旅游目的地提升综合竞争力的重要举措。实践证明,非物质文化遗产资源与天然自然景观有机融合形成的大型实景艺术表演剧及各种其他表演形式,是非物质文化遗产资源转化为旅游产品的成功路径之一(汪宇明,马木兰,2007)。

多彩的民俗文化、悠久的洮州历史、多民族文化的融会交流为"花儿"实景舞台剧的编排提供了丰富的创作素材。莲花山民俗具有三个鲜明的特点:带有浓郁的原始特质,即对自然物的崇拜和对女性的崇拜;对有关历史人物的敬仰;对自身生存的强烈要求(汪鸿明,丁作枢,2002)。莲花山"花儿"是反映莲花山民俗文化的多棱镜。最初,唱"花儿"是农业祭祀仪式的一部分,是人与神交往的一种重要方式。后来,从祭祀活动中分化出来,向娱乐转化,即从祀神向娱人转化,成为反映人们生产生活、表达内心情感的途径。这些有着浓郁地域特色又有兼收并蓄时代特征的民俗就是"花儿"反映的主体内容。另一方面,"花儿"是一种山歌,属高腔音乐,特别是莲花山"花儿"嘹亮激越,一倡百和,山回谷应。丰富的曲调,时而节奏平稳,一板三眼,时而起伏跌宕,迂回曲折,高低音错落,真假声并用。这样的民歌更适合于在山林旷野、开阔的场地演唱,优美的景致、爽朗明丽的行腔,形成人与自然的和谐相融。

4.2 "花儿"艺术博物馆

"博物馆是为社会及其发展服务的非营利的永久机构,并向大众开放。它为研究、教育、欣赏之目的征集、保护、研究、传播并展示人类及其人类环境的见证物。"[①]对于旅游者来说,博物馆是了解一个地方文化的窗口。2002年10月,来自26个国家、地区和国际组织的150名代表在上海举行了以"博物馆、无形遗产与全球化"为主题的国际博物馆协会亚太地区第七次大会,大会签署的《上海宪章》"是以实际行动支持联合国教科文组织通过各种活动项目为保护与宣传非物质文化遗产所做出的努力(苏东海,2002)"。《上海宪章》的签署,宣告博物馆开始了保护非物质文化遗产的国际联合行动,唤起亚太地区国家、社会和博物馆对保护非物质文化遗产的关注,推动非物质文化遗产保护的实践。2004年国际博物馆日的主题是"博物馆和无形遗产",2004年国际博物馆协会第20届大会主题也是"博物馆和无形遗产"。博物馆作为专业文化遗产保护机构,一直致力于有形文化遗产的保护;上述两次大会的召开,表达了国际博物馆界开始了对非物质文化遗产保护的关注,表明专业文化遗产保护机构介入了非物质文化遗产保护领域。在这样的大环境中,"花儿"艺术的保护传承也应顺应国际趋势,建造"花儿"艺术博物馆。

首先,可将传统博物馆的相关工作方法引入非物质文化遗产的普查中来。传统博物馆的文化遗产调查主要借助民俗学、人类学、民族学等学科的方法,运用田野采集、民族学调查、社会调查征集等手段,这些方法对"花儿"文化普查有很大的借鉴意义。与民俗学、人类学等学科方法的结合,对非物质文化遗产进行全方位、多角度的深入普查,能够更全面地了解和掌握该项非物质文化遗产的历史、文化、艺术等价值,凸显该项非物质文化遗产在不同学科研究中的学术价值。这样的普查和研究对于旅游开发是必要的,也是必需的。博物馆也可以发挥自身展示和传播的职能,以征集的实物举办展览,以促进"花儿"非物质文化遗产的教育和传播。

其次,生态博物馆理念的运用。"花儿"的非孤立性决定了其与周围的环境密切联系,人文环境和生态环境的改变会对"花儿"的发展产生重要的影响。生态博物馆的核心理念是文

---

① 国家文物局法制处.国际保护文化遗产法律文件选编.北京:紫禁城出版社,1993.

化遗产的原生地保护。"生态博物馆是一面镜子,是一面当地人民用来向旅游者展示以便能更好地被人了解,使其风俗习惯和特性能够被人尊重的镜子"(王巨山,2007)。莲花山"花儿"传唱地区大多为地域经济发展相对落后,自然环境保存较好,文化生活相对保守,属地居民对自身文化有着强烈的认同的地区,因此选择一些传唱气氛较浓郁的乡、村建立生态博物馆是有现实可能性的。

再次,数字博物馆的建立。非物质文化遗产保护的一种重要方法是实施"记忆工程",即通过录音、录像、文字记载等方式将非物质文化遗产加以记录存档,使非物质文化遗产能够长久得到保存。数字博物馆的数字化技术在"花儿"的保护传承中大有可为。通过数字化手段、多媒体技术拍照、录音、录像,将相关资料进行数字化存储,将便于旅游者检索和查阅"花儿"的档案。同时数字博物馆还具有展示、传播、教育的功能,通过虚拟展示、模拟"花儿"相关内容的生存环境,旅游者可了解其内容、内涵和所蕴含的民族精神。再通过网络传播,在一定程度上可使全社会了解该项非物质文化遗产在民族文化发展中的地位和所起到的作用,在某种程度上也实现了对该项非物质文化遗产的保护和传承。

参考文献

[1] 陈光潮,邵红梅. 波特—劳勒综合激励模型及其改进[J]. 学术研究,2004(12):41-46.
[2] 李晟. 基于旅游视角的非物质文化遗产传承激励机制研究[D]. 浙江工商大学硕士学位论文,2008.
[3] 临潭县志编委会. 临潭县志[M]. 兰州:甘肃人民出版社,1997:21.
[4] 苏东海. 上海宪章的意义[J]. 中国博物馆,2002(4):91-92.
[5] 汪鸿明,丁作枢. 莲花山与莲花山花儿[M]. 兰州:甘肃人民出版社,2002:22,74,164,306.
[6] 王巨山. 手工艺类非物质文化遗产理论及博物馆化保护[D]. 山东大学博士论文,2007.
[7] 汪宇刚,马木兰. 非物质文化遗产转型为旅游产品的路径研究——以大型天然溶洞实景舞台剧《夷水丽川》为例[J]. 旅游科学,2007(4):31-35.
[8] 吴必虎. 区域旅游开发的 RMP 分析——以河南省洛阳市为例[J]. 地理研究,2001(1):103-110.
[9] 郝苏民. 文化抢救——保护非物质文化遗产:西北各民族在行动[M]. 北京:民族出版社,2006:279.
[10] 智观巴·贡却乎丹巴饶吉. 安多政教史[M]. 兰州:甘肃人民出版社,1989:654.
[11] 钟敬文. 民俗学概论[M]. 上海:上海文艺出版社,1998:13-16.

Research on the relationship between tourism development and intangible cultural heritage preservation: A case study of "Hua'er" in Lianhuashan

OUYANG Zhengyu

(College of Earth and Environmental Sciences, Lanzhou University, Lanzhou 730000, China)

Abstract: The art of "Hua'er", a product of Chinese working people's wisdom and love, has a long history. "Hua'er Meeting" which not only reflects the culture and history of its native place, but is one of the special local folklores of high literary, musical, historical, cutural, and social value. Furthermore, it can also be developed as a valuable local tourism resource. However, it is indangered with the development of social economy and rapid process of urbanization for both of its connotation and extension are seriously shrinked. This paper explores into the relationship between tourism development and intangible musical cultural heritage inherance and preservation by inspecting its inheritance, preservation implememtations, and its developmental trend on the basis of sustainable tourism development theory. It also proposes that the preservation and inheratance of Hua'er be strengthened by putting it on live stages and in art museums.

Key words: intangible cultural heritage; "Hua'er"; preservation; inherance

(原载《旅游科学》2011 年第 1 期)

七、旅游基础研究

导游与游客交互质量对游客感知的影响

——以游客感知风险作为中介变量的模型

陈永昶[1]，徐 虹[2]，郭 净[1]

（1. 南开大学商学院，天津 300071；2. 南开大学旅游与服务学院，天津 300071）

摘 要：导游服务质量一直是旅游服务领域中争议的焦点。文章通过构建以导游与游客交互质量的 3 个维度（行为、专业技能和问题解决）为前置变量、游客个人风险和非个人风险感知为中介变量、游客感知价值和满意度为结果变量的结构方程模型，尝试研究了导游人员与游客的交互质量与游客感知之间的作用机制。以 530 名使用过旅行社导游服务的旅游者作为样本，研究发现，通过提升导游人员的行为、专业技能和问题解决能力能够显著降低游客的个人风险感知，从而提高游客感知价值和满意度，但导游人员与游客的交互质量对游客非个人风险感知及游客非个人风险感知对游客感知价值和满意度的影响作用则相对复杂。

关键词：导游；交互质量；游客感知风险；游客感知价值；游客满意度

中图分类号：F59

文献标识码：A

文章编号：1002-5006(2011)08-0037-08

1 引言

旅游是一种特殊的消费行为，是游客在旅行过程中通过对多种服务（信息、交通、住宿、景点服务等）的使用而获得的一种复杂消费体验[1],[2]。旅游消费的异地性、综合性等特征令这一消费活动具有了更多的不确定性，增加了消费者的感知风险，因此，游客会选择使用旅行社的服务，以求降低旅游过程中的不确定性带来的负面影响，获得满意的旅行体验。在旅行社提供的服务中，最重要的当属导游服务，导游人员代表旅行社具体负责游客的旅行活动，为游客提供引导讲解服务，落实旅行社的各项服务安排，并处理旅游过程中可能出现的

基金项目：本研究受国家社会科学基金项目(08AJY009)资助。

作者简介：陈永昶(1982—)，男，山东淄博人，博士研究生，研究方向为旅游产业经济理论，E-mail：harrycyc@163.com；徐虹(1963—)，女，天津人，副院长，教授，博士生导师，研究方向为旅游产业经济理论与实践、旅游竞争力管理、服务管理，E-mail：xuhonghg@126.com；郭净(1978—)，博士研究生，研究方向为服务管理与市场营销。

各种问题,导游服务质量对游客在旅游过程中的风险感知具有至关重要的影响,进而可能影响到游客的感知价值和满意度。

长期以来,导游服务质量问题一直困扰着我国旅游业的发展,导游本应是游客旅行过程中的依靠和保障,现在却成为旅游者出游过程中的一种担忧,这对于旅行社行业的长远发展十分不利。而要想从根本上解决导游服务质量问题,改变导游人员在游客心目中形成的负面认知,我们首先应当对导游服务质量的作用机制有一个客观、全面的认识。

营销文献普遍认为服务是一种过程,顾客在与服务企业的多层次互动中感知风险、价值及对服务质量做出评价,交互过程的好坏直接导致顾客对服务形成正面感知或负面感知[3],因此,本文在理论框架的构建中引入了"交互质量"这一概念,重点研究以下问题:(1)导游人员与游客的互动如何影响游客感知风险;(2)游客感知风险又将如何影响游客感知价值和满意度。

2 文献回顾

2.1 服务人员交互质量

1977年,法国学者艾利尔(Eiglier)和朗基德(Langeard)在"服务生产模型"中提到顾客与服务人员的交互,后来众多学者开始关注服务人员这一关键要素。美国学者肖斯塔克(Shostack)最早提出"服务交互"的概念,认为服务过程中的服务交互包括顾客与服务人员的交互及顾客与设备设施的交互。1999年,我国学者范秀成提出扩展的服务交互模型,认为服务过程中,除了顾客与服务人员的交互以及顾客与设备设施的交互之外,顾客之间也存在着交互作用[4]。1987年,萨普里南特(Surprenant)和索罗门(Solomon)将顾客与服务提供者之间的动态交互过程定义为"服务接触",这里的交互只是服务人员与顾客的关系[5]。

在测量服务质量的过程中,学者们也注意到了交互质量的重要性。列迪宁(Lehtinen)将服务质量分为物质质量、交互质量和企业质量3个方面[4]。克罗宁等(Cronin,et al.)提出了新整合的服务质量概念模型,认为整体服务质量由交互质量、有形环境质量和结果质量3个维度构成,交互质量可通过态度、行为和专业技能3个维度进行测度[6],[7]。卡罗(Caro)和加西亚(García)在布兰迪(Brandy)和克罗宁的模型基础上,提出了旅行社业的服务质量模型,他们认为交互质量可通过行为(包含态度与行为两个方面)、专业技能和问题解决3个维度进行测度[8]。

由此可见,交互质量一直被认为是服务质量的重要组成部分,学者们甚至将"人员交互"(personal interaction)看做是顾客服务质量感知的最重要的影响因素[9]。交互质量不仅会影响顾客对总体服务质量的评价,而且也会影响顾客的满意度。英国学者约翰斯顿(Johnston)和莱斯(Lyth)把赫兹伯格双因素理论中的概念引入服务质量研究领域,提出交互质量类似于激励因素,交互质量的改进对提高顾客满意度的效果显著[10]。赫斯克特(Heskett)提出的服务利润链也强调了员工、顾客与服务绩效之间的关系,员工是影响服务价值、顾客满意度及提高服务绩效的重要因素[11]。

2.2 顾客感知风险

自鲍尔(Bauer)将顾客感知风险这一概念引入营销研究领域以来,围绕这一主题已有大量的研究成果。鲍尔最初将感知风险定义为一个二维结构,认为其包含不确定性和不良后果两个维度(uncertainty and adverse consequences)[12]。除了鲍尔提出的二维结构理论外,大量的研究指出,顾客感知风险是一个多维概念,其主要类型有财务风险、绩效风险、人身风险、心理风险、社会风险和时间风险[13]-[15]。同样的分类体系也被应用于旅游领域的风险研究中[16]。学者们通过对上述各种风险进行因子分析归纳出了两个主要维度:一个包含财务风险、绩效风险、人身风险和时间风险,另一个包含心理风险和社会风险[14],[17],前者被称为期望绩效风险[14]或非个人风险[17],后者被称为心理社会风险[14]或个人风险[17]。

一些学者通过研究证明了顾客感知风险在感知质量和感知价值之间的中介作用。多兹等(Dodds,et al.)认为,感知价值是感知质量和感知损失之间的权衡,感知质量越高则感知价值越高,感知损失越高则感知价值越低[18]。斯威尼(Sweeney)研究发现,顾客感知风险(绩效风险和财务风险)对顾客感知质量和顾客感知价值(经济价值)之间的关系有着重要影响,是这一关系中重要的中介变量,他们将传统的"质量—价值"(quality - value)研究范式扩展为"质量—风险—价值"(quality - risk - value)研究范式[19]。提斯和安格沃尔(Teas & Agarwal)研究了感知价值的前导因素,结果显示,感知质量和感知付出的确通过绩效风险和财务风险来影响感知价值,他们提出的感知价值模型揭示了营销人员应该怎样影响消费者的风险感知,以增加他们的感知价值[20]。两位学者随后的研究进一步明确指出绩效风险是质量和价值的中介,财务风险是损失和价值的中介[21],并且验证了感知价值模型的国际通用性[22]。

2.3 顾客感知价值与顾客满意度

顾客感知价值和顾客满意度都是顾客的主观感受,服务价值的高低、对服务满意与否都取决于顾客的感知,服务的最终评价者是顾客而不是企业。在现有研究中,对顾客感知价值的理解主要有两种[23]:(1)顾客感知价值被认为是顾客对其所能感知到的利得与其在获取产品或服务中所付出的成本进行权衡后对产品或服务效用的整体评价[24],这一阐述得到了众多学者的赞同;(2)顾客感知价值被理解为一个多维概念,包含功能价值、社会价值、情感价值等多种类型[19],[25],这一理解有助于克服以往感知价值研究中存在的一些问题,特别是对经济效用的过度关注,提高人们对情感因素影响作用的重视程度,因此得到了学者们的普遍支持。

由于顾客满意度对顾客消费行为意向和顾客保留的潜在影响,这一问题一直是营销研究领域中关注的重点,围绕这一主题也产生了大量的研究成果[26]。亨特(Hunt)将顾客满意度描述为"一种情感评价"[26]。奥利弗(Oliver)提出了顾客满意度研究的期望差异模型,强调顾客满意的重点是顾客对某一服务过程或结果的评价与消费前期望的比较[27],这一解释得到了学者们的普遍认同,为顾客满意研究奠定了坚实的基础。

从20世纪90年代以来,顾客满意研究开始与顾客价值相联系[28],赫斯克特等(Heskett,et al.)学者在服务利润链模型中描述了顾客满意由顾客认为所获得的价值大小决定的思想[11]。随后许多学者的实证研究也验证了顾客价值有助于顾客满意度的提高,顾客满意是顾客感知价值的结果这一观点[29]。一些学者也将顾客感知价值和满意度的理论引入旅游研究领域,结合旅游消费的特殊性进行了探讨[30],[31]。

综上所述,服务人员是服务企业与顾客多层次互动中的重要"角色",顾客通过与服务人员的互动形成对服务的一系列感知和评价,但关于互动质量对顾客感知影响的研究并不多见。感知风险和感知价值在营销研究中的地位也不尽相同,过去的大多数研究都着重于如何增加顾客价值,对风险的考虑相对不足,即使是减少风险的研究也多是一些质化研究,研究的角度多为消费者主动寻求降低不确定性的途径,鲜见从服务企业及服务人员角度考虑降低消费者感知风险的实证研究。本文选择了旅游消费这一高风险感知的消费行为,针对导游人员这一争议较多的特殊服务群体,从游客感知视角出发,尝试探讨导游人员在同游客互动的过程中如何降低游客感知风险,进而增加游客感知价值和游客满意度。

3 研究假设与理论模型

在文献回顾的基础上,本文把感知风险看做是连接导游、游客交互质量与游客感知价值和满意度的中介变量,在此逻辑框架下提出了下面的研究假设和理论模型。

与实体产品购买者相比较,服务购买者感知的风险更大[32]。而相比于其他的服务消费,旅游消费所具有的异地性、综合性等特征可能又会进一步放大消费者的风险感知。导游作为代表旅行社具体负责旅游团的旅游活动的人员,其服务对于游客在旅游过程中的风险感知具有关键性影响。服务质量是一种过程质量,服务过程中人际交互所导致的服务质量的不稳定会增加顾客感知风险。员工行为、专业技能和问题解决[8]3个维度都将会对导游与游客的交互质量构成影响,进而影响游客的感知风险,无论是个人风险,还是非个人风险[17]。因此,本文提出如下假设:

假设1:导游人员的(a)行为、(b)专业技能和(c)问题解决情况对游客非个人风险的感知都有显著负影响。

假设2:导游人员的(a)行为、(b)专业技能和(c)问题解决情况对游客个人风险的感知都有显著负影响。

有学者将承担交易风险看做是购买者付出的一种非金钱性质的交易成本,认为服务价值是包括承担交易风险在内的总体成本和从服务中获得的整体效用之间的交换关系函数[33]。在服务总效用一定的情况下,顾客所感知的风险越高,付出的总体成本就越大,所感知到的服务价值也就越低。顾客价值与顾客满意都有一定的层次性,顾客如果认为购买的服务"物有所值"或"超值",就会获得较高层次的满意[34],否则满意层次就可能会降低。总的来说,顾客感知风险对顾客价值产生负向影响,并由此引发连锁反应,即顾客感知风险越高、顾客感知价值越低、顾客购买意愿越低、顾客满意度越低,顾客的重复购买行为越少[35]。由此,可得到以下假设:

假设3:游客的非个人风险感知对(a)游客感知价值和(b)游客满意度都有显著负影响。

假设4:游客的个人风险感知对(a)游客感知价值和(b)游客满意度都有显著负影响。

假设5:游客感知价值对游客满意度有显著正影响。

基于此,笔者构建了以下理论模型(见图1):

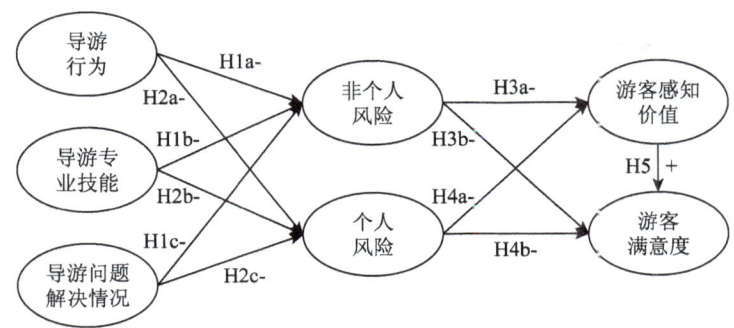

图 1　本研究的理论模型及假设关系
Fig. 1　Theoretical model and assumption relations

4　数据收集和数据分析

4.1　量表开发与初测

本研究在借鉴以往成熟量表的基础上,运用多重测项对所有潜变量进行测量。交互质量的测量,本文参考了卡罗和加西亚的研究,采用了员工行为、专业技能和问题解决3个维度[8],每个维度包含两个问项。笔者将游客感知风险划分为非个人风险和个人风险两类[17],参考皮特(Peter)和塔佩(Tarpey)的研究[14]及辛普森(Simpson)和西格沃(Siguaw)对旅游者感知风险的细分[16],采用财务风险、绩效风险、人身风险、时间风险、社会风险和心理风险6个维度对游客感知风险进行了测量,共包含6个问项。对游客感知价值,笔者将其划分为功能价值、情感价值和社会价值3个维度[24],参考桑切斯等(Sánchez,et al.)对游客感知价值的研究[31],共使用了6个问项。本文对游客满意度的测量主要是参考奥利弗的测量方法[36],共使用了3个问项。因此,本研究所使用的量表均来自以往学者的相关研究成果,共有21个问项。为了使被调查者能够保持足够的辨别力和耐心,调查问卷采用了李克特五点量表,即从1~5分别代表"非常不同意""不同意""一般""同意"和"非常同意"。

量表开发完成后,笔者通过便利抽样进行了初测试,共收集50份样本信息,采用Cronbach's α值来检定问卷的内部一致性。在根据初测结果删除个别问项,并对量表的措辞进行了一定修改后,最终形成了包含18个问项的正式量表。

4.2　数据收集

正式调查在北京、天津、保定、济南4地实施,调查时间为2011年2月7日到3月7日,选取的调查对象为具有导游服务使用经历的旅游者。本次调查共发放问卷600份,北京、天津、保定、济南各发放150份,收回问卷581份,剔除无效问卷51份,共计回收有效问卷530份,有效样本率达88.3%,其中天津139份、保定137份、北京128份、济南126份。调查对象的性别比例基本持平(男性54.7%,女性45.3%),年龄集中在23~60岁(75.8%),以大学(专科或本科)及以上学历为主(75.3%),月收入集中在2000~7000元之间(89.9%),所从事职业包括企业员工(37.2%)、公务员或事业单位员工(28.9%)、自由职业者(16.5%)及学生(17.4%)。本研究采用SPSS18.0及AMOS7.0对数据进行分析。

4.3 数据分析
4.3.1 信度和效度分析

本文采用 Cronbach's α 系数来测度量表的内部一致性,结果如表 1 所示。从表 1 可以看出,各测量项目的 α 系数均大于 0.7,说明各问项的内部一致性良好,总量表的信度系数大于 0.8,说明问卷具有较高的信度。

表 1 量表信度分析
Tab. 1 Measurement of reliability

潜变量	Cronbach's α	问项数
导游行为	0.805	2
导游专业技能	0.763	2
导游问题解决情况	0.737	2
非个人风险	0.825	4
个人风险	0.723	2
游客感知价值	0.814	3
游客满意度	0.858	3
总量表	0.806	18

量表测量的效度主要包括内容效度和建构效度两个方面。在内容效度方面,本研究使用的量表主要是借鉴了以往经过多次实证检验的成熟量表和测项,并根据初测结果进行了删减,因此,可以认为本研究使用的量表有较好的内容效度。

建构效度检验包括收敛效度与判别效度检验。通过进行验证性因子分析(CFA)发现,所有问项的标准化因子载荷(F.L.)都大于 0.5,大多在 0.7 以上,组合信度(CR)都大于 0.7,平均变异抽取量(AVE 值)均大于 0.5,说明量表具有较高的收敛效度,详细检验结果见表 2。在输出的 CFA 模型拟合度指标中,NC(x^2/df) = 2.349,RMSEA = 0.053,GFI = 0.971,AGFI = 0.965,NFI = 0.914,这表示 CFA 模型可以被接受。

表 2 量表的收敛效度检验
Tab. 2 Measurement of convergent validity

潜变量	问项	F.L	组合信度	AVE
导游行为	xw1	0.803	0.789	0.652
	xw2	0.812		
导游专业技能	jn1	0.787	0.740	0.588
	jn2	0.746		

续表

潜变量	问项	F.L	组合信度	AVE
导游问题解决情况	wj1	0.793	0.731	0.577
	wj2	0.724		
非个人风险	fg1	0.784	0.834	0.559
	fg2	0.827		
	fg3	0.656		
	fg4	0.712		
个人风险	gr1	0.667	0.704	0.545
	gr2	0.803		
游客感知价值	jz1	0.850	0.795	0.566
	jz2	0.672		
	jz3	0.723		
游客满意度	my1	0.839	0.881	0.713
	my2	0.910		
	my3	0.779		

判别效度的检验标准是各潜变量之间的相关系数不能为1。任意潜变量的 AVE 平方根值大于对应潜变量间相关系数绝对值。本研究将所有潜变量的 AVE 平方根值放入潜变量间相关系数矩阵进行比较,均满足了大于其所在行与列潜变量相关系数绝对值的标准,说明量表通过了判别效度检验,具体比较结果见表3。

4.3.2 模型拟合与假设检验

在检验了测量模型的信度和效度后,本研究运用 AMOS 7.0 软件,采用最大似然估计的方法来验证之前提出的研究假设。结构模型与数据的拟合指标为:$NC(x^2/df) = 3.180$,RMSEA $= 0.057$,GFI $= 0.931$,AGFI $= 0.927$,NFI $= 0.906$。数据结果表明结构模型的拟合度在可接受范围内,可用于检验研究假设。通过检验发现,本文的11个研究假设中,有3条路径关系的 t 值小于 1.96($p > 0.05$),未能获得支持,其他研究假设均得到验证,详细情况参见表4。

5 讨论与建议

5.1 结果讨论

本文从游客感知视角出发,以游客感知风险作为中介变量,研究了导游与游客交互质量对游客感知价值和满意度的影响作用。本文理论模型的构建,借鉴国外学者的研究成果[14],[17],将游客感知风险划分为个人风险与非个人风险两类,研究发现,这一划分有助于对研究问题获得更为系统的认识。

在导游与游客交互质量对游客感知风险的影响方面,通过实证分析发现,导游人员的行为、专业技能和问题解决情况对游客的个人风险感知都具有显著负向影响,导游人员的专业技能对游客的非个人风险感知也具有显著负向影响,但是,导游行为和问题解决情况对游客非个人风险感知的负向影响在本研究中并未获得验证,这可能是由于以下两方面的原因:

(1)游客对导游人员的行为动机存在怀疑。导游行为体现了导游人员的服务态度和热情。长期以来,我国旅行社行业中存在着零、负团费的运作模式,旅行社以低价招揽客源,通过游客在旅游过程中的消费来获取盈利,因此,导游人员的热情很多时候是出于诱导游客消费的目的,这种利益驱动的热情非但不能带来游客感知风险的降低,可能还会导致游客财务风险和绩效风险感知的上升。游客希望获得导游人员的热情服务,但是,他们同时也会对导游人员热情服务的原因做出判断。

表3 量表的判别效度检验
Tab. 3 Measurement of discriminant validity

潜变量	导游行为	导游专业技能	导游问题解决情况	非个人风险	个人风险	游客感知价值	游客满意度
导游行为	0.807						
导游专业技能	0.308	0.767					
导游问题解决情况	0.379	0.413	0.760				
非个人风险	-0.035	-0.499	-0.145	0.748			
个人风险	-0.237	-0.483	-0.396	0.556	0.738		
游客感知价值	0.242	0.233	0.317	-0.111	-0.628	0.752	
游客满意度	0.261	0.267	0.297	-0.230	-0.414	0.492	0.844

表4 假设检验结果
Tab. 4 Results of hypotheses testing

假设	假设路径关系	路径系数	t值	结论
H1a	非个人风险←导游行为	-0.119	1.345	未支持
H1b	非个人风险←导游专业技能	-0.308*	-3.090	支持
H1c	非个人风险←导游问题解决情况	-0.226	-1.744	未支持
H2a	个人风险←导游行为	-0.343*	-2.283	支持
H2b	个人风险←导游专业技能	-0.425**	-3.262	支持
H2c	个人风险←导游问题解决情况	-0.527**	-3.317	支持

续表

假设	假设路径关系	路径系数	t 值	结论
H3a	游客感知价值←非个人风险	-0.045	-0.090	未支持
H3b	游客满意度←非个人风险	-0.104*	-2.318	支持
H4a	游客感知价值←个人风险	-0.783***	-5.344	支持
H4b	游客满意度←个人风险	-0.487**	-3.754	支持
H5	游客满意度←游客感知价值	0.370**	3.721	支持

注：*表示 $p < 0.05$，**表示 $p < 0.01$，***表示 $p < 0.001$。

（2）游客希望导游人员能够及时、有效地解决出现的问题，但更希望问题不要出现。问题解决是指导游人员处理旅游过程中可能出现的问题和游客抱怨的能力，它隐含的前提是问题已经出现，而导游人员只是针对出现的问题做出相应的服务补救。尽管学者们指出了服务补救的重要性，但是，麦克洛（McCollough）和白瑞（Berry）研究发现，即使服务补救措施做得再好，相比于没有问题的服务，顾客的对服务的评价仍然会降低[37]，因此，笔者认为，对于某些游客来说，即使导游人员的问题解决做得再好，问题的发生仍然会给其带来风险的感知。

在游客感知风险对游客感知价值和满意度的影响方面，笔者通过研究发现，游客个人风险感知对游客感知价值和满意度都具有显著负向影响，游客非个人风险感知对游客满意度也具有显著负向影响，但是，令人感到意外的是，游客非个人风险感知对游客感知价值的负向影响在本研究中并未获得验证。游客感知价值对游客满意度产生显著正向影响，这与以往营销文献中的研究结论基本一致。

游客非个人风险感知对游客感知价值的负向影响未获得验证可能是由于两方面的原因。顾客感知价值是指"顾客基于收益与付出感知而对产品效用做出的总体评价"[24]，游客在旅游过程中可能会因为消费、购物等而感知到较高的非个人风险，但是，很多情况下这与其参加低价位的旅游团有关，考虑到较低的参团成本，非个人风险感知对游客感知价值的负向影响可能并不如预想的那么大。而且，游客本身在旅游过程中也有购物、消费的需要，顾客感知价值是一个多维概念[25]，游客可能会因为购物、消费而感受到财务风险，但是，却也可能因此而增加其感知到的情感价值和社会价值。

以往的旅游文献中，关于导游服务质量对游客感知价值及满意度的影响作用有过一些研究，但是从交互质量的视角进行的实证研究并不多见，同时，由于旅游消费的异地性、综合性、服务的无形性等特点，旅游过程中充满了不确定性，因此，在研究中引入游客感知风险作为中介变量，有助于我们对导游服务质量问题获得更为深入的认识。本研究是在中国情境下开展的一次有益的理论探索。

5.2 管理启示

随着信息技术的发展、交通条件的改善和旅游目的地服务、配套设施的不断完善，旅游者的出游变得更加自由与灵活，旅游者可以选择使用旅行社的服务，也可以方便地选择自助出游，以旅行社为主导的旅游市场格局正在逐渐被打破，在这样的背景下，旅行社对于服务质量的关注应当被提到新的高度。导游服务质量问题一直以来都是我国旅行社服务中争议的焦点,在新的市场背景下,这一问题解决得好坏可能会决定我国旅行社企业未来的生存与发展。基于本文的实证分析结果,笔者认为,要解决导游服务质量问题,降低游客感知风险,提高游客感知价值和满意度,关键要做好以下几个方面的工作:

(1) 树立正确的导游服务理念。要解决导游服务质量问题,就要从根本上转变导游人员利益导向的服务心态,树立顾客导向的服务理念。这一目标的实现,有赖于完善的制度保障,最根本的是要建立合理的导游人员职业制度,落实导游人员的权益保障,同时,还要做到严格导游队伍的准入制度、完善导游人员的考核制度、落实导游服务的监管制度[36],形成一套完善的制度保障体系。

(2) 构筑健康的企业运营模式。导游服务质量问题并不是一个单纯的导游群体内部的问题,这一问题的背后是旅行社企业运营模式的扭曲。在旅行社零、负团费的运营模式下,导游人员不仅要为游客提供服务,还要承担为旅行社企业赚取利润的任务,如此一来,导游服务根本不可能实现真正的顾客导向。导游服务质量问题要解决,首先需要从根本上转变旅行社企业的运营模式。这一目标的实现需要借助于有效的政府监管和公众监督。

(3) 培育成熟的旅游消费群体。我国旅行社企业运营模式问题的出现,与旅游消费者不成熟的消费心态密不可分。旅游者对低价的片面追求,给了一些旅游经营商投机经营的机会,他们以低价吸引客源,然后在旅游过程中让导游引导游客消费、购物来回收成本并赚取利润,因此,旅游消费群体的不成熟是我国导游服务质量问题出现的深层次原因。这一问题的解决需要政府、媒体等权威机构加强对游客的正确引导。

5.3 研究局限与未来研究方向

由于主客观方面的原因,本研究仍然存在诸多不足,主要体现在以下3个方面:(1) 在样本数据的获取上,本文只调查了北京、天津、保定、济南四地,可能存在地域上的局限性,今后可以尝试扩大地域覆盖范围进行重复研究,以增强结论的效度;(2) 服务交互是服务人员与顾客之间的一种互动过程,本文只是从游客感知视角探讨了交互过程中导游人员的作用,在理论模型的构建方面,可以考虑加入游客的影响作用,进行更为系统的研究;(3) 交互质量对游客忠诚的影响有待进一步的研究。

参考文献

[1] Smith S. L. J. The tourism product [J]. *Annals of Tourism Research*, 1994, 21(3): 582 – 595.

[2] Augstyn M. M. The road to quality enhancement in tourism [J]. *International Journal of Contemporary Hospitality Management*, 1998, 10(4): 145 – 158.

[3] Doney P. M., Cannon J. P. An examination of the nature of trust in buyer – seller relationships [J]. *Journal of Marketing*, 1997, (61): 35 – 51.

[4] 范秀成. 服务质量管理:交互过程与交互质量[J]. 南开管理评论, 1999, (1): 8 – 13.

[5] Surprenant C. F., Solomon M. R. Redictability and personalization in the service encounter [J]. *Journal of Marketing*, 1987, (April): 73 – 80.

[6] Cronin J. J., Taylor S. A. Measuring service quality: A reexamination and extension [J]. *Journal of Marketing*, 1992, 56(July): 55 – 68.

[7] Brady M. K., Cronin J. J. Some new thoughts on conceptualizing perceived service quality: A hierarchical approach [J]. *Journal of Marketing*, 2001, 65(July): 34 – 49.

[8] Martínez Caro L. ,Martínez García J. A. Developing a multidimensional and hierarchical service quality model for the travel agency industry [J]. *Tourism Management*,2008,29(4):706-720.

[9] LeBlanc G. Factor affecting customer evaluation of service quality in travel agencies:An investigation of customer perception [J]. *Journal of Travel Research*,1992,30(4):10-17.

[10] Chowdhary N. ,Prakash M. Service quality:Revisiting the two factors [J]. *Journal of Services Research*,2005,5(1):61-75.

[11] Heskett J. ,Jones T. ,Loveman G. ,et al. Putting the service profit chain to work [J]. *Harvard Business Review*,1994,72(2):164-174.

[12] Bauer R. A. Consumer behavior as risk taking [A]. In R. S. Hancock(Ed.). Dynamic Marketing for A Changing World[C]. Chicago,Illinois:American Marketing Association. 1960. 389-398.

[13] Jacoby J. ,Kaplan L. B. ,Syzbillo G. J. Components of perceived risk in product purchase:A cross-validation [J]. *Journal of Applied Psychology*,1974,59(3):287-291.

[14] Peter J. P. ,Tarpey L. X. Sr. A comparative analysis of three consumer decision strategies [J]. *Journal of Consumer Research*,1975,2(June):29-37.

[15] Conchar M. ,Zinkhan G. ,Peters C. ,et al. An integrated framework for the conceptualization of consumers' perceived-risk processing [J]. *Journal of the Academy of Marketing Science*,2004,32(4):418-436.

[16] Simpson P. M. ,Siguaw J. A. Perceived travel risks:The traveller perspective and manageability [J]. *International Journal of Tourism Research*,2008,(10):315-327.

[17] Brooker G. An Assessment of expanded measure of perceived risk[J]. *Advances In Consumer Research*,1984,11:439-441.

[18] Dodds W. B. ,Monroe K. B. ,Grewal D. Effects of price,brand,and store information on buyers' product evaluation [J]. *Journal of Marketing Research*,1991,28(8):307-319.

[19] Sweeney J. C. ,Soutar G. N. ,Johnson L. W. The role of perceived risk in the quality-value relationship:A study in a retail environment [J]. *Journal of Retailing*,1999,75(1):77-105.

[20] Teas R. K. ,Agarwal S. The effects of extrinsic product cues on consumers' perceptions of quality,sacrifice and value [J]. *Journal of the Academy of Marketing Science*,2000,28(2):278-290.

[21] Agarwal S. ,Teas R. K. Perceived value:Mediating role of perceived risk [J]. *Journal of Marketing Theory and Practice*,2001,9(4):1-14.

[22] Agarwal S. ,Teas R. K. Cross-national applicability of a perceived risk-value model [J]. *Journal of Product and Brand Management*,2004,13(4):242-256.

[23] Sánchez J. ,Callarisa L. ,Rodríguez R. M. ,et al. Perceived value of the purchase of a tourism product [J]. *Tourism Management*,2006,(27):394-409.

[24] Zeithaml V. A. Consumer perceptions of price,quality and value:a means-end model and synthesis of evidence [J]. *Journal of Marketing*,1988,52(July):2-22.

[25] Sweeney J. C. ,Soutar G. Consumer perceived value:The development of multiple item scale [J]. *Journal of Retailing*,2001,77(2):203-220.

[26] Cronin J. J. ,Brady M. K. ,Hult G. T. M. Assessing the effects of quality,value,and customer satisfaction on consumer behavioral intentions in service environments [J]. *Journal of Retailing*,2000,76(2):193-218.

[27] Oliver R. L. Measurement and evaluation of satisfaction processesin retail settings[J]. *Journal of Retailing*,1981,57(3),25-48.

[28] 白长虹,廖伟. 基于顾客感知价值的顾客满意研究[J]. 南开学报,2002,(5):14-20.

[29] McDougall G. H. G. ,Levesque T. Customer satisfaction with services:Put perceived value into the equation

[J]. *Journal of Services Marketing*, 2000, 14(5): 392–410.
[30] Oh H., Jeong M. An extended process of value judgment [J]. *Hospitality Management*, 2003, 23(4): 343–362.
[31] Sánchez J., Callarisa L., Rodríguez R. M., et al. Perceived value of the purchase of a tourism product [J]. *Tourism Management*, 2006, 27(3): 394–409.
[32] Mitchell V-W, Greatorex M. Risk perception and reduction in the purchase of consumer services [J]. *The Service Industries Journal*, 1993, 13(4): 179–200.
[33] Zeithaml V. A. Consumer perceptions of price, quality & value: A means-end model & synthesis of evidence [J]. *Journal of Marketing*, 1988, 52(3): 2–22.
[34] Woodruff R. Customer value: The next source for competitive advantage [J]. *Journal of the Academy of Marketing Science*, 1997, 25(2): 139–153.
[35] Peter J. P., Ryan M. J. An investigation of perceived risk at the brand level [J]. *Journal of Marketing Research*, 1976, 13(2): 184–188.
[36] Oliver R. L. A conceptual model of service quality and service satisfaction: Compatible goals, different concepts [J]. *Advances in Services Marketing and Management*, 1993, (2): 65–85.
[37] De Coverly E., Holme N. O., Keller A G, et al. Service recovery in the airline industry: Is it as simple as "Failed, Recovered, Satisfied?" [J]. *The Marketing Review*, 2002, (3): 21–37.
[38] 刘晖. 导游服务质量问题的根源分析与对策研究——基于利益相关者理论和游客感知视角[J]. 旅游学刊, 2009, 24(1): 37–41.

The impact of interactive quality between tour guides and tourists on tourist perceptions
——A model with tourist perceived risks as mediator

CHEN Yong-chang[1], XU Hong[2], GUO Jing[1]

(1. Business School, Nankai University, Tianjin 300071, China;
2. Tourism and Service School, Nankai University, Tianjin 300071, China)

Abstract: Service quality of a tour guide has always been the focus of controversy in the area of tourism service. The paper tries to construct a structural equation model consisting of three dimensions (conduct, expertise and problem solution of tour guides) as antecedents, tourist personal risks and non-personal risks as mediator and tourist perceived value and satisfaction as consequence variables. By using 530 tourists who have been rendered the service of travel services as a sample, the authors find that it is likely to significantly reduce tourist perceived personal risks and enhance tourist perceived value and satisfaction by upgrading the conduct, professional expertise and the ability of tour guides. However, the impact of interactive quality between tour guides and tourists on tourist perceived nonpersonal risks and the impact of tourist perceived non-personal risks on tourist perceived value and satisfaction are relatively complicated.

Key words: tour guide; interactive quality; tourist perceived risk; tourist satisfaction

(原载《旅游学刊》2011年第8期)

旅游合同中尚未实际发生的费用及其计算

申海恩

（北京第二外国语学院法政学院，北京 100024）

摘　要：《最高人民法院关于审理旅游纠纷案件适用法律问题的若干规定》中出现了四次关于尚未实际发生费用退还的规定，但各自在法律结构、计算范围、方法等方面均有不同。旅游者任意解除权制度下的未实际发生费用由旅游经营者因此所节省的费用和旅游经营者将相应旅游服务提供给其他旅游者时所获得的或应得的收益组成；因客观原因解除旅游合同，在旅游者与旅游经营者之间发生合同清算关系，未实际发生的费用是从全部旅游费用中扣除旅游经营者已提供的旅游服务和嗣后必须提供的旅游服务的报酬之后剩余的费用；在因公交延误、证照瑕疵导致瑕疵履行时，未实际发生费用返还背后的法理依据是减价权制度。

关键词：旅游合同；未实际发生的费用；计算；解除权；减价权

　　旅游纠纷发生后，旅游者与旅游经营者之间争议最多的问题就是应该退还哪些费用。2010 年 11 月 1 日公布施行的《最高人民法院关于审理旅游纠纷案件适用法律问题的若干规定》（以下简称《规定》）在第 12 条、第 13 条、第 18 条和第 24 条四次出现了关于尚未实际发生费用退还的规定，为旅游纠纷案件中争议最多的问题之解决提供了初步的依据。同时，《规定》关于尚未实际发生费用退还的规定，也提出了众多亟待澄清的问题。例如，何谓"尚未实际发生的费用"？旅游经营者支付给其他服务提供者的款项，是否属于已经"实际发生的费用"？在各种不同的案件事实中，应予退还的"尚未实际发生的费用"的范围是否相同？"尚未实际发生的费用"的计算，应当采取何种计算方式？凡此种种，均将直接影响旅游纠纷案件的妥当处理。本文试借鉴德国法上的相关规定与学说、判例，结合《规定》的起草背景和实践中存在的具体问题，探讨旅游纠纷中应予退还的尚未实际发生费用的性质、范围和计算规则，以期有益于旅游纠纷的正确处理。

一、旅游者任意解除权与未实际发生费用的退还

　　旅游活动中，旅游者作为债权人，必须以其人身受领旅游服务，方能实现其文化体验、愉

基金项目：本文为北京第二外国语学院 2009 年度科研项目"旅游损害赔偿问题研究"、北京市哲学社会科学"十一五"规划项目"北京市旅游业财税政策取向研究"的阶段性研究成果。

作者简介：申海恩（1979—），男，汉族，陕西蒲城人，北京第二外国语学院法政学院法学系主任、讲师，中国社科院法学研究所博士后研究人员。

悦精神的合同目的。强迫旅游者参加旅游,既与旅游合同的目的不合,①也与旅游者人身自由不受侵犯的原则相悖。旅游者在旅游过程中,即使没有正当理由,也可以随时解除旅游合同。② 旅游者随时解除旅游合同的权利,理论上称作任意解除权。任意解除权具有破坏"契约必须严守"这一合同法原则的属性,③所以通常在赋予任意解除权的同时,权利人均需要承担不利的法律后果,以避免任意解除权的滥用。《规定》在赋予旅游者任意解除权的同时,也在旅游费用返还方面对旅游者做出了相当的限制,旅游者仅可以要求退还未实际发生的费用;而已经实际发生的费用,旅游经营者可以不予退还。

赋予旅游者任意解除权的目的在于保障旅游者人身自由以及减少旅游者无益的花费,而非基于旅游经营者违约行为而生的民事责任,旅游经营者在其中并无任何可归咎之处。因此,旅游经营者依旅游合同享有的利益不应受损。然而,在旅游者解除旅游合同之后,旅游经营者基于旅游合同所享有的对于旅游费用的请求权随之消灭。为此,旅游经营者就其所遭受的损失享有获得填补的权利,理论上称之为旅游经营者的适当补偿请求权,旅游者因此所负担的费用为解约费④。《规定》第12条并未直接赋予旅游经营者适当补偿请求权,而是采取将旅游者要求返还旅游费用的范围限制在未实际发生费用的范围内,通过将已经实际发生的旅游费用之扣除,间接实现对旅游经营者所受损失的填补。对已经实际发生的费用可以不予退还,该笔已经实际发生的费用,即为旅游经营者适当补偿请求权的对象。⑤

实践中容易引发争议的问题是,旅游者可以请求旅游经营者返还的、未实际发生的费用的范围如何?所谓未实际发生的费用,从旅游经营者角度观察,即为旅游经营者因免于提供旅游服务而节省的费用,以及可得、应得的利益。从全部旅游费用中扣除已经实际发生的费用,适用损益相抵的原则⑥。具体而言,未实际发生的费用应由两个方面的费用构成:其一,旅游经营者因此所节省的费用;其二,旅游经营者将相应旅游服务提供给其他旅游者时所获得的(或者应得的)收益⑦。

旅游经营者因此所节省的费用主要体现为,旅游者解除旅游合同之后,旅游经营者免于提供的旅游服务费用。例如,旅游者任意解除合同后,旅游经营者无须再向旅游者提供的住宿服务、餐饮服务、交通服务。这些剩余服务相应的费用即属于旅游经营者因旅游合同解除而节省的费用,属于未实际发生的费用。有疑问的是,所谓节省费用的额度,究竟是指旅游经营者提供各项服务所支出的成本,还是包括旅游经营者的合理利润在内,即旅游服务的市场价格。从旅游经营者角度来讲,免于提供旅游服务所能节省的费用仅为其服务成本,而合

---

① So im RegE,BT – Drucks,8 /786,S. 19.
② Esser /Weyers,Schuldrecht,Bd. II,BT,8. Aufl. 1998,S. 308.
③ 黄茂荣. 债法各论(第一册)[M]. 北京:中国政法大学出版社,2004:316.
④ Larenz,Lehrbuch des Schuldrechts,Bd. II,Besongderes Schuldrecht,1. Halbband,13. Aufl.,S. 392;Brox /Walker,Besonderes Schuldrecht,28. Aufl.,S. 305;Kaller,Reiserecht,2. Aufl. 2005,Rn. 385.
⑤ 需要说明的是,根据旅游行业的交易习惯,旅游者在旅游合同履行前会先行全额付款。《规定》规定未实际发生费用的返还,也正是以此为背景的。因此,《规定》第12条一方面规定了全额先付款情况下旅游经营者的返还义务,另一方面也规定了未全额付款情形下旅游经营者合理费用的请求权。因此,实际发生费用的扣除与合理费用的请求权,所指向的都是旅游经营者的适当补偿请求权,二者必居其一,不可兼得。
⑥ Vgl. Medicus Schuldrecht I,Allgemeiner Teil,16. Aufl.,S. 223f.
⑦ Fikentscher /Heinemann,Schuldrecht,10. Aufl.,S. 617.

理利润应属于履行合同可期待的利益,即履行利益。从交易关系中价值总量的流动来看,旅游经营者与旅游者之间并未因旅游服务的提供而发生价值交换,旅游经营者并未支出服务成本,如果允许其就旅游服务的市场价值要求旅游者支付报酬,则显然旅游经营者方面就服务成本部分获得了不应获得之利益,与禁止得利的损害填补原则相悖,故应将此部分予以扣除。至于合理利润部分,则属于旅游经营者本应获得而因任意解除未能获得的利益,应予填补。另外,从会计学角度来看,旅游经营者所节省的费用,通常表现为预定的交通、住宿等服务没有提供而在损益表中表现出的贷方余额。① 该贷方余额是作为贷方的营业收益与作为借方的成本费用相抵而产生的,因此旅游经营者仅需向旅游者返还未提供服务的成本费用,合理利润部分无须返还。

旅游经营者将相应服务提供给其他旅游者所能获得或应当获得的收益,也属于旅游经营者因为旅游者任意解除旅游合同而获得的收益,因而应根据损益相抵的原则予以扣除。例如,旅游经营者在旅游者任意解除合同后,将运输客票、酒店床位、景区门票等转让给其他旅游者时所获得的收益,即属于所能获得或应当获得的利益。

值得注意的是,旅游经营者在此负有两方面的减损义务:一方面是将旅游者退订的旅游服务尽力提供给他人,能够提供但因其过错而未提供给其他旅游者以降低损失的,由此所造成的损失应由旅游经营者自行承担②。另一方面,旅游经营者还应当尽力争取其服务提供者返还相应费用③。如果因旅游经营者的过错而违反上述义务,就应当由旅游经营者自己来承担相应的损失,即客观上可能获得而未获得的利用收益。另外,即使旅游者行使任意解除权解除了合同,但是如果尚未接受的预订服务能够改订给他人,那么该服务的费用,旅游经营者就应当退还给旅游者,所扣除的仅仅只能是改订的费用④。

总体而言,旅游者所负担的解约费之高低,取决于旅游经营者已负担的费用的多少⑤。然而,在旅游经营过程中,在预订、居间以及旅游活动的实施过程中将会发生各种各样的费用,将这些费用分配在每个成本要素、旅游项目、旅游者上,将会面临重大的困难。到底节省了多少费用,获取了多少替代性的收益,都存在着众多的不确定性。值得借鉴的是,德国的法兰克福地方法院就此制作了标准性的表格,旅游行业协会(ARB)也制作了相应的推荐合同等,根据解除合同与旅游行程开始之间的时间间隔这一标准,确定不同的解约费等级,对补偿费用采取一揽子决算⑥。旅游经营者乐意采取此种一揽子决算方案的动力主要在于,可以免遭由于分别计算以及成本公开所带来的不利影响⑦。中国国家旅游局、国家工商行政管理总局联合制定的《中国公民出境旅游合同》(示范文本)第 16 条虽然也采取了一揽子决算方案,但存在两方面的问题:其一,将此界定为旅游者的违约责任,于法理不合;其二,不区

---

① Kaller,Reiserecht,2. Aufl. 2005,Rn. 386.
② Fuehrich,Reiserecht,5. Aufl. 2005, § 14,Rn. 519.
③ Tonner,Der Reisevertrag,5. Aufl. ,2007, § 651i Rn. 8.
④ Fuehrich,Reiserecht,5. Aufl. 2005, § 14,Rn. 421;Tonner,Der Reisevertrag,5. Aufl. ,2007, § 651i Rn. 8.
⑤ Tonner,Der Reisevertrag,5. Aufl. ,2007, § 651i Rn. 10.
⑥ Tonner,Der Reisevertrag,5. Aufl. ,2007, § 651i Rn. 10.
⑦ Kaller,Reiserecht,Rn. 387,S. 315.

分任何旅游类型①而使旅游者统一承担最高达90%的解约费,②严重侵害旅游者合法权益,带有浓厚的行业利益保护色彩,应予废弃。

为防止类似《中国公民出境旅游合同》(示范文本)第16条所出现的危害旅游者合法权益情形出现,一方面应当赋予旅游者在具体计算和一揽子决算之间的选择权;另一方面,旅游者还可以举证证明旅游经营者仅存在较小的损失,并未达到格式合同规定解约费的程度,借此降低应承担的解约费责任。③

二、客观原因解除合同与未实际发生费用的退还

旅游服务涉及近110个行业,在利用各行业优势的同时也将各种风险集于一身,极易遭受各种影响,具有相当程度的脆弱性。旅游服务的脆弱性,首先表现在因为客观原因导致旅游合同解除的情形。《规定》第13条规定,在因不可抗力等不可归责于旅游经营者、旅游辅助服务者的客观原因(以下简称"客观原因")④导致旅游合同无法履行时,允许解除旅游合同,并再次明确赋予旅游者对尚未实际发生费用的返还请求权。在此值得讨论的是,第13条规定的旅游者对尚未实际发生费用的返还请求权的性质如何?与任意解除权情形下的返还请求权有何不同?如有不同,是否对可以请求返还的范围发生影响?

就法律结构而言,《规定》第13条"未实际发生费用"的返还请求权,是将旅游者根据解除旅游合同而享有的已经事先支付的全部旅游费用与旅游经营者的补偿请求权相抵消,而赋予旅游者的直接返还请求权⑤。就其所处的法律关系而言,这一直接返还请求权,是因客观原因解除旅游合同,在旅游者与旅游经营者之间发生合同清算关系的最终表现。因客观原因解除旅游合同,是交易基础丧失时⑥,旅游者与旅游经营者自合同约束中解放出来的一种途径。此种情形下解除合同不可归责于合同当事人的任何一方,当事人无须承担违约责任,因此所发生的法律效果仅在于旅游合同中的风险分配⑦。合同清算关系,因客观原因的介入由旅游合同关系转化而来,旅游合同关系中的对待给付关系是当事人意思自治的选择,合同清算关系中的风险分配规则也首先建立在对待给付关系之上。据此,在旅游合同清算关系中,旅游者负担的风险,通常都是以旅游者接受了旅游合同中约定的旅游服务为前提。

---

① 不同的旅游方式之间,在短期内寻找替代旅游者的难度有所不同,因此在总算其解约费时也应有所不同。例如,在德国司法实践中,邮轮旅游的解约费最高、航空旅游的解约费次之,火车旅游、大巴旅游的解约费依次降低。而且,旅游经营者对不同旅游方式之间的差额,负有举证责任。Vgl. Staudinger/J. Eckert,2003, § 651i Rn.39. 唯其如此,方能真正实现旅游者合法权益的保护。我国行政机关代表行业利益的局面,在国际上实属罕见,亟待国家立法层面予以纠正。就解约费的比例来讲,有学者认为,超过旅游费用50%的解约费,就已经令人担忧了,何况90%的高额。Vgl. Staudinger/J. Eckert,2003, § 651i Rn.42.

② 与之形成鲜明对比的是,旅游经营者解除合同所承担的违约责任,最高仅为旅游费用总额的20%,超出部分需由旅游者举证证明。参见国家旅游局、国家工商行政管理总局制定:《中国公民出境旅游合同》(示范文本)第15条第1款。

③ Fuehrich,Reiserecht,5. Aufl. 2005, § 14,Rn.520; Tonner,Der Reisevertrag,5. Aufl.,2007, § 651i,Rn.16.

④ 该规定在解除原因上扩张了《合同法》第94条第1项的适用范围,将不可抗力这一解除原因扩展至不可归责于当事人的客观原因。该规定在起草过程中主要借鉴了《欧盟一揽子旅游指令》第4条第6款所采取的具有法国法属性的不可抗力概念,为了避免与我国法上通行的不可抗力概念造成冲突,选择了现在的表述方式。关于《欧盟指令》对不可抗力概念的扩张,见Vgl. Tonner,Der Reisevertrag,5. Aufl.,2007, § 651j Rn.6.

⑤ Fuehrich,Reiserecht,5. Aufl. 2005,Rn 559,S. 442.

⑥ Tonner,Der Reisevertrag,5. Aufl.,2007, § 651j Rn.2.

⑦ Fuherich,Die Risikoverteilung bei hoeherer Gewalt im Reisevertragsrecht,BB 1991,493.

正因为如此,旅游行程开始前解除旅游合同的,旅游者可以要求返还的"未实际发生的费用"即为已经预付给旅游经营者的全部旅游费用①。旅游行程开始之前,旅游者未接受任何旅游服务,旅游经营者就其经营成本也未获得任何有效的支付,旅游经营者应当自己单独负担此种投资风险②。旅游经营者既不得以款项已经交付服务提供者为由拒绝返还,也不得扣除因旅游合同签订、解除所产生的各种办公费用③。

未实际发生费用的计算以旅游经营者补偿请求权的确定为前提。就其本质而言,旅游经营者的补偿请求权,乃是旅游经营者已经提供的旅游服务和嗣后必须提供的旅游服务的部分报酬请求权。因为旅游经营者不应对不可抗力结果负责,所以补偿请求权与已经提供的、尚待提供的服务对于旅游者是否有利益无关④。举例来讲,在旅游者到达之后就因不可抗力而依法终止旅游合同必须返程,那么往返的航班服务费用以及逗留期间的费用,对于旅游者而言都没有任何利益可言,但旅游者依然应对这些服务承担费用支付义务。既然补偿请求权以提供旅游服务为前提,那么如果旅游服务有瑕疵,补偿请求权就应当按比例地予以相应扣减。

实践中争议的焦点在于,由于解除合同旅游经营者需向酒店、航空公司等服务提供者支付解约费时,是否可以要求旅游者分担此项费用?在我国,旅游法理论界与实务部门普遍存在着解约费属于"已经实际发生的费用,不应退还"的认识。无独有偶,德国联邦最高普通法院(BGH)在切尔诺贝利案判决(Tschernobyl – Urteil)中认为,在酒店解约费的承担问题上存在法律漏洞,而以交易基础丧失为由,判决旅游者应当分担一半的解约费⑤。笔者以为,德国联邦最高普通法院所做的判决,在理论上存在诸多瑕疵,我国旅游法理论界与实务部门之认识也多有舛误之处。首先,基于客观原因解除旅游合同时,旅游经营者就旅游服务提供者已经开始实施的预订服务而支付的解约费,其根据在于旅游经营者与酒店、航空公司之间的合同关系⑥,是旅游经营者与旅游服务提供者之间的风险分配结果,与旅游者并无直接关系,不能据以要求旅游者予以分担。其次,从德国法律适用的层面分析,《德国民法典》第651j条作为专门调整不可抗力解约的条款,根据特别法优先于一般法的适用原则,排除了交易基础丧失理论的适用。复次,旅游经营者补偿请求权的理论根据是,旅游经营者向旅游者提供了旅游服务或者在旅游终止之后还应当提供相应的旅游服务,因此没有旅游服务就无须补偿⑦。再次,旅游者直接前往酒店住宿的情况下,因为不可抗力的原因而解除住宿合同时,旅游者无须承担解约费用;而借助旅游经营者的服务时,旅游者本应期待获得更有利的法律地位,因此要求旅游者分担解约费的观点显然不符合旅游合同订立的目的以及有利于消费者的法律原则⑧。最后,从风险分配的角度来讲,旅游经营者预订酒店作为其未来向旅游者提供旅游服务之用,本质上属于其经营的投资风险,属于经营风险的固有内容,要求旅游者

---

① Tonner,Der Reisevertrag,5. Aufl.,2007, § 651j Rn. 18.
② Risikoverteilung im Reisevertragsrecht S. 184.
③ Vgl. LG Hannover NJW 1985,2903. Fuehrich,Reiserecht,5. Aufl. 2005,Rn 375,S. 308.
④ Fuehrich,Reiserecht,5. Aufl. 2005,Rn 559,S. 441.
⑤ BGHZ 109,224,228.
⑥ Fuehrich,Reiserecht,5. Aufl. 2005,Rn 559,S. 442;
⑦ Fuehrich,Reiserecht,5. Aufl. 2005,Rn 559,S. 441f.
⑧ Fuehrich,Reiserecht,5. Aufl. 2005,Rn 562,S. 443.

承担其投资风险的请求,并无任何正当性根据①。

因客观原因导致合同履行障碍的情况下,可能会发生一些增加的费用,例如旅游者预订返程而无法返程时增加的住宿费用、餐饮费用,以及旅游者实际返回费用超出预计返程费用。对于这些增加费用的分配,通常应当坚持"接受服务即承担费用"的风险分配原则。值得注意的是,因返程所增加的费用,即实际旅费与预订旅费之间的差额,通常由旅游经营者与旅游者分担,在此,不再固守"接受服务即承担费用"的原则,但其前提是旅游合同中约定了旅游者的返程请求权②。其理由大致在于,既然旅游经营者有提供返程服务的义务,那么也就应当承担费用可能增加的风险。除返程增加的费用之外,其他所有的增加费用均应由旅游者承担。至于旅游合同未明确约定旅游者的返程请求权,旅游者能否要求旅游经营者提供返程服务、返程的费用如何承担的问题,笔者认为,根据诚实信用原则(Treu und Glauben),旅游者也可主张返程请求权,但是返程的费用应当由旅游者自行负担③。总体而言,约定的旅游者返程请求权成为增加的返程费用的风险分配标准,亦即约定返程请求权时,增加的返程费用由双方分担;未约定返程请求权的,虽可要求提供返程服务,但增加的返程费用(实质上是所有的返程费用)由旅游者承担。

在增加费用的承担问题上,当旅游经营者对于增加费用有可归责之事由时,旅游经营者即应相应地分担,甚至全部承担因此增加的费用。例如,旅游经营者完全可以通过低廉的费用使旅游者安全返程,但由于旅游经营者的消极懈怠,旅游者不得不乘坐更为昂贵的飞机返回出发地,那么旅游者可以要求旅游经营者承担增加的全部费用④。同样,如果旅游者因为旅游经营者的疏忽而不得不在度假地停留更长的时间,旅游经营者自己也必须承担因此延长期间而产生的增加费用⑤。

三、公交延误、证照瑕疵与未实际发生费用的退还

实践中,由于航班等交通工具延误或者证照代办、保管存在瑕疵导致旅游合同不能按照约定履行而引发的纠纷屡见不鲜。为此,《规定》第18条、第24条第2款再度允许旅游者请求旅游经营者退还未实际发生的费用。那么,这两处规定的未实际发生费用的退还与前述情形又有何不同?其法律效果、计算范围如何确定?

与第12条、第13条不同的是,第18条、第24条第2款规定的"未实际发生的费用"之退还,并不以旅游合同的解除为前提,而是以"不能按照约定履行"为要件。"不能按照约定履行"应仅指合同可以履行但履行的情况与约定不符,即瑕疵履行的情形,而不涉及"旅游合同不能履行"的情形,否则将与第13条构成法条竞合。

因公交工具延误导致违约,本应适用《合同法》第121条的规定,由旅游经营者向旅游者承担违约责任,旅游经营者与公交工具运营部门之间的纠纷,依照法律规定或者按照约定解决。但考虑到旅游经营者对于公交工具运营无法干涉,且并无选择的余地,要求其因此承担

---

① Tempel,Stornokosten bei Kündigung des Reisevertrags bei höherer Gewalt?,NJW 1990,821.
② Fuehrich,Reiserecht,5. Aufl. 2005,Rn 561,S. 443.
③ Staudinger/J. Eckert,2003,§ 651j Rn. 34.
④ Tonner,Der Reisevertrag,5. Aufl.,2007,§ 651j Rn. 21. S. 223.
⑤ Tonner,Der Reisevertrag,5. Aufl.,2007,§ 651j Rn. 22,S. 223.

违约责任,未免过于严苛①。为此,《规定》第18条允许旅游者请求退还未实际发生的费用,在违约责任与风险分担之间选择了第三条道路,在性质上属于因旅游服务存在瑕疵,旅游经营者根据《合同法》第111条承担的"减少价款"的责任。旅游者因此所享有的权利,在理论上称之为减价权②。旅游经营者证照代办、保管行为存在瑕疵影响旅游行程,也构成瑕疵履行,因此承担的减少价款责任,在性质上同属于"减少价款"的责任,以下一并述之。

在出现旅游瑕疵的前提下,减价权的规范目的在于维持在旅游合同中所建立的旅游服务与旅游费用之间的等价关系③。基于旅游者通常全额预付旅游费用的交易习惯,减价权在实践中最终的表现形式就是旅游者对于超出部分旅游费用的返还请求权,即我国《规定》第18条、第24条第2款所规定的未实际发生费用的返还请求权。为此,在计算应扣减额度时,首先需要确定扣减的基准值,即究竟应以旅游的全部费用为基准进行扣减,还是以发生瑕疵的部分旅游服务的费用作为基准?其次,扣减时应当采取何种减价标准?

旅游服务乃是一个整体,通常情况下,一项旅游服务存在瑕疵必然会影响到其他的旅游服务,因此,原则上减价的基准值是全部旅游费用。从旅游者的角度来看,他并不是孤立地支付某项费用,而是通过支付全部旅游费用而获得每一项具体的旅游服务。因此,尽管瑕疵看起来始终是存在于具体的旅游服务之上的,但是在拥有丰富的旅游法判例的德国,对于减价的计算绝大多数都是以整个旅游所受到的妨碍为基准的④。另外,从实践的视角来看,也要求将全部旅游费用作为基准值。原因在于,对于法院来讲,要想将全部旅游费用分摊在每项旅游服务之上,而不去考察旅游企业的企业内部经济成本核算,是几乎不可能完成的,但考察旅游企业的内部经济成本核算这一路径显然是走不通的。

就减价的标准来讲,由于减价权的规范目的在于维持既定的旅游服务与旅游费用之间的等价关系,为此,根据合同签订时无瑕疵旅游的价值与(发生瑕疵时)实际价值之间的比例关系,成比例地扣减旅游费用,即可实现瑕疵旅游服务与经扣减的旅游费用之间依然保持旅游合同中确定的"服务—费用"等价关系。在瑕疵旅游服务实际价值的估算上,一方面应该从客观的判断标准出发,旅游者的主观期待除非在合同中明确约定,否则在减价过程中不应

---

① 其法律依据大致有二:其一,旅游经营者借助公共交通工具运营人完成旅游服务的提供,二者本应构成债务人与履行辅助人的关系,但由于债务人对该履行辅助人无选择、干涉的余地,故在法理上应免除旅游经营者对其履行辅助人的故意、过失承担责任的义务,否则对旅游经营者无疑过于严苛。(对此,我国台湾地区学者有异议,学者王泽鉴、黄立等以德国民法为参照,否定债务人对履行辅助人的干涉可能性,要求债务人对公共交通工具运营人的故意、过失承担责任。我国《合同法》第121条的规定,在效果上与此相同,但在旅游实务界反对声音较大。参见王泽鉴:《为债务履行辅助人而负责》,载《民法学说与判例研究(第六册)》,北京大学出版社2009年版,第58页、第59页;黄立:《民法债编总论》,中国政法大学出版社2002年版,第436页;韩世远:《合同法总论》,法律出版社2008年第2版,第535页。)其二,我国旅游市场处于起步阶段,为鼓励产业发展,对旅游经营者采取限制其责任范围的做法,在法律政策上也有其合理性。在旅游市场成熟之后,对航班延误等旅游服务瑕疵,旅游经营者也应承担相应的减价责任,例如德国法院就采取了航班延误情形下,最高可从旅游费用中扣除20%的减价额度的做法。Vgl. Fuehrich, Reiserecht, 5. Aufl. 2005, Rn. 329, S. 267.

② Fikentscher/Heinemann, Schuldrecht, 10. Aufl., S. 615. 减价权与同款规定的赔偿损失,在性质、功能、计算方面存在较大的差异,并非二者必居其一的关系。参见:韩世远:《减价责任的逻辑构成》,载《民法九人行(第四卷)》,法律出版社2010年版,第21-23页;戴孟勇:《关于减价权的思考》,载《民法九人行(第四卷)》,法律出版社2010年版,第50页。

③ Fuehrich, Reiserecht, 5. Aufl. 2005, § 651d Rn. 286, S. 227f. 正因为如此,减价与当事人是否存在过错无关,在不可抗力等客观原因而解除旅游合同的情形下,也可以主张减价权。

④ Staudinger/J. Eckert, 2003, § 651d Rn. 37; Fuehrich, Reiserecht, 5. Aufl. 2005, § 651d Rn. 299; S. 233; Tonner, Der Reisevertrag, 5. Aufl., 2007, § 651d, Rn. 3.

予以考虑①。此外,还应当考虑的因素包括,瑕疵发生的时间、瑕疵出现的频率等时间要素②。

然而,在个案中如何才能保证公正、高效、合理地对瑕疵旅游服务进行价值估算,必将成为《规定》第 18 条、第 24 条第 2 款实施中的难点、焦点所在。毕竟在个案中,瑕疵旅游服务的实际价值的边界极为模糊,估算并无非常准确的计算公式可资参照。值得借鉴的是,德国法兰克福地方法院第 24 民事法庭制定的著名的"法兰克福旅游费用扣减表",对住宿、膳食、交通以及其他相关旅游服务方面存在瑕疵时减价的额度,做出了明确、具体的规定,在提供司法透明度、增强法律确定性方面发挥了重要作用③。随着我国旅游法制的不断发展,也需要制定类似的减价表,以促进我国旅游纠纷的妥善解决。

四、旅游风险分担与亟待发展的旅游保险业

从法经济学的视角来看,未实际发生费用的退还是一个旅游风险分担的问题。旅游服务集中了 110 个相关行业的风险,如此巨大的旅游服务风险,仅仅在旅游合同的双方当事人之间进行分担,对任何一方都是无法承受之重。包括德国在内的多数旅游发达国家都在旅游方面建立了强大的旅游保险业,以应对旅游服务所面对的巨大风险。而我国旅游业的发展,尚未得到保险业的有力支持,这一点将构成我国旅游纠纷借鉴国外理论、实践的重要现实障碍。为了能够更加切实地促进旅游业的发展,在旅游经营者与旅游者之间建立合乎理论要求、符合世界潮流的风险分担机制,旅游保险业的迅速建立、发展将是非常重要的前提条件。

(原载《法学杂志》2011 年第 6 期)

---

① Fuehrich, Reiserecht, 5. Aufl. 2005, § 651d Rn. 304.
② Tempel, Das zeitliche Moment bei Bestimmung der erheblichen Beeintraechtigung der Reise im Rahmen des § 651f Ⅱ BGB, NJW 1999 Heft 282012.
③ Staudinger /J. Eckert, 2003, § 651d Rn. 40. 德国法兰克福地方法院第 24 民事法庭是一个职业法庭,对于旅游合同法相关案件具有专属的管辖权。这一表格公布于 1985 年,于 1994 年进行过一次补充、完善。

中国大陆旅游保险研究现状及发展趋势

——基于 TRMC 类别系统的内容分析

周 沛 郑向敏

(华侨大学工商管理学院,福建泉州 362011)

摘 要:中国大陆旅游保险的理论研究明显滞后于实践的发展速度。本文运用内容分析法,并在此基础上创新提出 TRMC 类别系统,通过 SPSS18 分析,对中国大陆旅游保险研究的学术文献进行了系统回顾与分析,提出未来的研究方向,以期推动中国大陆旅游保险学术研究不断创新与进步。

关键词:旅游保险研究;TRMC;内容分析
中图分类号:F59
文献标识码:A
文章编号:1003-6539(2011)05-0020-12

一、引言

进入 21 世纪以来,中国旅游业总体保持平稳较快增长。"2009 年全年国内旅游人数达 19.02 亿人次,入境旅游人数 1.26 亿人次,出境旅游人数 4766 万人次,旅游总收入 1.29 万亿元,相比 2008 年增长 11.3%。"[1]特别是国务院在 2009 年底正式明确了"旅游业是战略性产业"(《国务院关于加快发展旅游业的意见》国发[2009]41 号)。中国旅游业在未来较长时间的快速发展已成为世人瞩目的焦点。

随着中国保险市场的快速发展和与国外保险机构交流的日益增多,作为旅游业不可或缺的旅游保险业务,也呈现快速增长之势。国家旅游局在制定完善《旅游安全管理办法》、《旅行社责任险保险管理办法》的基础上,2009 年底完成了"与保监会共同推进旅行社责任险全国统保",标志着中国大陆旅游保险进入了一个新的发展阶段。

而另一方面的情况是,中国旅游保险的理论研究,以及对未来发展趋势的预测明显滞后于实践的发展速度。虽然近 10 年来大陆旅游保险研究有了一定的成果,也有学者对中国大陆旅游保险研究的发展进行了探讨和评介,但我们仍然无法从有关旅游保险文献研究的相

作者简介:周沛(1969—),男,重庆万州人,华侨大学工商管理学院企业管理专业 2005 级博士研究生,中国太平保险集团太平养老保险股份有限公司营销中心副总经理,贵州财经学院保险与风险管理研究中心主任,主要研究方向:战略营销管理、旅游保险与风险管理等。郑向敏(1954—),男,福建永春人,博士、教授、博士生导师,华侨大学旅游学院院长,主要研究方向:旅游安全、旅游管理旅游安全、饭店管理、区域旅游经济等。

关文章中清晰地描绘出中国大陆旅游保险研究发展的脉络。因此,有必要对国内旅游保险研究的学术文献进行系统回顾与分析,合理评价国内主要学者及研究机构所做出的贡献,在此基础上提出未来研究的方向,以期推动国内旅游保险学术研究的不断创新与进步。

二、研究初衷

有关中国大陆旅游保险研究领域中的理论综述性文章,通过对"中国期刊全文数据库"(CNKI)、"中文期刊全文库"(VIP)以及"万方数据资源系统"三大中文期刊数据库检索,到目前为止,除了李炳义[2]从文献产出分析和旅游保险研究的热点课题两个方面对近10年国内旅游保险研究的进展进行了简单评述,没有出现过对中国大陆旅游保险研究现状进行系统分析和科学评价的专业性学术文献。

当然,李炳义的文章对于概括性了解2000~2009年中国大陆旅游保险的研究状况是有一定价值的。但如前所述,2009年中国大陆旅游保险面临的政策环境和市场状况已发生了巨大变化,以及基于理论研究取向的整体视角和实践层次的深度拓展,这些是李炳义的文章所不能覆盖的。本文将以李炳义的研究为基础,通过中国大陆学术权威文献渠道来源,全面搜索和梳理大陆有关旅游保险研究领域的文献,以期为后续研究搭建理论平台,探索旅游保险研究的发展趋势。

三、研究设计

1. 研究方法

内容分析法是对明显的传播内容进行客观、系统和定量描述的一种研究方法。内容分析法分析的目标明确,属非接触研究,分析过程高度控制,保证了定量与定性相结合,而这些优点能够达到对文献内容所反映"质"的更深刻、更精确、更全面的认识,得出科学、完整、符合事实的结论,获得一般从定性分析中难以找到的联系和规律。内容分析法被大量应用在揭示文献内容的本质、预测某专题的客观事实和发展趋势中。因此,本文研究运用内容分析法,遵循内容分析法的一般分析过程,采用SPSS18作为分析工具,对中国大陆旅游保险文献进行分类分析,以期得到一定的结论。

2. 类别系统设计

本文就如何"对旅游保险文献研究进行合乎逻辑规范的类别系统设计"进行了相关文献检索,发现缺少可供研究和写作的指导性文献。本文的分析研究及本文的写作,将只能以笔者对旅游保险研究的理解为基础。

首先,"保险研究属于社会科学研究范畴"[3],因此,对旅游保险文献的类别系统设计应遵循社会科学研究过程(如图1所示)所主张的逻辑规范。

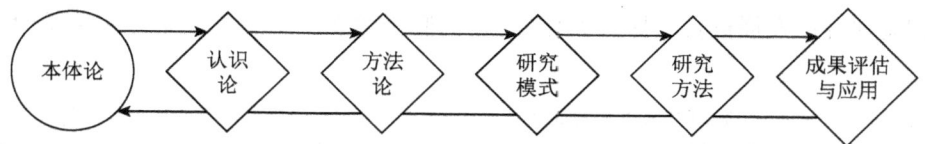

图1 社会科学的一般研究过程

资料来源:沃野.关于社会科学定量、定性研究的三个相关问题[J].学术研究,2005,(4):41-47.

其次,应把握旅游保险的理论研究现状。本文对照社会科学范畴的其他学科理论研究,认为中国大陆保险研究,特别是旅游保险研究仍然处于初级研究阶段,中国保险监督委员会吴定富主席在中国保险学会首届学术年会上提出的保险业"发展阶段理论"就佐证了这种判断。特别是在有关保险理论文献研究的文章中,最具代表性的应属吴定富[4]在《保险研究》上发表的论文"加强保险理论研究,促进保险业科学发展",该文提出如何开展保险理论的"三个研究"——"把握正确的研究方向,运用科学的研究方法,不断提升研究能力",对本文开展旅游保险文献的类别系统设计很有参考价值。

其三,应借鉴其他相关学科的文献研究思路。卓元[5]在《保险研究》上发表的关于"我国保险理论研究及其发展创新的方法论前提"一文中,明确提出"理论架构的设计需要强化理论依据",主张"突破既有研究范式,促进不同研究范式并存共荣"。参考社会科学领域相关学科的文献研究,中国大陆在营销研究领域中的文献研究设计最具前瞻性,其中相当有代表性的应属南开大学李东进等[6]在《营销科学学报》上发表的论文"中国大陆营销研究现状及发展趋势",该文根据对相关文献的考察设计了"研究主题、研究范围和研究方法"3个分析维度,并据此对相关文献进行了定量分析。

综上所述,以"社会科学研究过程"为本文类别系统设计的逻辑起点,以吴定富的"三个研究"为本文类别系统设计的主要依据,以李东进等设计的"三个分析维度"为本文类别系统设计的主要借鉴,本文提出了旅游保险"学术文献研究的TRMC类别系统"(如图2所示),后续的论述会涉及旅游保险TRMC类别系统的设计思路和具体应用的详尽阐述。当然对TRMC的二、三级类别指标进行适当的修改,也可用于对社会科学其他领域学术文献的研究分析),并将重点分析和探讨以下4个方面的问题:

研究问题一:设定的研究期间内,中国大陆旅游保险研究主题有无差异?
研究问题二:设定的研究期间内,中国大陆旅游保险研究范围有无差异?
研究问题三:设定的研究期间内,中国大陆旅游保险研究方法有无差异?
研究问题四:设定的研究期间内,中国大陆旅游保险研究能力有无差异?

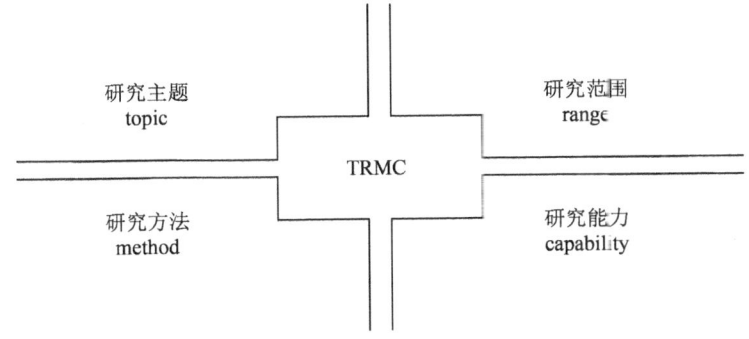

图2 学术文献研究的TRMC类别系统

(1)研究主题

由于本文关注旅游保险研究主题的分类界定问题,从逻辑起点,就必然要涉及如何表述旅游保险的性质、职能、功能和作用的问题,但这会占据本文的大量篇幅,而且也不是本文研究阐述的重点。为此,本文为保持研究的客观性,选择直接参考和借鉴相关研究者对研究主题的分类标准,同时这也是为什么本文在提出 TRMC 类别系统时,"社会科学的一般研究过程"中的本体论和认识论两个重要环节没有明确表述在其中的重要原因,当然对旅游保险研究主题的划分也必然会涉及这两个重要环节。

本文通过对"中国期刊全文数据库"(CNKI)的检索,以卓志对保险学研究主题划分为主要分类依据,同时参考了李炳义对旅游保险研究主题分类、周宇梅等[7]对保险学文献计量分析结论和李东进等对营销研究主题分类,通过合并和添加,最终形成了本文对旅游保险研究主题的5类分类标准(如表1所示)。

表1 研究主题的分类

研究范畴		研究主题
旅游保险业研究		1. 旅游保险与加快旅游业发展的关系研究 2. 旅游保险发展的机遇、挑战和发展问题 3. 旅游保险与旅游等相关行业、区域协调发展 4. 旅游保险业的阶段定位与协调发展 5. 旅游保险业增长方式与结构调整探索
旅游保险市场研究	供给者层面	1. 旅游保险市场模式与经营管理方式 2. 旅游保险产品与体系完备性 3. 旅游保险运营管理及管控
	需求者层面	1. 消费者行为与需求分析 2. 消费者的维权与利益
	市场客体方面	1. 旅游保险市场建设与紧急救援等市场的关系 2. 旅游保险市场信用体系的构建
	中介市场方面	1. 旅游保险营销制度 2. 旅游保险营销管理体制的改革与创新 3. 我国旅游保险中介制度的健全与发展
旅游保险专项研究		1. 出境旅游保险 2. 入境旅游保险 3. 境内旅游保险 4. 目的地旅游保险 5. 旅游活动专项保险
旅游保险基础研究		1. 旅游保险性质、职能以及作用 2. 旅游安全保障研究与社会管理功能 3. 旅游保险法规、公共组织与政府管理 4. 旅游保险合同、条款及其他相关法规 5. 旅游保险监管制度及借鉴
其他		1. 国外旅游保险研究 2. 旅游保险教育、研究与就业 3. 与旅游保险相关的其他主题

(2) 研究范围

依据李东进等参考相关文献所提出的文献研究范围分类标准的研究表述,本文认为文献研究范围的分类标准主要依据两个要素:文献研究对象和文献研究目的。在此基础上,根据旅游保险的研究特点,参考韩国学者朴世焕[8]提出的 $(3 \times 2 \times 2) + 1 = 13$ 的研究领域划分方法,最终形成了本研究所使用的研究范围分类标准(见表2)。

表2 研究范围的分类

标准	区分	内容
利益追求	盈利	研究目的为实现盈利组织或对象
	非盈利	研究目的不是以实现盈利为目的的组织或对象
	一般	纯粹属于研究性的论文
单位	微观	1. 研究个别单位的论文 2. 关于旅游保险投保人的研究
	宏观	1. 以旅游保险机制(制度)为研究对象 2. 两个以上组织相互关系的论文
观点	实证	研究目的为记述、解释、预测、理解旅游保险现象、过程、活动的论文
	规范	研究目的为提出组织或个人如何推进、实施旅游保险,或提出社会应如何支持和构建旅游保险机制的论文
其他		不能归类为上述范围的其他旅游保险论文

资料来源:李东进,王大海.中国大陆营销研究现状及发展趋势[J].营销科学学报,2008,(4):107-121.

(3) 研究方法

社会科学研究长期以来都有对"方法"和"方法论"的不同解释。就本文研究而言,如果评价全部研究文献的逻辑研究思路(方法论)就过于复杂和难以客观了,加之"不同的方法论也必然与不同的研究方法相对应"。为此,本文重点关注旅游保险相关文献的研究方法。

社会科学的研究方法通常分为定量和定性研究两种。但从现在的发展态势来看,沃野[9]认为定量研究和有些种类的定性研究的互补性已是不可争辩的事实,多元研究方法符合"后实证主义"的基本精神——科学方法论不是唯一的,可以将社会科学研究方法归结成定性的、定量的和混合式的。陈向明博士[10]提出的关于定量研究和定性研究之间是"两头开放的连续体"概念对本文的研究也有很大的启发。

在定性研究的相关策略方面,陈向明博士在对定性研究过程具体阐述时介绍了归纳法、叙述法、扎根理论、访谈、观察和实物分析等类型。严辰松[11]认为对定量研究的重要策略包括真实验研究、前实验研究和准实验研究,主要使用的软件工具包括 SPSS13.0、SPSS14.0、LISREL、Eviews、SAS、Minitabl 等。"主要方法包括层次分析法和模糊评价法,以及灰色系统评价法、粗糙集(Rough)评价法和综合评价法等。"[12]

在旅游保险研究方法方面,本文以李东进等的研究方法分类标准为主要依据,结合社会科学领域对研究方法分类的研究成果,建立了以下研究方法的分类标准,结果如表3所示。

表3　研究方法的分类

标准	内容
定性分析	1. 逻辑推理与叙述法 2. 扎根理论与类别法 3. 现象学研究 4. 案例分析 5. 参与性观察
多元分析	1. 偏定性多元分析 2. 偏定量多元分析 3. 多元分析
定量分析	1. 初级分析： 利用 SPSS 软件分析变量关系的论文 2. 高级分析： 利用 LISREL、Eviews 分析变量关系的论文

(4) 研究能力

本文通过"中国期刊全文数据库"(CNKI)，以"社会科学领域"的"核心期刊"为来源类别，以"研究能力"作为主题检索词，共检索到39篇相关文献。经分析，本文认为南京大学中国社会科学研究评价中心的马晓军、吴向东和袁培国作为中国大陆该研究方向的主要领导学者，在清华大学学报(哲学社会科学版)发表的论文"我国高校系统哲学社会科学研究能力初析——基于CSSCI(1998~2004)数据的统计分析"是最具代表性的，该文从"产出能力、学术影响力和研究效率"3个维度对研究能力进行了研究。[13]

考虑到本文的研究主题、研究范围和研究方法，笔者在袁培国等关于3个维度研究能力分析的基础上对具体指标进行了整理和合并，最终形成了本研究所使用的研究能力分类标准(如表4所示)。

表4　研究能力的分类

标准	内容
产出能力	1. 一个作者独立完成 2. 两个及以上作者合作完成
学术影响力	1. 被引论文 2. 未被引论文
研究效率	1. 基金项目资助论文 2. 非基金项目资助论文
协作能力	1. 一个单位完成 2. 多个单位完成

四、实证分析

1. 文献资料来源及样本选取

考虑到中国大陆旅游保险呈现"实践探索在前,理论研究在后"的研究现状,为确保后续旅游保险理论的梳理、评价、总结和凝练能较全面,本文主要采取了3种文献搜索方式:第一,文献数据库搜索,这是本综述最重要的文献来源,包括"中国期刊全文数据库"(CNKI)、"中文期刊全文库"(VIP)以及"万方数据资源系统"三大中文期刊数据库。本文以"旅游保险"作为主题检索词,检索了1980~2009年这30年的所有文献。第二,以检索到的文献中所附参考文献为基础,选择其中出现概率超过50%且和本研究相关的重要文献。第三,为保证分析的连贯性,考虑到从1984年至2000年检索到的相关文献仅14篇(专门涉及旅游保险的仅8篇),因此本文内容分析界定在2001~2009年的文献范围内。通过上述3种遴选方式,本文最终获得了129篇有关旅游保险研究的重要文献(见表5)。

表5 中国大陆旅游保险文献数量统计(2001~2009年)

时间	2001	2002	2003	2004	2005	2006	2007	2008	2009
篇数	11	14	5	13	9	23	16	16	22

2. 样本评价与置信度检验

按照内容分析的信度分析要求,本文的全部研究样本是由本文的作者和两名硕士生来评价的。评价时间是2010年5月15日至2010年6月10日。首先,为保证评价工作的有效,3名评价者在实施评价之前对本文的研究目的、TRMC类别系统的评价标准和评价方法进行了详尽的了解和练习。其次,3名评价者分别对129篇文献进行了独立评价,并判断文献所属类目。最后,对于有分歧的地方,由3名评价者共同讨论确定。对遇到评价不一致的文献,本文特别征求专家意见来确定最终评价结果。[①]

此外,为验证文献内容分析的前后一致性,减少主观臆想性的影响,本文采用了重测法,对样本随机抽取了20篇文献,时间前后相距10天,对比之前的分析结果,有96.5%的匹配度,说明评价结果是可取的。

经检验,研究主题、研究范围、研究方法和研究能力分类的信度均在85%以上。就内容分析的置信度检验而言,信度系数高达0.85以上即可认为编码符合要求,因此本文编码可以用来进行内容分析。

五、分析结果

1. "研究问题一"的分析结果

考虑一篇旅游保险文献可能被归为不同的研究主题范畴,本文采用重复分类的方法(见表6)。对所遴选的129篇有关旅游保险研究的重要文献进行的分析结果显示,被广泛研究的主题分别是:"旅游保险发展的机遇、挑战和发展问题",9年共计44篇(34.11%);"旅游保险与旅游等相关行业、区域协调发展",9年共计19篇(14.73%);"旅游保险产品与体系完备性",9年共计16篇(12.40%);"旅游保险教育、研究与就业",9年共计12篇(9.30%,详见图3)。

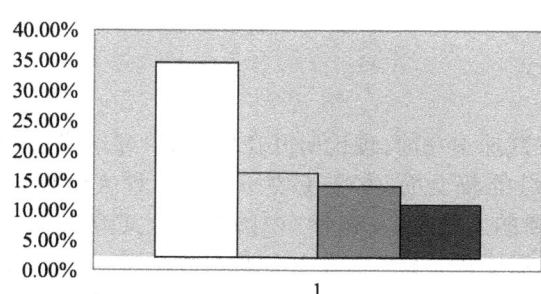

图3　9年间累计超过9%的研究主题

可以看出,以"旅游保险发展的机遇、挑战和发展问题"和"旅游保险产品与体系完备性"为研究主题的文献数量均有下降的趋势,在统计上极为显著($P = 0.000 < 0.001$)。而以"旅游保险市场模式与经营管理方式"和"旅游安全保障研究与保险社会管理功能"为研究主题的文献数量表现出逐年上升的趋势,在统计上很显著(分别为 $P = 0.006 < 0.01$ 和 $P = 0.005 < 0.01$)。此外,以"旅游保险与旅游等相关行业、区域协调发展"为研究主题的文献数量逐年增加,在统计上具有显著性($P = 0.046 < 0.05$)。同样以"目的地旅游保险"和"旅游保险教育、研究与就业"为研究主题的文献数量也呈现出上升趋势,在统计上具有显著性(分别为 $P = 0.018 < 0.05$ 和 $P = 0.003 < 0.01$)。

"旅游保险性质、职能与作用"($P = 0.527$)、"消费者行为与需求分析"($P = 0.241$)、"旅游保险法规、公共组织与政府管理"($P = 0.178$)、"旅游活动专项保险"($P = 0.131$)等主题在统计上没有显著性,但表现出递增的趋势。研究主题数量下降的有"消费者的维权与利益"主题。

综上所述,本文认为中国大陆旅游保险研究趋势的发展方向,主要会集中在更关注"模式"(市场模式、经营管理方式)的创新发展、关注"机制"(风险管理机制、安全保障机制)的探索发展、关注"网"(旅游等相关行业、不同区域和地区)的整合发展。同时,"行为"(消费者行为、旅行社行为、企业行为)的研究发展和"活动"(出境旅游、入境旅游、国内旅游、目的地旅游和专项旅游)的深化发展等也是未来重要的研究方向。总体发展趋势显示,旅游保险的研究主题将会更多地表现为多主题、跨专业的研究,基础性研究和创新性研究将引领整个学科的研究趋势。

2. "研究问题二"的分析结果

从研究范围的历年统计来看,数量占比较高的分别是以盈利组织为研究对象的文献(66.67%)、以宏观单位为研究对象的文献(62.02%)和规范类文献(62.79%)。其中,以盈利组织为研究对象的文献数量占比一直较高,但近几年有下降的趋势,在统计上很显著($P = 0.001 < 0.01$)。相反以非营利组织为研究对象的文献总体数量不大,但仍然体现出一定的增长趋势,在统计上极为显著($P = 0.000 < 0.001$)。此外,以微观为研究对象的文献呈现递增的趋势,统计上呈现极显著性($P = 0.000 < 0.001$)。相反以宏观为研究对象的文献呈现明显下降的趋势,统计上同样呈现极显著性($P = 0.000 < 0.001$)。实证类文献呈现较明显的递增趋势,规范类文献表现出下降的趋势,二者在统计上均具有极显著性($P = 0.000 < 0.001$,见表7)。

表6 TRMC之研究主题内容差异(2001~2009年)

年度 主题分类	2001 (N=11) 主题数	2001 %	2002 (N=14) 主题数	2002 %	2003 (N=5) 主题数	2003 %	2004 (N=13) 主题数	2004 %	2005 (N=9) 主题数	2005 %	2006 (N=23) 主题数	2006 %	2007 (N=16) 主题数	2007 %	2008 (N=16) 主题数	2008 %	2009 (N=22) 主题数	2009 %	x^2	P	合计 N=129	%
1. 旅游保险与加快旅游业发展的关系研究															1	6.25			—	—	1	0.78
2. 旅游保险发展的机遇、挑战和发展问题	5	45.45	3	21.43	5	100.00	6	46.15	3	33.33	8	34.78	7	43.75	4	25.00	3	13.64	124.264	0.000***	44	34.11
3. 旅游保险与旅游业等相关行业、区域协调发展	1	9.09	2	14.29			3	23.08			4	17.39			3	18.75	6	27.27	11.275	0.046*	19	14.73
4. 旅游保险业的阶段定位与协调发展											1	4.35							—	—	1	0.78
5. 旅游保险业增长方式与结构调整探索																						
6. 旅游保险市场模式与经营管理方式			1	7.14	1	20.00	1	7.69	1	11.11	2	8.70	3	18.75	2	12.50	1	4.55	16.178	0.006**	10	7.75
7. 旅游保险产品与体系完备性	3	27.27	3	21.43			1	7.69					4	25.00	1	6.25	3	13.64	26.25	0.000***	16	12.40
8. 旅游保险运营管理及管控																			—	—	1	0.78
9. 消费者行为与需求分析											2	8.70	1	6.25	1	6.25	1	4.55	2.846	0.241	5	3.88

续表

年度 主题分类	2001 (N=11) 主题数	%	2002 (N=14) 主题数	%	2003 (N=5) 主题数	%	2004 (N=13) 主题数	%	2005 (N=9) 主题数	%	2006 (N=23) 主题数	%	2007 (N=16) 主题数	%	2008 (N=16) 主题数	%	2009 (N=22) 主题数	%	x^2	P	合计 N=129	%
10. 消费者的维权与利益	1	9.09	1	7.14															0.636	0.727	3	2.33
11. 旅游保险市场建设与紧急救援的行业服务															1	6.25			—	—	1	0.78
12. 旅游保险市场信用体系的构建																			—	—		
13. 旅游保险营销制度的构建																			—	—		
14. 旅游保险营销管理体制的改革与创新							1	7.69					1	6.25					—	—	1	0.78
15. 旅游保险中介的健全与发展	1	9.09	2	14.29							1	4.35	1	6.25			3	13.64	9.255	0.099	9	6.98
16. 出境旅游保险			1	7.14															—	—	1	0.78
17. 入境旅游保险																			—	—		
18. 境内旅游保险																			—	—		
19. 目的地旅游保险											1	4.35					3	13.64	5.556	0.018*	4	3.10
20. 旅游活动专项保险							1	7.69	1	11.11	1	4.35	1	6.25	2	12.50	3	13.64	8.500	0.131	9	6.98

续表

年度 主题分类	2001 (N=11) 主题数	2001 (N=11) %	2002 (N=14) 主题数	2002 (N=14) %	2003 (N=5) 主题数	2003 (N=5) %	2004 (N=13) 主题数	2004 (N=13) %	2005 (N=9) 主题数	2005 (N=9) %	2006 (N=23) 主题数	2006 (N=23) %	2007 (N=16) 主题数	2007 (N=16) %	2008 (N=16) 主题数	2008 (N=16) %	2009 (N=22) 主题数	2009 (N=22) %	x^2	P	合计 N=129	%
21. 旅游保险性质、职能以及作用			1	7.14							1	4.35							0.400	0.527	2	1.55
22. 旅游安全保障研究与保险社会管理功能	1	9.09							2	22.22					1	6.25			10.474	0.005**	4	3.10
23. 旅游保险法规、公共组织与政府管理													2	12.50	1	6.25	3	13.64	3.455	0.178	6	4.65
24. 旅游保险合同、条款及其他相关法规											1	4.35	1	6.25	1	6.25	2	9.09	3.920	0.141	5	3.88
25. 旅游保险监管制度及借鉴											1	4.35			1	6.25			—	—	2	1.55
26. 国外旅游保险研究							1	7.69	2	22.22	5	21.74	1	6.25			3	13.64	0.400	0.527	12	9.30
27. 旅游保险教育、研究与就业																	1	4.55	15.778	0.003**	1	0.78
28. 与旅游保险相关的其他主题																			—	—		

注：*表示显著 P<0.05；**表示很显著 P<0.01；***表示极为显著 P<0.001。

表7 TRMC之研究范围内容差异(2001~2009年)

年度 分类标准	2001 (N=11) 数量	2001 %	2002 (N=14) 数量	2002 %	2003 (N=5) 数量	2003 %	2004 (N=13) 数量	2004 %	2005 (N=9) 数量	2005 %	2006 (N=23) 数量	2006 %	2007 (N=16) 数量	2007 %	2008 (N=16) 数量	2008 %	2009 (N=22) 数量	2009 %	x^2	P	合计 N=129	%
盈利	9	81.82	9	64.29	5	100.00	10	76.92	5	55.56	15	65.22	12	75.00	8	50.00	13	59.09	27.166	0.001**	86	66.67
非盈利	1	9.09	1	7.14	0	0.00	0	0.00	3	33.33	1	4.35	2	12.50	2	12.50	2	9.09	34.386	0.000***	12	9.30
一般	0	0.00	1	7.14	0	0.00	0	0.00	0	0.00	0	0.00	0	0.00	4	25.00	3	13.64	10.739	0.005**	8	6.20
微观	1	9.09	1	7.14	0	0.00	2	15.38	1	11.11	4	17.39	1	6.25	5	31.25	11	50.00	87.534	0.000***	26	20.16
宏观	9	81.82	10	71.43	5	100.00	8	61.54	7	77.78	12	52.17	13	81.25	9	56.25	7	31.82	47.339	0.000***	80	62.02
实证	1	9.09	1	7.14	0	0.00	2	15.38	1	11.11	3	13.04	2	12.50	6	37.50	9	40.91	67.367	0.000***	25	19.38
规范	9	81.82	10	71.43	5	100.00	8	61.54	7	77.78	13	56.52	12	75.00	8	50.00	9	40.91	37.786	0.000***	81	62.79
其他	1	9.09	3	21.43	0	0.00	3	23.08	1	11.11	7	30.43	2	12.50	2	12.50	4	18.18	17.826	0.007**	23	17.83

注:*表示显著 $P<0.05$;**表示很显著 $P<0.01$;***表示极为显著 $P<0.001$。

对研究范围的分析结果显示,以非盈利性为研究对象的文献持续稳定增长,而以盈利性组织为研究对象的文献持续减少,这说明为促进旅游保险研究内容的丰富与发展,学者们站在更宽泛的平台上,研究视角的拓展呈现出更加多样化的特点;以微观单位为研究对象的文献持续增多,而以宏观单位为研究对象的文献持续减少,这说明以微观单位的旅游保险活动为分析基础的越来越多,对旅游保险学科内容的丰富与完善大有裨益;实证类文献数量明显增加,规范类文献明显减少,显示中国大陆旅游保险学术研究将更加趋于科学化和规范化,研究水平将会进一步提升和加强。

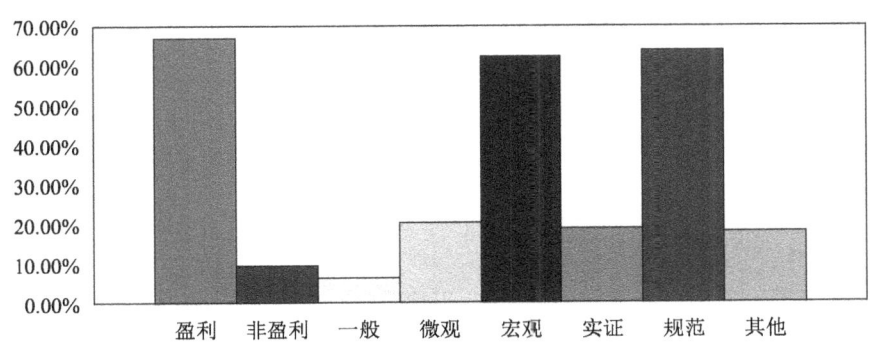

图4 研究范围累计

3."研究问题三"的分析结果

从研究方法来看,定性分析历年累计数量较高(96.90%),多元分析数量较低(3.10%);采用定性研究方法的文献数量有下降的趋势,这种差异在统计上是极为显著的($P = 0.000 < 0.001$);采用多元研究方法的文献呈现出递增的趋势,但在统计上并不显著($P = 0.522$);在目前整个中国大陆旅游保险研究文献中基本没有采用定量研究方法的(见表8)。

对研究方法的分析结果显示,虽然2001~2009年应用最多的是定性分析的方法,但定性研究所占比重已呈逐渐下降的趋势,而多元研究方法占比呈现不断增大的趋势,这说明旅游保险研究方法正在由定性分析向多元分析转变(预测运用定量研究方法的文献也将会出现),而这种转变将使旅游保险的研究趋向于更加严谨化和更加科学化,会极大地推动旅游保险研究快速创新和深化发展。

4."研究问题四"的分析结果

从研究能力的历年统计来看,一个作者完成的文献数量占比(77.52%)远高于两个及以上作者完成的文献数量占比(22.48%)。被引用的文献数量占比(48.06%)与未被引用的文献数量占比(51.94%)基本持平,特别是考虑到2009年以后数据库统计更新的原因,被引用的文献数量可能会高于未被引用的文献数量。非基金项目资助的文献数量占比(97.67%)过大,反映出旅游保险整体学科研究受重视的程度和科研能力尚处于较低的层面。一个单位完成的文献数量占比(89.92%)远高于多个单位合作的文献数量(10.08%),这说明校际之间、学科之间,特别是旅游与保险两个行业之间的互动研究是不够的(见表9)。

表8 TRMC之研究方法内容差异（2001~2009年）

年度 分类标准	2001 (N=11)		2002 (N=14)		2003 (N=5)		2004 (N=13)		2005 (N=9)		2006 (N=23)		2007 (N=16)		2008 (N=16)		2009 (N=22)		x^2	P	合计 N=129	%
	数量	%	数量	%	数量	%	数量	%	数量	%	数量	%	数量	%	数量	%	数量	%				
定性分析	11	100.00	14	100.00	5	100.00	13	100.00	9	100.00	21	91.30	16	100.00	15	93.75	21	95.45	875.191	0.000***	125	96.90
多元分析	0	0.00	0	0.00	0	0.00	0	0.00	0	0.00	2	8.70	0	0.00	1	6.25	1	4.55	1.300	0.522	4	3.10
定量分析	0	0.00	0	0.00	0	0.00	0	0.00	0	0.00	0	0.00	0	0.00	0	0	0	0.00			0	0.00

注：* 表示显著 P<0.05；** 表示很显著 P<0.01；*** 表示极为显著 P<0.001。

表9 TRMC之研究能力内容差异（2001~2009年）

年份 分类标准	2001 (N=11) 数量	2001 %	2002 (N=14) 数量	2002 %	2003 (N=5) 数量	2003 %	2004 (N=13) 数量	2004 %	2005 (N=9) 数量	2005 %	2006 (N=23) 数量	2006 %	2007 (N=16) 数量	2007 %	2008 (N=16) 数量	2008 %	2009 (N=22) 数量	2009 %	x^2	P	合计 N=129	%
一个作者独立完成	9	81.82	11	78.57	4	80.00	11	84.62	6	66.67	19	82.61	12	75.00	12	75.00	16	72.73	54.041	0.000***	100.00	77.52
两个及以上作者合作完成	2	18.18	3	21.43	1	20.00	2	15.38	3	33.33	4	17.39	4	25.00	4	25.00	6	27.27	37.687	0.000***	29.00	22.48
被引论文	5	45.45	4	28.57	4	80.00	9	69.23	7	77.78	14	60.87	9	56.25	8	50.00	2	9.09	80.528	0.000***	62.00	48.06
未被引论文	6	54.55	10	71.43	1	20.00	4	30.77	2	22.22	9	39.13	7	43.75	8	50.00	20	90.91	90.809	0.000***	67.00	51.94
基金项目资助	0	0.00	0	0.00	0	0.00	0	0.00	0	0.00	0	0.00	0	0.00	3	18.75	0	0.00			3.00	2.33
非基金项目资助	11	100.00	14	100.00	5	100.00	13	100.00	9	100.00	23	100.00	16	100.00	13	81.25	22	100.00	586.789	0.000***	126.00	97.67
一个单位完成	11	100.00	14	100.00	5	100.00	12	92.31	8	88.89	20	86.96	14	87.50	13	81.25	19	86.36	330.809	0.000***	116.00	89.92
多个单位完成	0	0.00	0	0.00	0	0.00	1	7.69	1	11.11	3	13.04	2	12.50	3	18.75	3	13.64	5.077	0.407	13.00	10.08

注：* 表示显著 P<0.05；** 表示很显著 P<0.01；*** 表示极为显著 P<0.001。

对研究能力的内容分析结果显示,一个作者独立完成的文献数量呈下降趋势,而两个及以上作者完成的文献数量呈上升趋势,且这两者之间变化的差异在统计上极为显著($P = 0.000 < 0.001$)。特别是一个单位完成的文献数量也同样呈下降趋势,在统计上极为显著($P = 0.000 < 0.001$)。多个单位合作的文献数量呈增长的趋势,但在统计上不显著($P = 0.407$)。因此,从产出能力和协作能力两个角度对文献合作完成情况的分析表明,中国大陆旅游保险研究的学者正在通过各种形式实现研究能力的提升和研究方向的创新。未被引用的文献数量占比总体呈现下降趋势,被引用的文献数量占比呈现上升趋势,且这两者之间变化的差异在统计上极为显著($P = 0.000 < 0.001$),这说明旅游保险学术研究能力正在稳步提升。非基金项目资助的文献数量占比一直较稳定,且在统计上极为显著($P = 0.000 < 0.001$),这说明不论是否有基金项目资助,中国大陆学者对旅游保险学科的关注度依然非常强烈。

六、讨论与结论

1. 主要结论

通过 TRMC 类别系统的内容分析法,本文对 2001~2009 年的中国大陆旅游保险研究文献进行了分析,可以得出以下主要结论:

在旅游保险研究主题方面,关注跨学科的交叉研究会成为旅游保险未来重要的研究趋势;在旅游保险研究范围方面,非盈利性研究文献的稳定增长体现出研究者的来源和研究者的兴趣日益广泛化和多元化,微观研究对象的文献持续增长和实证类文献数量明显增加,显示出研究深化度与严谨度的提升;在旅游保险研究方法方面,多元和定量研究方法将逐渐成为中国大陆旅游保险研究的主要手段;在旅游保险研究能力方面,合作研究方式将更广泛地被学者们运用和实施。

2. 存在的问题及建议

尽管中国大陆旅游保险研究近 10 年来取得了一定成果,但仍然存在较多的问题,值得引起高度关注,本文概括分析如下:

第一,在旅游保险研究主题方面,存在的问题主要体现为"四过度",即"集中过度、空白过度、重复过度、理论过度"。研究主题的集中过度问题主要体现在对少数主题的研究数量占比过高(见本文图3所示,前 4 类研究主题的文献数量占比将近 70%),与整个国内保险理论研究和旅游理论研究主题的广泛性形成了鲜明的对比;研究主题的空白过度问题主要体现在 6 项研究主题未涉及和 7 项研究主题均只有 1 篇相关文献方面(按照本文所拟定的关于旅游保险文献研究主题的五大类 28 项研究主题分类所进行的分析结果显示,有包括"旅游保险业增长方式与结构调整探索"、"旅游保险市场信用体系的构建"等 6 项研究主题未涉及,有"旅游保险业的阶段定位与协调发展"、"旅游保险营销管理体制的改革与创新"等 7 项研究主题均只有 1 篇相关文献),这说明中国大陆旅游保险研究仍然处于初级阶段,需要更多的研究者关注相关的空白领域。研究主题的重复过度问题具体体现在有相当多的文献研究主题缺乏新意,主题词诸多雷同,文献内容太多重复,其中有代表性和学术性的文献太少;研究主题的理论过度问题具体体现在对旅游保险研究的认识不足方面。旅游保险研究应更多地强调理论与实践的结合,而现实的情况是诸多研究者将大量的时间用于文献阅读和追踪学术动态,缺乏深入实际发现问题和取得第一手资料的想法和做法,因此,大部分研究过于理论化,对目前中国大陆旅游保险市场缺乏必要的认识和了解。比如保险公司对旅游保险的营销制度创新问题,就值得深入研究。

第二,在旅游保险研究范围方面,存在的问题主要表现为"脱节困境"。虽然前文的论述中指出旅游保险研究范围会更趋向于非盈利化、微观化和实证化,但笔者发现,到目前为止,在旅游保险研究范围方面表现出"二多一少"的现象,即"以盈利组织为研究对象的文献数量偏多,以宏观单位为研究对象的文献数量偏多,实证类文献偏少",很多文献研究范围不明确,而这就直接导致了整个旅游保险研究无论是理论体系构建还是实证研究都处于"脱节困境"之中。

第三,在旅游保险研究方法方面,存在的问题主要表现为"无量现象"。值得本文高度关注的是对定量研究方法的使用,但在目前整个中国大陆旅游保险文献中基本没有发现,这表明中国大陆旅游保险研究与其他学科的科学研究方法相比有相当大的差距。运用定量研究方法,加强对历史和经验数据的收集、研究和总结,是旅游保险理论研究走向成熟的必由之路。

第四,在旅游保险研究能力方面,存在的问题主要表现为"基金贫瘠症"。对旅游保险研究能力趋势判断的一个重要标志就是目前研究文献获得相关权威机构的认可和支持的数量,而到目前为止只有非常少的研究文献获得了基金的资助,一方面印证了研究能力不被更广泛层面认可的事实,另一方面也反映了学者们对此投入的研究力量非常有限。缺乏基金资助的平台,对学者间的合作和学术的可持续发展影响深远。

针对上述不足之处,本文提出了以下建议。

第一,在研究主题方面,要尽力调整"四过度"。在宏观层面,应该站在整个中国大陆经济社会的最前沿思考和理解旅游保险研究的主题问题。旅游保险经历了1997年和2001年两次制度变迁,国务院在2009年提出关于加快发展旅游业的意见,以及中国大陆独特的地域特点和民族风俗,让学者们有足够的空间去研究"旅游保险与加快旅游业发展的关系"、"中国特色的旅游保险业增长方式探索"和"旅游保险业的阶段定位、结构调整与协调发展"等重要课题;在微观层面,中国大陆处于经济转型期,市场供给者、需求者、市场客体和中介市场等方面有众多有意义的课题值得研究,如旅游保险运营管理及管控,由于核保理赔问题,直接影响了旅游保险市场的发展,因此需要更多的学者进行深入的探讨。

在专项研究层面,出境和入境旅游保险非常值得进行专门的课题研究。由于各地因地制宜地发展旅游业,以及源源不断地创造一些新的旅游项目,也给学者们提供了研究的课题。如目的地旅游保险、节庆旅游保险、会展旅游保险等。在基础层面,加强旅游保险理论的建构和发展一直都是研究的重点,而这方面的研究却开展得不尽如人意,这也给学者们提供了众多的研究课题,如旅游保险性质和职能课题、旅游安全保障研究与社会管理功能课题、旅游保险法规、公共组织与政府管理课题,以及旅游保险合同、条款及其他相关法规课题等。在其他方面,要加强对国外旅游保险的比较性研究,在比较中寻找突破点。

第二,在研究范围方面,要走出"脱节困境"。加强非盈利组织的研究会有利于盈利组织的研究,如开展旅游安全保障、旅游风险评估和保险机制的互动研究,会更有力地推动旅游保险研究深度的拓展。除了加强对微观单位的研究与宏观单位的研究外,诸如地市旅游保险自保、区域旅游保险共保等中观单位也应当成为旅游保险重点的研究课题。同时要更多地推动记述、解释、预测、理解旅游保险现象、过程、活动的实证课题研究。

第三,在研究方法方面,主要是突破"无量现象"。旅游保险研究过程中所涉及的可保风险和保险需求的矛盾、损失概率与保险费率的"往后看"和"往前看"的矛盾,以及旅游保险经营的"往内看"和"往外看"的矛盾都决定了定量分析在旅游保险研究中的重要性,因此,定量研究方法的大量运用是旅游保险学科成熟的关键点,但学者们也要避免陷入为定量研究而"更多选择方便样本而不是合格样本"的误区。

第四,在研究能力方面,要根治"基金贫瘠症"。基金资助项目是对整个旅游保险研究能力提升的一种肯定,同时也是有效扩大学科影响的一种手段。基于政府发展旅游业、社会关注旅游安全保障、旅游业关注风险防御和保险业扩大旅游保险销售的不同动机,学者们应该有意识地加强与中国大陆政府部门、旅游业和保险业的横向课题合作。要设法与驻华外资关联机构形成合作,建立研究团队,尽可能形成国际性的研究成果,以期提升中国大陆旅游保险研究在世界范围内的影响力。

3. 研究局限与后续研究

本文的研究不足之处主要有三个方面。一是样本获取的准确性问题。由于中国大陆目前旅游保险研究处于较低的阶段,这直接导致了获取的样本数量有限和质量参差不齐,一些统计结果不能客观地反映研究发展的趋势。二是类别系统设计的合理性问题。由于通过文献查询发现没有可以直接借鉴的用于旅游保险文献内容分析的类别系统设计,本文设计的TRMC类别系统是否适合于中国大陆旅游保险文献研究的内容分析有待于进一步检验。三是具体分类的客观性问题。相关具体分类体系主要是借鉴和参考了其他学科的分类体系,是否客观准确也有待今后研究检验。

注:内容分析法的信度公式为:$R = n \times K / 1 + (n-1) \times K$。其中 R 为信度;K 为平均相互同意度(指两个抽样设计评判员之间相互同意的程度),相互同意度 K 为:$K = 2M / N1 + N2$,其中 M 为两者都完全同意的栏目,$N1$ 为第一评判员所分析的栏目数,$N2$ 为第二评判员所分析的栏目数。

参考文献

[1] 邵琪伟. 在2010年全国旅游工作会议上的讲话[EB/OL]. http://www.cnta.gov.cn/html,2010-1-29.
[2] 李炳义. 近十年来国内旅游保险研究的进展[J]. 经济师,2009,(12):191-19.
[3] 林增余. 保险理论研究方法简论[J]. 江苏保险,1994,(4):15-16.
[4] 吴定富. 加强保险理论研究 促进保险业科学发展[J]. 保险研究,2009,(6):3-6.
[5] 卓志. 我国保险理论研究及其发展创新的方法论前提[J]. 保险研究,2008,(2):14-17.
[6] 李东进,王大海. 中国大陆营销研究现状及发展趋势——基于JMS中国营销科学学术会议论文集的内容分析[J]. 营销科学学报,2008,(3):107-121.
[7] 周宇梅,王丽琳. 2001~2005年我国保险学文献计量分析[J]. 图书情报工作,2008,51(3):137-139.
[8] 朴世焕. 韩国市场营销研究论文的分类及分析—(1971~1998)[C]. 韩国1999年秋季学术大会论文集,1999:4-19.
[9] 沃野. 关于社会科学定量、定性研究的三个相关问题[J]. 学术研究,2005,(4):41-47.
[10] 陈向明. 社会科学中的定性研究方法[J]. 中国社会科学,1996,(6):93-102.

[11] 严辰松.定量型社会科学研究方法[M].西安:西安交通大学出版社,2000:1-3.
[12] 武虹剑,谢彦君,李仲广,王娟.我国旅游学定量研究进展及评价[J].辽宁大学学报(哲学社会科学版),2008,(3):138-143.
[13] 马晓军,吴向东,袁培国.我国高校系统哲学社会科学研究能力初析——基于CSSCI(1998~2004)数据的统计分析[J].清华大学学报(哲学社会科学版),2008,22(5):132-138.

Tourism insurance research status and trend in Chinese Mainland: The content analysis based on TRMC category system

ZHOU Pei, Zheng Xiang-min

(School of Commerce and Management, Huaqiao University, Quanzhou 362011, China)

Abstract: Tourism Insurance Research in Chinese mainland is obviously behind the practice of development speed. This paper reviewed and analysed all of tourism insurance literature in Chinese mainland by content analysis approach, based on TRMC category system and spss18. Furthermore, this paper forecast future research direction and hope research results can be used to assistant sustained innovation and development of tourism insurance research in Chinese mainland.

Key words: tourism insurance research; TRMC; content analysis

(原载《北京第二外国语学院学报》2011年第5期)

旅游影响下少数民族节日的文化适应与重构

——基于哈尼族长街宴演变的分析

唐雪琼[1]，钱俊希[2]，陈岚雪[1]

(1. 西南林业大学生态旅游学院，昆明 650224；
2. 英国爱丁堡大学地学学院，爱丁堡 EH8 9XP)

摘　要：在民族文化旅游发展的大背景下，少数民族节日传统文化在与外来文化的互动与碰撞过程中，不断经历着"地方传统"与"现代发展"的冲突与融合。本文通过对元阳哈播、绿春两地长街宴节日活动的实地调研，研究哈尼族长街宴这一节日活动在旅游发展中的演变过程。研究指出：在旅游活动的影响下，在地方政府的引导或主导下，哈尼族长街宴为了适应游客传承的来自现代社会的主流文化，经历了地方文化认同、文化适应与文化重构，被包装、重塑成旅游节庆产品，从哈尼村寨走向旅游市场，从地方认同走向世界文化。

关键词：文化适应；文化重构；少数民族节日文化；长街宴
文章编号：1000-0585(2011)05-0835-10

1　引言

文化适应是具有不同文化的群体通过不断的接触，使双方或两个群体最初的文化类型发生变化的现象[1]。学者们从不同的学科和视角研究文化适应问题，形成了多种文化适应的理论和模式。典型的如 Adler 提出的"文化适应五阶段模型"，认为文化适应过程经历接触阶段、崩溃阶段、重新整合阶段、自治阶段和独立阶段[2]；Berry 的"跨文化适应模型"是目前引用最多、使用最广泛、得到多次实证研究支持的理论模型[3]，认为文化适应者有整合、分离、同化和边缘化四种适应策略[4]；基于 Berry 没有重视主流文化群体对移民群体文化适应取向的态度的缺陷，Bourhis 等学者提出"交互性文化适应模型"，认为主流群体和移民群体都具有整合、同化、分离、边缘化、个人主义五种文化适应取向[5]。这些文化适应的理论多是基于西方的社会现实和文化传统，在对移民群体和留学人员群体的调查研究的基础上深化提升而形成的。国内关于文化适应的研究起步晚，成果不多，主要集中于移民的文化适应问题[6],[7]和西方文化适应理论的介绍与总结[3],[8],[9]。

基金项目：国家自然科学基金项目(40861005，40961006)。
作者简介：唐雪琼(1969—)，女，西南林业大学生态旅游学院教授，主要研究方向为旅游社区、旅游影响。E-mail：tangxueqiong@163.com。

在全球旅游蓬勃发展的时代,游客与目的地居民频繁接触交流带来众多的文化适应现象,特别是经济落后、地域封闭的少数民族社区,受到游客带来的主流文化影响后的文化适应问题更为突出。而这一文化适应过程国内外学者的关注还较少。

文化重构是指"文化体系的再造,特别是价值系统的重新建构,以及文化模式的铸造、文化类型的规整"[10]。民族文化在与外来文化的互动中所做出的有选择性的创新与组合是文化重构的过程。文化重构已经成为民族文化旅游资源旅游开发的理论依据,受到学者们的重视。Cohen认为文化是有活力的和灵活多变的,当地人为了吸引游客而在传统文化中加入新的元素,被新元素修饰的文化旅游产品是对当地传统文化的一种演示[11];Cano等实例研究了墨西哥Huaquechula小镇为了极力促进当地的黑色旅游(thanatourism)而挖掘整合传统"亡灵祭日"(Day of Dead)中的文化因素[12];Cahir等追溯了澳大利亚土著人的一种夜间祭祀狂欢会(corroboree)发展成为旅游产品的历史过程[13]。这些研究认为,传统文化的创新是发展地方经济的重要途径,不一定会导致传统意义的消失,反而会在另一个角度上使其绽放光彩。国内学者的研究强调了文化重构原则及其对民族传统文化保护的重要意义[14]-[16]。学者们对于文化重构过程、机制等缺少具体深入的研究。

少数民族节日是民族智慧和传统文化的积淀和结晶,是少数民族物质文化的组成部分和精神文化展演的重要载体。在民族文化旅游发展的大背景下,调适和重构节日文化,推动旅游和经济的发展日益得到地方民众和政府的重视,很多少数民族传统节日如泼水节、昂玛突节、火把节等都经历了由最初的一个小小的民族民间节日转变为新型的、场面恢宏的节日活动的成长过程。成长过程中节日文化的形态变迁、动力机制等问题,在现有文献中均较少涉及。本文以哈尼族长街宴为例,研究旅游发展中少数民族节日文化的变迁,对于少数民族节日文化旅游的可持续发展、少数民族传统文化的保护与传承有着重要意义。

从人文地理学研究的角度出发,本文亦提出,文化重构与文化适应与特定的地方性的再生产是密切相关的。民族节庆活动进入旅游市场,本身即是一种社会行为与经济关系的实现过程。任何社会关系的实现都必须以特定的地理空间作为媒介[17]。旅游行为本身,亦是基于不同的旅游社区与游客对于地方性不断的想象与再想象。本地的旅游社区为了实现旅游发展的目的,必须营造出新的地方的形象,生产出新的地方意义,以实现经济生产与文化生产两类行为之间的互补与结合。因此,正如后现代主义与女性主义地理学对于地方意义新的解读所揭示的,地方性与地方文化身份可以通过一种表演(performance)的形式呈现出来[18],[19],在复杂的社会互动中不断对自身意义进行重构[20],[21]。

2 研究对象与资料来源

哈尼族是我国西南边疆的世居民族之一,据2000年第五次全国人口普查统计,哈尼族人口数144万人,主要分布云南省南部哀牢山和无量山之间的广大地区。其中哀牢山的元江、墨江、红河、元阳、绿春、金平、江城等县是哈尼族人口最集中的地区,占本族总人口的76%,占这些地区总人口的50%以上,同时也是哈尼族民族风情最浓郁的区域(见图1)。

哈尼族节日中的长街宴是云南少数民族节日中影响最大、最有民族特色的节日活动之一。节日那天,村民们沿村里的街道从街头到街尾摆出一桌接一桌的酒宴,也称为"长龙宴"或"街心宴"。传统的长街宴是哈尼男人交流感情、切磋生产技艺,共同祈祷或祝福梯田粮食丰收、家庭安康、村寨平安的重要节日，也是其乡土文化的重要元素。

长街宴作为农耕祭祀文化的产物，起源于哈尼先民从"嘎鲁嘎则"迁徙到"诺罗普楚"时期（相当于春秋战国时期），伴随着哈尼族祖先的起源史和迁徙史而不断得到发展[22]，成为哈尼族三大节日昂玛突节、苦扎扎节、"十月年"的重要活动。元阳的哈播、箐口、全福庄、红河甲寅等地的哈尼老人都有对1949年前村寨摆长街宴的清晰记忆①。1950～1970年代末，因众所周知的原因，长街宴活动被迫停止。1980年代以后，文化选择权、传承权和发展权向文化主体回归，哈播及周边的哈尼族村寨于1980年最先恢复了昂玛突节长街宴。红河甲寅、浪提等地在1993年由于阿卡文化研讨会的召开，推动和促进了"十月年"长街宴的恢复与发展。长街宴作为地方独特性的一部分，对于构建外界对于哈尼族文化空间的想象起到了重要作用。伴随着"文化搭台、经济唱戏"的新形势，绿春县城哈尼族长街宴、昆明国际文化旅游节民族特色长街宴等则更以恢宏的场面、独特的创意延续和展示了长街宴文化。

本文以红河哈尼族彝族自治州的绿春、元阳、红河、金平为案例地。本文在2007年1月～2009年12月间共7次52天进行深入的田野调查，参加了绿春十月年长街宴、元阳哈播、箐口昂玛突节长街宴、元阳箐口苦扎扎节长街宴、红河甲寅十月年长街宴、昆明国际旅游节小吃长街宴等活动，与哈尼研究学者、村民、相关部门工作人员等26人进行深度访谈，获得了大量关于长街宴节日文化变迁的资料。

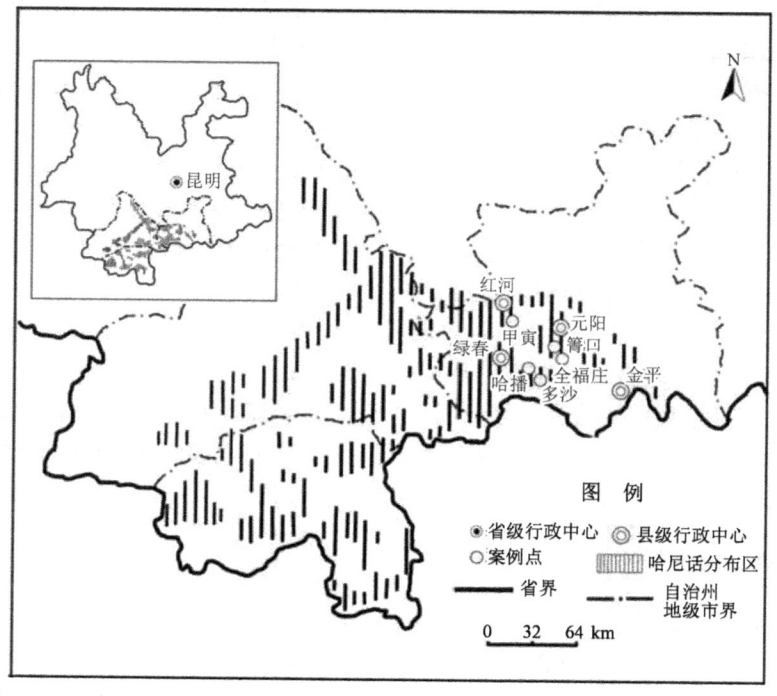

图1 云南省哈尼族分布和案例地分布示意图
Fig.1 Distribution of Hani Group and case areas of the study

---

① 资料来源：笔者2007年1月13日、2007年11月24日、2009年12月23日分别在元阳箐口村和全福庄村、红河甲寅、元阳哈播村与哈尼老人的深度访谈。

元阳哈播的昂玛突节长街宴以其历史久远、规模大、仪式传统而被哈尼村民和学者认为是所有长街宴活动中最地道和典型的。而绿春长街宴则是旅游带动下发展起来的,规模大、游客多。研究主要通过上述两个案例,探讨哈尼族长街宴在旅游发展中的文化适应与文化重构。

3 旅游影响下元阳哈播昂玛突节长街宴的文化适应

3.1 元阳哈播村的旅游发展

哈播村位于元阳县城南部115km,隶属元阳县俄扎乡哈播村委会。2009年12月有418户人家,1864人,全部村民都是哈尼族,他们以梯田农业为主要经济生活方式。哈播梯田是元阳梯田中坡度最陡、立体感最强、观赏梯田日出最好的地方。哈播村以歌舞之乡享誉云南省,红河州舞台的哈尼族木鼓舞、棕扇舞、碗舞、木雀舞等均源于此村,是哈尼族民俗、音乐、舞蹈与稻作文化全面融合的地方。

1994年后,政府介入哈播村昂玛突节长街宴活动,哈播长街宴为愈来愈多的游客所认知,参加长街宴的游客不断增多,很多年份游客超过千人。游客多为长街宴一日游客,也有少数参加昂玛突节第一天祭寨神活动的二日游游客,其他的日子少有游客的到来。

3.2 文化适应过程中节日传统习俗和规范的地方认同

旅游活动根本上来说是一个空间行为,特定的文化元素必须与特定的空间结合,才能形成独特的地方意义。昂玛突节长街宴是哈尼族古老而大型的宗教祭祀活动,在时间、场所、形式、祭祀过程、祭品、品饮礼仪等方面都形成了一整套规范和禁忌,具有神圣的宗教意义,是哈尼族地区地方性的标志性符号。为了更好地实现长街宴的旅游与经济效益,当地政府曾考虑在时间、规模、形式等方面对长街宴进行调适,然而这种调适与传统的地方文化认同之间发生了激烈的冲突。

"昂玛突节的日子是咪谷①算出来的,是有规矩②的。2003年政府要求提前办,所以那一年(2004年)寨子里死人特别多,连续死了八九个年轻人,不出3天就死一个人,田里谷子收成不好,寨子里猪鸡也不顺利"。(哈播村民石××,2007.1.31)

"政府给不给补助无所谓,这个节日要按传统来办,给多少钱,我们也不愿意选日子办长街宴。"(哈播村民卢××,2007.2.1)

"祭寨神的地方,女人一个也不准进去。以前有个女记者进了寨神林,破坏了原来的规矩,使村里发生了一些不吉利的事情。现在不管什么领导、特殊人物、女人都不准进去。但是到现在村子都没有恢复到以前平静和睦的日子。打个比方,就好像撕破了一张纸又把它粘起来,怎么都恢复不到以前的样子了。"(哈播村摩批③,2007.1.31)

"2006年的时候,乡上为了增强与红河甲寅长街宴的旅游竞争(力),要求村民把原来摆两天的长街宴合在一天摆,摆了480桌,扩大了哈播长街宴的规模。后来由于村民的强烈反对又恢复摆两天的传统习俗。"(俄扎乡人大李主席,2009.12.24)

---

① 哈尼语的汉字音译,是村寨祭祀活动的祭司,主持昂玛突节祭寨神、长街宴等活动。
② 哈播村昂玛突节是农历十二月属龙日中的一天祭寨神,第二天在寨子中的街道上摆长街宴。
③ 摩批是哈尼语的汉字音译,俗称"贝玛",是哈尼社会中知识广博的智者,传承民族传统文化,主持宗教礼仪活动。

哈尼族身处高山的自然环境阻碍了村寨与外界的文化交流，村民们按照经年累月形成的传统习俗和规范日复一日地在固定的时间、固定的地点进行着固定的仪式。旅游发展带来的长街宴时间和形式等的调整也由于村民们的文化抵制回归于传统规范。强烈的地方认同促使当地村民在旅游影响面前自觉产生对传统节日文化的保护。然而，随着当地旅游业发展的不断深入，文化适应的功能日益增强，哈尼村民们在努力维护固有文化的同时，亦有意无意地成为地方特性的媒介。地方文化在与外来文化的互动中所做出的有选择性的创新与发展是文化不断调整适应的过程，也是必然的结果。

3.3 文化适应过程中长街宴文化的变迁

3.3.1 传统长街宴对现代旅游的回应 为了加快哈播昂玛突节长街宴旅游的发展，村民们每年都要发出几百份请柬，邀请远方的客人参加长街宴。邀请的宾客包括：哈播村外出工作取得成就的荣誉村民、曾经给予哈播村支持的单位和个人、关心哈播村发展的领导和朋友。同时在县广播站进行多次长街宴的宣传，在国道214公路旁立"哈播长街宴"的大型广告牌，在穿过哈播村的公路段拉"哈播长街宴欢迎您"的条幅。

长街宴当天上午安排富有民族特色的热闹欢快的迎宾活动，哈播村委会的村干部，身着节日盛装、拎着竹筒酒壶、捧着放满烟酒的盘子、挂着写有"长龙宴欢迎您"绶带的哈尼姑娘，在寨门处向不断到来的客人们敬上自酿的美酒。身穿深蓝色服装的老年妇女吹着哔噜（哈尼族民间乐器）、敲着吓鲁格（哈尼族民间乐器）、跳着乐作舞（哈尼族传统舞蹈），身着黑色衣服的老年男人手拿一米多长的烟头、迈着舞步、弹响喇喝（哈尼族民间乐器），还有手持鲜艳纸花、喊着"欢迎欢迎，热烈欢迎"口号的纯朴哈尼少年，共同欢迎来自远方的客人。

村民们为游客准备了嘉宾证和礼品，游客在来宾接待处交纳礼金后领取礼品和长街宴坐席的嘉宾证。村寨中还设置了"接待处""午餐就餐处""WC"等标识牌，以及便于游客购买民族工艺品的工艺品销售摊位。

"前几年（1994～2001年），哈播长街宴还借鉴现代许多大型活动的形式，在长街宴活动的当天上午11点举行盛大的开幕仪式，州县领导致词祝贺，村干部代表全体村民向游客们表达热烈的欢迎。后来觉得不合适，就取消了。"（俄扎乡人大李主席，2009.12.24）

"长街宴哈尼族跳舞是与宴会同时进行的，男人在桌子上喝酒吃肉，女人们就在街心宽一点的地方跳罗作舞助兴，周边的几个村子到现在还保留这习俗①。现在哈播长街宴的歌舞活动集中到长街宴的前一天晚上，村委会组织哈播村和周边三台坡村、多沙村的村民文艺队经过认真地排练，将哈尼族和彝族民间歌舞以一台晚会的形式献给游客和村民们。"（俄扎乡人大李主席，2009.12.24）

"以前敬酒就在桌子上碰个杯，不像现在这样子②，一桌一桌去敬，这是跟你们汉人学的。"（哈播村民李××，2009.12.23）

游客群体所代表的主流文化以其权威话语的价值导向不断影响着地方传统，长街宴的"地方性"不断与"现代性"产生关联，实现了传统与现代的结合。长街宴在旅游发展中由地方自在文化的状态，变为一种明显的自觉行为。

---

① 笔者2009年12月23日在多沙村调研实地见证此习俗。
② 年轻的哈尼姑娘小伙唱着祝酒歌，吆喝着"哦扎（干杯）"逐桌向客人敬酒，祝福客人来年幸福吉祥。

3.3.2 长街宴传统禁忌和规矩的淡化 地方性可以看作是一系列社会规范与文化传统在某个地理空间集中表现的结果。随着相应的社会文化规则的改变,地方意义亦在不断的重构之中。按照古训,年轻的哈尼妇女不能在长街宴入座,但女游客却可以在长街宴上除咪谷坐的那桌外的任意一桌入座,且都能得到主人的热情款待。2009年哈播长街宴上甚至有4名本村的哈尼姑娘坐在自家的桌子上招呼客人,而同一天在相邻的多沙村长街宴,女游客只能在长街宴尾部为老年妇女摆的三桌入座,这已经是很优厚的待遇了。

"吃一点阿玛萨尼①,来年(明年)就能得到寨神的保佑,我们的习俗是要先吃阿玛萨尼,再吃其他的菜。很多客人不懂这个(习俗),有些客人没吃阿玛萨尼就走了。"(哈播村民李××,2009.12.23)

用手抓菜吃、弄掉筷子、打翻饭碗和酒杯等行为,是餐桌上很忌讳的行为。"有些游客素质差,把筷子弄掉,把碗打翻,不等咪谷发话就抢先吃菜,还用手抓着吃。这样就会破坏民俗,还会给村子带来许多灾难。"(哈播村摩批,2007.1.31)

"以前很多村民都会为客人在自家桌子上掉筷子、打翻碗的事情到咪谷那里敬酒,请寨神原谅,现在一般不去了。"(哈播村民张××,2007.1.31)

具有深刻地方意义的长街宴禁忌和规矩在旅游发展中不断受到主流文化的挑战与消解,一些基于地方的文化认同日渐更新和转化,长街宴成为一种开放的、动态的地方文化。

哈播村民在十余年的旅游发展进程中,由于长期受到游客带来的主流文化的影响,加之渴望通过发展旅游脱贫致富的现实要求,促使村民们不断根据游客的文化倾向与文化认同来调整自身文化,不断建构一个新奇、独特的地方形象,实现区域文化以及其他要素的旅游吸引。这种文化适应与移民群体和留学人员群体采用不同策略适应当地文化有显著不同。文化适应主要发生在当地村民一边。在政府强有力的引导下,在旅游经济可持续发展愿望的要求下,哈尼村民从个人到群体,都以积极主动的态度,既保持和保护原有的地方文化认同,又借鉴或"借取"现代文化的要素,采用Berry"跨文化适应模型"中的"整合"策略[3],在地方文化和主流文化间构建起一种平衡关系,在不断的文化调适中,促进昂玛突节长街宴文化的变迁和发展。

4 旅游影响下绿春哈尼长街古宴的文化重构

4.1 绿春哈尼长街古宴品牌的形成和发展

绿春县位于云南省南部边境,全县总人口20.5万人,其中哈尼族占总人口数的88.2%,经济社会发展滞后,是典型的少数民族聚居的边境山区贫困县。哈尼人民几千年来形成的丰富多彩的地方文化是哈尼山乡重要的文化资本。

绿春县城周边村寨的哈尼村民十月年传统上是不摆长街宴的。2004年,绿春县委、政府提出建设"哈尼文化生态县"的发展目标,实施文化强县战略,打造长街宴旅游品牌成为文化强县的重要举措。2004年11月22日,政府组织县城周边12个哈尼村寨,成功举办了首届"中国·绿春哈尼十月年长街古宴"活动,近万游客莅临绿春,长街宴桌数达2041桌,被上海大世界吉尼斯总部誉为"世界上最长的宴席",列为"上海大世界吉尼斯之

---

① 祭祀寨神的猪肉,汉族人称"龙肉",由于村寨中每户都分到一小块,也有人称为"份肉"。

最"。2005~2010年,连续举办长街古宴活动,桌数分别为1800桌、1933桌、2000桌、3050桌、2200桌、1920桌。

哈尼族十月年的时间是农历十月的第一个属龙日,每一年对应的阳历时间不同,给旅游宣传和游客知晓长街宴的举办时间带来不便,对长街宴旅游品牌的形成产生了一定影响;而且十月年正值哈尼族人民喜庆丰收欢度新年,村民们过年还要很辛苦地到城里摆长街宴,有些村民不太乐意;十月年期间绿春经常阴雨连绵,长街宴活动不能很好展示,影响了游客的满意度。2009年,绿春县委、政府决定将长街宴的时间固定在11月30日,基于哈尼族长街宴文化和当地阿罗欧滨文化的"地方性"想象而重构的新节日——"绿春哈尼族长街古宴"成为当地的旅游品牌。长街宴作为新节日的主体内容,周边村寨的哈尼村民这一天的主要活动就是在县城摆长街宴和表演民族歌舞,家里不再有其他的仪式。

4.2 长街古宴节日活动的重构

绿春长街古宴节日活动是在哈尼族祭祀文化、哈尼族歌舞文化、昂玛突节长街宴等传统民俗文化和哈尼族土特产品的基础上设计创造的。

哈尼族信奉万物有灵,自然崇拜、鬼神崇拜、祖先崇拜和灵魂观念构成了哈尼人信仰的主要内容。天神、地神、寨神等诸多神灵都是他们供奉和祭祀的对象,甚至一座山、一口井、一棵树或一块石头都是哈尼人祭祀的对象。昂玛突节长街宴的形成与发展也与梯田农耕祭祀文明和宗教价值观念紧密联系,是哈尼族宗教祭祀文化的产物。绿春长街古宴因此将祭祀列为重要活动,在阿罗欧滨风情园祭祀绿春哈尼村民心中最尊敬的神——阿罗欧滨,由政府指定周边村寨中德高望重的老人主持祭祀活动。

哈尼歌舞表演在传统长街宴中是微不足道的。绿春长街古宴充分发掘了哈尼族内容丰富、形式多样的歌舞文化,哈尼族传统歌舞表演成为绿春长街古宴的重要部分。民族歌舞表演形式丰富,场面宏大,形成不同的场景:一是县城双拥广场上的哈尼民间歌舞表演,长街宴的前3天开始,每天3~4个村寨轮流表演,内容主要是围绕农耕和生活场景编导的;二是长街宴前一晚的大型歌舞晚会,由州、县民族歌舞团表演地方民族歌舞;三是长街宴当天上午九点由双拥广场到民族风情园的民族方队原生态民族民间歌舞滚动展演;四是长街宴当天晚上县城双拥广场上的万人罗作。

长街宴是哈尼民族文化的精髓,绿春长街古宴以恢宏的气势淋漓尽致地展示了哈尼长街宴文化。哈尼服饰文化,哈尼豆豉、木耳、草果、八角等土特产品,哈尼斗鸡、糯米粑粑舂揉等特色民俗活动,都成为绿春长街古宴节日活动的组成部分。通过对传统长街宴元素的重构,以及与地方其他文化形式的结合,旅游影响下的哈尼长街宴不仅实现对于民族文化身份与社会规范的重构,也对地方意义与地方形象实现了彻底的重塑,在文化认同与空间的复杂互动中实现了旅游吸引体系的建构。由此可见,物质性的经济生产领域与精神性的文化领域之间存在着复杂的辩证关系,地方性与文化身份的再生产,对于促进区域经济资本的再生产有着重要作用。

4.3 文化重构中传统民俗的变迁

昂玛突节、苦扎扎节、十月年中的长街宴都以祭祀文化为核心,长街宴的菜肴具有明显的献祭意义[17]。阿玛萨尼是传统长街宴餐桌上画龙点睛的食物,有着深刻的宗教意义。传统长街宴与梯田文明紧密相连,许多村寨都保持着以野生动植物为主的传统饮宴习俗,魔芋、泥鳅、水芹、豆芽、白旺等是特色菜肴,特别是魔芋和泥鳅,据说是女性和男性生殖器的象征,是长街宴最重要的食材[22]。竹虫、云雀鸟、小鱼、蜂蛹等干菜是村民们平日捕获收藏的,是村民日常劳动实践的体现。而绿春长街宴的宴席是供游客享用的,没有阿玛萨尼,更没有传统的宗教意义。绿春长街古宴菜谱所列40余种菜肴多为哈尼特色菜,如哈尼蘸水鸡、泥鳅等。一些传统的菜肴在文化重构过程中被排挤出了地方形象的建构体系之中,例如:白旺由于其生血的成分,魔芋由于其价值较低,均被列为不准上桌的菜。

哈尼族宗教祭祀肃穆、庄重、虔诚,有特定的时间、地点、仪规,而绿春长街古宴的祭祀仅是一个形式上的仪式,缺少宗教文化的内涵。例如,长街宴咪谷、摩批的特定座位被安排给重要官员和嘉宾,开餐仪式交由官员主持。绿春长街古宴还摆脱了传统的长街宴对哈尼妇女的诸多禁忌,设置了几百桌姑娘宴,每桌有两名35岁以下的哈尼妇女为客人服务,妇女们给客人唱祝酒歌、敬酒、碰杯。而碰杯在哈尼族传统文化中是讲规矩的,年轻人不能跟长辈碰杯,女人更不能与男人碰杯。

文化重构是文化的结构重组和运作功能的革新,是地方性的有意识的动态的再生产过程[23]。绿春长街古宴文化重构中传统民俗的变迁,正是长街宴文化进行自我调适并充分显示出其旺盛生命力的一个具体体现。

总之,绿春哈尼长街古宴是综合了哈尼族传统文化元素而形成的文化品牌,无论从时间、地域、文化内涵、活动内容,还是从主办、参与角色方面都是哈尼族民俗文化传统规则和资源的再创造,尽管这些仪式所展现的只是一种舞台化的真实(staged authenticity),从文化空间的角度看,只是营造了一种"想象的地方性",但对于民族传统文化的保护和传承有着积极的意义。

5 长街宴从地方到舞台和市场的文化变迁

少数民族地区旅游业的蓬勃发展促进了民族传统节日的旅游开发和节日文化的变迁。本文阐述的两个案例显示了少数民族节日在旅游开发背景下的两种变迁模式。

哈播村昂玛突节长街宴是村民自己的节日,世代自发传承并且潜移默化地深入村民心理文化的深层。

"不管游客来不来,我们都要摆(长街宴);政府补不补钱,我们也要摆(长街宴)"。(哈播村民张××,2009.12.25)

村民们在乡政府的引导下,积极参与长街宴的旅游开发,文化适应功能活跃。由于政府干预小、游客少、村民强烈的地方文化认同,哈播昂玛突节长街宴虽然经历了激烈的文化适应过程,但本质上保留了长街宴的地方特色和宗教文化内涵。

游客佩戴的彩蛋和嘉宾证,是客人入座长街宴的凭证。尽管之前村干部反复交代村民客人要有嘉宾证才能入座,但村民对所有参加长街宴的宾客都给予了热情的接待,他们仍然秉承着"来的就是朋友,就要热情接待(哈播村民李××,2009.12.23)"的纯朴与热情。

一方面,村民们盼望通过发展旅游获得经济收益,带来村寨和自家生活的变化,另一方面很多自助游客可以不花一分钱欣赏哈播的梯田美景,品尝长街宴的美味佳肴,感受哈尼民俗文化。从这个层面上看,哈播地区长街宴的文化适应过程以本地村民自发的文化互动行为为主,村民与游客之间的文化适应虽然也在旅游经济发展的大背景之下,但在很大程度上是不同文化认同与文化倾向之间自发的、自然的互动行为。这也解释了哈播村民从旅游活动获得的收入有限、经济利益难以实现最大化的现象。

与哈播村不同,绿春长街古宴一开始就是政府主导的高起点旅游开发,以发展旅游经济为主要目的。长街宴文化被人为地从地方文化系统中包装出来,考虑旅游市场需求,在哈尼文化大背景下进行重构,重构过程中全方位吸取民族文化的精粹,以舞台化形式展演。重构的长街宴在原有的价值基础之上产生出新的价值或意义,产生文化增殖,表现出量和质上的放大。量的放大主要指传播面由当地哈尼村民扩大到广域游客,质的增殖是指文化传播中旅游经济意义的增加。

旅游的发展使得文化的"游离机制"成为可能[24]。哈尼长街宴这种过去原本属于特定的"本土生活"的文化材料,其有效性只有在文化主体——哈尼村寨、寨神林和村民等要素"在场"的条件下才有效的东西,由于旅游经济和游客的参与,现在能够超越时空的限制,打破地域文化的局限,通过对从地方性的场景中挖掘出长街宴文化要素在特定的时空地带"再联结",形成了绿春哈尼长街古宴、昆明旅游节小吃长街宴等与长街宴文化相关的旅游文化品牌。

长街宴之所以能够从哈尼村寨传统的节日饮宴到绿春县城自觉的文化重构,再到昆明国际旅游节等的文化借用,由地方走向舞台和市场,地方发展经济对旅游发展的诉求是重要的推动力量。

发展旅游经济的现实要求促使政府权力的介入与干预。俄扎乡政府在1994~2008年的14年间,与哈播村村民共同成为昂玛突节长街宴节日活动主办、实施的两大主体。乡政府负责邀请省、州、县相关部门的领导、嘉宾和媒体,准备来宾的礼物,安排来宾的食宿、给每户村民发放补贴等。政府给摆长街宴的村民的补贴由1995年的每桌30元增加到2008年的每桌50元,村民则承担游客的迎接和长街宴的宴席。

绿春长街古宴更是在政府主导支持下形成发展的,政府出政策、出资金、出人员,动员协调各类资源。2004年,政府统一购买竹篾餐桌,安排哈尼餐馆和周边村寨村民在县城摆长街宴,广发请柬,邀请嘉宾,畅游长街宴。随后的几年,政府、行政事业单位、企业共同出资邀请嘉宾。2009年,政府不再参与具体事务,交由市场运作,6000多张长街宴餐票,单位购买占三分之二,散客通过电话和亲朋好友购买占三分之一。长街宴经过几年发展,已经由政府组织承办向政府、部门、企业、个人多头承担,再逐渐向政府主导、市场化运作转变。可见,政府权力是旅游发展进程中长街宴文化变迁与重构的关键因素。

6 结论与讨论

哈尼长街宴在十余年的旅游发展进程中,经历了嬗变的痛苦,获得了成功的辉煌。在发展旅游经济的时代背景下,经历了文化认同、文化适应与文化重构,被包装、重塑成旅游节庆产品,从哈尼村寨走向旅游市场,从地方走向世界文化。

元阳哈播昂玛突节长街宴被包装、重塑成旅游节庆产品时,"地方传统"与"现代发展"产生了冲突,突出体现"现代性"的内在矛盾,文化适应促成了"地方传统"与"现代发展"的融合。绿春长街古宴,政府主导重构地方文化,糅合再造了本土特色,更像是人类学家王铭铭所说的一种"政治校正方式",促成或制造民族历史的"官方说明"[25]。

从哈尼长街宴的嬗变过程中,可以清楚地看出,任何文化的形式与内涵本身都不是一成不变的。在特定的社会关系与经济结构关系中形成的地方传统文化,随着与外界文化的交流互动而不断进行调适与重构,并重新定义了地方文化认同的内涵与特质。由特定的地方文化实践所定义的地方性本身,也在不断被再生产、再建构出来。理解地方性的变迁过程,必须从理解特定的地方经济结构与社会关系入手[26]。现代旅游的发展促进了民族节日文化传统的繁荣,客观上对民族文化的传承起到了一定的正面作用。但是必须注意到,民族传统文化的旅游化过程并不是一个简单地将文化实践打包进行商业化"销售"的过程,而是文化内涵本身与地方性不断重构与再生产的过程。在这一过程中地方文化传统内在的变迁,是民族文化研究中值得关注与讨论的问题。

致谢: 感谢本文所有受访者的支持! 感谢西南林业大学生态旅游学院汪力、汪静波、李红等同学的野外协助调研和杨殷迪同学对本文图件的制作!

参考文献

[1] Redfield R., Linton R., Herskovits M. J. Memorandum for the study of acculturation[J]. American Anthropologist,1936,38(1):149 - 152.

[2] Adler P. S. The transitional experience:An alternative view of culture shock[J]. Journal of Humanistic Psychology,1975,15(4):13 - 23.

[3] 杨宝琰,万明钢. 文化适应:理论及测量与研究方法[J]. 世界民族,2010,(4):1 - 9.

[4] Berry J. W. Acculturation as varieties of adaptation in Padilla, A. acculturation:Theory,models,and some new findings[M]. Boulder:Westview Press,1980:9 - 25.

[5] Bourhis R. Y.,Mose L. C.,Perreault S.,et al. Towards an interactive acculturation model:A social psychological approach[J]. International Journal of Psychology,1997,32(6):369 - 3861

[6] 杨甫旺. 异地扶贫搬迁与文化适应——以云南省永仁县异地扶贫搬迁移民为例[J]. 贵州民族研究,2008,28(6):127 - 132.

[7] 马创. 文化适应过程中的创造与保持——帕西傣春节习俗形成探析[J]. 广西民族大学学报,2010,32(3):95 - 98.

[8] 孙进. 文化适应问题研究:西方的理论与模型[J]. 北京师范大学学报,2010,221(5):45 - 52.

[9] 张劲梅,张庆林. 多维文化适应模型与国外族群关系研究[J]. 广西民族研究,2008,94(4):82 - 87.

[10] 彭克宏. 社会科学大词典[M]. 北京:中国国际广播出版社,1989 - 10.

[11] Cohen E. Authenticity and commoditization in tourism[J]. Annals of Tourism Research,1988,15(3):371 - 386.

[12] Cano L. M.,Mysyk A. Cultural tourism,the state,and day of the dead[J]. Annals of Tourism Research,2004,31(4):879 - 898.

[13] Cahir D. A,Clark I. D. "An edifying spectacle":A history of "tourist corroborees" in Victoria,Australia,1835 ~ 1870[J]. Tourism Management,2010,31(3):412 - 420.

[14] 明跃玲. 文化重构与民族传统文化的保护——以湘西民族旅游文化为例[J]. 中央民族大学学报,2007,34(1):71 - 76.

[15] 邢启顺. 旅游开发与乡土传统文化重构——旅游人类学视野中的乡土传统文化产业[J]. 贵州师范大学学报,2005,136(5):28 - 31.

[16] 杨昌儒. 民族文化重构试论——以贵州布依族为例[J]. 贵州民族研究,2008,28(1):66 - 71.

[17] Cresswell T. Place:A short introduction[M]. Oxford:Blackwell Publishing,2005:15 - 51.

[18] Rose G. As if the mirrors had bled: Masculine dwelling, masculine theory and feminist Masquerades. In: Duncan N. Bodyspace: Destabilizing Geographies of Gender and Sexuality[M]. London: Routledge, 1996: 56 – 74.

[19] Gregson N., Rose G. Taking Butler elsewhere: Performativities, spatialities and subjectivities[J]. *Environment and Planning D: Society and Space*, 2000, 18(4): 433 – 452.

[20] 朱竑, 钱俊希, 陈晓亮. 地方与认同: 欧美人文地理学对地方的再认识[J]. 人文地理, 2010, 25(6): 1 – 6.

[21] Zhu H., Qian J., Feng L. Negotiating place and identity after change of administrative division[J]. Social & Cultural Geography, 2011, 12(2): 143 – 158.

[22] 陈永邺. 欢腾的圣宴——哈尼族长街宴研究[M]. 昆明: 云南大学出版社, 2009: 39, 180.

[23] 周丽洁. 物质文化遗产与文化重构——以发展旅游背景下的湘西地区为例[J]. 求索, 2010, (4): 113 – 115.

[24] 周宪. 文化表征与文化研究[M]. 北京: 北京大学出版社, 2007: 77.

[25] 王铭铭. 溪村家族——社区史、仪式与地方政治[M]. 贵阳: 贵州人民出版社, 2004.

[26] Massey D. Space, place and gender[M]. Minneapolis: University of Minnesota Press, 1994: 146.

Cultural adaption and reconstruction of minority festival activities in tourism development: A case study of Hani Long-Street Banquet

TANG Xue qiong[1], QIAN Jun xi[2], CHEN Lan xue[1]

(1. Ecotourism Faculty, Southwest Forestry University, Kunming 650224, China;
2. School of GeoSciences, University of Edinburgh, Edinburgh EH8 9XP, Scotland, UK)

Abstract: In a broad context of the ethnic tourism development, cultures of ethnic festivals are now continuously undergoing conflict and amalgamation between local tradition and modern development in the process of interacting with alien culture. This research focuses on the cultural evolution process of the Long-Street Banquet, an important festival activity of Hani people, in the context of tourism development. Our case studies are conducted in two areas, namely Habo and Luchun. Our empirical findings suggest that due to government-led tourism, the Long-Street Banquet of Hani is performed as a festival tourism product to adapt to the mainstream culture of modern society brought by tourists. By this, the Long-Street Banquet of Hani has gone through a process of local cultural identity, cultural adaption and cultural reconstruction. And it is staging itself from rural to urban area and from local identity to world culture.

Key words: cultural adaption; cultural reconstruction; cultures of ethnic festival; Long-Street Banquet

(原载《地理研究》2011年第5期)

责任编辑：张　萍

图书在版编目（CIP）数据

中国旅游研究．2011／许忠伟主编．——北京：旅游教育出版社，2014．12

ISBN 978-7-5637-3057-5

Ⅰ．①中…　Ⅱ．①许…　Ⅲ．①旅游业—研究—中国　Ⅳ．①F592

中国版本图书馆CIP数据核字（2014）第237882号

中国旅游研究·2011

许忠伟　主编

出版单位	旅游教育出版社
地　　址	北京市朝阳区定福庄南里1号
邮　　编	100024
发行电话	(010)65778403 65728372 65767462(传真)
本社网址	www.tepcb.com
E - mail	tepfx@163.com
印刷单位	北京京华虎彩印刷有限公司
经销单位	新华书店
开　　本	787毫米×1092毫米　1/16
印　　张	20.5
字　　数	405千字
版　　次	2014年12月第1版
印　　次	2014年12月第1次印刷
定　　价	45.00元

（图书如有装订差错请与发行部联系）